编辑委员会

沈朝晖　徐　斌　李诗鸿　王　志　岳　林
胡　娟　曹志勋　曹　斐　曾燕斐　贺　剑

本辑主编

贺　剑

声　明

　　本刊的各篇文章仅代表作者本人的观点和意见,并不必然代表编辑委员会的任何意见、观点或倾向,也不反映北京大学的立场。特此声明。

《北大法律评论》编辑委员会

Peking University Law Review
Vol. 12, No. 1 (2011)

Contents

Editors' Notes ··· (1)

Symposium: New Approaches to International Legal Scholarship

Yi Ping
    Introduction ··· (7)

Cai Congyan
    "Public-Private Law Division" in International Law ····················· (12)

Zhang Zhiyong
    On the Income Tax Coordination Mechanism of Regional Trade
        Arrangements ·· (66)

Ji Ye
    The Expanding Trend and the Limit of Definition of Investment
        in International Investment Agreements ························· (85)

Lai Junnan
    "Civilization" and "Barbarism" in the Nineteenth Century:
    Rethinking the First Chino-Japanese War from the Perspective
        of International Law ·· (109)

Articles

Zhang Yongle

    The Threat of Alexander the Great and the Superiority of the Republican Regime ········· (132)

Li Qicheng

    Historical Research on Penal Reform during the Late Qing Dynasty and the Early Republican China: An Analysis on Human Trafficking ······ (149)

Zhang Chuanxi

    Breve de Recto and Novel Disseisin at the Early Common Land Law ··· (177)

Xue Qiming

    To Seek Ratio Legis: A Rejustification for Bona Fide Acquisition of Chattels ········· (200)

Notes & Comments

Ai Jiahui

    A Contract Theory in the Bankruptcy Proceedings: Reviewing the Current Bankruptcy Assignee Institution ········· (229)

Wu Peilin

    A Review of the Study of Lawsuits Archives of Zhous and Counties in Qing at Home for the Recent 30 Years ········· (259)

Hu Jia

    Bacon: The New Lawmaker ········· (273)

Mireille Delmas-Marty   Translated by Wang Jianxue   Proofread by Yu Lvxue

    Du Dialogue à la Montée en Puissance des Juges ········· (291)

Book Reviews

Li Min

    The Historical Genesis of Adversary Criminal Trial and Its Power-Structure and Political Essence: A Historical Research of John H. Langbein as an Example ········· (304)

Afterword ········· (315)

编 者 按 语

本辑《北大法律评论》包括四个栏目:"主题研讨"、"论文"、"评论"和"书评"。

"国际法研究新进路"主题研讨是《北大法律评论》第一次如此密集地发表国际法文章,也是本刊近年来又一次尝试在作者尚未定稿之前,举办作者与学生编辑共同参与的写作研讨会——讨论初创草稿甚至想法构思的结果。所谓"进路"(approach)指的是人接近事物与真理时选择的方式。新材料、新方法是学术创新的传统途径;广义地说,新角度、新知识(跨学科)、新思路等都能促进学术创新。正如"一千个观众眼中有一千个哈姆雷特",不同的研究者对认识国际法的"新"方式也很可能有各自的理解。这也是此次主题研讨组稿所希冀达到的格局——各有新意。但这份课业实际上如何,最终还是得交由读者来评定。

以往的国际法研究侧重于讨论国际法对国内的影响,这一趋势在中国加入WTO前后尤为突出。然而,国际社会关系与法则作为各国具体实践的有机整合,在客观上不可避免地受到国内法的实践与理念的影响。遵循这样的逆向思维,继《国内公法对国际法的影响》之后,蔡从燕推出了《国际法律体系中的"公私法分立"》。尽管国内系统不能简单地平行推广到国际系统,但是作者对国际法的公私法属性的含义、依据、表现、作用与风险的探索,无疑展示了作者执着的理想主义情怀。

张智勇的《论区域贸易安排的所得税协调机制》新意在于跨越了WTO体制、区域贸易安排与税收协定。实际问题不是单一法律能够解决的,而是牵涉诸多平行的法律种类。比如文章讨论的所得税措施,它分为以贸易保护为目标的所得税措施和本身不服务于贸易目标但对贸易会产生间接影响的所得税措施。并不存在一个南北国家都适用的多边税收协定,因此,对影响国际贸易的税收主权行为只能寄希望于区域贸易安排。药方何在?文章认为,区域体制的路径中,对于所得税法趋同的几个国家来讲,可以考虑缔结区域性的税收协定;税收协定自身具备引入最惠国待遇条款的可能;对于区域内的逃税避税问题,区域安排的成员还可进一步完善税收情报交换机制。

季烨的《国际投资条约中投资定义的扩张及其限度》则属于"旧题新作"、"小题大做"。投资的定义恐怕是每本国际投资法教科书第一个要论述的问题了。文章指出投资定义从文本到实践的扩张:"投资"的定义现已涵盖直接、间接投资及现代有经济价值的合同与其他交易;从实践来看,ICSID 仲裁庭对投资定义的解释日益泛化。更进一步说,投资定义的扩张实质上意味着 ICSID 的"管辖权溢出"。那么,这样一个主要由来自发达国家的白人专家们组成的 ICSID 对投资者与发展中国家投资纠纷的裁决如何获得合法性,将是一个问题。此外,与蔡从燕的文章观点一样(国际公法某种意义上是国内法中所言的私法),季烨的研究对国际投资法教科书的重修有借鉴意义。

中日甲午战争成为中华帝国崩溃的关节点。似乎从此以后,西方列强乃至日本帝国不断地与清朝展开法律文书上的"文明—野蛮"的纸面战争。而根据赖骏楠的《十九世纪的"文明"与"野蛮"——从国际法视角重新看待甲午战争》所展现出来的中日对待西方"文明"标准的不同理解与反应,中国早在甲午之前就已经注定成为"文明"竞争中的失败者。正如文章分析,19 世纪的国际社会的文明标准不过是依据鼎盛的西方列强自身利益制定出来的一套标准,而摆在非西方的弱小国家面前的艰巨任务就是如何在使得自己更加"文明",从而进入"国际社会"。很不幸,中国不仅没有理解与重视这张"文明"的船票,反倒怀着玫瑰色的想象来憧憬着这个"和谐的国际社会"。相反,日本领悟了西方文明的内涵,并在甲午战争中提交了一份优秀的课业。但是,这场竞争根本没有结束。中国在经历了几次战争之后,似乎拥有了日本当年的领悟,拼尽全力去提升自己的"文明",以获取各种国际俱乐部的入场券。当年对于"文明"话语的理解与实践的激情也许渐渐消退了,但是新的话语正在不断推陈出新。中国改革三十年的经济成就似乎表明其在"改革开放、自由市场"话语上提交了一份出色的课业,也承诺在"民主、宪政"话语上交上一份满意的答卷。但是,"文明"的影子似乎还在中国人的心中徘徊,毕竟"文明"不只是简单的制度、商业、文学、政法,更是 21 世纪的"文明冲突"背景中的一整套族群生活方式。对于这一话语的回答,我们不仅要提交给他人,更重要的是给自己的内心一份交代。

如果说哲学史不是历史,其自身就是哲学,那么政治/法律思想史同样也就是政治/法律思想自身的一种呈现。章永乐的《**亚历山大的威胁与共和政体的优越性**》借"反事实"(counterfactual)历史写作的范例,为我们展示了古代政治/法律思想的一种并不为我们熟知的容貌。而恰好是这种"陌生"的思想容貌,让我们有机会窥见现代政治论域中可能被遮蔽的问题。"如果亚历山大大帝侵略意大利,结果会如何"这样一个反事实问题,实质上仍是一个政体比较问题,即亚历山大的君主政体能否战胜罗马共和国的共和政体。但本文所关注的三位古代思想家——李维、普鲁塔克与马基雅维利,并没有进行纯理论的类型学分析,而是把历史上真实的范例(exemplar)或"义例"纳入到政治思想中来(或者反过来说,把他们的政治思考浇注到历史事实中去),把个人(亚历山大大帝)和政治共同体(罗马共和国)都看做是有朽、脆弱的存在,去考察他们存在的稳定性究竟取决于机运($\tau\acute{\upsilon}\chi\eta$, fortuna)还是美德($\alpha\rho\varepsilon\tau\acute{\eta}$, virtus)。虽然与古人对于命运无常的感叹相比,今人对于自身的境况更为自信,甚至有人自负到了提出"历史终结论"的地步。但我们所生存的现代社会还远未获得不朽的保证,现代人依然还在惊涛骇浪中航行。因此我们回到古代,回到章永乐所说的"西方文化的母体",从根本上说是为了获得一种更为切实的历史感,并澄清我们当下的生存处境。

法律与社会之间的关系,是在于前者必须顺应后者的发展程度,抑或前者必须承担起引导后者发展的使命?这一个经久不衰的法学问题,也是一个仁者见仁,智者见智的问题。李启成《**清末民初刑法变革之历史考察——以人口买卖为中心的分析**》借助对清末民初禁革人口买卖方面的刑法改革的分析,以法律史的实证眼光,对这一问题提出了自己的见解。在作者看来,《现行刑律》的规定重于现实,却失于缺乏保障个体人格尊严的理想;《新刑律》虽则注重理想,却脱离了社会实际。他进一步指出,在很大程度上,兼顾现实和理想的禁革人口买卖立法在清末民初都未出现,是近代中国人口买卖屡禁不止的法律原因。

对国内学界而言,张传玺《**早期普通土地法上的 Breve de Recto 与 Novel Disseisin**》主题看似生僻,但实际上涉及对早期普通法性质的关键认识。在该文中,作者首先就有关公证令状(breve de recto)及其相应诉讼形式——公证之诉——与新近剥夺占有之诉(novel disseisin)关系的研究做了紧贴主题的回顾。作者指出,早期成果如梅特兰的研究将对这两种诉讼的考量局限于实体法层面,这在无形中忽略了从机制角度对诉讼进行验证的步骤。密尔松则更关注机制问题,其对这两种诉讼的研究乃是置于封建制度下管辖权的"立体世界"之中。在学术史回顾的基础上,作者对这两种诉讼的性质及关系作出了细致的分析。他指出,如果摒弃梅特兰式的从诉讼所展现的实体规则的对比为出发点的思路,而是分别地看待这两种诉讼相互间及其与其他诉讼间的管辖关联,梅特兰所描绘的实体规则的递进体系就会崩塌瓦解,隐于诉讼形式后的封建性与管辖权的变动实质将得以显现。换一种眼光来看待,会有新的问题,以及新的答案。

动产善意取得制度,即在无权处分情况下把动产所有权分配给善意取得人的制度,无论在中国还是在其他大陆法系国家似乎都是已经充分讨论的话题,论者大多从保护"动的交易安全"和信息成本角度进行泛泛的正当化论述,或者从比较法的角度讨论其构成要件,无甚新意。在这种背景下,薛启明的**《动产善意取得动能辨》**另辟蹊径,让人眼前一亮。文章先破后立,首先采用严谨的经济分析方法令人信服地证明了当前通说(即交易安全说与信息不对称说)之不可取,然后提出并分设各种情况论证了动产善意取得制度的真正功能,即降低当事人对标的物法律关系的认知成本:因为后者的降低可以帮助实现效率分配,从而是法律所追求的目标,而以善意取得制度在取得人直接占有为要件的情况下可以达成这种目的。以此为基础,再辅以比较法解释与案例分析,文章针对动产善意取得制度的构成要件设计指出,受让人的合理信赖并不以出让人占有标的物为前提,受让人也不能在取得单纯的间接占有时善意取得。

由人民法院还是债权人决定谁当企业破产管理人,各国破产法有不同见解。艾佳慧的**《破产程序中的合约安排——现行破产管理人制度检讨》**从法律经济学的研究进路分析表明,将破产企业的控制权分配给法院,是一种次优的制度选择,既损害公平,又无助于效率。具体来说,法院模式的界权成本为债权人模式下的界权成本,加上律师事务所、会计师事务所、清算事务所为获取破产管理人资格可能付出的寻租成本,轮候、抽签、摇号等随机指定方式带来的契合成本等事前的效率损失,以及因法院怠于监管而带来的高昂代理成本等事后的效率损失。而债权人模式的界权成本仅为破产立法成本,加上债权人集体行动成本,以及破产管理人一旦违约可能带来的诉讼成本。文章还能给我们进一步的启发,除了破产管理人制度可以由私法自治之外,破产程序中当事人之间的其他私法自治约定是否同样能排除破产法的适用并得到法律承认?

清代地方诉讼与治理已经成为近年来中国法制史领域的一个热点问题。与此相伴随的是学界对清代州县诉讼档案日益广泛且深入的挖掘。在相关档案不断得到收集、整理,且相关研究成果不断涌现的情形下,总结并反思近几十年该领域的研究状况便显得尤为必要。吴佩林的**《近三十年来国内对清代州县诉讼档案的整理与研究》**便是在这一方向上的努力。吴佩林在文章中介绍了近三十年国内学界对包括巴县、宝坻、南部档案在内的清代州县档案的整理成就及现状,并就材料趋向与方法反思、司法中的各类行为主体、官方裁判依据、官方制度表达与司法实践以及少数民族地区司法数个方面，较为全面地介绍了相关学术研究的成果。针对目前该领域存在的若干问题，他提出了包括以官方力量整理档案、将档案与其他资料相结合、注重不同地区的比较研究在内的应对措施。

培根乃是古典政治哲学向现代政治哲学转变的重要哲学家。而在这场古今之变中，最为关键的一个主题莫过于宗教问题。对于宗教问题，霍布斯开出了"利维坦"这一绝对君主的药方。但是卢梭不满意于此，在进行理性化的设计论证之后，《社会契约论》的最后提出了"公民宗教"的解决方案，企图在现代社会彻底解决宗教问题。这一方案似乎延续了培根在《新大西岛》中提出的宗教与科学的解决方案：宗教是"人类社会的主要维系"，但教派间"冲突矛盾的意见"必然使得那些无神论者和世俗之人要"离开教堂"，"一点点儿哲学使人倾向于无神论，这是真的；但是深究哲理，使人心又转回到宗教去"。胡镓的**《新立法者培根》**即是对《新大西岛》的全面解读，试图在培根的视野中回答上述问题。培根其实触及宗教战争之后，宗教自身面临的古今之争问题。总而言之，宗教在受到自然哲学的冲击之后，必定要放弃启示宗教的可能，而转向了理性宗教。这才能理解培根为何说人们在"深究哲理"之后，却"使人心又转回到宗教去"。也许，培根的这句话已经预示了19世纪共产主义的兴起。犹如洛维特和熊彼特评价的，共产主义本质上就是用理性包装起来的宗教！由此，马克思是《新大西岛》中作为立法者的先知还是作为礼法执行者的科学家呢？这留待读者自己回答。

当国内学界还在热衷于讨论美国的司法审查制度时，美国的司法审查问题已经悄然发生了变化。立法与司法的冲突，或者说大法官们的司法审查引发的反多数难题问题，已经进一步演变成为法官与国际法的关系问题。如果细心地阅读近年来美国联邦最高法院的判决，特别是死刑、酷刑案件，我们会发觉法官们进行论辩的依据早已不局限于美国宪法文本、最高法院的先例，而是拓展到欧洲的判决理由。由此引发的司法主权问题成为当下美国宪法学界争议的一大焦点。波斯纳在2005年为《哈佛法律评论》撰写的前言中更是严厉批评美国最高法院堕落成为欧洲的政治法院，成为一个不讲法，不依法（自身的法律）的司法部门。其实，这一指责背后延续了比克尔在20世纪50年代提出的司法部门问题，即最高法院已经从最不危险的部门，变成了最危险的部门。这一趋势也同样体现在了欧洲的法官的身上。他们更加突破自身的"本土"身份，通过对话提升了自己的地位，依赖国际法和他国判例获取了更多的权威。米海依尔·戴尔玛斯-玛蒂的**《从法官间的对话到法官的地位提升》**就从欧洲背景出发，比较分析了欧洲与美国对于法官援引国际法的不同实践方式。尽管译文中多数的案例与观点因为有着浓厚的欧洲背景而较难被我们理解，但此文展示出来的问题是每一个现代民主国家必须认真对待的。这一世界化趋势是否会如同美国的司法审查制度一样,以另一种"改革春风"的形式吹遍我们的大江南北呢?拭目以待!

依托对新发现的《中央刑事法院档案》的敏锐解读,朗本的著作实际上探讨了英格兰刑事司法的"发生学"问题,即作为审判制度多样性形态中的一个重要类型的对抗制刑事审判,在历史上到底是怎么发生的,它的形成与变迁史又具有怎样的现实政治启示。黎敏的**《对抗制刑事审判的起源、权力构造及其政治本质——以约翰·朗本的历史研究为例》**认为,朗本继承了韦伯以来的一个法律社会学思想传统,体现在他首次从制度的社会权力结构视角考察了普通法刑事审判程序权力构造的理性化过程。朗本还开创性地提出了"律师主宰化"乃是对抗制刑事审判在权力结构上的本质特征,这个理论进路为司法史研究打开了新的视野。

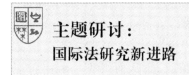

主题研讨：
国际法研究新进路

导　言

易　平[*]

今日国际社会,隐然弥漫着一种浓重的危机意识。冷战后的世界,并没有如福山当初所预言的那样走向"历史的终结"。即便承认资本主义在意识形态的较量中暂居上风,即便承认民主、人权、平等、公正等正在形成"全球共同价值",但世界似乎并没有因此而变得更加美好和充满希望。无论在全球层面还是地域层面,国际层面还是国内层面,国家层面还是个人层面,新老问题层出不穷,深刻的对立和危机几乎席卷了世界每一个角落。激烈的民族矛盾、宗派冲突、边界争端、分离运动此起彼伏,挑战着传统的国家主权与安全保障,甚至连历来被视为"低政治"的经贸、能源、环境、海洋等各个领域,也隐隐透出杀气和血腥。可以说,"后冷战时代"的二十年,既是一个西方主导下的"国际共同体"理念、"国际立宪"呼声与"全球治理"构想高歌猛进的时代,又是一个不具有明确的规划方针和建设性框架、各种解体性因素潜滋暗长的混沌时代。统合与离散这两种相反方向上的运动趋势同时得到推进,当代国际社会呈现出一种复调发展的特征。

不仅在理念与现实的对照层面,即便在现实层面之中,同样呈现出复调发展的特征。以全球化为标志的当代国际社会并非"其大无外",而是与多个"外部世界"并存。可以说,起源于基督教国家的"欧洲国际法",伴随着资本主义

---

[*] 北京大学法学院教师,东京大学法学政治学研究科法学博士。

殖民扩张进程和第二次世界大战后反殖独立运动的展开和完成,已经在地理适用范围上覆盖了全球,然而今天的国际社会仍然难以说是普遍的。借用"英国学派"代表人物赫德利·布尔(Hedley Bull)对"国际社会"所做的著名定义,"如果一群国家意识到它们具有共同利益和价值观念,从而组成一个社会,也就是说,这些国家认为它们相互之间的关系受到一套共同规则的制约,而且它们一起构建共同的制度,那么国家社会(或国际社会)就出现了"。换言之,由共同的利益和价值观念所支撑的共同规则与制度才是一个国际社会的核心特征,而国家之间的相互交往和互动关系虽然是构成国际社会的必要条件,却不是充分条件。按照这一定义,那些彻底拒绝接受国家基本秩序原理的恐怖主义集团,无疑在极端意义上构成了游离在当代国际社会之外的"外部世界"。与此同时,作为近代国际法之发祥地的欧洲国家,当世界上绝大多数国家开始接受这套规则的时候,却试图超越国际法之基本原理——主权原则,迈向欧洲共同体(欧盟)。另外,从文化或功能主义的角度来看,从事跨国活动的各种非国家行为体,如大型跨国公司、NGOs、全球性媒体、泛伊斯兰组织乃至国际共产主义运动等,并非主权国家体系的直接产物,且未必认同后者所确立的基本秩序原理,却在全球范围内发挥着重要的影响力,它们在某种意义上也构成了当代国际社会的"外部世界"。因此,在今天,传统意义上的"国际社会"即国家间(inter-national)社会,实际上与反国家(anti-national)社会、超国家(supra-national)社会、跨国家(trans-national)社会等各种"非国际"的"外部世界"并存于同一时空之中,而非彼此排他或前后取代的关系。换言之,我们今天身处的"国际社会",与其说是由主权国家构成的、均质夷平的普遍社会,不如说是一个复调发展的多元重层结构体。

那么,对于国际法学研究来说,当代国际社会的这种复调发展特征具有什么样的意涵呢?概括来说,冷战后的国际法学研究在这一背景之下呈现出三大变化趋势。首先是传统国际公法中"公""私"观念的界定面临新的挑战。传统国际公法在本质上被认为具有"私法"特征,可是第二次世界大战后出现的"强行法"、"对一切的义务"、"人类共同遗产"、"普遍管辖权"甚至"国际犯罪"等概念,都表明传统国际公法,作为协调和处理公权力主体——国家——之间"私法"关系的法律规范体系,已经不再能够满足需要。冷战后,伴随着意识形态上两极对立格局的解体以及全球市场经济一体化的动向,"国际共同体"、"国际立宪主义"、"全球治理"、"全球行政法"等概念日益成为国际法学研究中的热门话题甚至流行语。虽然"世界国家"、"世界政府"的终极构想在多数人看来既不可得亦不可欲,但不可否认的是,当代国际公法中出现了具有"公法"性向的要素。而如何界定并分梳这种新的"公法国际法"(international law as public law)与传统的"私法国际法"(international law as private law)之间的结构性关系,正是本辑主题研讨中蔡从燕的论文《国际法律体系中的"公私法分立"》所关注的问题。该文敏锐把握住了后冷战时代国际社会的发展动向,借鉴国内法学中相对成熟的研究成果,试图摆脱传统分析路径,在新的社会现实的基础上重构国际公法的理论体系。当然,今日国际社会的现实是否足以支撑"公私法分立"的理论主张,这一观点是否难免于"国际法的国内法思考模式"之嫌还有待商榷,但问题的提出本身依然有着重要的价值与意义。

另一方面,与全球化的统合趋势相反,各个功能领域中"自足机制"(self-contained régime)的高度分化,国际争端解决机制在种类、数量上的激增以及相互间竞合关系的出现,又使得国际法学者对国际法体系的破裂即"不成体系化"产生了深刻忧惧。这种离散化的现实发展趋势,同样带来了对于国际法"公""私"性质的反思与重构。尤其是在国际贸易和国际投资这一类最具"私法"色彩的领域之中,传统理论以各国拥有其固有的市场法律规范和规制方针作为前提,并以调整和协调各国法制间的差异、解决由此产生的争端作为其主要任务。然而冷战后全球市场和"跨国法律进程"(transnational legal process)的深入展开使得这样一种调整模式已经不再能够满足需要,传统理论必须调整自身以回应世界规模市场经济的要求。在国际社会中,作为公权力代表的国家不再是国际法的唯一主体和法律权威的唯一来源,私主体(跨国公司、业界团体、利益集团、甚至个人等)越来越多地参与到国际经贸法律规范的制定、修改、适用和执行的全过程之中。在许多功能领域中设定统一基准和共同规范以及对其实施进行监督管理和争端解决的任务,被交给了一批具有高度专业技能的"技术专家",甚至连公权力也不得不在很大程度上依赖于这些私主体所保有的资源和技术,只有通过与它们的协调合作,才能对这些专门领域行使有效的统辖规制功能。在这些领域中,无论在主体层面还是规范层面,"公"和"私"的界限不再泾渭分明,各国的国内法律规范与国际法律规范之间发生了复杂的互动和渗透,法律的遵守、适用和实施的含义都发生了变化。这些都对传统国际经贸体制提出了挑战。本辑主题研讨中张智勇的论文《论区域贸易安排的所得税协调机制》和季烨的论文《国际投资条约中投资定义的扩张及其限度》,正是在这种高度专业化和功能分化的背景下,指出现有的国际贸易投资法律体制的不足,并结合中国未来的发展道路,探讨新调整机制出现的可能性。尽管这两篇文章并没有深入分析在私主体参与下规范形成过程的正当性界限,以及这些新调整机制将对国际法整体带来的后果和影响(即如何将这些新的变化纳入到国际法学的 *topos* 之中,而不是把它们仅仅视为高度自足的"国际机制",在一个封闭的界域之内对其进行法律分析),但恰恰在这一点上,它们反映了全球化统合趋势下的离散化动向在当代国际法学研究中的悖论式存在,这也是国际社会的复调发展特征在法学认知模式中的体现之一。

冷战后国际法学研究的第二大变化是国际法史领域开始获得关注，例如出现了对所谓"正统史观"——以《威斯特伐利亚条约》作为近代国际法和国际关系之起点的思维定式——的批判与反思。该条约缔结后三百多年来，人们往往把各种国际法现象归结为要么是对这一模式的继承或发展，要么是对它的偏离或超越。但这些认识都共有一个前提，即"威斯特伐利亚模式"是衡量和评价其后所有时代国际法、国际关系之发展变迁轨迹的一个原始基点和准据尺度。对于这种通行了几百年的"正统史观"，冷战后出现的诸多历史研究表明，《威斯特伐利亚条约》的起点地位其实是后世话语建构的产物。不仅如此，在英语世界中还出现了一批从宏观角度重新梳理近现代国际法史、试图建立新史观的体系书，这其中既包括美国和欧洲学者撰写的英文著作，也包括一些在21世纪初期被译介到英语世界中的德文国际法史著作。此外，在欧洲还诞生了关于国际法史的专门杂志。

冷战后不同国家和地域的学者从事的国际法史研究虽然侧重点各不相同，但都有一种共同的关切，即为欧洲中心主义的"单线发展观"提供一种相对化的视角：承认当代国际社会的原型之一产生于近代欧洲，但否认当代国际社会仅仅是欧洲国际社会的地理扩大版，而是认为在漫长的历史发展过程中有诸多变量因素，欧洲国际社会始终与"外部世界"并存并受到后者的制约与影响。换句话说，国际社会的复调发展特征不仅体现在前述共时性视角下的"横向"关系之中，更体现在历时性视角下的"纵向"关系之中。本辑主题研讨中赖骏楠的论文《十九世纪的"文明"与"野蛮"》，正是在这种历时性视角之下，以甲午战争为契机进行的反思。该文把同一主题交错置于中国、日本与西方的三方视角之下，通过比较观照，突显出19世纪的"文明"话语在甲午战争中所扮演的关键角色，并一语道破"中国不仅输在了枪炮上，更输在了国际法的话语上"。而决定话语正当性的，正是这套"文明"话语背后"非文明"的现实政治权力结构。当然，作为问题的另一面，当时的中国与日本同样作为欧洲国际公法的"外部世界"，在这场巨大的"遭遇战"中所表现出的截然不同的应对方式，是否构成了"欧洲国际社会"扩张过程中的变量因素，是否与西方的观念和制度之间构成了实质意义上的政治互动，作者并没有详加探讨。但作者细腻的分析笔触和翔实的史料列举可以引发读者对此问题的进一步思考。用一位朋友刘晗的话来说，国际法史的写作本身就是特定的国度在特定的当下处境中面向未来的行动。经验性的历史研究提供的素材，正是在特定的现实关切之下才获得它们的具体定位。回顾国际法史上的"文明"话语，或许有助于我们思考中国应该如何构建适合于自己的国际法叙事，在复调前进的历史旋律中贡献一个音符甚至一个声部。

冷战后国际法学研究的第三大变化是出现了国际法与相关学科的交叉研

究,尤其是与国际关系理论的融合动向,这也是复调发展趋势的一个附随产品。要留意的是,在表面上,这种动向与国内法学吸收社会学、经济学、人类学和历史学等研究方法的过程相类似,确实有助于扩展国际法学者的视野,使他们对国际法学中一些想当然的预设加以反思,意识到国际法是国际政治权力环境中的一个子系统,需要在更宏观的社会结构中重新审视传统研究方法的盲点和暗域。但同时,这种交叉学科研究如果不想沦为轻轻的擦肩而过,而要触动核心和根基的话,那又会导致一种非常现实的危险:国际法学独特的研究传统遭到各种现代和后现代"-ism"的侵蚀,沦为国际关系理论的分析素材或应用对象,趋于边缘化和碎片化。实际上,芬兰国际法学家科斯肯涅米(Martti Koskenniemi)就一针见血地把冷战后主要在美国出现的这种新动向,称为国际关系理论对国际法学的一场征服与屠杀。在本辑主题研讨中没有收录这方面的论文,但是当中国学者试图引入国际关系理论来充实或改善国际法学的研究方法时,也许需要留意到国际关系理论自身的限度,立足于法学的根本来摸索新的生长点,而不是完全依赖这些相关学科中的新知识,以一种居高临下的姿态来批判中国现有的国际法学研究。否则,学科交叉只是一场新的殖民圈地运动而已。

当然,冷战后国际法学研究中出现的上述变化趋势,有着更为深刻的背景,需要关联更为广阔的活动空间来进行思考和把握。说到底,国际法并非高高在上、遥不可及、铁板一块的规则与制度,而是和国内法一样,与每个普通人的日常生活紧密相关、参与型构我们对于美好生活秩序之想象的一门技艺。本辑主题研讨中选取的四篇文章,作为"国际法学研究的新进路"的体现,在某种意义上正好相互辉映,或许可以帮助我们更好地理解国际法的现实存在以及面向未来的期待。

国际法律体系中的"公私法分立"[*]

蔡从燕[**]

"Public-Private Law Division" in International Law

Cai Congyan

内容摘要：自觉地进行"方法整合"与"知识整合"是活跃中国国际法学研究的有效路径。作为"知识整合"的一种思维实践，基于在确立、规范公共权力与私人权利之行使方面有着共同的需求，人们可以借鉴国内"公私法分立"的经验，把国际法律体系化为"私法性国际法"与"公法性国际法"。这一体系化有助于理解国际法的历史变迁与发展趋势，以及增强国际法在国际社会中的作用。

关键词：公法 私法 知识整合 国际公域

---

[*] 本文是作者主持的 2008 年国家社科基金青年项目"国际法上的类比研究"（08CFX052）以及 2009 年教育部新世纪优秀人才支持计划的研究成果。

[**] 厦门大学法学院教授、法学博士。感谢《北大法律评论》审稿人非常专业的审稿，尤其感谢审稿人对初稿提出的许多建设性修改意见。2010 年 11 月 19 日，作者以此为题在北京大学法学院做了一场学术报告。作者感谢易平老师的热情邀请，感谢宋英老师的细致评议，也感谢作为共同报告人的厦门大学徐崇利老师以及参加报告会的中山大学法学院黄瑶老师的评论。

一、导言：中国国际法研究的"方法整合"与"知识整合"

在中国日益融入国际体系的时代背景下，中国国际法研究现状已经引发了一些中国学者的强烈担忧或不满。2004年时，饶戈平教授对于中国国际法学现状作出了或许让许多中国学者觉得过于残酷的评价：尽管改革开放以来中国国际法研究取得前所未有的发展，但"与国际法学界同行的差距，从整体上仍然在无情的拉大"[1]。徐崇利教授更是以"理论贫困化"来描述中国国际法研究的现状。[2]

无论自然科学还是社会科学的发展史都表明，"整合"（integration）是实现学科发展突破的一种有效路径，因为它有助于研究者超越于本学科既有的研究方法、知识，在本学科之外观照本学科。在笔者看来，"整合"可以分为"方法整合"或工具性整合与"知识整合"或原理性整合，前者是指把其他学科的研究方法引入本学科研究，后者是指其他学科的相关原理、观念等引入本学科研究。这两种"整合"路径都有助于推动中国国际法学的发展。根据笔者的初步观察，美国国际法学者倾向于选择"方法整合"。由于从经验层面看国际关系对国际法实践具有的不容置疑的巨大作用力，在作为战后的超级大国乃至唯一超级大国的美国，这种"方法整合"尤其表现为国际关系与国际法跨学科研究。20世纪40年代初，尤其50年代以来，由于认为传统的实证主义国际法学者无法解释激荡的国际关系现实，麦克杜格尔和拉斯韦尔逐步把现实主义国际关系理论引入国际法研究，从而创立了被称之为"政策定向学派"或纽黑文学派的国际法学派。[3] 近年来，也有国际法学者把经济学研究方法引入国际法研究。[4] 晚近，徐崇利教授等一些中国学者也积极开展国际法与国际关系跨学科的研究，成效显著。[5] 有意思的是，欧陆国际法学者似乎并不热衷于"方法整合"，比如欧陆国际法学者很少有人从事国际法与国际关系跨学科研究，他们似乎更着力于"知识整合"，比如把国内宪政学说运用于国际法研究。

本文显然不是臧否"方法整合"与"知识整合"各自利弊的恰当场所，笔者

---

[1] 饶戈平："中国国际法学面临的挑战与使命"，载《法学研究》2004年第2期。
[2] 徐崇利："'体系外国家心态'与中国国际法理论的贫困"，载《政法论坛》2005年第5期。
[3] See Lasswell and McDougal, "Legal Education and Public Policy: Professional Training in the Public Interest", 52(2) *Yale Law Journal* 203 (1943); Myres S. McDougal, "International Law, Power, and Policy: A Contemporary Conception", 82 *Recueil Des Cours* 133(1953), Chapter One.
[4] See, e.g., Jagdeep S. Bhandari and Alan O. Sykes (eds.), *Economic Dimensions in International Law*, Cambridge, U.K.; New York: Cambridge University Press, 1997; Joel P. Trachtman, *The Economic Structure of International Law*, Cambridge, Mass.: Harvard University Press, 2008.
[5] 尤其参见徐崇利："构建国际法之'法理学'——国际法学与国际关系理论之学科交叉"，载《比较法研究》2009年第4期。

在此只是表明本文选择的是"知识整合"的路径。直言之,在国际社会与国内社会日渐同构化以及国际法日渐追求正义价值而非囿于秩序价值的背景下[6],笔者认为国内法经验以某种方式日益进入国际法实践必将成为一种趋势,相应地,国内法理论也将以某种方式运用于国际法研究中,其结果是,人类社会将可能迈向某种意义上的普遍法律/法学。

就目的而言,本文尝试通过借鉴国内法的"公私法分立"理论重构国际法律体系,即把国际法体系划分为"私法性国际法"(private law-minded international law)与"公法性国际法"(public law-minded international law),期待据此可以更好地理解国际法的历史变迁、发展趋势,以及其中蕴含的动力机制。除导言与结论部分外,本文包括三个部分。第二部分首先讨论公私法何以分立、如何分立,以及国际法体系类比国内法公私法分立实践的正当性,据此提出"私法性国际法"与"公法性国际法"的概念,在此基础上,第三、四部分分别讨论"私法性国际法"和"公法性国际法"的含义、依据、表现、作用及风险。

二、国内"公私法分立"经验与国际法律体系"公私法分立"的正当性

(一) 公私法分立与国内法律体系

如所周知,罗马法学家乌尔比安率先提出了公私法分立的主张,乌尔比安在《学说汇纂》中指出:"规定罗马之国事者为公法;规定私人利益者为私法。"与公法规范不得由私人间的协议而变更不同,私法规范是任意性的可以由当事人的意志而变更,因此有所谓"协议就是法律"的说法。[7] 查士丁尼所编的《法学总论》指出:"法律学习分为两部分,即公法和私法。公法涉及罗马帝国的政体,私法涉及私人利益。"

普遍认为,罗马人的私法制度极为发达,以至于被认为是"商品生产者社会的第一个世界性法律",是"以私有制为基础的法律的最完备形式",由此"一切后来的法律都不能对它做任何实质性的修改"[8],然而,君主意志极度膨胀等原因导致罗马公法并不发达,因而率先提出公私法分立的罗马并没有严格意

---

[6] 传统上,国际法被认为主要是确立或维护秩序,而非实现正义。I. A. Shearer, *Starke's International Law*, Eleventh edition, London: Butterworths, 1994, p. 5. 国际关系学者,即使是颇为重视国际法的英国学派的代表人物赫德利·布尔也认为国际法的主要作用在于维护秩序,而在实现正义方面基本没什么作用。参见赫德利·布尔:《无政府社会:世界政治秩序研究》,张小明译,世界知识出版社2003年版,第四章、第六章。显然,国际法把秩序作为自己主要甚至唯一价值将导致国际法的自我放逐,因为在无政府状态中,政治手段甚至武力手段在确立与维护秩序往往比法律更为有效。

[7] 周枏:《罗马法原论》,商务印书馆2001年版,第92页。

[8] 《马克思恩格斯选集》,人民出版社1979年版,第4卷第248页,第3卷第143页,以及第21卷第454页。

义上的公私法分立。[9] 中世纪时期,教会权威长期凌驾于世俗政权之上,不仅公法的产生,进而实现公私法分立变得更为不可能,甚至私法也湮没于教会法或上帝意志之中。中世纪后期,资本主义私人工商业的逐步发展推动了私法在欧洲的复兴。18 世纪,随着天赋人权、社会契约等宪政观念的提出、传播,以及美国和法国在 18 世纪末期分别制定成文宪法,公法真正成为独立的法律部门。私法的复兴与公法的出现使得公私法分立真正成为可能。20 世纪 30 年代初,美浓部达吉总结认为,"现代的国法,是以区别其全部为公法或私法为当然的前提的,对于国家的一切制定法规,若不究明该规定为属于公法或私法,而既欲明瞭其所生的效果和内容,盖不可能。公法和私法的区别,实可称为现代国法的基本原则。"[10]

公私法为什么要分立？显然,公私法的性质自身显然不足以充分说明公私法分立的正当性,而必须进一步从公私法的各自功能,尤其二者之间的相互关系中寻求答案。直言之,鉴于公法之性质乃在调整公共权力之行使,即实施政治国家之事务,而私法之性质乃在于调整私人权利之行使,即实施市民社会之事务,因而公私法分立的功能在于划定政治国家与市民社会的边界。政治国家与市民社会的划分意义有二：一方面,政治国家与市民社会得以相互分离,从而拒绝不必要、不正当的相互侵入,避免政治国家挤压,乃至吞没市民社会,即公共权力否定私人权利,或者市民社会排斥政治国家,即私人权利凌驾于公共权力之上；另一方面,政治国家与市民社会得以相互支持,从而通过相互的流动外在地提供相互救济,避免由于它们无法自行纠正各自在运作中滋生出来的问题而致使它们运转不灵,从而陷于混乱乃至濒于崩溃。

政治国家与市民社会之间之所以要划界,根本上说是由于政治国家产生及存续的正当性之一就是维护市民社会的存在。根据卢梭的社会契约论,自然状态中的人们并无意于让渡他们在自然状态中所拥有的一切权利,而只是让渡其中对于集体,即国家来说具有重要关系的部分。[11] 对于订约者并未让渡的权利部分,主权权力不得肆意侵入。卢梭明确指出,主权权力"不能超出公共约定的界限",而"人人都可以任意处置这种约定所留给自己的财富和自由"。[12]

从公私法自身的角度看,政治国家与市民社会之间相互分离与相互支持的关系表明,公法作用的恰当发挥有赖于发达的私法,反之亦然。没有公私法分立,公法极易成为政治国家挤压市民社会,滥用公共权力的工具,而私法则极易

---

[9] 达维德认为,"在罗马既不曾有公法,也不曾有行政法"。勒内·达维德：《当代主要法律体系》,漆竹生译,上海译文出版社 1983 年版,第 74 页。
[10] 美浓部达吉：《公法与私法》,黄冯明译,中国政法大学出版社 2003 年版,第 3 页。
[11] 卢梭：《社会契约论》,何兆武译,商务印书馆 2003 年版,第 38 页。
[12] 同上注,第 41 页。

成为强者欺凌弱者的工具。

历史经验揭示了恰当的公私法分立的必要性，以及否定公私法分立造成的消极后果：

从"私法独大"而公法被否定的角度看，18世纪中期以后，契约自由以及所有权神圣把私法文化推到了极致，公法日益则遭到了放逐。在政治国家与市民社会分立客观上已经存在的情况下，公法的被放逐产生了两个几乎同时发生的后果：其一，市民社会某种意义上回复到了霍布斯所说的自然状态；其二，市民社会的成员不承认政治国家的正当性，提出改革甚至革命的要求。由此，19世纪中期以后日益尖锐的劳资矛盾一方面表现为作为市民社会成员的工人与资本家之间的矛盾，因而是一种社会矛盾；另一方面表现为工人对资本主义政权的否定，因而是一种政治矛盾。

从"公法独大"而私法被否定的角度看，苏联是"公法独大"甚至否定私法作用的倡导者。苏联的做法深刻地影响着许多国家的法律理论与实践。以中国为例，从法律实践方面看，20世纪80年代以前，中国鲜有民商事立法，少数的民商事立法也弥漫着强烈的公权力因素。从法学研究方面看，"建国以后，我国法学界一直不承认有关公法与私法划分的理论，否认民法是私法的观点自建国开始一直在我国的法学研究中占据重要地位".[13] 其结果是，政治国家很大程度上吞没了市民社会，公共权力严重限制或剥夺了私人权利，尤其对经济交易权利的限制或剥夺严重损害了政治国家赖以长期运作的基础。20世纪70、80年代，许多否定公私法分立的国家陷入经济困境，进而甚至诱发政治危机。一些国家，包括中国接受了公私法分立，这不仅活跃、壮大了市民社会，并且也维系、巩固了政治国家的正当性。

诚然，反对公私法分立的声音与公私法分立的实践几乎一样的历史悠久，尤其福利国家的出现为反对公私法分立的人们提供了某种支持，但公私法分立思想仍然坚实地扎根于各国法律实践中。因此，与其说公私法分立的传统遭到了否定，不如说各国更加深刻地理解公私法之间的结构性关系，从而通过具体的公私法分立实践，以满足在不同时期里针对政治国家与市民社会之间的关系而提出不同的平衡要求。

在公私法分立在根本上具有正当性的情况下，问题的关键是如何分立？直言之，公私法分立的具体依据是什么？在美浓部达吉看来，"自古迄今的法令中，简直没有使用着公法或私法的字样的。何况是指示两者的区别标准的规定，就无论在哪里亦没有找着的可能".[14] 尽管如此，这种依据无疑又是必需

---

[13] 罗豪才、孙琬钟主编：《与时俱进的中国法学》，中国法制出版社2001年版，第21页。
[14] 美浓部达吉：《公法与私法》，同前注[10]。

的。在这方面,卢梭对社会契约的讨论揭示了公私法分立的依据。卢梭认为,"每个人由于社会公约而转让出去的自己的一部分权力、财富、自由,仅仅是全部之中其用途对于集体有重要关系的那部分"。[15] 这表明,特定事项是否具有"重要关系"是社会契约订约人决定是否把他们在自然状态中针对该事项原本拥有的权利转让给政治国家的根本依据。由于"重要"本身无疑是一个发展的概念,因而人们向集体让渡的权利并非处于静止状态,而是可以通过修改社会契约,决定扩大或缩小所让渡权利的范围,从而扩大或缩小政治国家行使公共权威的空间。总之,诚如周枏先生指出的,"公法与私法的关系,因时代的不同而有变化"。[16]

这种因时代不变而实践的公私法分立,突出地表现为所谓的私法公法化以及公法私法化现象的出现。所谓私法公法化,其基本含义是公法精神或文化向私法领域渗透,从而使得特定的私法规范具有公法色彩,其目的在于发挥公法或公共机构在实施私人事务方面的作用。私法公法化现象始于19世纪后期,它主要表现为传统的契约自由受到限制、所有权神圣逐步让位于所有权社会化等。所谓公法私法化,是指私法精神或文化向公法领域渗透,从而使特定的公法规范具有私法色彩,其目的在于发挥私法以及私人在完成公共事务方面的作用。[17] 公法私法化现象大致出现于20世纪70年代,其代表性实践就是始于德国并进而席卷西方世界乃至全球的公共行政改革。表面上看,私法公法化与公法私法化反映了两个截然不同的法律实践方向,但实则是体现了政治国家在不同的时期,根据不同事务对于政治国家或市民社会的重要性或迫切性,通过公私法之间的相互流动,实施变动着的公私法分立。

(二)公私法分立与国际法律体系

对于人们来说,国内法体系分为公法与私法几乎是耳熟能详的。不过,或许并不是很多的人认真思考过"国际公法"(public international law)——往往被简称为"国际法"——的性质及结构问题,即"国际公法"是"公法"吗?或者说"只是"公法吗?又或者说,根本就不是"公法"?进而,"国际公法"根本上不存在进行类似于国内法律体系之公私法分立的必要或者可能?笔者认为,国际法体系可以类比国内法体系的公私法分立实践,即国际法体系应当划分为私法意义上的国际法以及公法意义上的国际法[18],前者不妨称为"私法性国际法",而后者不妨称为"公法性国际法"。

国内法的公私法分立经验之所以可以推及适用于国际法实践,根本原因在

---

[15] 卢梭:《社会契约论》,同前注[11]。
[16] 周枏:《罗马法原论》,同前注[7],第92—93页。
[17] 参见王维达主编:《以私法完成公共任务》,百花出版社2003年版,序言。
[18] 蔡从燕:"国内公法对国际法的影响",载《法学研究》2009年第1期。

于国际社会与国内社会对于确立、规范公共权力与私人权利之行使及维护有着共同的需求,而公私法分立恰恰可以实现这种需求。当然,这并不意味着国际法意义上的公私法分立在结构方面可以完全照搬国内法意义上的公私法分立,事实上,由于国际社会与国内社会,以及国际法发展水平与国内法发展水平之间存在的差别,"私法性国际法"和"公法性国际法"之间的结构性关系必然不同于国内法中的公私法之间的结构性关系。因此,在具体的国际法实践中,如何在上述国内公私法分立的原理,密切结合国际社会与国际法发展的实际情况,识别"私法性国际法"与"公法性国际法"之间的结构性关系,是一项极具挑战性的工作。当然,作为一篇框架性的论文,本文不可能详细讨论这些具体的国际法"公私法分立"实践。

三、"私法性国际法"

很早之前,许多国际法学者就指出了国际法的私法属性,但这并不意味着他们在下文所述的涉及国际法"私法性"的一系列重要问题方面进行过细致的研究。有学者认为,"所谓的国际公法,实际上属于私法性质,或者甚至比国内私法还要私"。[19] 弗里克(Fricker)认为,国际法只是"更高级的私法"(a higher private law)。[20] 霍兰德(Holland)认为,国际法"显然只是私法"(but private law writ large)。[21] 在赫希·劳特派特看来,如果把私法看做是调整处于合作状态中的法律实体之间的关系,而公法是调整处于服从状态中的法律实体之间的关系,那么,国际法是属于私法一类的。[22] 作为国际法学开山之作的《战争与和平法》不仅被认为是一部私法论著[23],甚至被认为只是一部私法论著。[24]

那么,那个被认为"甚至比国内私法还要私",或者被认为只是"更高级的私法"的国际法,即本文所指之"私法性国际法"的基本含义如何,国际法何以被认为是"私法性国际法","私法性国际法"表现在哪些方面? 对于国际社会来说,"私法性国际法"具有哪些作用,存在哪些风险? 以下逐一讨论。

---

[19] 参见上海社会科学院法学研究所编译:《国际公法》,知识出版社 1981 年版,第 77 页。

[20] See H. Lauterpacht, *Private Law Sources and Analogies of International Law*, London: Longmans, Green and Co. LTD, 1927, p.81.

[21] Thomas Erskine Holland, *Studies in International Law*, Oxford University Press, 1898, p.152.

[22] H. Lauterpacht, *Private Law Sources and Analogies of International Law*, Longmans, Green and Co. LTD, 1927, p.81.

[23] 参见艾伦·沃森:《民法法系的演变及形成》,李静冰、姚新华译,中国政法大学出版社 1997 年版,第 132 页。

[24] See H. Lauterpacht, *Private Law Sources and Analogies of International Law*, supra note [20], p.16.

(一)"私法性国际法"的含义

鉴于平等、自治是私法的基本属性,笔者初步认为,"私法性国际法"——英文不妨称之为"private law-minded international law"——是指根据国家主权平等原则,受到国内私法文化深刻影响,调整国家间关系的国际法规范或制度。

(二)"私法性国际法"的依据

国际法的私法属性,或者说"私法性国际法"的基本依据体现在两个方面:(1)国家的自治性,即国家本身可以有效地行使对内及对外的权威,据此不需要接受超越它们之上的权威;(2)国家的平等性,即国家之间是平等的,据此不接受相互不平等地行使权威。相较而言,自治性是平等性的前提,而平等性则是自治性的保障。

1. 国家的自治性

国家的自治性,是指具备国家构成要素的国家构成一种自治性的存在,据此可以确保该国可以独立地对外及对内行使权威,而不需要接受超越它们之上的权威。

迄今为止,还没有哪一个多边国际公约就国家的构成要件作出规定,但国际法理论与实践普遍接受了1933年第七届美洲国家会议通过的《蒙得维的亚国家权利与义务公约》规定的构成要件。该公约第1条规定:"作为国际法上的人的国家应当具有以下条件:(1)长住居民;(2)确定的领土;(3)政府;以及(4)与其他国家开展关系的能力。"虽然上述四个要件中的某一个未能满足并不当然影响到国家的存在,比如1948年以色列建国时并没有确定的领土,又如武装冲突可能使一国陷入无政府状态,但这种情况只是例外存在的,并且只能是临时存在的。[25]

从国际法律人格方面看,具备上述四要件确保了国家有权利对内以及对外行使权威;从履行公共职能看,具备上述四要件确保了国家有能力对内以及对外行使权威,从而从法律上以及功能上说均不必假手于超越它们之上的更高级的权威。

2. 国家的平等性

国家的平等性,是指国家不仅从伦理的方面说被先验地认为应当是平等的,并且从物质(国际关系)的方面说也应当是平等的。

国家平等的伦理依据,是指根据自然法理论,国际社会中的国家间关系被类比国内社会中的个人间关系;同样地,根据自然法理论,国内社会中的个人被认为是平等的,因而国际社会中的国家也被认为是平等的,进而应当根据平等

---

[25] 参见詹宁斯、瓦茨修订:《奥本海国际法》(第九版)第一卷第一分册,王铁崖等译,中国大百科全书出版社1995年版,第92页。

原则建构国家间法律关系。

西班牙人维多利亚是第一个把自然平等观念转化为国际法上的国家平等观念的国际法学者。维多利亚直接吸收了阿奎那的思想,他认为国家间的平等性是由独立国家的存在以及包容一切的世界性共同体这两个因素所决定的,并且主权国家不会接受任何更高级的世俗权威。不过,维多利亚并没有明确、详细地说明国家平等的含义。[26] 普芬道夫、沃尔夫,以及法泰尔都从自然法的角度,并且运用类比方法肯定了国家间关系与个人间关系一样都是平等的。普芬道夫认为,"自然状态下的所有人都是平等的,国家是国际法上的有格者,因而它们也是平等的"。[27] 沃尔夫认为,"所有的国家生来都是相互平等的。因为国家就像是生活中自然状态下的个体的自由人。由于所有的人生来都是平等的,因此,所有的国家生来也都是相互平等的"。[28] 不过,法泰尔针对国家平等含义所作的界定被认为最为经典。法泰尔认为:

> 由于根据自然不同的人是平等的,因而他们拥有的同样源于自然的个人权利与义务也是平等的,各国——由这些不同的人组成并且可以被认为是众多自由的人共同生活在自然状态中——根据自然也是平等的,它们从自然中获得了同样的权利与义务。在这种情况下,强大与弱小是无关紧要的。侏儒与巨人一样都是人;作为一个主权国家,最弱小的共和国并不亚于最强大的王国。[29]

国家平等的物质依据,是指各国在弱组织化的国际社会进行国际交往客观上要求国家间应当是平等的。

如所周知,近代的国际法学家普遍接受了霍布斯对国际社会的自然状态假设,尽管他们未必完全接受这一假设的具体内容。霍布斯对于国内社会的自然状态属性与国际社会的自然状态属性的理解是不同的。如果说霍布斯对于国内社会的自然状态看做是一种战争状态还有所保留的话,那么他对于国际社会上的自然状态是一种战争状态显然自信得多。[30] 虽然霍布斯并未详细讨论两

---

[26] P. H. Kooijmans, *The Doctrine of The Legal Equality of States*, Leyden: A. W. Sythoff, 1964, pp.60—61.

[27] R. P. Anand, "Sovereign Equality of States in International Law", 197 *Recueil Des Cours* 17 (1986II), p.53.

[28] I. A. Shearer, *Starke's International Law*, supra note[6], p.99.

[29] P. H. Kooijmans, *The Doctrine of The Legal Equality of States*, supra note[26], p.84.

[30] 一方面,霍布斯认为,"也许会有人认为这种时代和这种战争状态从未存在过,我也相信决不会整个世界普遍出现这种状态"。他甚至认为,虽然就具体的个人说来,人人相互为战的状态"从未存在过"。另一方面,霍布斯认为,"然而在所有的时代中,国王和最高主权者由于具有独立地位,始终是互相猜忌的,并保持着斗剑的状态和姿势。他们的武器指向对方,他们的目光互相注视;也就是说,他们在国土边境上筑碉堡、派边防部队架设枪炮;还不断派间谍到邻国刺探,而这就是战争的姿态。"霍布斯:《利维坦》,黎思复、黎廷弼译,商务印书馆1985年版,第96、97页。

种自然状态的属性为什么会存在差别,但他似乎认为这是由于国内社会的统治者可以通过维护并利用国际社会的作为战争状态的自然状态属性,从而帮助国内社会摆脱作为战争状态的自然状态属性。[31] 此外,霍布斯所说的战争状态不能被误解认为是一种"行动的"战争状态,事实上,那只是一种"姿态的"战争状态,即存在严重的冲突危险。[32] 霍布斯的自然状态理论并非没有受到批评。洛克与普芬道夫在不同层面上对霍布斯的这一假设提出了挑战。不过,洛克与普芬道夫并未能有效地否定霍布斯把国内社会与国际社会的自然状态均假定为是一种战争状态的基本合理性。

洛克批评了霍布斯把自然状态与战争状态相混淆的做法。[33] 在洛克看来,自然状态是:(1)一种"平等的状态,在这种状态中,一切权力和管辖权都是相互的,没有一个人享有多于别人的权力",并且在此基础上建立了"人们相互之间应有的种种义务,从而引申出正义和仁爱的重要准则";(2)一种自由但非放任的状态。在洛克看来,为了约束所有的人不侵犯他人的权利,每个人根据自然法"都有权惩罚违反自然法的人"。[34] 显然,每个人都有权执行自然法的状态很可能,甚至可以说必然导致战争状态。不过,在洛克看来,即使强力或者使用强力的企图仍然存在,但只要存在"共同尊长",或者可以向其诉请救济的"一种权威、一种权力"情况下,战争状态即告终止。在他看来,国内社会显然已经存在这些"共同尊长"、救济性权威或权力。[35] 然而,如果说英国的"光荣革命"使得在撰写《政府论》——作为洛克对"光荣革命"进行理论辩护的产物——时的洛克有理由认为,在国内社会已经存在着消除战争状态的"共同尊长"、"权威"或"权力"的话,那么,当时国际社会的状态——《威斯特伐里亚和约》并未废除武力的使用,并且在废除教皇作为"共同尊长"的同时并未确立新的更高的权威——显然并不能支持洛克针对国际社会的自然状态得出类似的结论。事实上,虽然洛克在讨论一国的对外权时间接地指出国际社会可能处于战争与和平、联合与联盟的状态,[36] 但他并没有详细讨论这些状态之间的关系,以及导致这些状态的原因。有中国学者试图以洛克认为执行权与对外权"总是联合在一起"为由主张国际社会未必处于战争状态,[37] 这一主张是值得

---

[31] 霍布斯认为,各国统治者"用这种办法(指国家间的'战争的姿态'——笔者注)维持了臣民的产业,所以便没有产生伴随着个人自由行动而出现的那种悲惨状况"。同上注,第96页。
[32] 同上注。
[33] 洛克:《政府论》(下篇),叶启芳、瞿菊农译,商务印书馆1982年版,第3—5页。
[34] 同上注,第12页。
[35] 同上注,第92页。
[36] 同上注,第12页。
[37] 同上注,第92页;宋秀琚:《国际合作理论:批判与建构》,世界知识出版社2006年版,第251页。

商榷的,因为对内执行权与对外权完全可能遵循截然不同的行动逻辑,霍布斯针对国内社会的自然状态属性与国际社会的自然状态属性之间的差别所做的间接揭示实际上已经表明了这一点。

在国际法学者中,普芬道夫是少有的对霍布斯自然状态理论进行详细评论的一位。与洛克不同,普芬道夫侧重批评霍布斯关于国际社会的自然状态是战争状态的假设。普芬道夫认为,"促使霍布斯得出人们希望伤害他人的理由只是特殊的例子,比如在个人之间,而绝不意味着这些理由足够的重要,以至于使得作为集体的人们对于其他人们发动全面战争成为不可避免。认为不冒犯他人的人们是生活在具有攻击性的、邪恶的人们中间,或者后者总是想侵扰前者,也不总是正确的"。[38] 在普芬道夫看来,国际社会的自然状态不是一种战争状态,而是一种和平状态,原因包括:(1) 距离,即地理上的远距离会阻止对他人造成伤害;(2) 实力均等,即企图伤害他人的人会担心与其具有同等实力的人进行反击;(3) 理性与感情,比如理性会促使人们意识到在没有受到挑衅的情况下发动战争是不恰当的、没有好处的。普芬道夫认为,这种和平建立在以下法律基础之上,即他"不应当伤害没有正在对他造成损害的人";"应当允许任何人利用自己的财产";"应当诚实地履行任何已经达成一致的内容";"只要不受任何更迫切的义务的约束,任何人应当自愿促进他人的利益"。[39] 诚然,我们不能否认这三个因素有助于国际社会之自然状态的和平属性,但这些因素显然并不可靠,因为实力均等的情况往往不存在,而地理距离也可以通过科技进步加以克服。

进一步看,虽然根据自然法,国内社会中的个人与国际社会中的国家在伦理上都是平等的,但自然法并未否认个人间与国家间存在的事实上或者物质性的不平等,比如不同国家拥有的领土面积、人口规模等并不相同。在现实世界中,这种事实上或物质性的不平等很可能否定伦理意义上的平等。杰里·辛普森对于大国在1815年以来的国际关系中如何把国家主权平等玩弄于股掌之上所做的描述证明了这一点。[40]

上述物质性的国际关系假设与事实恰恰揭示了国家间平等的重要性。原因是,对于那些能够确保"均势"的国家来说,自然法规定的任何一方在伦理世界中都有"权利"相互执行自然法可以进一步地在现实世界中体现为任何一方都有"能力"执行自然法,因而任何一方都不敢轻举妄动,由此可能维持和平。

---

[38] Samuel Pufendorf, *De Jure Nature et Gentium Libri Octo*, translated by C. H. Oldfather and W. A. Oldfather, Oxford: Clarendon Press, 1934, p.171.

[39] Id., pp.170—172.

[40] Gerry Simpson, *Great Powers and Outlaw States: Unequal Sovereign in the International Legal Order*, Cambridge; New York: Cambridge University Press, 2004.

如前所述,普芬道夫就认为这种"均势"有助于和平。与此不同,对于那些在物质性方面明显处于劣势的国家来说,平等也为它们提供了最基本,尽管未必有效的保障,这是因为:(1)对强国来说,平等意味着一种限制或义务,即限制它们在与弱国的关系中肆意使用自己的优势,不得在未经弱国同意的情况下把本国的意志强加于弱国;(2)对弱国来说,平等意味着一种自由或权利,即弱者至少有权利维护本国的权利。19世纪著名的国际法学家洛里默(Lorimer)曾经指出,"较之强国来说,弱国可能更仰赖于实证法"[41],其原因即在于此。

(三)"私法性国际法"的表现

1. 国际法效力依据

普遍认为,国际法的基本效力依据是国家同意。即使认为主权一词的流行是"不幸的",产生于"不幸的错误",主权是一个"坏词汇"[42],路易斯·亨金也承认:"国家的同意是国际法的基础。国际法只对已经给予同意的国家具有约束力这一原则仍然是国际政治体系的公理。这意味着国家的自治。"[43]

国际司法实践也支持国家同意是国际法之效力依据的主张。在 Lotus 案中,常设国际法院判决指出:

> 国际法是调整独立国家之间的关系。因此,对于国家具有约束力的规则源于它们自己的自由意志,这种意志表达并确立于公约或者普遍承认为表达了法律原则的惯例当中,以便旨在规范这些共存的独立共同体之间的关系,或者旨在实现共同的目标。因此,不能推定认为对国家的独立性存在着限制。[44]

虽然常设国际法院没有直接提及"同意"一词,但"自由意志"显然相当于"同意"。在法院看来,国际法规则的约束力之所以源于国家的自由意志,前提是国家之间是相互独立的。而国家之间何以能够独立,其原因显然就是前文所说的国家的自治性。

不难看出,国家同意作为国际法的效力依据深刻揭示了国际法的私法属性。从实证法的角度看,这一效力依据逻辑地决定了国家主权平等原则。

2. 国际法"初级规则"

在起草《国家责任条款草案》时,联合国国际法委员会把国际法规则分为

---

[41] Edwin DeWitt Dickinson, *The Equality of States in International Law*, Cambridge: Harvard University Press, 1920, p. 105.

[42] Louis Henkin, "International Law: Politics, Values and Functions", 216 *Recueil Des Cours* 9 (1989-Ⅳ), pp. 24—25.

[43] Id., p. 46.

[44] *France v. Turkey* (S S Lotus)(1927), P. C. I. J. Rep., Series A, No. 10, p. 19.

"初级规则"与"次级规则"[45],前者规定国家义务的规则,后者规定国家违反初级规则所产生法律后果的规则。[46] 虽然国际法委员会只是从强调其编纂工作选择的角度进行这一划分的,但这一划分不仅因其涵盖整个国际法规则系统因而具有逻辑上的周延性,并且由于国际法的公私法属性在"初级规则"与"次级规则"方面存在较大不同而使得这一划分可以突出特定部分国际法规则的属性,因而笔者在此也采纳这种划分。

普遍认为,条约与习惯是创设国际法初级规则的主要途径,以下分别讨论条约与习惯中的私法属性:

> 条约的私法属性在《维也纳条约法公约》中有着鲜明的体现:首先,国家是否进行谈判、缔结、接受、加入,在签署条约后是否予以批准,以及是否通过保留排除条约中某些规定的效力端赖于国家的自由意志。[47] 并且,国家可以根据自己的判断决定是否退出条约,即便特定的条约,比如《联合国宪章》没有规定退出机制,也不妨碍缔约国的退出。其次,条约只对缔约方生效。《维也纳条约法公约》第34条规定:"条约非经第三国同意,不为该国创设义务或权利",这几乎是国内合同法中合同相对性的翻版。总之,国家同意构成国际条约的基础。

从具体条约方面看,体现私法属性的国际条约不胜枚举。即便声称旨在针对"足使全体人类沦于浩劫,因而必须采取一切努力"以避免其发生的核战争,并且意识到"核武器之扩散,足使核战争爆发危机大增"的多边条约,《防止核武器扩散条约》也充斥着私法属性,即主权国家在该条约项下拥有加入或退出该公约的自由。比如,该条约只是规定应当向所有国家开放签署,并未规定该条约对于非缔约国也具有拘束力。更重要的是,该条约规定了退出权,根据该条约第10条第1款,如果特定缔约国"断定与本条约事项有关的非常事件危害其本国最高利益",则"为行使国家主权起见,有权退出本条约",而该退出国所履行的义务只不过是"于退约三个月前将此事通知本条约所有其他缔约国及联合国安全理事会",以及在通知中"说明该国认为危害其最高权益之非常事件"。虽然迄今为止只有朝鲜于2003年1月10日宣布退出该公约,但关键的是该公约赋予缔约国退出权。据此,国际社会不能根据该条约要求非公约缔约国——包括从未加入条约的国家(比如被公认已经属于核国家的以色列、印

---

[45] 国际法委员会或许受到哈特把法律规则分为初级规则与次级规则的启示,但哈特所说的初级规则与次级规则与国际法委员会的理解是有所不同的,因为哈特所说的次级规则包括承认规则、变更规则以及裁判规则,其范围不仅包括有关违反初级规则所产生法律责任的规则。参见哈特:《法律的概念》,许家馨、李冠宜译,法律出版社2006年版,第77—93页。
[46] 参见贺其治:《国家责任条款草案》,法律出版社2003年版,第14—17页。
[47] 参见《维也纳条约法公约》第11—23条。

度,以及巴基斯坦)以及曾经加入但退出的国家(朝鲜)——承担法律义务,国际原子能机构也无法据此开展工作。

从争端解决的角度看,一些国际争端解决机构也指出条约的私法属性。比如,在 *Japan-Taxes on Alcoholic Beverage* 案中,WTO 争端解决机构上诉机构指出:

> 《建立 WTO 协定》是一个条约——一份合同的国际对应物。显然,在行使它们的主权,以及追求它们各自的国家利益时,WTO 成员方进行了博弈。它们认为利益的交换是源于它们作为 WTO 成员方的身份,它们已经同意根据它们在《建立 WTO 协定》中作出的承诺行使它们的主权。[48]

普遍认为,国家实践与法律确信是构成国际习惯的两大构成要件。[49] 不难看出,国家实践与法律确信中已经蕴含着同意要素,比如,特定国家可以通过否定法律确信的方式表达本国的不同意。比如,在 *Determination of the Maritime Boundary in the Gulf of Maine Area* 案中,国际法院认为"默认相当于通过单边行为表达的暗示承认,据此另一当事国可以解释为同意"。[50] 换言之,如果当事人并不采取默认的做法,则另一当事国不得解释为一当事国构成了同意。尤其是,在 *Fisheries* 案中,国际法院支持确立了"持续反对者"规则的做法。针对英国反对瑞典划定基线的做法,国际法院指出:"无论如何,十海里规则看起来不适用于挪威,这是因为它始终反对任何把该规则适用于挪威的企图。"[51] 虽然许多国际法学者反对"持续反对者"规则[52],但该规则仍然得到许多国家实践的支持。[53]

同意是否构成国际习惯适用于新国家的条件是国际法上尚未完全解决的问题。传统上,许多西方国家及国际法学者认为新国家必须接受既有的国际习惯,其潜在的理由是认为个别国家的同意对于习惯法的创设以及运用来说并非是必要的;与此不同,第二次世界大战后新兴的发展中国家则普遍认为国际习惯不能自然地适用于新国家。[54] 实践表明,新兴的发展中国家成功地拒绝其中的一些国际习惯,其中包括通过条约或其他法律文件拒绝涉及征收外国人财

---

[48] Appellate Body, *Japan-Taxes on Alcoholic Beverages case*, AB-1996-2, 4 October 1996, p. 15.

[49] See *North Sea Continental Shelf case*, ICJ Reports 1969, para. 77; *Continental Shelf case*, ICJ Reports 1985, para. 27; *Nicaragua case*, ICJ Reports 1986, para. 184.

[50] ICJ Reports 1984, p. 305, para. 130.

[51] ICJ Reports 1951, p. 131.

[52] G. M. Danilenko, *Law-Making in the International Community*, Dordrecht:Martinus Nijhoff Pub., 1993, pp. 110—111.

[53] Id.

[54] Id., p. 114.

产补偿标准的"充分、有效、及时"标准[55],这一事实表明同意在新国家接受既有国际习惯中的重要作用。

(三) 国际法"次级规则"

根据国际法委员会的说法,国际法"次级规则"实际上就是国际责任法,尤其国家责任法。国际联盟的主要"设计师"伊莱休·鲁特详细分析了传统国家责任法的私法属性。鲁特指出,人们

> 都熟悉所有文明国家的国内法中私权利与公权利以及保护或实施这些权利的救济之间的区别。一般来说,对合同的损害与违反只能由受到损害的人进行纠正,其他人无权介入。这与他们并不相干。另一方面,某些非常严重的不法行为——其泛滥会危及共同体的秩序与安全——被认为攸关每个人的利益……每一个公民都被认为由于违反该法律而受到了损害,因为该法律为他提供了保护,而如果该法律被违反而不受惩罚,他所受到的保护就将丧失……迄今为止,处理违反国际法的行为就像我们根据民事程序处理不法行为一样,好像这些违反行为与除受到损害与造成损害的国家之外的任何人都没有关系。其他国家提出反对的权利尚未获得普遍的承认……如果万国法要具有拘束力,如果职司把万国法适用于国际争议的法庭所作出的裁决要获得尊重,在理论方面必须有所改变,那些会威胁到由国家组成的共同体的和平与秩序的违法行为必须被认为是对所有文明国家的权利的侵犯……[56]

20世纪40年代时,杰塞普也认为,传统国际法从性质上说类似于国内法中的侵权法,而非刑法。据此,违反国际法的行为只涉及权利受到直接损害的国家,任何其他国家以及由国家构成的共同体都没有权利抗议、反对或者采取行动。[57] 当时的国际司法实践也支持这种看法。在 *Reparation for Injuries* 咨询案中,国际法院指出:"只有对其负有国际义务的当事方才能主张该国际义务被违反了。"[58]

新近,卡塞斯对多边条约在具体适用过程中的双边化的评论表明,国际法"次级规则"仍然具有强烈的私法属性。就国际习惯而言,卡塞斯认为,

> 习惯国际法规则向国际共同体的每个成员规定了对世权利,即针对所

---

[55] 参见《各国经济权利与义务宪章》第2条第2款c项、《中国—法国双边投资条约》(1984)第4条、《中国—英国双边投资条约》(1986)第5条。

[56] Elihu Root, "The Outlook for International Law", *American Society of International Law Proceedings*, 1915, pp. 7—9.

[57] Philip Jessup, *A Modern Law of Nations*, New York: The Macmillan Company, 1948, p. 10.

[58] *Reparation for Injuries Suffered in the Service of the United Nations*, ICJ Reports 1949, pp. 181—182.

有其他国家的权利。然而,在具体实施中,它们限缩为适用于两个国家之间的规范……但应指出,如果这些规则被违反了,所引发的法律关系只是发生在被侵害国与侵害国之间。换言之,实际权利的全面性并没有伴随着属于国际共同体所有成员国实施该权利的程序权利。如果一个国家侵犯了另一个国家的主权权利,主张给予赔偿的是受害国,其他任何国家不能代表受害国或整个国际共同体要求侵害国停止不法行为或给予赔偿。

多边条约也是如此,以多边贸易条约为例,卡塞斯认为,这些条约

> 规定每个缔约方有权要求任何其他缔约方履行义务。如果一个缔约方在从另一缔约方进口商品方面违反了条约义务,后者有权要求前者给予救济。但在实践中,该国际贸易条约被分解成一系列实质上相同的双边条约,每一个条约调整两个特定国家之间的关系。该国际贸易条约的一个缔约方好像受到许多双边条约——该缔约方也是这些双边条约的缔约方——的约束。[59]

WTO《关于争端解决规则与程序的谅解》(DSU)的规定证实了卡塞斯的评论。从性质上说,《建立 WTO 协定》及附属协定属于多边协定,但根据 DSU 第 22 条,如果在 WTO 争端解决机构(DSB)所作建议和裁决未能在合理期限内获得执行,或者执行措施不符合所作建议和裁决之要求,则受损害的 WTO 成员方可以向 DSB 请求授权对未履行义务的 WTO 成员方实施中止减少,这就是所谓的贸易报复。不过,非争端当事方不得对未履行义务的该 WTO 成员方采取这种贸易报复措施。

卡塞斯尤其以 1949 年《日内瓦四公约》第 1 条为例分析了涉及共同体利益的国际法规则的特点,从而揭示出该条的私法属性。一方面,卡塞斯认为,

> 1949 年日内瓦四公约创造性地建立的法律制度与传统的调整国际关系的,实质上追求自利(互惠、双边主义)的法律制度是不同的,它尊崇由共同体保护普世价值的原则。日内瓦四公约的任何缔约国,即便其没有介入武装冲突,或者没有直接受到武装冲突影响的,均被赋予一种法律权利,据此要求其他缔约国应该遵守日内瓦四公约的规定。因为它们尊崇基本的人道主义价值。据此,在遵守人道主义条约规则方面的共同利益获得了承认,并转化到了法律机制中。(着重号原文如此)

另一方面,卡塞斯认为,由于《日内瓦四公约》并没有规定缔约国在国家间

---

[59] 以上两段文字,分别来自安东尼奥·卡塞斯:《国际法》,蔡从燕等译,法律出版社 2009 年版,第 17、18 页。

层面如何行使该权利,并且没有规定有效的国际手段,这使得"在缔约国严重违反日内瓦四公约时,决定是否采取行动,进而在决定采取行动情况下选择何种形式的行动很大程度上仍然取决于各缔约国"。(着重号原文如此)

因而,卡塞斯认为,"从共同体利益的角度看,各国又回到了以本国自身利益为基础的双边主义和个别的行动上"。[60]

《国家责任条款草案》起草谈判中围绕着是否规定国际罪行而发生的争论以及最终达成的妥协方案也颇具有说服力。1996年国际法委员会一读通过的《草案》文本第19规定了国际罪行,但许多国家在一读之前以及之后围绕着该第19条发生了长期而激烈的分歧。虽然一些国家,比如北欧的芬兰、冰岛、挪威、瑞典、丹麦,以及意大利、阿根廷、希腊、墨西哥赞成规定国际罪行,但另一些国家,比如美国、法国、英国等则持反对意见。其中重要原因之一就是,在一些国家看来,国家责任被视为类似于一种民事责任,而规定国际罪行会被人认为是要把国际法刑事化。[61] 2001年二读通过的《草案》文本第40、41条以"一般国际法强制性规范"取代"国际罪行"。虽然新规定并未排除国际社会对于严重违反"一般国际法强制性规范"的行为课以集体责任,比如由安理会授权采取集体安全行动——这种责任的集体性与传统国际法"次级规则"的私法属性显然是不同的,但从中仍然可看出私法属性在当前国际法"次级规则"中的广泛影响。

(四)"私法性国际法"的作用

从宏观层面看,"私法性国际法"的作用有三,即促进国际关系民主化、促进国际法民主化,以及制衡"公法性国际法"。

1. 促进国际关系民主化

虽然人们对于民主含义的理解聚讼纷纭,莫衷一是,但都认为民主应该包括一些核心的要素,比如平等、沟通,区别仅在于各个要素被不同的人们,或者在不同时期被给予的重视程度有所不同。

从近代民族国家产生以来的至少三百年间,国际关系,至少是西方世界与非西方世界间的国际交往几乎不具备民主的一切要素,国际关系存在严重的"民主赤字"。从拉美到非洲再到亚洲,西方世界与非西方世界之间的关系中充斥的是"门户开放"、"势力范围"、"领事裁判权"、"武力索债",以及"炮舰外交",而不是平等、沟通,众多的非西方世界国家纷纷沦落为殖民地与半殖民地国家。卡塞斯正确地指出:"欧洲国家自始就为与非欧洲国家间的交往确定了基调,并且全面地扮演主导地位。"[62]

---

[60] 同上注,第25页。
[61] 参见贺其治:《国家责任法案例浅析》,法律出版社2003年版,第29、30页。
[62] 安东尼奥·卡塞斯:《国际法》,同前注[59],第34页。

20世纪60年代以来,许多新兴的发展中国家开始有意识地追求国际关系民主化,70年代以后,国际关系民主化被不结盟运动确立为既定的目标。[63] 90年代以来,国际关系民主化逐步进入联合国机构的视野[64],民主被认为不仅是国内政治的话语,也是国际关系,尤其是国家间关系中所应遵循的原则。然而,由于国际关系民主化根本上是否定西方国家享有的很大程度上已经深嵌于众多国际制度的特权或强权,因此,虽然各国人民"渴望实现国际关系民主化"[65],但它必然受到西方既得利益国家的淡化或否定。在联合国成立60周年首脑会议上,中国国家主席胡锦涛正确地指出,虽然国际关系民主化"不断推进",但由于"强权政治依然存在",因而国际关系民主化"尚未实现"。[66]

显然,在国家自治以及国家平等基础上发展起来"私法性国际法"对于实现国际关系民主化具有重要意义:首先,国际法本身就是开展国际关系的一种形式,因而否定强权政治,强调国家平等的"私法性国际法"本身就是国际关系民主化的体现;其次,"私法性国际法"有助于巩固国际关系民主化的成果,即把根据民主原则达成的国际成果予以法律化;再次,"私法性国际法"为一般性的国际关系提供行为准则或指南,从而全面推动国际关系民主化的实现。

前南斯拉夫国际法学者马格拉什维奇正确地指出,国家权利平等"是维护国际法上的国际和平与稳定,以及国际政治、经济、文化、人文以及文化关系的根本的政治与法律前提条件"。[67]

2. 促进国际法民主化

与近代以来的国际关系一样,国际法也存在严重的"民主赤字"问题,它主要表现在近代国际法产生之后的相当长时间内,西方国家垄断着国际法规则的形成与适用,非西方国家几乎被排除在国际法造法过程之外。甚而至于,它们被贬低为国际法客体,丧失了参与国际法律过程的资格,充其量成为国际法的受益人。在此情况下,可以认为国际法实际上成为西方世界实施殖民扩张,或者巩固殖民扩张成果的工具。值得注意的是,较之国际关系缺乏民主化,国际

---

[63] See M. C. W. Pinto, Democratization of International Relations and Its Implications for Development and Application of International Law, 5 *Asian Yearbook of International Law* 111 (1995), p. 112 and its note 3.

[64] See UN Secretary-General, *An Agenda for Peace: Preventive diplomacy, Peacemaking and Peace-keeping*, 17 June 1992, para. 82.

[65] 中共中央文献研究室:《江泽民论有中国特色社会主义》,中央文献出版社2002年版,第546页。

[66] 胡锦涛:《努力建设持久和平、共同繁荣的和谐世界——在联合国成立60周年首脑会议上的讲话》(2005年9月15日)。

[67] A. Magarasevic, "The Sovereign Equality of States", in Milan Sahovic (ed.), *Principles of International Law concerning Friendly Relations and Co-operation*, New York: Oceana Publications, 1972, pp. 188—189.

法缺乏民主化所造成的消极后果尤为深远而严重,因为大国的利益可以经由不民主的国际法而被稳定化、合法化。

虽然赫希·劳特派特对于西方世界在近代国际法发展的作用的描述是中性的,甚至是积极的,但这并不影响我们对于近代国际法不民主性的认识。劳特派特认为,

> 就理论与实践方面而言,这样一种观点,即基督教国家,尤其西方国家的文明对于17、18以及19世纪现代国际法的产生与发展所做的贡献几乎是全部的和决定性的,大体上是对历史事实的准确反映。[68]

较之劳特派特,卡塞斯的评论明显具有批判性色彩。卡塞斯认为,"国际法原则与规则是西方文明的产物,打上了欧洲中心主义、基督教意识形态以及'自由市场'观念的烙印。……"他一针见血地指出,殖民国家"炮制了这些国际法原则,以服务于它们自身的利益"。[69]

瓦格茨对"霸权主义国际法"(Hegemonic International Law, HIL)的讨论表明[70],即便在21世纪的今天,"民主赤字"仍然是国际法面临的一个突出问题。

不难看出,"私法性国际法"有助于国际法的民主化,这是因为它根本上决定了是否、何时、何地制定国际法规则,以及所制定的国际法规则的内容等都需要主权国家的同意。在这方面,条约的作用尤其明显,因为条约的最终达成普遍要经过复杂甚至冗长的谈判、签署及批准过程,并且往往有包括国际组织、国内行政机构、立法机构,乃至市民社会成员在内的多种行为体参与其中,从而更有可能遵循民主的方式最终完成条约造法。并且,诚如《维也纳条约法公约》第34、35条规定的,非经第三国同意,条约不为该国创设权利,尤其未经该国明示同意,不得为其创设义务。从这个意义上说,条约的民主性优于习惯,因为默认可能构成对习惯的接受。或许正是由于此,范霍夫认为,

> 当前国际社会的异质性促使条约崛起成为国际法的主要渊源,在那些属于一般法律的领域中尤其如此。尤其是,多边条约颇具民主性,因为所有的国家都有机会参与条约起草,从而对于国际造法作出贡献。正是由于这个原因,至少非西方国家非常非常倾向于条约这一工具。[71]

---

[68] E. Lauterpacht (ed.), *International Law: Being the Collected Papers of Hersch Lauterpacht*, Vol.1, Cambridge: Cambridge University Press, 1978, p.118.

[69] 安东尼奥·卡塞斯:《国际法》,同前注[59],第41页。

[70] Detlev F. Vagts, "Hegemonic International Law", 95(4) *American Journal of International Law* 843 (2001).

[71] G. J. H. van Hoof, *Rethinking the Sources of International Law*, Deventer, Netherlands; Boston: Kluwer Law and Taxation Publishers, 1983, p.118.

3. 制衡"公法性国际法"

根据前述"公私法分立"的一般原理,私法对于公法具有制衡作用,有助于防止公共权力的不当或不法使用。较之在国内法语境中公法对私法的制衡,在国际法语境中,"私法性国际法"对于下文所述的"公法性国际法"的制衡作用尤其必要。原因是,一般而言,国内公法是在完善的政治框架、组织、观念中形成与适用的,这些政治框架、组织以及观念可以较为有效地保障国内公法的正义性;与此不同,"公法性国际法"是在明显具有弱组织化、低法治化以及强国家主权观念特征的语境中形成与适用的,在这种状态中,"公法性国际法"实践可能会诱发更多的、更严重的风险,即产生笔者所说的"霸权主义公法性国际法"[72],因此,"私法性国际法"对于"公法性国际法"的制衡作用就显得尤其必要了。

(五)"私法性国际法"的风险

诚然,"私法性国际法"有助于促进国际关系民主化与国际法民主化,但潜在的风险也是显然的,因为"私法性国际法"内在地决定了它是国家化和双边化的国际法。随着国际关系的规模持续扩大、主体不断增加、利益渐趋多元,以及内容日益复杂,国家化与双边化的"私法性国际法"的风险将日益突出。"私法性国际法"呈现出一种"反身性",即以国家为逻辑起点反而威胁到国家自身的生存与发展,进而威胁到国际法在调整国际关系,进而构建人类美好家园方面的作用。

1. 国际法国家化诱发的风险

以主权国家为逻辑起点决定了在"私法性国际法"语境中国家利益合理地成为一国国际法实践的指导原则,但是,国家利益也可能被狭隘化为唯一的动力,而维护此等国家利益往往在国家基本权利的名义之下进行。这不可避免地会阻碍超越于国家之利益的国际社会之利益的形成、确认以及维护;即便国际社会的利益获得承认,这种利益可能也难以真正地独立于国家利益,甚至少数国家的国家利益之外,而往往只是国家利益简单的算计、权宜的相加,因而可能被主权国家——个别地,或"共谋地"——淡化、贬低,甚至否定。国际社会的整体利益未能获得有效形成、确认及维护的结果是,主要由国家组成的国际社会缺乏使得作为其成员的国家难以从国际社会"逃逸"所必需的纽带,从而陷于分裂,甚至濒临崩溃。从这个意义上说,一些人对国际社会持怀疑甚至否定的态度是不无道理的。[73] 在此情况下,不仅建立与维护促进国家间合作的国际机制困难重重,即便建立与维护实现国家间共存的国际机制也殊为不易。

---

[72] 参见本文第四部分之(五)。

[73] 参见安南:"问题与护照无关",载《国外社会科学文摘》(原文载美国《外交政策》2002年9/10月号,张逸波编译)2003年第1期。

《奥本海国际法》对于国家基本权利概念的疑惧间接揭示了国际法国家化的风险。[74] 特林伍德更是认为,把法律理论建立在国家及其意志的基础上不可避免地导致了人类陷于分裂,以及20世纪人为惨祸频频发生。[75] 虽然这一说法不免有失偏颇,但确实深刻地指出了国际法国家化的风险。

主权国家,尤其少数大国以本国国家利益为由阻挠符合国际社会整体利益的国际法实践或者从事不利于国际社会整体利益的国际法实践,可谓不胜枚举。不妨以美国退出《京都议定书》为例予以说明。众所周知,1992年《气候变化框架公约》是迄今为止涉及国际环境与发展的影响最大的国际法律文件,由于受到包括美国在内的发达国家的阻挠,该公约并未规定具体的减排目标,因而很大程度上只是"软法"。为了促使该公约能够在改善日益恶化的人类环境方面真正发挥作用,1995年开始,国际社会开始了把各国,尤其发达国家在该公约项下减排承诺具体化与义务的谈判,并最终于1997年达成《京都议定书》。1998年11月,克林顿政府签署了《京都议定书》。然而,即便承认自己是对于全球气候问题负有主要责任的国家之一,并且拥有改善全球气候问题的经济与技术能力[76],尽管国际社会也普遍认为美国遵守《京都议定书》是改善气候变化问题的关键,布什政府仍然于2001年3月宣布美国退出《京都议定书》。美国退出的重要原因之一是,适用《京都议定书》会使美国经济遭受重大损失,包括4000亿美元的经济损失及490万个工作机会。[77] 由于《京都议定书》只有在不少于55个《气候变化框架公约》缔约国加入且这些国家的二氧化碳排放量至少占该公约所列缔约国在1990年时二氧化碳总排放量的55%,美国的退出使得《京都议定书》生效的前提变为极为黯淡,极大地损害了国际环境法治。

诚然,国家利益并不当然与国际社会的利益相违背,尤其是,随着全球化进程的不断推进,国家或主动或被动地被卷进了全球化进程,从而逐步地完成它们的国际社会化过程,在此情况下,国家利益与国际社会的利益之间有可能出现越来越多的重合或相容。然而,即便如此,也不意味着国际法的国家化是没有风险的。这种风险主要体现在,从功能性角度看,国际法的国家化往往不利

---

[74] 《奥本海国际法》(第九版)是通过审慎肯定国家基本权利概念的方式表达这种疑惧的,它认为:"基本权利概念这个概念本身,如果不会为掩盖违反法律或掩盖纯粹的政治主张所滥用,意味着应该尊重国际人格的基本权利的相应义务,并且使这种义务特别明显地表现出来。基本权利的观念如果是这样,它是有效的,而不是完全多余的。"詹宁斯、瓦茨修订:《奥本海国际法》(第九版),同前注[25],第346页,注1。

[75] Antônio Augusto Cançado Trindade, "International Law for Humankind: Towards a New Jus Gentium", 316 *Recueil Des Cours* 9 (2005), p.59.

[76] 参见薄燕:《国际谈判与国内政治——美国与〈京都议定书〉谈判的实例》,上海三联书店2007年版,第281—282页。

[77] 同上注,第180—183页。

于解决国际社会面临的许多越来越复杂、越来越迫切的问题。

2. 国际法双边化诱发的风险

国际法的私法属性使得国家间关系被认为只是特定当事国之间的关系,从而内在地蕴含双边化的可能。事实上,此前已经有一些国际法学者注意到国际法的双边化问题。在这些国际法学者中,一些只是间接指出国际法的双边化问题,比如前述伊莱休·鲁特。另一些学者明确指出国际法的双边属性,比如,在关于国家责任的第三份报告中,时任联合国国际法委员会特别报告员的里普哈根指出,传统国际法根本上是"双边倾向的"(bilateral-minded),即国际法律义务存在且仅存在于单个的国家之间。[78] 西玛用"双边主义"(bilateralism)描述传统国际法的特征。[79] 值得注意的是,包括里普哈根与西玛在内的学者都是侧重从国家责任的角度或者说国际法"次级规则"的角度,讨论国际法的双边化的。事实上,对国际法双边化的理解可以,并且应该扩大到国际法的"初级规则"领域。直言之,国际法的双边化不仅包括在既有的多边法律框架内把特定国际法律关系产生的法律后果限定在特定两个国家间,而且包括国际法律关系被有意识地设定在特定的两个主权国家之间,从而使得既有多边法律关系被双边化了。

国际法双边化的重要结果是,事实上的不平等在国家间关系方面发挥极为重要的作用,而法律意义上的平等的作用被削弱了,甚至成为维护或扩大事实上的不平等的法律工具,吊诡的是,这一切是在国家主权平等的语境中发生的。从这个意义上说,雷伯斯坦(Reinstein)对法泰尔的国家平等理论的评论是精辟的,雷伯斯坦认为,源于自然法的国家平等恰恰阻碍了这种自然法的适用。[80]

之所以如此,从国内私法的角度看,这是因为私法语境中的平等从性质上说是一种法律意义上的平等而非事实意义上的平等。然而,如果事实意义上的不平等被过度地运用,以至于影响到事实意义上的弱势当事方法律权利的行使,则法律意义上的平等可能变得形同虚设,私法也就被异化成为强者支配甚至奴役弱者的工具。换言之,事实不平等实际上可能取代法律平等而成为私法的基础。近代资本主义的兴起使得自由放任成为私法的基本精神,这种自由放任的私法精神在18世纪时发展到了极致,其结果是,私法在19世纪时陷入危机。各国国内法解决、防止出现这种状况的基本经验是,或者运用公权力限制

---

[78] W. Riphagen, Third Report on State Responsibility, *Yearbook of the International Law Commission*, 1982, Vol. 2, Part 1, p. 36.

[79] Bruno Simma, "From Bilateralism to Community Interest in International Law", 250 (Ⅵ) *Recueil Des Cours* 217 (1994), p. 230.

[80] See P. H. Kooijmans, *The Doctrine of The Legal Equality of States*, Leyden: A. W. Sythoff, 1964, p. 85.

强者利用其拥有的优势,或者为弱者提供援助,比如在劳资关系中的集体谈判制度。

与国内私法平等类似地,国家主权平等被普遍地认为只是指法律意义上的平等,而不是事实意义上的平等。国际司法判例也支持这种理解。比如,在 *Libya-Malta* 案中,国际法院判决指出:

> 法院并不……认为划界应该受到讼争两个国家相对经济地位的影响,从而一定程度上把大陆架区域多划一些给两国中较不富裕的国家,从而弥补该国经济资源的不足。这种考虑与可适用的国际法规则的根本意图毫不相干。[81]

对国家主权平等采取上述理解同样造成了国内私法面临的问题。在此,不妨以多边贸易体制的运作为例说明国际法双边化诱发的风险或者缺陷。从贸易规则创制的角度看,如所周知,经由1947年《关税与贸易总协定》(GATT)以及1994年《建立WTO协定》,国际社会旨在通过"多边"贸易谈判,达成"多边"贸易协定,建立"多边"贸易体制,从而推动全球贸易自由化。[82] 作为例外,GATT 1947年第24条第5款也允许缔约方之间形成"关税同盟或自由贸易区",或者缔结"形成关税同盟或自由贸易区所必要的临时协定",以此促进多边贸易体制的发展。值得注意的是,随着多边贸易体制中发展中成员方数量的不断增加,以及由此导致的谈判整体实力的不断增长,发展中成员方不再任由发达成员方支配多边贸易谈判议题与进程,多边贸易谈判变得越来越困难。[83] 在此情况下,美国等一些发达国家采取了把贸易谈判双边化或区域化的策略,由此双边与区域贸易协定迅猛增长。截止2010年2月,向GATT/WTO作出通报的双边及区域贸易协定已经超过460个[84],发达国家选择这种做法的重要考虑之一是,双边及区域性谈判更有利于它们发挥个别谈判实力,瓦解发展中成员方逐步增强的整体谈判实力,通过各个击破,促使特定发展中成员方"就范",达成它们所欲求的贸易自由化成果,进而为在后续多边贸易谈判中推广

---

[81] *Libyan Arab Jamahiriya/Malta*, ICJ Reports 1985, p.32.

[82] 参见《建立WTO协定》序言。

[83] GATT/WTO各回合贸易谈判的持续时间可以部分地说明这一问题:第一轮谈判始于1947年4月至10月,谈判方有23个,耗时6个月;第二轮谈判始于1949年4月至10月,谈判方有33个,耗时6个月;第三轮谈判期间为1950年10月至1951年4月,谈判方有39个,耗时6个月;第四轮谈判期间为1956年1月至5月,谈判方有28个,耗时4个月;第五轮谈判期间为1960年9月至1962年7月,谈判方有45个,耗时22个月;第六轮谈判期间为1964年5月至1967年6月,谈判方有54个,耗时3年又1个月;第七轮谈判期间为1973年9月至1979年4月,谈判方有73个,耗时4年又7个月;第八轮谈判期间为1986年9月至1994年4月,谈判方超过120个,耗时近八年。而多哈回合谈判自2001年启动以来,迄今历时已经超过九年!而谈判何时结束尚未可知。

[84] WTO, "Regional trade agreements", at http://www.wto.org/english/tratop_e/region_e/region_e.htm,最后访问日期2010年6月30日。

奠定基础。许多双边与区域贸易协定出现"WTO Plus"义务表明,发达国家的这种做法颇有"斩获"。[85]

从争端解决的角度看,根据第 22 条的规定,虽然受到损害的成员方可以进行贸易报复。然而,如果贸易争端发生在实力相差悬殊的成员方之间,现行 DSU 第 22 条规定的报复权对贸易小国来说几乎没什么意义。在此情况下,事实上的不平等——贸易实力的巨大差别——实质上否定了法律意义上的平等——同等的贸易报复权,损害了贸易小国对 WTO 争端解决机制的信心。基于此,一些弱小的成员方建议引进"集体报复"机制。[86] 比如,最不发达国家集团(LDC)主张,解决经济弱国在利用 WTO 报复机制方面面临的障碍的办法在于,规定类似于《联合国宪章》项下的"集体责任原则",据此所有成员方都有权利与责任去实施 WTO 争端解决机构作出的建议。如果发展中成员方或最不发达成员方胜诉,则应该自动适用集体报复,这是作为发展中国家所享有的特别与差别待遇的一种体现。[87] 非洲集团也认为,由于争端解决体制是 WTO 的关键所在,因而单个的发展中成员方难以实际地利用报复机制意味着争端解决机制是不利于发展中成员方的。非洲集团建议,如果胜诉一方是发展中成员方,则所有成员方都应当被授权对败诉的发达成员方集体中止减让。[88]

四、"公法性国际法"

前已指出,早期的许多国际法学者认为国际法根本上只是"私法"。这种现状是否发生改变,即"公法性国际法"是否出现,其含义指什么,为什么需要"公法性国际法","公法性国际法"体现在哪些方面?对于国际社会来说,"公法性国际法"具有哪些作用,又存在哪些风险?以下加以讨论。

(一)"公法性国际法"的含义

借鉴公共权力是国内公法的逻辑起点,笔者认为,"公法性国际法"——英文不妨称之为"public law-minded international law"——是指涉及那些超越国家主权的国际公共权力的取得及适用的国际法规范或制度,尤其包括处理国际组

---

[85] 例见张建邦:"WTO 发展中成员在 TRIPS-Plus 协定下知识产权保护义务研究",载《武大国际法评论》第九卷,武汉大学出版社 2009 年版。

[86] 对这些建议的分析,参见杨鸿:"从集体报复措施的设想看 WTO 裁决的执行促进手段",载《世界贸易组织动态与研究》2007 年第 4 期;M. S. Korotana, "Collective Retaliation and the WTO Dispute Settlement System", 10(1) *Journal of International Law and Trade Policy* 196 (2009); Yenkong Ngangjoh H and Roberto Rios-Herran, WTO dispute settlement system and the issue of compliance: Multilateralizing the Enforcement Mechanism, at http://www.rrolegal.com/files/contributionfinal1.pdf, 最后访问日期 2010 年 6 月 1 日。

[87] WTO, TN/DS/W19, 9 October 2002.

[88] WTO, Negotiations on the Dispute Settlement Understanding: Proposal by the African Group, TN/DS/W/15, 25 September 2002.

织内部、国际组织与国家、国际组织与其他非国家行为体之间的关系。值得注意的是,这一国际公共权力不仅是法律意义上的或者说以形式为导向的,也是事实意义上的或者说以效果为导向的。[89]

(二)"公法性国际法"的依据

1. 国际公域的出现

从公私法分立的角度看,"私法性国际法"的存在内在地蕴含着创设"公法性国际法"的逻辑可能。不过,从事实的层面看,如果国家能够有效地把国际关系限缩为纯粹的国家间关系并加以调整,那么,无论从价值层面还是从功能层面仍然都可以认为国际关系只是国家间的"私域"。相应地,在这一"私域"内,可以认为"私法性国际法"具有逻辑上的周延性、价值上的正当性,以及功能上的有效性。

然而,随着国际关系的规模持续扩大、主体不断增加、利益渐趋多元,以及内容日益复杂,无论从逻辑、价值还是功能的角度,国家都无法把国际关系有效地限缩为纯粹的国家间关系并加以解决。比如,国家与国际组织之间的关系、国际组织内部之间的关系,以及市民社会与国际组织之间的关系,从逻辑上说就无法纳入,至少无法全部纳入国家间关系的范畴。

在这种情况下,借用菲利浦·阿罗特的话说,有别于国家间"私域"的国际或全球"公域"出现了。[90] 国际公域的出现对于"私法性国际法"的影响是复杂的:一方面,"私法性国际法"在逻辑周延性、价值正当性以及功能有效性方面都受到了挑战,进而外化、加剧了"私法性国际法"因其国家化与双边化所导致的风险。从这个意义上说,国际公域的出现意味着"私法性国际法"的危机。另一方面,国际公域的出现也使得"私法性国际法"可以退出它并不能恰当地、有效地发挥作用的领域,从而获得"重生"。

在菲利浦·阿罗特看来,国际公域主要是从1945以后形成的,并且它是由政府间国际组织的活动所导致的。阿罗特把这一国际公域称之为一个"由许多国家组成的国家",由"许多利维坦构成的山头林立的利维坦"。他认为,控制这些利维坦的那些耗费数十亿欧元的国际公务员所作的决定影响着世界各地的芸芸众生。[91] 不过,阿罗特把这一国际公域的形成完全归结于政府间国际组织的活动[92],并不能充分反应国际公共权力的形成机制与内容构成,因为除了政府间国际组织之外的其他行为体,比如非政府间国际组织也可能形成或

---

[89] 进一步参见下文对博格丹迪在国际法公共性问题上的观点的批判。

[90] See Philip Allott, *Towards the International Rule of Law*, London: Cameron May Ltd., 2005, pp. 248, 251.

[91] Id., p. 251.

[92] Id., pp. 248, 251.

者行使一种事实上的国际公共权力。尽管如此,鉴于主权国家创设政府间国际组织的目的就是通过向此类组织授权某些公共权力以开展国际合作,因而一般而言此类国际组织较之其他行为体拥有更丰富的资源、更高级的权威,以及更有效的行动能力,因而立足于政府间国际组织的活动讨论"公法性国际法"是恰当的。

政府间国际组织生成国际公域不仅通过作为其成员的主权国家的正式授权,还通过它们在运作中呈现出来的一种"自组织性"。这种"自组织性"是指,虽然国际组织的产生本身就是国家主权行为的产物——通过缔结条约创立国际组织,并且从法律上可以决定国际组织的运作——比如通过缔结条约取缔国际组织,但一些国际组织一旦形成之后,至少在某些方面事实上是超越于主权国家的意志而运作的。以联合国为例,《联合国宪章》只规定修改程序而没有规定终止程序从法律上说并不会阻止联合国会员国通过另行缔结条约废除《宪章》的适用,但几乎没有哪个国家认为主权国家可以承担取缔联合国所造成的代价。

一些国际法学者从共同体利益[93],以及更具体地从"对一切义务"[94]、强行法[95],或多边权利与义务[96]的角度讨论国际法的变革,这些讨论同样蕴含着从某种公法的进路理解国际法。作为从这一进路考察国际法变革的最权威的学者,西玛认为,所谓共同体利益是指"这样一种共识,即对某些基本价值的尊重不得由国家个别地或者相互地任意处置,而是作为一种关涉所有国家的事项得到国际法的承认与认可"[97],它表现为诸如强行法、"对一切义务"以及国家犯罪的确立等。[98] 然而,虽然西玛所说的国际共同体利益或者国际社会利益的进路有助于说明国际法结构发生的变化,包括有助于证成"公法性国际法",但它并不足以证成"公法性国际法"的创立。这是因为,从公私法分立的本质来看,虽然特定事项的重要性会影响到主权国家采取哪些调整方式,比如

---

[93] See in particular Bruno Simma, "From Bilateral to Community Interest in International Law", *supra* note[79].

[94] Eva M. Kornicker Uhlmann, "State Community Interests, Jus Cogens and Protection of the Global Environment: Developing Criteria for Peremptory Norms", 11 *Georgetown International Environmental Law Review* 101 (1998—1999).

[95] Alexander Orakhelashvili, *Peremptory Norms in International Law*, Oxford: Oxford University Press, 2006; Ian D. Seiderman, *Hierarchy In International Law: The Human Rights Dimension*, Hart, 2001; Lauri Hannikainen, *Peremptory Norms (jus cogens) in International Law: Historical Development, Criteria, Present Status*, Finnish Lawyers' Publishing Company, 1988.

[96] James Crawford, "Multilatereal Rights and Obligations in International Law", 319 *Recueil Des Cours* 325 (2006).

[97] Bruno Simma, *From Bilateral to Community Interest to Community Interest in International Law*, *supra* note[79], especially p. 233.

[98] Id., pp. 285—321.

特定事项被认为是如此的重要,以至于主权国家认为运用私法不足以有效地予以调整,而必须进一步把该事项纳入公法的调整范围,但它本身并非决定该事项纳入私法调整范围抑或纳入公法调整范围的直接依据,公私法分立的直接依据是特定法律关系所反映的是一种权利关系还是权力关系,如属前者,则为私法调整的范围;如属后者,则为公法调整的范围。据此,一方面,国际共同体利益或者国际社会利益所针对的事项并不当然脱离"私法性国际法",而进入"公法性国际法"的调整范围;另一方面,"公法性国际法"的调整事项并不局限于这些具有国际共同体利益或国际社会利益的事项。

2. 国际公域的"法治赤字"

虽然随政府间国际组织而来的国际公域对上至国家下至个人都产生了深远影响,但阿罗特认为,这一公域"既没有受到法治,也没有受到一种国际性公法(an international Public Law)的制约"。[99] 阿罗特的评论未免失之极端,但国际组织的作用与日俱增确实使得由"许多利维坦构成的山头林立的利维坦"之国际公域中的法治化问题显得日益迫切。晚近,由于在透明度、负责任性等方面暴露出明显缺陷[100],国际组织行动的合法性或正当性屡屡受到质疑,这表明国际公域中存在着一种不妨称之为"法治赤字"(Rule of Law Deficit)的重要风险。

值得注意的是,随着国际组织的形态趋于多元化,即从传统的协定性政府间组织——"在法律特征上是以多边条约为基础并具有独立的人格,在组织特征上则表现为具有常设的机构"[101],发展到至少包括国家间论坛性组织、国际组织间联合机构以及多边条约性组织在内的新的国际组织形态[102],解决国际公域中的"法治赤字"问题变得更为复杂。原因是,虽然此类新型国际组织形态未必基于特定条约成立,也不具有常设机构,因而难以成为国际法人,甚至其法律地位都不明确,但其影响往往并不逊于传统的协定性政府间组织。换言之,此类国际组织的活动所生成的国际公域实质上蕴含着公共权力效应,进而可能产生"法治赤字"问题。以八国集团为例,它被认为可以专断地要求经济合作与发展组织贯彻某些行动。[103]

鉴于联合国安理会在国际关系中举足轻重的作用,因此,不妨以晚近安理会行动的合法性与正当性受到的质疑为例,揭示人们对于国际公域中"法治赤

---

[99] Phillip Allott, *Towards the International Rule of Law*, supra note[90], p.251.

[100] 比如,GATT/WTO 被认为是迄今为止世界上最神秘的组织之一。Stefan Griller (ed.), *International Economic Governance and Non-Economic Concerns*, Wien; New York: Springer, 2003, p. 106.

[101] 饶戈平主编:《全球化进程中的国际组织》,北京大学出版社 2005 年版,第 46 页。

[102] 同上注,第 48 页。

[103] 同上注,第 55 页。

字"问题的关切。

如所周知,冷战期间,国际关系很大程度上是在东西方阵营的框架内进行调整的;即便争端被提交给安理会,大多也由于东西方对抗——其典型表现形式是美国或苏联频频行使否决权——而无果而终,因而,冷战期间的安理会在维护国际和平与安全方面几乎无所作为。[104] 冷战结束后,虽然安理会中不同国家,尤其大国之间的纷争并未结束,但系统性的东西方对抗已不复存在,安理会成员国,尤其"五常"愿意在越来越多的国际问题上开展合作,由此安理会的活动日益频繁、作用持续增强。与此同时,安理会针对伊拉克、利比亚、前南斯拉夫、索马里等的通过的一系列决议的合法性却频频遭到质疑[105],联合国被认为面临着新的宪政危机。与冷战期间安理会无所作为导致的宪政危机不同,晚近出现的宪政危机是由于它的行动超出了联合国成立的预期。[106] 比如,安理会第687号决议不仅授权会员国使用武力解放科威特,并且要求伊拉克销毁大规模杀伤性武器、划定伊科边界、确认伊拉克遵守裁军条约、建立联合国赔偿委员会并由该机构负责处理伊拉克战争赔偿事宜。[107] 西玛认为,第687号决议已经取代了一份"和平条约"。[108] 换言之,安理会的决议取代了伊拉克与科威特之间可能的缔约行为。又如,根据安理会第1267号决议成立的"制裁基地组织和塔利班委员会"("1267制裁委员会")在认定目标制裁者时未能充分考虑被制裁者的权利,因而屡屡引起争议,甚至被提起诉讼[109],导致一些国家越来越不愿意向该委员会提供可能的目标制裁者。

晚近,越来越多的人认为,安理会不应当游离在国际法治之外,而应当接受某种司法审查,以便国际社会及其成员不仅可以从政治或道德的角度评判安理会的行动,也可以从法律的角度评判安理会的行动,使安理会承担诸如相关会员国有权拒绝遵守非法决议之行为的后果。[110] 诚然,迄今为止人们对于这些问题尚未达成一致意见,但重要的是,讨论本身就表明越来越多的人关注国际

---

[104] José E Alvarez, *International Organizations as Law-Makers*, Oxford (England): Oxford University Press, 2005, pp.184—185.

[105] Mohammed Bedjaoui, *The New World Order and the Security Council*, Dordrecht: Martinus Nijhoff Publishers, 1993, pp.37—54.

[106] W. Michael Reisman, "The Constitutional Crisis in the United Nations", 87 *American Journal of International Law* 83 (1993), p.83.

[107] Resolution 687 (1991), S/RES/687 (1991), 8 April 1991.

[108] Bruno Simma, "From Bilateral to Community Interest in International Law", *supra* note [79], p.275.

[109] See Thomas J. Biersteker and Sue E. Eckert, *Strengthening Targeted Sanctions through Fair and Clear Procedures*, White Paper prepared by the Watson Institute Targeted Sanctions Project Brown University, 30 March 2006, pp.16—20.

[110] See, e.g., Karl Doehring, "Unlawful Resolutions of the Security Council and their Legal Consequences", *Max 1 Planck Yearbook of United Nations Law* 91 (1997).

公域的"法治赤字"问题,并且越来越多的人相信需要对安理会实施外在的监督。

(三)"公法性国际法"的表现

对于"公法性国际法"的表现,不妨从理论与实践两个层面分别予以介绍与评论。

1. 理论方面的表现

(1) 国际法之公法性的揭示

"国际公法"似乎理所当然地被一些人认为就是"公法"[111],然而,如前所述,"国际公法"具有明显的私法属性。事实上,所谓"国际公法"中的"公法"实际上只是表明国际法规定的是作为"公法人"的国家之间的关系,或者表明创制及适用国际法的是作为"公法人"的国家或取决于作为"公法人"的国家,并不涉及从国家与其他国际法主体(比如政府间国际组织)之间、其他国际法主体之间,以及国际法律关系的性质角度讨论国际法的法律属性。

迄今为止,除了想当然地认为"国际公法"就是公法,鲜有国际法学者从一般意义上讨论国际法的公法属性。但至少在20世纪70年代时,个别国际法学者已经触及国际法的公法属性。比如,施瓦曾伯格认为,有关国际法赖以支撑的秩序的规则属于"严格意义上的公法"(public law in the strict sense),尽管它们可能没有被称为宪法、公共政策或公共秩序,这些规则包括强行法。[112] 冷战结束后,国际社会一体化进程明显加速,超越双边关切的国际事件日益增加,这一社会变迁推动了一些具有学术敏感的国际法学者更自觉地从公法的路径考察国际法的变迁。在这方面,西玛的研究具有开创性意义。1994年,在海牙国际法高等研究院进行题为《国际法:从双边主义到共同体利益》的讲演时,西玛指出他整个讲演内容安排就是试图针对"当代国际法现在是否已经可以被称为是一种反映国际共同体关切与价值的真正意义上的'公法'"这一问题提供"非常初步的"答案。[113] 基于共同体利益不断扩大的前提性认识,西玛认为,迫切需要从规定国际法主体的社会责任以及负责任性开始,重新把国际法理解为一种公法制度。不过,在他看来,国际法往这个方向发展早在数十年前就已经开始了,只不过急剧扩大的国际关切使得把一种把国际关系"共同体化"(communalize)与"公共化"(publicize)的世界性自觉出现了。[114] 在2009年发表的

---

[111] 比如,一位著名的中国公法学者在试图建立统一公法体系时把国际公法包括在内。参见袁曙宏等:《公法学的分散与统一》,北京大学出版社2007年版,第3页。

[112] Georg Schwarzenberger, *International Law as Applied by International Courts and Tribunals*, Vol. III, London: Stevens & Sons, Limited, 1976, p. 125.

[113] Bruno Simma, "From Bilateralism to Community Interest in International Law", *supra note* [79], p. 125.

[114] Id., p. 234.

一篇重要论文中,西玛指出:

> 其实,国际法无疑已经进入这样一个阶段,即它并未停止规定国家间的关系性权利与义务,相反,它开始容纳作为整体的国际共同体——不仅包括国家,并且包含所有人们——的共同利益。在这么做的过程中,国际法开始呈现出越来越多的不符合传统国际法"民事性"、双边主义的结构特征。换言之,国际法正在迈向成为一种真正的公共(public)国际法的旅程。[115]

西玛选择从国际共同体利益角度讨论国际法的公法属性显然与其作为国际法的"国际社会学派"或"维也纳学派"的重要成员有关,这一始于凯尔森,历经菲德罗斯等人,今以西玛、图姆夏特等人为代表的学派始终立足于国际共同体的推定与建构,不过,如前所述,笔者并不认为从国际社会共同利益角度可以充分地证成"公法性国际法"。更重要的是,虽然时代客观上赋予了西玛较之其前辈们有更好的机会从一般的意义上讨论国际法的公法性问题,遗憾的是,除了作出一些论断性的表述外,西玛对于国际法公法性问题的讨论仍相当有限。

最近几年来,一些国际法学者对于国际法的公法属性的理解日益趋于自觉。在2005年的一篇会议论文中[116],著名国际法学者、纽约大学法学院金斯伯里教授认为,现当代许多国际法实践,比如跨国治理实践,无法纳入规范国家间关系的传统国际法中,为此,他选择从"公法"以及"公共性"(publicness)的角度描述现当代国际法的特征。他认为,公法不仅只是存在于国家与公民之间,任何存在管理与被管理者的情形下都存在着公法,但他选择"公法"角度更主要地是表明在国际层面上可以存在着公法,而并非是要证明国际法具有公法属性,直言之,金斯伯里只是认为国内公法是有可能在国际层面上适用。其原因似乎是,由于金斯伯里认为公约的本质就是社会契约,而他又认同国际社会中不存在社会契约的主张。金斯伯里颇为巧妙地使用了"公共性"一词来描述现当代的国际法实践。金斯伯里认为,"公共性"并非等同于"公开性"(publicity),而是一种描述法律所具有的其可以据以声称"代表整个社会,并且针对整

---

[115] Bruno Simma, "Universality of International from the Perspective of a Practitioner", 20(2) *European Journal of International Law* 265 (2009), p. 268.

[116] 该文尚未修改完成,但金斯伯里教授披露说接下来他将投入更多的时间从事国际法公共性问题的研究。参见金斯伯里教授2010年8月13日发给笔者的电子邮件。

个社会"的特征的方法。[117] 他举例认为,强行法与其他现代自然法观念、一般国际法、20世纪出现的普遍性参与诉求以及参与者之间的平等都体现了公共性,尽管并非所有的国际法学者认为公共性对于国际法来说,就像与民主条件下的国内法一样都是一项必备的品质。[118] 笔者认为,虽然"公共性"至少在某种程度上可以说就是指国际法的公法属性,但二者之间仍然是存在区别的,因为虽然公法的存在端赖于公共权力的存在,但这一权力并不当然一定要"代表整个社会,并且针对整个社会"。直言之,金斯伯里对于国际法的公法属性的理解似乎过于狭窄。即便如此,2006年,受到金斯伯里教授观点的启发,在纽约大学从事学术访问的荷兰国际法学者达艾斯蒙特撰写了题为《当代国际造法与国际法的公共属性》的研究报告。在该报告中,达艾斯蒙特注意到现在越来越多的学者认为国际法也是"公共的"(public),因为国际法处理那些关涉国际社会或全球利益的事项。然而,虽然达艾斯蒙特并不否认全球利益在国际造法中的作用,但他认为利益的相互性仍然构成当代国际法最主要的动力。[119]

德国马克斯·普朗克比较公法与国际法研究所所长博格丹迪教授领衔的研究队伍在分析国际法的公法属性方面首次取得了系统性成果。2007年,博格丹迪教授组织了一批国际法学者开展了题为"国际机构对公共权威的行使:促进国际机构法"(The Exercise of Public Authority by International Institutions: Advancing International Institutional Law)的项目研究,该项目以博格丹迪等人共同撰写的《加强国际法的公共性:针对全球治理行为的一个法律框架》作为纲领性文章,从不同国际机构实践的角度证成该文提出的"加强国际法的公共性"命题。[120]《德国法律杂志》2008年第11期以专刊形式刊发了一系列论文以及针对这些论文的评论。在此基础上,2010年,博格丹迪教授等人主编出版《国际机构对公共权威的行使》一书。[121]

博格丹迪等人之所以提出"加强国际法的公共性"这一命题,主要原因是,

---

[117] B. Kingsbury, "The Problem of the Public in Public International Law", presented before New York University School of Law for the Colloquium in Legal, Political and Social Philosophy, 2005, p. 28, at http://www1.law.nyu.edu/clppt/program2005/readings/The%20Problem%20of%20the%20Public%20in%20Public%20International%20Law.doc, 最后访问日期2010年6月19日。

[118] Id., pp. 29, 25.

[119] Jean D' Asspremont, *Contemporary International Rulemaking and the Public Character of International Law*, pp. 2, 35, at http://www.law.nyu.edu/idcplg?IdcService = GET_FILE&dDocName = ECM_DLV_015782&RevisionSelectionMethod = LatestReleased, 最后访问日期2010年6月10日。

[120] Armin von Bogdandy, Philipp Dann, and Matthias Goldmann, "Developing the Publicness of Public International Law: Toward a Legal Framework for Global Governance Activities", 9(11) *German Law Journal* 1375 (2008).

[121] Armin von Bogdandy, et al. (eds.), *The Exercise of Public Authority by International Institutions*, Heidelberg: Springer, 2010.

虽然20世纪90年代以来在法学界以及其他学科中日益流行的"全球治理"具有一系列优点[122],但许多批评者质疑各种全球治理活动的正当性——比如对个人权利的侵害——表明全球治理的优点恰恰也是它的缺点,即它"淡化了公共治理与私人治理,以及正式治理与非正式治理之间的区别",进而"全球治理被理解为一种连续的结构或过程,而不是具体的、可以认定的行为体从事的可以产生特定的、可以认定的效果的一系列行为",其结果是,区别"权威性行为与非权威性行为,并且把前者归于负有职有所司的行为体"变得困难,甚至不可能。[123] 他们认为,由于"只有权威性行为才需要运用公法加以规定及限制",而公法的限制性功能取决于可以被认定的行为体,因此"全球治理不能作为针对在国际层面上实施的权威性行为建立公法框架的概念基础",而转向关注"国际公共权威的行使"。[124] 所谓"权威"(authority),在博格丹迪等人看来,是指影响其他人以及削弱他们的自由的法律资格(legal capacity)。应注意,这种权威的行使既可以采取诸如作出决定或制定条例之类的做法,也可以通过发布信息之类的做法;这种影响可以是具有法律拘束力的,也可以是不具有法律拘束力的。[125] 较之金斯伯里把"公法"与"公共性"作为理解现当代国际法的两个不同路径,并且认为二者之间没有关系[126],博格丹迪等人明确指出应该从"公法路径"(a public law approach)规范那些行使国际公共权威的行为。[127]

作为博格丹迪等人撰写的《加强国际法的公共性:针对全球治理行为的一个法律框架》的评论人,史蒂芬·卡德尔贝奇以"从国际公法到国际性公法"(from Public International Law to International Public Law)为题进行了评论[128],

---

[122] 这些优点包括:第一,全球治理概念不仅承认国际机构的重要性,而且承认具有私性质或公私混合性质的行为体或工具(instruments)以及个人的重要性,即治理不仅仅是公共行为体的事;第二,全球治理意味着非正式性的出现,即许多制度、程序以及工具游离在既有法律概念的涵摄范围之外;第三,全球治理意着考虑的重点从行为体转向结构与程序;最后,全球治理意味着治理行为的多层次特征。Armin von Bogdandy, Philipp Dann, and Matthias Goldmann, "Developing the Publicness of Public International Law: Toward a Legal Framework for Global Governance Activities", *supra* note[120], p. 1378.

[123] Id., p. 1381.

[124] Id.

[125] Id., pp. 1381—1382.

[126] B. Kingsbury, "The Problem of the Public in Public International Law", *supra* note[117], pp. 30—31.

[127] Armin von Bogdandy, Philipp Dann, and Matthias Goldmann, "Developing the Publicness of Public International Law: Toward a Legal Framework for Global Governance Activities", *supra* note[120], p. 1386.

[128] Stefan Kadelbach, "From Public International Law to International Public Law: A Comment on the 'Public Authority' of International Institutions and the 'Publicness' of Their Law", in Armin von Bogdandy, *et al.* (eds.), The Exercise of Public Authority by International Institutions, *supra* note[121].

这一评论可谓在整个项目组"画龙"之后的"点睛"之笔,进一步明确与提升了博格丹迪等人提出的"加强国际法的公共性"命题。

博格丹迪把不具有行使公共权威之法定资格的行为体,比如非政府组织的行为排除在考察范围之外体现了一种以形式为导向的思维。在此前提下,博格丹迪不仅考察拥有行使公共权威之法定资格的国际机构从事的严格意义上的法律行为,同时也把这些机构从事的并非严格意义上的法律行为纳入考察范围,准确地把握到了不少国际组织鉴于采取严格意义上的法律行动面临政治、法律或成本方面的障碍从而转向采取并非严格意义上的法律行动,但其效果并不遑多让,比如国际货币基金组织、世界银行制定了一些借款人实际上不得不遵守的非约束性文件,这体现了以效果为导向的思维。以形式为导向的思维和以效果为导向的思维都可以说是合理的,前者可以确保"法律的归法律,社会的归社会",避免国际法的社会化[129],并且显然具有确定性的优势;后者确保把国际机构的行为纳入法治化框架,但它以形式为导向的思维作为一种判断适用"公法路径"的边界的正当性是值得怀疑的,这是因为,如果那些不具有行使公共权威之法定资格的行为体,比如非政府组织甚至某类企业所从事的行为对于主权国家的作用力甚至不逊于某个政府间国际组织时,前者的行为与政府间国际组织的行为之间的形式差别其实是没有实际意义的。直言之,虽然形式上具有某种法律资格当然地决定了特定实体拥有公共权威,但形式上不具有某种法律资格也不当然地表明特定实体所从事的行为已经超越了私人治理的形式,而具有公共治理的本质。比如,虽然诸如标准普尔、穆迪之类的国际评级机构对特定经济行为体的风险评级无疑属于私人治理的范围,但如果针对特定主权国家进行国家风险评级就很难说是私人治理了,因为经验已经表明,后者足以影响特定国家在国际社会中的形象,以及该国家的政治与经济稳定[130]。在此情况下,从公法的路径规制这些行为体的行为显然是具有正当性的。

虽然越来越多的国际法学者意识到国际法的公法属性,但也不乏反对者,著名国际法学家加埃塔诺·阿兰焦-鲁伊斯就是其中之一。他认为,

> 与国内社会中的私法受到公法的约束与保障不同,国际法(指一般国

---

[129] 这无疑是博格丹迪反对下文所说的金斯伯里教授提出的"全球行政法"的重要原因之一。Armin von Bogdandy, Philipp Dann, and Matthias Goldmann, "Developing the Publicness of Public International Law", *supra* note [120], p. 1393.

[130] 《纽约时报》专栏作家弗里德曼曾说,"我们生活在两个超级大国的世界里,一个是美国,一个是穆迪。美国可以用炸弹摧毁一个国家,穆迪可以用债券降级毁灭一个国家;有时候,两者的力量说不上谁更大"。参见刘永刚:"'邪恶'的国际评级机构",http://www.globalview.cn/ReadNews.asp? NewsID = 22465,最后访问日期 2010 年 11 月 10 日。

际法以及一般条约法,暂且不论《联合国宪章》之类存在争议的构成性文件[131])只依靠自己,在其之上或者围绕着它并不存在着公法。[132]

阿兰焦-鲁伊斯主要是根据"事实",而非"规范"反对国际法的公法属性。比如,虽然他承认《联合国宪章》第42条与《联合国宪章》的其他规定有所不同,即联合国似乎可以"凌驾"于成员国之上,但他认为联合国实际上无法有效地决定是否、何时采取军事行动,采取何种军事行动,以及规模多大、持续时间多长,这些事项仍然操之于国家,尤其少数大国之手,因而联合国非但不能"凌驾"于会员国之上,反倒可以说"屈从"于会员国之下,因而第42条蕴含的公法属性并不存在。[133] 显然,这种把"事实"与"规范"相混淆的做法是不正确的,特定的规范在实际中未获切实的实施并不能否定该规范的属性。

(2) 国际宪政思潮的勃兴[134]

从宪政的特定实质要素,即特定规范或秩序的优先性方面看,国际宪政思潮实际上可以追溯到近代国际法形成之时。在格老秀斯看来,国际法分为两个部分,即意定国际法与自然国际法,前者不得违反后者。虽然格老秀斯区分意定国际法与自然国际法的本意并非是为了肯定自然国际法,而是为了突出意定国际法以使国际法摆脱自然法的影响,但他终究是承认某种超越于特定主权国家意志之上的规范或秩序的存在。法泰尔具体化了格老秀斯的自然国际法观念,他提出了"必要的万国法"(the necessary law of nations)的概念,认为这一基于事物的本质,尤其人的本质的"必要的万国法"乃旨在于把自然法适用于国家,它不能通过国家间协定或者单边行为加以改变,因而也构成判断公约是否合法,以及习惯是否合理的原则。[135] 这种"必要的万国法"成为后来国际"强行法"的思想渊源之一。

第二次世界大战后,一些国际法学者使用"国际公共秩序"或"国际共同体

---

[131] 在阿兰焦-鲁伊斯看来,《联合国宪章》也不过只是一种国家间契约,不仅在起草时根本上没有人民的参与,并且在适用中也只是体现为国家间关系。Gaetano Arangio-Ruiz, "The 'Federal Analogy' and UN Charter Interpretation: A Crucial Issue", 8 *European Journal of International Law* 1 (1997), pp. 8—11.

[132] Gaetano Arangio-Ruiz, "The 'Federal Analogy' and UN Charter Interpretation: A Crucial Issue", *supra* note[131], pp. 8—9.

[133] Id., pp. 10—11.

[134] 对于国际宪政思潮与全球行政法的评介,也可参见蔡从燕:"国内公法对国际法的影响",同前注[18]。

[135] Citing from Ian D. Seiderman, *Hierarchy in International Law: The Human Rights Dimension*, Antwerp: Intersentia-Har, 2001, p. 36.

的公共秩序"[136]，或者"国际公共政策"[137]的措辞来描述一种蕴含着自然法精神的秩序。20世纪60年代初时，《维也纳条约法公约》草案第三任特别报告员沃德多克指出，"虽然国际法律秩序是不完美的，但那种认为根本上说不存在国际公共秩序——没有任何规则是国家不能自行任意加以拒绝的——的说法越来越难以成立了"。[138] 在莫斯勒看来，国际公共秩序包括这样一种原则与规则，即"它们的实施对于作为整体的国际共同体如此之重要，以至于任何违反它们的单边行动或者协定都不具有任何法律效力"。[139] 虽然迄今为止人们对于具体哪些原则与规则构成国际公共秩序尚不能说达成普遍意见，但人们公认强行法规则属于国际公共秩序。事实上，沃德多克正是在《维也纳条约法公约》起草过程就是否及如何纳入强行法规定的背景下提出国际公共秩序概念的。

不过，从形式术语，即从使用"宪法"或"宪政"表述的角度看，国际宪政思潮源于20世纪20年代。1926年，深受其导师汉斯·凯尔森宪政思想影响的菲德罗斯在《国际法律共同体的宪法》一书中使用了"宪法"一词，这是国际法学者首次把"宪法"概念运用于国际法研究中。[140] 在此之后的数十年间，菲德罗斯始终没有停止过对国际宪政问题的思考，以其研究国际宪政历时之长以及对此后国际宪政研究的深远影响而论，菲德罗斯堪称国际宪政研究第一人。

在《国际法律共同体的宪法》中，菲德罗斯认为国际法并非只是一些孤立的相互间没有联系的碎片组成的集合体，而是在一个统一的基本秩序基础上建立起来的和谐的规范体系。菲德罗斯认为：

> 然而，这一宪法（指统一的基本秩序）并不像多数现代国家以及国际联盟那样规定于某一份文件。相反，它立足于习惯国际法……因而，国际法律基本秩序是国际法律共同体的宪法。[141]

菲德罗斯之所以把国际法律共同体的宪法建立在习惯国际法基础之上，显然与习惯较之条约更具有适用上的普遍性有关。不过，在1950年《国际法》

---

[136] Hermann Mosler, "The International Society as A Legal Community", 140 (IV) *Recueil Des Cours* 1 (1974), p.33.

[137] C. Wilfred Jenks, *The Prospects of International Adjudication*, London: Stevens & Sons Limited, 1964, pp.428, 430—431.

[138] *ILC Yearbook* 1963, Vol. II, p.52.

[139] Hermann Mosler, "The International Society as A Legal Community", *supra* note[136], p.34.

[140] See Bruno Simma, "From Bilateralism to Community Interest in International Law", *supra* note[79], p.259.

[141] Citing from Bardo Fassbender, *The United Nations Charter as the Constitution of the International Community*, Dordrecht: Martinus Nijhoff Publisher, 2009, p.29.

中,他把这一基础扩大到某些多边条约,如1928年《巴黎非战公约》。[142] 在1964年版《国际法》中,菲德罗斯明确把《联合国宪章》视为国际法律共同体宪法的组成部分,他认为:

> 可以想见,在可预见的未来,所有国家都将加入联合国。因此,可以认为,很快地,所有《宪章》规范将成为国际法律共同体之宪法的组成部分。根据《宪章》设立的机构也将成为由国家构成的共同体的机构……[143]

20世纪70年代中期以后,菲德罗斯与他的学生、现在担任国际法院大法官的布鲁诺·西玛进一步阐述他们对国际法律共同体的宪法的见解。与此前他们认为《联合国宪章》构成国际共同体宪法的组成部分,此时他们似乎认为国际共同体的宪法就是《联合国宪章》,原因是:

> 由于联合国(现在)囊括了几乎所有的国家,而极少数没有加入联合国的国家已经承认联合国的基本原则,《联合国宪章》具备了作为由国家构成的普遍共同体的宪法的地位。[144]

总体上说,冷战结束以前,讨论国际宪政问题的国际法学者并不多,国际宪政问题并未引起国际法学者的"系统性关注"。不过,除菲德罗斯以外,仍然有几位学者对于国际宪政问题发表了简要但重要的见解:(1) 20世纪40年代,布赖尔利认为,19世纪以来,国际社会中出现了许多某些国家,而非单个国家拥有共同利益的普遍性国际事务,这促使国际社会制定出相应的制度。他认为,虽然还不能认为这些制度为国际社会制定了"宪法",但可以认为是国际宪法的开端。[145] (2) 1974年,在海牙国际法高等研究院讲授题为《作为法律共同体的国际社会》的基础课程时,莫斯勒认为国家同意原则是创建与发展包括国际法律体系在内的任何法律体系的基本原则,并认为1970年联合国大会通过的《国际法原则宣言》构成最主要的国际宪政要素。[146] (3) 在1976年出版的《国际性法院与法庭适用的国际法》第三卷,即《国际宪法》(International Constitutional Law)中,施瓦曾伯格认为,如果联合国声称的普遍性以及作为一种国际法律秩序能够切实落实的话,那么在国际层面上出现一种全球性宪法是可能的,换言之,"从任何方面说把关于联合国的法律称为'国际宪法'都是恰

---

[142] Id.
[143] Id., p. 31.
[144] Id., p. 32.
[145] J. L. Brierly, *The Law of Nations*, 3rd, London: Oxford University Press, 1942, p. 66. (本书初版于1928年)
[146] Hermann Mosler, "The International Society as A Legal Community", *supra* note [136], pp. 32, 40—44.

当的"。[147] 尤其值得一提的是,在1964年出版的经典的《变动着的国际法结构》中,弗莱德曼把"国际宪法"列入国际法的新领域之一。[148]

冷战结束以后,国际宪政成为西方国际法学界中最时髦的话语与研究议题之一。仅仅在20世纪90年代,在被誉为国际法学术圣殿的海牙国际法高等研究院讲授的国际法课程中,当代世界级的国际法学家至少四次直接涉及国际宪政问题,即图姆夏特讲授的《缺乏或违背国家意志而产生的义务》(1993)[149]、弗兰克讲授的《国际法与制度中的公平》(1993)[150]、西玛讲授的《国际法中双边主义到共同体利益的发展》(1994)[151]、图姆夏特讲授的《国际法:确保人类在新千禧前夕的生存》(1999)。[152] 在这些研究国际宪政的学者中,德国学者巴多·法斯宾德(Bardo Fassbender)尤其值得称道。1998年与2009年,法斯宾德分别在博士学位论文的基础上出版了《联合国安理会改革与否决权:宪政的视角》[153],以及在该书基础上重新写成的《作为国际共同体宪法的〈联合国宪章〉》[154]。法斯宾德承认从历史以及观念的角度看,宪法被与现代主权国家联系在一起,这对于国际宪政主义构成了重大障碍,但他认为无论从理论还是现实生活方面都不能只是把宪法与国家联系在一起,并且不同国家的宪政结构也是不同的,宪法只是"一个民族、国家或政治体制(body politics)据以组织与治理的基本原则构成的体系或主体",或者"一个特殊政治共同体的管理的基本政治与法律架构",直言之,"宪法"并不等同于"国家宪法"。[155] 在此基础上,法斯宾德借鉴国内的宪政经验,利用马克斯·韦伯的法律"理想类型"(ideal type)学说,从"宪政时刻"、治理体系、成员方资格、规范等级制、《联合国宪章》的"永久性"、"宪章"名称的使用、宪政历史,以及《联合国宪章》适用对象的普

---

[147] Georg Schwarzenberger, *International Law As Applied by International Courts and Tribunals*, supra note[112], p.117

[148] Wolfgang Friedmann, *The Changing Structure of International Law*, New York: Columbia University Press, 1964, p.153.

[149] Christian Tomuschat, "Obligations Arising for States without or against Their Will", 241 (IV) *Recueil Des Cours* 195 (1993).

[150] Thomas M. Franck, "Fairness in the International Legal and Institutional System", 241(III) *Recueil Des Cours* 9 (1993).

[151] Bruno Simma, "From Bilateralism to Community Interest in International Law", supra note [79], p.259.

[152] Christian Tomuschat, "International Law: Ensuring the Survival of Mankind of the Eve of A New Century", 281 *Recueil Des Cours* 9 (1999).

[153] Bardo Fassbender, *UN Security Council Reform and the Right of Veto: A Constitutional Perspective*, Hague; Boston: Kluwer Law International, 1998.

[154] Bardo Fassbender, *The United Nations Charter as the Constitution of the International Community*, Leiden; Boston: Martinus Nijhoff Publisher, 2009.

[155] Bardo Fassbender, *UN Security Council Reform and the Right of Veto: A Constitutional Perspective*, supra note[153], pp.69—70.

遍性等八个方面揭示了《联合国宪章》的宪法特征,从而认为《联合国宪章》是国际共同体的宪法。[156]

从研究对象看,西方学者针对WTO与联合国的宪政研究最为活跃。这一学术现象不难理解,就WTO而言,堪称"经济联合国"的WTO对于成员方以及成员方的公民的影响是多数国际组织所不可企及的。由于建立了拥有强制管辖权的争端解决机制,WTO被认为给国际宪政主义带来了"曙光"[157],成为某些西方学者研究国际宪政的类比范例。[158] 对于联合国来说,由于冷战后安理会行动活跃且争议频仍,如何控制安理会的行动也成为许多学者乃至政治家关注的焦点话题。

限制权力与保护人权是国内宪政理论的逻辑起点、基本目标及制度价值。在国际宪政研究的议题选择方面,西方学者显然受到了国内宪政理论与实践的深刻影响。由于限制权力是以有效的权力制衡机制为前提,如何完善国际组织的组织法建设就成了许多西方学者晚近关注的重要议题。与此同时,许多西方学者把保护人权与其宗旨并非或并非重点保护人权的国际组织的运作相挂钩,严厉批评WTO、国际货币基金组织及世界银行等对于国际经济体制及普通公众利益具有重大影响的国际组织漠视或侵害人权,认为应该把人权纳入国际经济决策议程。[159]

诚然,另一些西方著名学者对于晚近兴起的国际宪政思潮不以为然。比如,丹诺夫毫不客气地认为WTO宪政——被普遍认为引领当今国际宪政的潮流——只是一种"幻象"。[160] 加埃塔诺·阿兰焦-鲁伊斯甚至认为,国际法学者之所以不遗余力把在国内公法中已经发展良好的理论运用于本学科,目的是为

---

[156] Id., pp. 94—116.

[157] Laurnce R. Helfer, "Constitutional Analogies in the International Legal System", 37 *Loyola of Los Angeles Law Review* 193 (2003), p. 201.

[158] See especially Ernst-Ulrich Petersmann, "How to Reform the United Nations: Lessons from the International Economic Law Revolution", 2 *UCLA Journal of International Law & Foreign Affair* 185 (1997—1998).

[159] See, e.g., Ernst-Ulrich Petersmann, "Human Rights and International Trade Law: Defining and Connecting the Two Fields", in Thomas Cottier et al. (eds.), *Human Rights and International Trade*, Oxford: Oxford University Press, 2005, pp. 29—94.

[160] 丹诺夫与支持WTO宪政的两位著名学者,即彼德斯曼及特拉奇曼展开了一场近年来颇为引人注目的学术论战。See Jeffrey L. Dunoff, "Constitutional Conceits: The WTO's 'Constitution' and the Discipline of International Law", 17 *European Journal of International Law* 647 (2006); Jeffrey Dunoff, "Does Globalization Advance Human Rights", 25 *Brooklyn Journal of International Law* 125 (1999); Joel P. Trachtman, "The Constitution of the WTO", 17 *European Journal of International Law* 623 (2006); Ernst-Ulrich Petersmann, "Human Rights and International Economic Law in the 21st Century: The Need to Clarify Their Interrelationships", 4 *Journal of International Economic Law* 3 (2001).

了帮助他们证明联合国机构行动的合法性。[161] 但是,国际宪政确已成为当前西方国际法学界无法回避的话语,针对国际宪政展开的主要学术论争可以说已经不是应否,而是如何实行国际宪政,进而国际宪政大业能否以及如何借鉴国内宪政的理论与实践经验。不仅如此,较之1964年时国际宪法还只是被弗莱德曼列为"新领域",目前西方国际法学者的"志向"显然更为深远。就像法斯宾德所说的,他们期待在国际法下出现新的次级学科,即"国际宪法"。[162]

总体而言,迄今为止国际法学者侧重于从秩序的角度,而较少,甚至回避从组织的角度讨论国际宪政问题。个中原因不难明白,因为从组织的角度讨论国际宪政很容易招致这样一个质疑,即在国际层面上是否存在着一个或多个"政府",乃至"世界政府"。

(3) 全球行政法(global administrative law)思潮的兴起

与"全球行政法"相近似的是一个在19世纪后期以来开始被使用,1935年内古莱斯科(Négulesco)在海牙国际法研究院讲授题为《国际行政法基本原理》的课程标志着国际法学者系统性地讨论"国际行政法"。[163] 在《变动着的国际法结构》中,弗莱德曼把"国际行政法"列入国际法的新领域之一。不过,人们对于国际行政法的理解是有分歧的。以往,国际行政法被国际法学者认为主要是指:(1)国际组织内部涉及人事方面的法律规范。比如,弗莱德曼就持这种观点,他认为传统的处理国家间关系的国际法没有涉及国际组织与其内部人员之间的关系。[164] 从国内行政法的理论与实践角度看,弗莱德曼对国际行政法的此种理解显然过于狭窄,这是与他对国际宪法的理解是有关的。[165] (2) 根据国际法处理国际社会中行政性事务的法律,也就是"国际法上的行政法"。[166] 尽管如此,国际行政法的主体被认为只限于国家与政府间国际组织。

从一份重要的文献目录汇编[167]中,可以发现西方国际法学者对国际行政

---

[161] Gaetano Arangio-Ruiz, "The 'Federal Analogy' and UN Charter Interpretation: A Crucial Issue", *supra* note[131], p. 2.

[162] Bardo Fassbender, "The Meaning of International Constitutional Law", in Ronald st. John Macdonald & Douglas M. Johnston (eds.), *Towards World Constitutionalism*, Dordrecht: Martinus Nijhoff Publishers, 2005, p. 838.

[163] Paul Négulesco, "Principes du droit international administrative", 51(Ⅰ) *Recueil Des Cours* 579, pp. 579—691.

[164] Wolfgang Friedmann, *The Changing Structure of International Law*, *supra* note[148], pp. 159, 162.

[165] 弗莱德曼认为,国际组织本身及其不同机构的功能、职权及权力分配均属国际宪法的涵摄范围。Id., p. 153. 从国内行政法理论与实践的角度看,国际组织所设机构中负责执行职能的机构当属于行政法的涵摄范围。

[166] 周振想主编:《法学大辞典》,团结出版社1994年版,第828页。

[167] Dave Gunton, *et al*, "A Global Administrative Law Bibliography", 68 *Law & Contemporay Problem* 357 (2005).

法的系统性转向大致始于2000年前后。在这个过程中,纽约大学法学院其功厥伟,它启动的"全球行政法研究项目"为这种分散的学术旨趣提供了集中展示的一个场所。[168] 鉴于参与本项目研究的学者构成的多元化,似乎可以认为全球行政法已经成为国际法学界一股新兴的学术思潮。

与传统的国际行政法不同,新兴的全球行政法的主体被认为包括"正式的政府间规制机构、非正式的政府间规制网络与协调安排、与某个国际性政府间机制开展合作的国内规制机构、公私混合型规制机构,以及一些行使跨国治理职能、具有特殊公共意义的私人性质的规制机构"。[169] 主体的特殊性使得全球行政法不仅包括传统的国际行政法所说的法律安排,甚至也包括许多由政府间国际组织之外的非国家行为体达成的非法律性安排。其结果是,与传统的国际行政法一致被认为属于严格意义上的"法"不同,全球行政法并不完全属于严格意义上的"法"。有学者认为,国际行政法是全球行政法的"序曲"(prelude)。[170]

直言之,"全球行政法"的倡导者们认为,"全球行政法"

> 包括那些尤其通过确保全球性行政机构[171]满足在透明度、参与性、理性决策以及合法性方面的充分标准以及有效审查其产生的规则和决定,促进或以其他方式影响其问责性的机制、原则、惯例和支持性的社会认同(social understanding)。

综合既有的文献看,一些西方国际法学者倡导全球行政法研究有两个基本背景:第一,希望对某些行政法实践予以纠偏,这主要是国际法学者日益注意到主权国家负责对外事务的行政机构越来越脱离代议机构的约束,而国际组织中行政性机构缺乏制约的问题更为突出;第二,希望对某些行政法实践予以体现,这主要是国际法学者希望能够把新兴的履行行政性职能的主体或机制——比如现实中业已广泛存在的非政府组织、非政府组织与政府间国际组织之间的合作机制——纳入国际法体系之内。倡导全球行政法的基本目的在于把多层次、

---

[168] 受到该项目的支持,在不到一年时间内,《法律与当代问题》(*Law & Contemp. Prob.*)第68卷第3—4期(2005)、《国际法与政治学刊》(*N. Y. U. J. Int'l L. & Pol.*)第37卷第2期(2005)以及《欧洲国际法学刊》(*EJIL*)第17卷第1期(2006)以专栏形式刊登了近三十篇论文。

[169] Benedict Kingsbury, Nico Krisch, Richard B. Stewart, "The Emergence of Global Administrative Law", 68 *Law and Contemporary Problems* 15 (2005), p. 17.

[170] See Vydyanathan Lakshmanan, "*Synonymous but yet Different? Revisiting 'International Administrative Law' in the Global Administrative Law Epoch*", Institute for International Law and Justice (IILJ), Global Administrative Law: South Asian Dialogue Series, p. 3, at http://www.iilj.org/research/documents/SYNONYMOUSBUTYETDIFFERENT.pdf.,最后访问日期2010年11月30日。

[171] 指前述正式的政府间规制机构、非正式的政府间规制网络与协调安排、与某个国际性政府间机制开展合作的国内规制机构、公私混合型规制机构,以及一些行使跨国治理职能、具有特殊公共性影响的私人性质的规制机构。

多主体的国际性行政行为纳入法治化轨道。总体来说,国际法学者希望从两个路径出发实现国际行政活动的法治化,其一,从国内层面看,扩大国内行政法的适用范围,如对行政机构的对外事务行为实施有效的司法审查;其二,从国际层面看,借鉴国内行政法的经验规范国际组织的运作。

从本文对"公法性国际法"的界定来看,全球行政法所指的许多内容,比如规定一国行政部门实施国际条约的内容,显然只能被认为是实施国际法的国内法制度,因而并不属于"公法性国际法"。类似地,并非所有政府间国际组织以外的非国家行为体的行为都具有"权力"的效果。

对于全球行政法的倡导者们不加区别地把这些行为都囊括在全球行政法范围内的做法,不妨援引博格丹迪的评论:它太全球性了(too global)。[172] 尽管如此,全球行政法理论的兴起仍然具有重要的价值,即它注意到诸如非政府国际组织、国际组织内部机构与人员——而不仅仅是国际组织本身——之类的在传统国际法理论中被忽视或者至少没有被给予足够重视的行为体在治理国际事务方面的作用。众所周知,在国内公法体系中,宪法决定着公权力的宏观配置,行政法则决定着行政权的具体行使,缺少其一都不能实现法治化。虽然全球行政法的学术研究还是初步的,但这一思潮的出现无疑表明国际法学者在促进国际法治方面的思考正趋于深化。

2. 实践方面的表现

(1) 国际公共权力的形成

如所周知,公法各组成部分——比如宪法、行政法等——的共同基础在于某种公共权力的存在,可以肯定地说,没有公共权力的公法是不存在的。因此,"公法性国际法"的实践表现前提是存在国际公共权力,即一种不能以特定的个体性约定或行为予以否定的权威。

从法律的角度看,国际公共权力的形成既可以基于约定而产生,也可以经由某种自然法观念而产生。首先,虽然国家同意构成国际法的基础,并且在绝对主权盛行的时期会被用来阻碍国际公共权力的形成[173],但国家同意的存在与国际公共权力的产生之间并不必然是矛盾的。事实上,国际公共权力大多是基于国家同意形成的。在这方面,《国际联盟盟约》(以下简称《盟约》)第20条

---

[172] Armin von Bogdandy, Philipp Dann, and Matthias Goldmann, "Developing the Publicness of Public International Law: Toward a Legal Framework for Global Governance Activities", *supra* note [120], p. 1393.

[173] 詹肯斯认为,由于传统国际法仅适用于国家间并且基于国家同意,因而国际公共秩序在其中不可能占有一席之地。C. Wilfred Jenks, *The Prospects of International Adjudication*, Stevens & Sons Limited, *supra* note [137], p. 428.

是一个突破性进展。[174] 某种意义上说，正是第20条使得《盟约》成为与一般国际条约迥然不同的特殊条约：一方面，《盟约》与一般国际条约都是主权国家通过谈判达成的，即它们的基础都是国家同意；另一方面，与一般国际条约不同，根据第20条，特定盟约会员国此后无权以国家同意为由缔结违反《盟约》的条约或采取类似行动，这实际上使得《盟约》得以创设一种国际公共权力。[175] 对于一般国际条约而言，虽然两国此前已经缔结过某一条约，但这并不妨碍它们缔结与前约内容相冲突的新约，在此情况下，根据后约优于前约的国际法习惯规则，新约非但不会无效，反而将取代前约，而前约仅在与后约不相冲突的范围内适用。[176]《联合国宪章》第103条大体效仿了《盟约》第20条。[177] 虽然《盟约》第20条与《联合国宪章》第103条之间存在重要差别[178]，但二者都创设了一种国际公共权力。对此，或许有人认为既然国家同意是国际公共权力的来源，那么就不能认为这种权力是一种"公共权力"。这种说法是没有道理的，其原因是，照此说来，国内政府机构享有的权力也不属于公共权力，因为这些权力最终而言也是基于人民的同意。可见，这种把特定要求或主张的终极正当性基础作为判断该特定要求或主张是否属于公共权力的标准是不准确的。

值得注意的是，虽然某些国际公共权力很难说是特定的国家同意的产物，但却与国家同意有着密切的联系。默示权力理论是产生此种国际公共权力的一种方式。当前，一些建立国际组织的章程在明确规定所建立的国际组织的权力（"明示权力"）的同时往往还会规定该国际组织拥有履行职责所必要的权力

---

[174] 第20条规定："（一）联盟会员国各自承认凡彼此间所有与本盟约条约相抵触之义务或谅解均因本盟约而告废止并庄严保证此后不得订立类似协议。（二）如有联盟任何一会员国未经加入联盟以前负有与本盟约条文抵触之义务者，则应采取措施以摆脱此项义务。"

[175] 赫希·劳特派特认为，直到1935年国联行政院就意大利侵略埃塞俄比亚而根据《国际联盟盟约》第16条决定意大利采取制裁措施，《国际盟约》第20条的真正作用，即他所说的"高级法"的功能才逐步被注意到，因为制裁涉及其他国联会员国与意大利之间已经缔结的条约的适用问题，而以往国际法学者关注的只是该条文文本与英文本措辞之间的差别之类的技术性问题。根据国联大会协调委员会设立的一个法律委员会的意见，《盟约》第20条的适用具有优先性，比如意大利据此无权就参与制裁的国联会员国停止履行与意大利缔结的条约而向后者提起诉讼。H. Lauterpacht, "The Covenant as the 'Higher Law'", *British Yearbook of International Law*, Vol. 17, 1936, p.55.

[176] 参见《维也纳条约法公约》第30条。

[177]《宪章》第103条规定："联合国会员国在本宪章下之义务与其依任何其他国际协定所负之义务有冲突时，其在本宪章下之义务应居优先。"

[178] 这些差别包括：第一，后者所指与《宪章》项下义务相冲突的义务限于协定义务，而前者把此等义务扩大到其他义务，如基于习惯法产生的义务；第二，后者所指与《宪章》项下义务相冲突的义务是否不包括《宪章》生效前形成的义务并不明确，而前者则把《盟约》生效之前产生的义务明确包括在内；第三，违反前者的义务即告"废止并且庄严保证此后不得订立类似协议"，而违反后者的义务并不当然无效，而其结果只是"宪章下义务应优先"。

(默示权力)。[179] 即便没有规定默示权力条款,某些国际组织在实践中也可能行使这种权力。在这方面,联合国无疑是最典型的例子。普遍认为,安理会已经行使了许多《联合国宪章》没有赋予的权力,比如管理联合国会员国领土的权力。[180] 事实上,由于默示权力原来是一种国内宪政实践,包括联合国在内的国际组织行使默示权力的做法却被认为是此类国际组织具有宪法性功能的重要证据。

其次,国际公共权力的形成并不当然依赖于国家同意,而是基于某种自然法观念。在这方面,《联合国宪章》第2条第6款是一个典型例子。根据第2条第6款,在维持国际和平与安全的必要范围内,联合国应当确保"非联合国会员国"遵行会员国主权平等原则、和平解决国际争端原则、禁止使用武力或以武力相威胁原则等。比如,在 Namibia(South West Africa)案中,针对安理会呼吁非联合国会员国针对联合国针对纳米比亚采取的行动给予协助,国际法院认为非联合国会员国与会员国在这方面承担同样义务。非会员国必须承认南非纳米比亚继续在纳米比亚存在的非法性,以及南非代表纳米比亚所采取之行动的无效性,并且不得采取任何行动,尤其不得与南非政府进行可能导致承认南非在纳米比亚存在与管理的合法性,或者对这种存在与管理行为给予支持或援助的来往。[181] 据此,在涉及国际和平与安全的相关领域内,联合国对于非会员国同样拥有对于会员国所拥有的国际公共权力。不难看出,对于会员国而言,联合国对它行使的权力既非基于它的明示同意,也非基于它的默示同意。在 Corfu Channel 案中,国际法院认为存在着"某些普遍的以及获得广泛承认的原则,即基本的人性考虑……"[182] 显然,这些涉及人性考虑的原则之所以获得承认,并不依赖于国家同意,而是人性本身的要求。

值得注意的是,诚如前文指出的那样,国际公共权力未必经由法律途径,也可能经由非法律途径而得以形成。

(2) 国际公共权力的行使

从国内社会的经验看,由于国内社会是高度组织化,直言之,是被国家化的社会,因而公共权力被当然地认为是由公共机构行使的,比如:立法权由立法机关行使,行政权由行政机关行使,而审判权则由法院行使。显然,这一国内实践传统极大地影响了国际法实践。其结果是,国际公共机构很大程度上成为衡量国际法是否属于真正意义上的法律,属于"硬法"还是"软法"的重要依据。

---

[179] 比如,《建立 WTO 协定》第 8 条第 1 款规定:"WTO 具有法律人格,WTO 每一成员方均应给予 WTO 履行其职能所必要的法定资格。"

[180] See José E. Alvarez, *International Organizations as Law-Makers*, supra note [104], pp. 184—198.

[181] ICJ Reports 1971, p.58.

[182] ICJ Reports 1949, p.22.

直到19世纪中后期若干国际行政联盟出现之前,在近代国际法形成后的两百年间,国际社会中并未出现行使国际公共权力的国际公共机构,威斯特伐里亚和会创设的国际会议制度成为创设及行使国际公共权力的基本方式,其典型体现就是著名的"欧洲协调"制度。据此,国际公共权力不仅由主权国家自行创设,也是由其自行实施。莫斯勒解释了早期国际社会中缺乏国际公共机构的原因以及由此导致的后果,他指出:

> 在所谓的古典时期,国际社会成员组织形成了一个没有任何纵向的服从要素的法律共同体。古代国际法反对组织。人们公认的法律共同体中并没有一部宪法规定由某一有权机构负责执行,这一事实表明强制力并非是法律的内在要素。然而,必须承认的是,这种法律秩序——在这种法律秩序中,唯一的制裁就是共同体成员的自助——始终存在着被最强大的共同体成员颠覆的危险。[183]

19世纪中期以后,一些涉及技术性事务的被人们统一称为"国际行政联盟"的国际公共机构开始出现,比如国际电报联盟(1865)、万国邮政联盟(1874)、保护工业产权联盟(1883)。这些国际行政联盟往往建立了较为完善的常设机构,比如国际电报联盟设立了相当于现在国际组织秘书处的国际事务局。进入20世纪以来,尤其第二次世界大战以后,国际公共机构的数量大幅度地张加,以至于20世纪被称为"国际组织的世纪"。在这些国际公共机构中,1945年成立的联合国、1957年成立的欧洲共同体及在此基础上于1993年成立的欧洲联盟、1994年成立的世界贸易组织以及20世纪90年代以来成立的一系列国际性刑事法院等创设以及/或者实施国际公共权力的能力尤其引人注目。

值得注意的是,由于国际社会的组织化范围与程度不如国内社会,因此,往往会缺乏行使特定国际公共权力的国际公共机构,或者既有的国际公共机构未能有效地行使国际公共权力,在这种情况下,特定的主权国家可能会自行主张行使国际公共权力,或者经既有国际公共机构授权行使国际公共权力。就前者而言,澳大利亚、奥地利、比利时、波兰、丹麦、法国、德国、俄罗斯、荷兰、芬兰等相当数量的国家,在本国刑法典或其他法律中规定对于特定的国际罪行行使普遍管辖权。[184] 比如,1994年,奥地利最高法院裁定奥地利对在该国居留、涉嫌于1992年7月在波斯尼亚犯有种族清洗行为的什维科维奇拥有管辖权,原因

---

[183] Hermann Mosler, "The International Society as A Legal Community", *supra* note[136], p. 31.

[184] 详见朱利江:《对国内战争罪的普遍管辖与国际法》,法律出版社2007年版,第114—214页。

是，法院认为波斯尼亚的法院由于战争破坏已经不复存在，并且也没有一个有效的国际刑事法庭，因而，如果奥地利不进行管辖，则《灭种公约》的目的将落空[185]，据此，奥地利司法机构行使了惩治国际罪行的国际公共权力。就后者而言，安理会维护国际和平与安全方面的实践是一个典型的例子。虽然根据《联合国宪章》第24条的规定，各会员国将维护国际和平与安全的主要职责授予安理会，并同意安理会在履行此职责时即系代表各会员国，但由于联合国缺乏独立的武装与警察力量，因此安理会根据《宪章》授权采取的行动实际上是由特定会员国或区域性组织具体实施的[186]，换言之，安理会把《宪章》作出的授权进行了"再授权"。

（四）"公法性国际法"的作用

前已指出，"私法性国际法"有助于促进国际关系民主化与国际法民主化。事实上，"公法性国际法"也具有促进国际关系民主化与国际法民主化的作用。因为"公法性国际法"显然有助于缓解许多国际组织遭受的"民主赤字"批评[187]，比如，包括联合国、WTO在内的许多国际组织晚近都倾向于开放市民社会参与它们的活动，这有助于增强国际组织的负责任性，缓解人们对于国际组织的质疑。[188] 下文着重讨论"公法性国际法"具有的其他四个作用，即强化国际法的法律属性；增强国际法治的普遍性；促进国内法治；促进建构"国际共同体"。

1. 强化国际法的法律属性

如所周知，国际法作为真正意义上的一种法律体系曾经遭受质疑。在这些质疑中，奥斯汀提出的"实证的国际道德说"对于主张国际法属于真正意义上的法的人们来说最具挑战性。立足于国内法的经验，奥斯汀把法定义为主权者作出并以制裁予以强行执行的命令。由于国际法不符合他对法所作的定义，因此他认为国际法只能称为"实证的国际道德"，并不是"真正意义上的法"。[189]

诚然，绝大多数的国际法学者以及国家实践目前已不再怀疑国际法是真正意义上的法。然而，几乎也不会有人否认，较之国内法，国际法只能算是弱法。在这种情况下，除非国际社会认为现行国际法已经满足了它的需要——晚近对

---

[185] 同上注，第121页。

[186] 参见《联合国宪章》第41条、43条、44条、45条、52条、53条。

[187] 对于国际组织"民主赤字"的详细分析，See José Alvarez, *International Organizations as Law-Makers*, supra note[104], pp.630—635; Stefan Griller (ed.), *International Economic Governance and Non-Economic Concerns*, supra note[100], pp.79—98.

[188] 前联合国安南秘书长指出："联合国深刻地认识到，如果全球议程想要得到很好地解决，与市民社会的合作并不是一种选择，而是必需。"参见蔡从燕：《私人结构性参与多边贸易体制》，北京大学出版社2007年版，第58—60页。关于非政府组织参与WTO的详细介绍，参见徐昕："NGOs制度性参与WTO事务研究"，厦门大学博士学位论文（2010），第101—133页。

[189] 参见李浩培：《国际法的概念与渊源》，贵州人民出版社1994年版，第43页。

实现国际法治的诉求表明,现行国际法无论从规模还是从效力/实效方面看都未能满足国际社会的需求,否则人们仍然有必要正视"奥斯汀之问"。

正如哈特指出的,为了证明国际法是法律,许多国际法学者倾向于缩小国际法与国内法之间"形式上的差异,而去夸大在国际法中所能找到的类似国内法的立法功能或其他特征"[190],包括认为从事实角度看各国"遵守国际法是原则,违反国际法是例外",因而"显然不能因为有例外的违反国际法的情事而否定国际法的存在"[191],以及淡化国际法对于某种对于国内法来说可能是至关重要的要素,比如制裁[192],从而证明国际法的法律属性。诚然,完全以国内法的标准衡量国际法实践是不可取的,但完全排斥国内法标准,甚至试图通过消解国内法的传统属性以证成国际法的法律属性同样也是不可取的。具体来说,从国际法方面看,具有突出强制性特征的 WTO 争端解决机制的创设及其在运行中对多边贸易体制的有效维护被许多国际法学者认为是国际法治的重大进展,这表明,即便外在的强制力并非是判断国际法的根本属性,但它显然可以极大地强化国际法的法律属性;从国内法方面看,虽然人们质疑奥斯汀所说的法律是否可以囊括所有的国内法现象,并且他对外在的命令与强制力的强调能否确保实现法律功能[193],但在经验世界中没有哪个国家根本性地否定法律的命令性与强制力。总体而言,国际社会与国内社会的日益同构化提高了利用国内法标准衡量,进而引导国际法实践的合理性。因此,"公法性国际法"是强化国际法法律属性的关键。

2. 增强国际法治的普遍性

实现国际法治已经成为越来越多的国家以及国际组织的共识。那么,当前以及未来实现国际法治的关键何在? 笔者认为,在国际公域方面实现法治,换言之,推动"公法性国际法"的发达化是当前以及未来实现国际法治的关键所在。原因是,国际法在传统上作为规范国家间关系的法律实际上表明,国家间关系是以往国际社会促进国际法治的主要领域;从国际法实践的角度看,"私法性国际法"已经为规范国家间关系确立了相当庞大的法律体系。与此相比,国际公域中众多行为体的活动仍然没有受到有效的法律约束。

可以认为,经由"私法性国际法"达致的国际法治只是一种国家间关系意义上,或者说片面意义上的国际法治,而不是普遍意义上的国际法治。在国际公域范围不断扩大的情况下,国际公域中的行为体,尤其是国际组织及其内部

---

[190] 哈特:《法律的概念》,同前注〔45〕,第 213 页。
[191] 李浩培:《国际法的概念与渊源》,同前注〔189〕,第 46 页。
[192] H. L. A. 哈特:《法律的概念》,同前注〔45〕,第 201 页。
[193] 所谓"软法"现象的出现确实在某种程度上消解了外在的命令与强制力在法律中的作用。有学者认为,应该把"国家制定"与"国家强制性"从法律的要素中删除出去。参见程迈:"软法概念的构造与功能",载《金陵法律评论》2009 年春季卷。

机构,已经成为国际社会能否在国家间关系法治化的基础上进一步促进国际法治的普遍性,从而实现国际社会的普遍法治的关键。显然,"私法性国际法"无法实现国际公域的法治化,国际公域的法治化必然要依赖于"公法性国际法"。

3. 促进国内法治

诚然,"私法性国际法"与"公法性国际法"都有助于促进国内法治,因为二者都对主权国家施加了国际义务,据此主权国家都有义务根据国际法行事,对此不妨称之为"通过国际法的国内法治"。不过,至少从约束国内当局行为的形式有效性的角度看,较之"私法性国际法","公法性国际法"对国内法治的促进更为有力,因为在特定条件下,后者可以在否定主权国家意志的基础上进行运作。

毋庸置疑,国际组织与主权国家间的关系是"公法性国际法"的最重要实践领域,"公法性国际法"在这一领域的适用从国际组织的方面看有助于增强国际法治的普遍性,从主权国家的角度看则有助于促进国内法治,尽管如下所述,利用"公法性国际法"促进国内法治的风险也是存在的。

处理国际组织与主权国家关系的基本依据是所谓的"国内管辖"规则,这一规则权威性地规定于《国际联盟盟约》第15条第8款[194],以及《联合国宪章》第2条第7款[195],二者所规定的国内管辖事项的变迁可以说揭示了"公法性国际法"在促进国内法治方面的作用。

无论《盟约》还是《宪章》都没有具体规定国内管辖事项的范围,具体规定这些范围被认为是徒劳的,会使人产生误解。[196] 不过,指导人们认识国内管辖事项范围变迁的标准还是存在的。在这方面,常设国际法院在 Nationality Decrees 咨询意见案作出了权威性的阐述。常设国际法院指出:"特定事项是否纯属于一国管辖从根本上说是一个相对的问题;它取决于国际关系的发展。"[197]

《盟约》第15条第8款规定,"国际法"是判断特定事项是否"纯属"国内管辖的标准。《宪章》第2条第7款删除了这一标准,其原因是,《宪章》起草者认为国际法是不断发展的,而在第2条第7款中规定这一判断标准可能会造成以联合国成立当时国际法的状态来判断国内管辖事项,从而阻碍原来的国内管辖

---

[194] 第15条第8款规定:"如争执各方任何一方对于争议自行声明并为行政院所承认,按诸国际法纯属该方国内管辖之事件,则行政院应据情报告,而不作解决该争议之建议。"

[195] 第2条第7款规定:"本宪章不得认为授权联合国干涉在本质上属于任何国家国内管辖之事项,且并不要求会员国将该项事件依本宪章提请解决;但此项原则不妨碍第七章内执行办法之适用。"

[196] Lawrence Preuss, "Article 2, Paragraph 7 of the Charter of hte United Nations and Matters of Domestic Jurisdiction", 74 (I) *Recueil Des Cours* 547 (1949), p.568.

[197] (1923)B/4, p.24.

事项成为国际管辖事项[198]。但这并不妨碍国际法作为判断国内管辖事项的基本标准,事实上,也没有人以《宪章》第 2 条第 7 款未曾提及国际法而反对根据国际法判断特定事项是否属于国内管辖事项。[199] 显然,随着"公法性国际法"的发展,国内法治将获得越有越丰富、越有力的外在推动与保障。

诚然,《盟约》第 15 条第 8 款以及《宪章》第 2 条第 7 款的谈判史表明[200],"国内管辖"规则的确立似乎并非——至少并非主要——立足于促进国内法治,而恰恰是为了减少将要诞生的国际组织,即国际联盟以及后来的联合国对于会员国主权造成的削弱。[201] 然而,这恰恰表明"国内管辖"规则在促进国内法治方面的作用。

4. 促进"国际共同体"的建构

从人际间关系的角度看,不难发现,私法主要是以"利益"为导向的,而公法主要是以"团结"(solidarity)为导向的。以"利益"为导向决定了私法的形成与运用缺乏明显的"共同体"特征,甚至具有反"共同体"的倾向,与此不同,以"团结"为导向决定了公法的形成与运用必然具有强烈的"共同体"特征。可以认为,没有"共同体"的前提,公法的形成与适用或者是不可能的,或者只能成为滥用"私法性国际法"的幌子。[202]

公私法关系的一般原理,尤其"私法性国际法"的经验表明,经由"公法性国际法"建构"国际共同体"对于维护国际和平与安全,以及促进人类发展都是不可或缺的,尽管这并不当然意味着从团结性程度的角度这一"国际共同体"能够与国内共同体相媲美。而在建构"国际共同体"的过程中,"公法性国际法"也发挥了制衡"私法性国际法"的作用。

(五)"公法性国际法"的风险

前已指出,完善的政治框架、组织、观念中形成与适用可以较为有效地确保国内公法的正义性。与此不同,"公法性国际法"是在以弱组织化、低法治化以及强国家主权观念为一般特征的国际社会中形成与适用的,因而内在地决定了"公法性国际法"实践的风险,尽管这些风险的存在不能成为消极对待"公法性

---

[198] Rosalyn Higgins, *The Development of International Law through the Political Organs of the United Nations*, London: Oxford University Press, 1963, p.66. 也有学者认为,《联合国宪章》第 2 条第 7 款最终没有像《国际联盟盟约》第 15 条第 8 款那样明确规定国际法作为判断特定事项是否属于国内管辖事项的原因并不清楚。M. S. Rajan, *United Nations and Domestic Jurisdiction*, Bombay: Asia Publishing House, 1961, second edition, pp.368—369.

[199] M. S. Rajan, *United Nations and Domestic Jurisdiction*, Id., p.369.

[200] Lawrence Preuss, "Article 2, Paragraph 7 of the Charter of hte United Nations and Matters of Domestic Jurisdiction", *supra note*[196], p.557.

[201] 比如,《盟约》第 15 条第 8 款正是美国担心未来成立的国际联盟会干预美国的某些敏感内部事务,因此坚持要求在《盟约》中加以规定的。

[202] 参见本部分之(五)之 2 的分析。

国际法"的借口。关于这些风险,不妨从价值体系与实际运作两个方面加以考察。

1. 价值体系失衡:以晚近联合国的民主实践为例[203]

如所周知,公法与民主之间存在着密切的联系,可以认为:没有民主,就不可能有真正的公法;反过来,没有真正的公法,民主也难以得到有效的保障。从这个意义上说,联合国对民主价值的宣扬以及为维护民主价值而采取的行动是完全正当的。然而,正是在"公法"的名义下,联合国的民主实践暴露出明显的价值失衡,即过度关注联合国会员国的民主问题,而忽视联合国自身的民主问题。

从学术史的角度看,根据政治特征判断某个国家能否在国际共同体中获得某种资格的学术主张早已有之。在《捕获法》中,格老秀斯主张荷兰人可以合法地抢劫"穷凶极恶的敌人",就是一种"以国家的内部政治或道德特征为基础,从法律上对它们进行区分的国际法观念"。[204] 虽然这种观念在《捕获法》之后从未销声匿迹[205],但直到冷战结束前,民主问题并未真正地进入国际法学者的视野,以至国际学者被认为在民主问题上是"沉默寡言"的。[206] 冷战的结束改变了民主问题游离在国际法学者视线之外的学术传统。许多西方政治人物及学者认为,冷战的结束不仅表明东西方阵营对抗的结束,并且表明市场经济体制对国家经济体制,以及所谓民主体制对非民主体制的胜利,其代表性的学术话语就是亨廷顿提出的"民主第三波论"以及福山提出的"历史终结论"。值得注意的是,受到晚近一些国际关系学者,乃至国际政治家提出的一种观点[207]——民主政体对于国际和平是至关重要的——的影响,一些国际法学者批评指出,国际法学以往只注意到康德在《永久和平论》中提出的确保永久和平的后两个条件,即"联邦条款"和"世界公民权利条款",而忽视了第一个条件,即各国建立共和政体(共和条款)。[208] 他们认为,当前国际法上正在形成一

---

[203] 本部分(脚注204—216之间的文字)源自本人的另一篇文章,为维持全文理论体系的完整性,特节录于此。蔡从燕:"国内公法对国际法的影响",同前注[18],第189—190页(脚注62—74之间的文字)。

[204] Gerry Simpson, *Great Powers and Outlaw States*, supra note[40], p.4.

[205] 比如,霍尔认为,"由于国际法是现代欧洲特殊文明的产物,并且形成了一个高度拟制的体系。不能认为不同文明化的国家会理解或承认该体系中的原则,这些国家只能被认为是西方文明的继受者而屈从于它。" William Edward Hall, *A Treatise on International Law* (6th edition), Oxford: Clarendon, 1909, p.39.

[206] 苏珊·马克斯:《宪政之谜:国际法、民主和意识形态批判》,方志燕译,世纪出版集团2005年版,第33页。

[207] See Report of the Secretary-General to the Security Council, *The Causes of Conflict and the Promotion of Durable Peace and Sustainable Development in Africa*, April 1998, para.77.

[208] 苏珊·马克斯:《宪政之谜:国际法、民主和意识形态批判》,同前注[206],第41页;康德:《历史理性批判文集》,何兆武译,商务印书馆1990年版,第109—122页。

套"民主治理的规范",民主正获得"国际人权"的地位,"民主政府"正被列为国家承认的一个标准,而"民主国家应当竭尽所能地在全世界促进民主"。[209] 不少知名学者,如弗兰克、克劳福德、赖斯曼等,主张应该根据其内部政治特征,即民主抑或非民主政体,对主权国家进行区分,并以此证成某些大国拥有特权,如进行武力干涉的正当性[210],一些学者更是按照西方国家的政治模式详细地勾勒出他们所惬意的国际宪政图景。比如,彼德斯曼认为联合国当前进行的改革缺乏宪政理论的指导,主张应该限制只有那些接受国际人权公约、议会制、强制性第三方裁判机构,以及旨在实现民主和平的新的集体安全体制的国家才能加入联合国[211],换言之,联合国应该把那些被认为"不民主"的国家驱赶出去。但是,从国际实践方面看,国际联盟与联合国都没有把主权国家的政治特征作为是否赋予会员国资格的判断标准。[212]

冷战结束之后,联合国明显加强了对会员国政治体制问题的关注。虽然目前并未接受一些学者提出激烈的主张,即以建立所谓民主政体作为加入联合国的条件,而主要体现在向会员国及某些非国家实体提供选择援助[213],但推进会员国民主进程已经成为联合国的重要组织目标与经常性工作。在这方面,安理会1994年第940号决议具有历史性意义,它是安理会首次援引《联合国宪章》第七章为恢复会员国(即海地)的民主体制而授权进行武力干涉。实证考察表明,安理会根据《宪章》第七章作出的许多决议都涉及会员国民主进程问题,这些决议草案绝大多数是由少数发达国家起草的。[214] 促进会员国的民主进程也被联合国人权委员会、联大以及秘书处列为重要的工作目标与内容,它们通过

---

[209] 苏姗·马克斯:《宪政之谜:国际法、民主和意识形态批判》,同前注[206],第1页。

[210] See in detail Gregory H. Fox & Brad R. Roth (eds.), *Democratic Governance and International Law*, Cambridge: Cambridge University Press, 2000.

[211] Ernst-Ulrich Petersmann, "How to Reform the United Nations: Lessons from the International Economic Law Revolution", 2 *Journal of International Law and Foreign Affairs* 185 (1997—1998), pp. 190—191, 211.

[212] 不过,至少在国际联盟与联合国成立及运作早期,争论乃至实际的做法是存在的。比如,前社会主义国家苏联直到1934年才获准加入国际联盟。在旧金山会议期间,一些谈判代表拒绝接受弗朗哥法西斯政府执政的西班牙,西班牙最终无缘作为创始会员国加入联合国。

[213] 1992年,第42届联会议通过第46/137号决议成立提供选举援助的机构,1994年第49/675号决议正式把该机构命名为"选举援助司"。1989年至2005年间,联合国收到了请求给予选举援助的官方请求363次。*Overview Information*, at http://www.un.org/Depts/dpa/ead/overview.html, 最后访问日期2008年1月15日。

[214] Edward Newman & Roland Rich, *The UN Role in Promoting Democracy: Between Ideals and Reality*, Tokyo; New York: United Nations University Press, 2004, pp.65, 69.

作出非约束性决议,或开展其他行动表达对会员国政治体制的关切。[215] 在近年来联合国机构公布的许多联合国改革文件中,推动会员国国内民主都被作为焦点之一,民主被认为"不专属于任何国家区域,而是一项普遍权利"。[216]

具有讽刺意味的是,虽然联合国机构是"公法性国际法"规则的重要创制者以及实施者,但民主价值在联合国机构的实践并不占有重要地位。雷兹曼甚至批评认为,在安理会变得越来越有效的同时,它也变得越来越秘密了;由十五个国家组成的安理会中实际上存在着一个由美国、英国以及法国组成的"微型安理会",它们在五大常任理事国以及全体安理会理事国开始磋商之前已经进行了磋商,并用往往不留下任何纪录,而这些磋商很大程度不同已经决定了安理会会议的结果[217],换言之,安理会全体成员磋商在许多情况下其实是没有意义的。晚近,联合国逐步意识到在联合国自身民主实践的重要性,比如,1992年联合国秘书长发布的《和平议程》指出"各国大家庭中的民主意味着在联合国本身内部适用该组织的原则",前联合国秘书长安南任命的"威胁、挑战和改革问题高级别小组"提交的《一个安全的世界:我们共同的责任》也认为联合国改革应该让"更能代表广大会员国、特别是代表发展中国家的国家,参加决策进程"以及"加强安理会的民主性和负责任性"。但是,较之联合国在推动会员国民主体制方面采取切实的措施,联合国在推动自身的民主实践方面显然是"雷声大,雨点小"。

对于联合国在宣扬民主价值问题上暴露出来的结构性失衡,并非没有人注意到。前联合国秘书长加利在任期间曾经指派一些担任过国家元首的发展中国家人士研究民主问题,但他失望地发现,这些前发展中国家领导人也只关注国内民主与发展之间的关系。加利批评指出,如果不致力于实现国家间关系民主化,就会破坏国内民主。[218]

2. "公器私用":以"霸权主义公法性国际法"实践为例

前已指出,近代国际法很大程度上是西方世界对外进行殖民扩张的工具,从而被一些人认为是霸权主义的。[219] 20世纪以来,由于非西方世界逐步崛起,尤其是20世纪50年代以来新兴发展中国家大量涌现,西方国家已经无法

---

[215] 比如,1991年,联合国大会通过了"增强定期与真正选举的原则的有效性的决议"(GA Res. 45/150, UN GAOR, 45th Session, Supp. No.1, UN Doc. A/45/1(1991))。又如,1999年,联合国人权委员会通过了"促进民主权利的决议"(CHR Res. 1999/57)。向有关国家派遣监督选举的国际观察团已经成为秘书处的一项经常性工作。

[216] 联合国秘书长报告:《大自由:实现人人共享的发展、安全和人权》,2005年3月21日,第148—152段,特别是第150段。

[217] W. Michael Reisman, "The Constitutional Crisis in the United Nations", 87(1) *American Journal of International Law* 83 (1993), pp.86—87.

[218] 参见布特罗斯·加利:"联合国的改革",载《外交学院学报》2004年第3期。

[219] José E. Alvarez, *International Organizations as Law-Makers*, supra note[104], p.199.

再像以往那样自如地、直接地利用根本上属于"私法性国际法"的近代国际法——由于与霸权主义的结合,笔者称之为"霸权主义私法性国际法"(Hegemonic Private Law-minded International Law)——之维护或扩大既得利益的作用。然而,这一作用部分地由20世纪以来逐步发展起来的"公法性国际法"所承担,换言之,"公法性国际法"这一"公器"存在着被"私用"的风险。

1946—1955年间,联合国在接纳新的会员国方面陷入的僵局表明,"公法性国际法"这一"公器"确实被"私用"了。1946年8月28日,美国在安理会提案认为安理会应该针对申请加入联合国的多个国家统一向联大作出建议,而苏联则坚持安理会应该分别讨论并且分别表决。1947年9月25日,当波兰向安理会建议同时接纳意大利、芬兰、保加利亚、匈牙利以及罗马尼亚时,美国一改此前的立场,坚持安理会应该分别讨论并且分别表决,原因是美国不想让作为苏联盟国的保加利亚、匈牙利以及罗马尼亚加入联合国。美苏对抗的结果是,1945—1955年间,联合国只接纳了31个申请国中的9个。即便国际法院[220]、联大[221]都要求安理会常任理事国在接纳联合国会员国方面放弃行使否决权,但美苏两国仍然我行我素,直到1955年时才达成安理会分别讨论加入联合国的申请但统一向联大作出建议的政治性妥协方案。[222]

随着"公法性国际法"的逐步发展,"公器私用"的问题可能更为突出。戴利夫·瓦兹在讨论"霸权主义国际法"时指出,"通过谨慎地综合利用投票权以及领导地位,霸权者可以运用国际组织放大它的权威,美国经常就是这么做的"。[223] 在阿尔瓦雷茨看来,安理会已经成为"霸权主义国际法"的重要实践场所,尤其是美国实践"霸权主义国际法"的重要场所,他尖锐地指出,只要是美国想要从安理会得到的东西,它往往能够如愿以偿;美国能够并且已经利用国际组织,通过投票权与领土地位的巧妙结合放大了它的权威。[224] 可以认为,国际组织,尤其在维护国际和平与安全方面承担主要职责的安理会为"霸权主义国际法"与"公法性国际法"的结合提供了一个极好的场所,从而产生了不妨称之为"霸权主义公法性国际法"(Hegemonic International Law as Public Law)的国际法实践。

与"霸权主义私法性国际法"根本上体现为霸权者把自己的意志直接地,

---

[220] "*Conditions of Admission of a State to Membership in the United Nations*", Advisory Opinion, ICJ Reps 1948.

[221] See GA Res. 197/A(III), December 8, 1948; GA Res. 296(IV), November 22, 1949.

[222] Bruno Simma (ed.), *The Charter of United Nations: A Commentary*, Oxford: Oxford University Press, 1995, pp. 160—161.

[223] José E. Alvarez, *International Organizations as Law-Makers*, supra note [104], pp. 199—200.

[224] Id.

甚至赤裸裸地强加给弱小国家不同,"霸权主义公法性国际法"使得霸权者可以利用联合国安理会之类的普遍承认的国际共同体的代表,甚至自行主张国际社会的代表[225],从而间接地,但从有效性方面看较之"霸权主义私法性国际法"似乎不遑多让地维护甚至扩大自己的利益。考察晚近美国的许多国际关系与国际法实践,比如美国针对朝鲜核问题、伊朗核问题单边采取的制裁措施或在联合国框架内推动采取多边措施,人们不难发现,美国频频以维护国际社会的利益而非美国利益为名,要求美国以及联合国必须采取行动,并且有意识地把朝鲜或伊朗界定成是与整个国际社会中对抗的所谓"法外国家"。

五、结论

由于国际社会与国内社会一样对于确立、规范公共权力与私人权利之行使及维护有着共同的需求,因而国际法律体系可以借鉴国内公私法分立的经验,把国际法律体系分为"私法性国际法"与"公法性国际法"。其结果是,人类社会将可能迈向某种意义上的普遍法律/法学。从对于"私法性国际法"与"公法性国际法"实践的讨论中可以看出,这一分立对于维护国际和平与安全,以及促进人类发展都是极为重要的。不过,较之国内法中的"公私法分立",国际社会的弱组织化、低法治化以及强国家主权观念特征决定了处理"私法性国际法"与"公法性国际法"之间的结构性关系时更为复杂。

"私法性国际法"是指根据国家主权平等原则,受到国内私法文化深刻影响,调整国家间关系的国际法规范或制度,其存在是由国家的自治性以及平等性所决定的,国际法的效力依据以及国际法规则都蕴含着"私法性国际法"的因子。"私法性国际法"有助于促进国际关系民主化与国际法民主化,以及制衡"公法性国际法"。同时,"私法性国际法"很大程度上是一种国家化的国际法与双边主义的国际法,前者使得主权国家,尤其少数大国可能以本国国家利益为由阻挠符合国际社会整体利益的国际法实践或者实施不利于国际社会整体利益的国际法实践,后者使得事实上的不平等在国家间关系方面发挥极为重要的作用,而法律意义上的平等的作用将被削弱,甚至成为维护或扩大事实上

---

[225] 从这个意义上说,加埃塔诺·阿兰焦-鲁伊斯反对存在着国际共同体,尤其反对那种认为联合国的成立意味着国际共同体的诞生的说法,是不无道理的。鲁伊斯也指出,安理会中的某些大国显然会以国际共同体或联合国的名义采取行动。See Gaetano Arangio-Ruiz, *The United Nations Declaration on friendly Relations and the System of the Sounrces of International Law*, Alphen aan den Rijn: Sijthoff & Noordhoff, 1979, pp. 223, 243—252; Gaetano Arangio-Ruiz, "The 'Federal Analogy' and UN Charter Interpretation: A Crucial Issue", *supra* note[131], pp. 13—15. 类似地,布尔反对康德式的世界主义思想也是不无道理的。布尔认为,康德的设想可能导致对个人自由的侵犯,并且可能由于寻求对这一世界国家或世界政府的控制而引发新的冲突。Hedley Bull, "Society and Anarchy in International Relations", in Herbert Butterfield and Martin Wight (eds.), *Diplomatic Investigations*, London: George Allen & Unwin Ltd, 1966, pp. 48—50.

的不平等的法律工具。

　　"公法性国际法"是指涉及那些超越国家主权之外的国际公共权力的取得以及适用的国际法规范或制度,其存在依据是国际公域的客观存在以及国际公域的"法治赤字"状态。晚近,在讨论国际法公法性的具体方面的同时,少数国际法学者开始从整体性的角度讨论国际法的公法性属性。从实践方面看,国际公共权力的日益取得以及实施表明国际法律体系正在发生结构性变迁,即"公法性国际法"在国际法律体系中的作用不断上升。"公法性国际法"有助于强化国际法的法律属性、增强国际法治的普遍性、促进国内法治,以及建构"国际共同体"。同时,"公法性国际法"在价值体系以及实际运作中已经暴露出不容忽视的风险,比如未能正确地处理民主在"公法性国际法"实践中的地位,而较之"霸权主义私法性国际法"更具欺骗性的"霸权主义公法性国际法"的实践尤其值得警惕。

(初审编辑:沈朝晖)

论区域贸易安排的所得税协调机制[*]

张智勇[**]

On the Income Tax Coordination Mechanism of Regional Trade Arrangements

Zhang Zhiyong

内容摘要：在区域贸易安排迅猛发展并将服务贸易和投资自由化纳入其范畴的背景下，由于区域贸易安排的成员依然享有所得税主权，由此产生的所得税问题将阻碍区域一体化的进程。这些所得税问题可以分为两类：以贸易保护为目标的所得税措施和本身不服务于贸易目标但对贸易产生影响的所得税措施。目前区域贸易安排的一般做法是将这两类问题分别交由贸易体制和税收协定来处理。但是，现行机制并不能充分解决这些问题，仍需进一步完善。

关键词：区域贸易安排　所得税协调　WTO　税收协定

---

[*] 本文系作者承担的2010年度国家社会科学基金项目"区域贸易安排中的所得税问题研究"（10BFX101）的阶段性成果。

[**] 北京大学法学院副教授，法学博士。电子邮箱：zzywjmail@163.com。

一、区域贸易安排的所得税问题

(一) 所得税与贸易的影响

从税收与国际贸易的关系来看,流转税能对货物贸易产生扭曲作用。[1] 但是,特定的所得税政策或措施也能对货物贸易和服务贸易产生影响,这些做法可以分为两类:

1. 以贸易保护为目标的所得税措施

表面上看,所得税对货物贸易的影响表面上不如流转税那样明显,因为所得税是对纳税人的纯收入课征,而非针对产品本身的征税。[2] 但是,特定的所得税措施也能够对货物贸易产生负面影响。在进口方面,所得税措施可以用来歧视外国产品或为国产品提供保护。[3] 在出口方面,所得税可以作为出口补贴的提供方式。如果政府减免了企业出口所得的税负,企业的竞争力就会基于非市场因素而得到提高,企业就具备了低于正常价值出口产品的可能。

由于服务通常是无形的且不能储存[4],也就不存在类似于对货物的征税问题,此时所得税措施对服务贸易的影响更为直接。所得税措施可用来歧视外国服务提供者。一国可以对外国服务提供者在当地设立的商业机构征收更高的所得税[5],也可以加重本国居民使用境外服务时的税收负担。[6] 所得税措施也能够作为给本国服务业提供补贴的方式。WTO的资料表明,服务业的补贴是普遍存在的,其中特别集中在运输、旅游和银行业,而税收激励措施(tax incentives)是一种常见的补贴方式。[7]

---

[1] 比如:高关税能够阻挡外国产品的进入;对外国产品征收歧视性的国内税(internal tax)能够起到保护相同国产品的作用。

[2] 杨斌:《税收学》,科学出版社2003年版,第65页。

[3] 比如,一国可对购买国产汽车的本国消费者给予个人所得税的优惠,这会导致消费者倾向于购买国产汽车,从而影响进口汽车的销售。See Reuven Avi-Yonah and Joel Slemrod, "How Should Trade Agreements deal with Income Tax Issues?", 55 *Tax L. Rev.* 533 (2001—2002).

[4] 伯纳德·霍克曼、迈克尔·考斯泰基:《世界贸易体制的政治经济学:从关贸总协定到世界贸易组织》,刘平等译,法律出版社1999年版,第124页。

[5] 比如,作为甲国居民纳税人的A公司在乙国设有一个分公司B,B的营业利润要在乙国缴纳所得税。如果乙国对B营业利润的征税比从事相同业务的本国居民公司更重时,就产生了税收歧视。

[6] 比如,甲国A银行向乙国B公司发放一笔贷款,B公司要为此向A银行支付利息。根据乙国法律,B公司从乙国银行取得同等条件贷款并支付利息时,该笔利息是可以从B公司应税所得中扣除的。但是,如果乙国法律不允许B公司将支付给甲国A银行的利息从应税所得中扣除,就加重了B公司的融资成本,从而导致B公司不向甲国A银行申请贷款,这也对甲国A银行提供金融服务造成了歧视。

[7] WTO, *World Trade Report 2006—Exploiting the Links between Subsides, Trade and the WTO*.

上述做法本质上属于贸易限制措施,具有与贸易政策类似的效应。[8] 由于所得税措施并非直接针对产品征税,该种做法比基于产品原产地而采取的流转税差别措施更具隐蔽性。

2. 本身不服务于贸易目标但对贸易产生影响的所得税措施

此类措施一般是一国税收制度适用于跨国交易的自然结果。这些措施尽管不以实施贸易保护为目的,但也会对贸易要素的流动产生影响。这主要体现在双重征税和税收歧视两个方面。

在各国普遍同时主张居民税收管辖权和来源地税收管辖权时,一国的居民纳税人可能面临三种类型的法律性双重征税[9],即居民管辖权和居民管辖权重叠导致的双重征税;居民管辖权和来源地管辖权重叠导致的双重征税;来源地管辖权和来源地管辖权重叠导致的双重征税。当各国对公司和股东同时都征收所得税时,一国居民纳税人来源于境外的权益性收益还会面临经济性双重征税。[10]

税收歧视包括一国对本国居民境外所得的歧视和一国对非居民的税收歧视。

双重征税加重了货物贸易出口方和服务贸易提供者的负担。税收歧视不仅使外国服务提供者处于不公平的竞争条件,也具有规避服务进口国市场准入承诺的效应。

(二) 区域贸易安排的特殊问题

从1947年关贸总协定(1947年 GATT)开始到如今的世界贸易组织(WTO),经过多轮的关税减让谈判,关税的壁垒效应已大大降低。1947年GATT和1994年GATT的第3条第2款禁止关贸总协定的缔约或WTO成员通过国内税为国产品提供保护。[11] 但是,对于所得税问题,多边贸易体制却很少

---

[8] Joel Siemord, "Free Trade Taxation and Protectionist Taxation", *NBER Working Paper Series*, No. 4902, (1994).

[9] 按照 OECD 的定义,法律性双重征税指两个或两个以上的国家或地区对同一纳税人的同一课税对象在同一征税期内征收同一或类似种类的税。参见《经济合作与发展组织关于对所得和财产避免双重征税的协定范本》(2010年版)(以下简称"OECD 范本")注释引言部分第1段。

[10] 经济性双重征税是指两个或两个以上的国家对属于不同纳税人的来源于同一税源的课税对象在同一征税期内征税。See Arnold A. Knechtle, *Basic Problems in International Fiscal Law*, translated from the German by W. E. Weisflog, Deventer: Kluwer, 1979, p.31.

[11] 1947年GATT和1994年GATT 第3条是关于国民待遇义务的要求。第1款规定:"国内税和其他国内费用,影响产品的国内销售、购买、运输、经销或使用的法令、条例和规定,以及对产品的混合、加工或使用须符合特定数量或比例要求的国内数量限制条例,在对进口产品或国产品实施时,不应用来对国产品提供保护。"第2款规定:"一个成员领土的产品输入到另一成员领土时,不应对它直接或间接征收高于对相同产品所直接或间接征收的国内税或其他费用。同时,成员不应对进口产品或国产品采用其他与本条第1款规定的原则有抵触的方法来实施国内税或其他国内费用。"

涉及。[12] 值得注意的是，多边贸易体制在致力于消除全球贸易壁垒和贸易歧视的同时，也允许其部分缔约方或成员通过区域贸易安排来进一步实现区域内的贸易自由化。[13] 自20世纪90年代以来，在全球经济日益一体化的背景下，以自由贸易区为主要表现形式的区域贸易安排也呈现了迅猛发展的态势。[14] 由于区域贸易安排是在WTO框架下运行的，WTO体制和区域贸易安排也不干涉其成员的所得税制度[15]，上述所得税问题同样存在于区域贸易安排的实践中，并且这些问题的解决对于区域贸易安排的成功运行更具有挑战意义：

首先，区域贸易安排进一步消除了关税的壁垒作用，区域贸易安排的成员更具借助所得税措施实施贸易保护的诱因。在货物贸易领域，以自由贸易区为例，1994年GATT第24条第8款规定，自由贸易区成员对原产于该地区产品的贸易，应实质上取消关税及其他贸易限制。在服务贸易领域，GATS第5条要求区域性的服务贸易自由化协议应涵盖大部分服务部门，取消成员间现存歧视性措施和/或禁止新的歧视性措施。但是，纯粹的自由贸易只是经济学理论上的可能，重商主义在21世纪仍然活跃。[16] 在关税无法实现贸易保护时，更具隐蔽性的所得税措施就成为一个便利的选择。但是，与非财政方式的非关税措施相比，借助所得税减免方式采取的贸易措施可能导致政府财政收益的减少或预算赤字的增加。为了弥补财政损失，一国可能提高对劳务等流动性较差要素的

---

〔12〕 有关这一问题的详细论述，请见本文第二部分。

〔13〕 最惠国待遇原则是多边贸易体制的基石。不过，区域贸易安排拒绝将其成员享有的优惠待遇给予非成员并不是对最惠国待遇的违背。在关贸总协定时期，1947年GATT的第24条允许关贸总协定的缔约方建立自由贸易区或关税同盟，以及为建立关税同盟或自由贸易区而订立临时协议。此外，根据1979年缔约方全体通过的名为《差别和更加优惠的待遇、互惠和发展中国家进一步参与》的决定中第一至四段的授权条款（enable clause）规定，对发展中国家实施差别和更优惠的待遇而不将其给予其他缔约方并不是对最惠国待遇的背离。在WTO时代，1947年GATT第24条成为1994年GATT的第24条，授权条款也依然有效。此外，由于WTO将服务贸易也纳入了统辖范畴，服务贸易总协定（GATS）第5条也采取了类似于1994年GATT第24条的做法，允许WTO成员达成进一步实现服务贸易自由化的协议。

〔14〕 根据WTO的统计，截至2010年7月31日，从关贸总协定起到WTO，先后通知GATT/WTO的区域贸易协定总共有474个之多，现行有效的为283个。这些区域贸易协定中，大约90%为自由贸易区协定，10%为关税同盟安排。这些区域贸易协定中，351个是根据1947年GATT或1994年GATT的第24条通知的；31个是根据授权条款通知的；92个是根据GATS第5条通知的。参见WTO官方网站：http://www.wto.org/english/tratop_e/region_e/region_e.htm，最后访问日期2010年10月25日。

〔15〕 在美国外国销售公司案（FSC）中，上诉机构指出，WTO并不强迫其成员选择某种税收体制，WTO成员原则上可对任何种类的收入课税或免税。参见上诉机构报告（WT/DS108/AB）第90段。

〔16〕 重商主义认为国家富强的方法应当是尽量使出口大于进口，不主张甚至限制商品进口。自亚当·斯密开始的古典主义经济学家则认为所有国家都可以通过自由贸易获利，倡导自由放任（laissez-faire，即政府尽可能少干预经济活动）。参见，多米尼克·萨尔瓦多：《国际经济学》（第8版），朱宝宪等译，清华大学出版社2004年版，第27—30页。

征税,从而对其他纳税人产生不公。但是,如果不能弥补税收损失,就要减少社会福利。[17]

其次,除了进一步消除区域内货物贸易和服务贸易的壁垒之外,一些区域贸易安排还涵盖了WTO体制目前并不调整的投资自由化的内容。第二次世界大战之后,贸易和投资领域的国际协调是以关贸总协定和双边投资协定(BIT)两个并行体制进行的。不过,随着北美自由贸易区(NAFTA)的成立,投资问题也开始被纳入到贸易安排之中。[18] 从1994年开始,180个以自由贸易区为主要表现形式的区域贸易安排中包含了投资和服务的内容,而之前的40年中只有38个区域贸易安排这样做。[19] 之所以会出现这种变化,是因为将投资包括在贸易协定中没有法律障碍,而且服务与投资的界定也越来越模糊,某些投资是与贸易相关的,或者是贸易本身(比如服务业的投资就被认为是GATS下的第三类服务提供模式)。[20] 从投资自由化的角度来讲,市场准入的开放和投资待遇的提高有助于区域投资的流动。但是,所得税领域的双重征税和税收歧视对于投资的影响是显而易见的。[21] 特别是对于在区域内两个以上成员开展经营活动的投资者来讲,还可能面临多重征税以及在不同东道国享受的税收待遇存在差异的局面。[22]

最后,在区域贸易安排解除贸易和投资管制的同时,相关成员为了吸引外资,特别是对于综合投资环境不如发达国家的发展中国家来讲,税收优惠是其通常采用的手段。在区域贸易安排的成员产业结构竞争性大于互补性时,如果各成员竞相给予税收优惠,就会产生有害的税收竞争问题(harmful tax competi-

---

[17] Reuven S. Avi-Yonah, "Globalization, Tax Competition, and the Fiscal Crisis of the Welfare State", 113 *Harv. L. Rev.* 1573 (1999—2000).

[18] 北美自由贸易协定第11章是关于投资的。

[19] OECD, *The Interaction Between Investment and Services Chapters in Selected in Regional Trade Agreements*, 2008, at http://www.oecd.org/dataoecd/3/4/40471729.pdf,最后访问日期2010年10月26日。

[20] Changfa Lo, *A Comparison of BIT and the Investment Chapter of Free Trade Agreement from Policy Perspective*, at http://ssrn.com/abstract=1140626,最后访问日期2010年10月28日。

[21] 比如,双重征税使得纳税人承受沉重的税收义务,违背了税收公平和税收中性等原则,也阻碍国际间资金、技术和人员的流动。参见廖益新主编:《国际税法学》,北京大学出版社2001年版,第132—133页。

[22] 比如,甲国A银行向乙国B公司发放一笔贷款,B公司将贷款交给其在丙国的分公司C使用,利息由分公司C承担和支付。如果乙国对利息的来源认定标准为以借款人为居民的所在地,丙国采用常设机构标准,则A银行的该笔利息要同时被乙、丙两国主张来源地管辖权从而被双重征税。

tion)。税收竞争会对资本跨境流动产生扭曲作用[23],也为跨国经营者避税提供了方便。[24] 根据"囚徒困境"理论,要求任何一个国家单独主动放弃提供税收优惠,几乎是不可能的,除非其他国家都这样做。因此,不能指望国家采取单边行动来消除有害的税收竞争,只有通过国际协调的方式才可能予以解决。[25]

因此,对于区域贸易安排来讲,为了创建货物、服务、资本和劳动力在成员之间自由流动的区域市场,就必须清除阻碍这些自由流动的壁垒。[26] 如果不建立相关机制以协调其成员的所得税政策和措施,对这些成员具有共同利益的区域安排就会失去其本来意义。

二、区域贸易安排所得税问题的应对:现行做法的评析

如前所述,由于区域贸易安排的所得税问题分为两类,目前区域贸易安排的通行做法是分别交由贸易体制和税收协定来予以处理。

(一)贸易体制的作用与局限

由于区域贸易安排是在 WTO 框架下运行的,对于属于贸易措施的所得税措施,区域贸易安排的基本做法是并入和沿用 WTO 的相关规则。1994 年 GATT 的第 3 条、《补贴与反补贴协定》和 GATS 第 17 条都能对 WTO 成员的所得税措施产生制约。这些规则也为相关区域贸易安排进一步确认。以中国—东盟自由贸易区为例:根据其《货物贸易协议》第 2 条和第 7 条的规定,1994 年 GATT 第 3 条以及补贴与反补贴规则也构成该协议的组成部分;《服务贸易协议》第 19 条也照搬了 GATS 第 17 条关于国民待遇的规定。

在货物贸易领域,1994 年 GATT 第 3 条关于国民待遇的规定禁止 WTO 成员借助国内税和规章对本国产品实施保护。值得注意的是第 3 条第 4 款要求"任何成员境内的产品被进口到其他任何成员境内时,在影响它们境内销售、推销、购买、运输或分销、使用的所有法律、法规和要求方面,应当给予不低于相同国产品的待遇"。因此,第 4 款关于国内规章的规定则可将用于保护国产品的所得税措施包括在内。正如专家组在 FSC 案中所指出的,第 3 条第 4 款的条

---

[23] 在这种情况下,投资决策可能主要受税收影响,而非考虑经济效率,因而资源是扭曲配置的,可能导致资源仅仅因为税收优惠而向另一国转移。See Arthur J. Cockfield, *NAFTA Tax Law and Policy*: *Resolving the Clash between Economic and Sovereignty Interests*, Toronto; Buffalo: University of Toronto Press, 2005, p. 15.

[24] 各国税法有关居民身份、收入来源判定标准等之间的差异以及征税范围、扣除项目等方面的不同规定,都可能为纳税人不当利用。参见刘剑文主编:《国际税法学》(第二版),北京大学出版社 2004 年版,第 212 页。

[25] 参见蔡庆辉:"优惠税制国际协调与规制的法律实践及其发展趋势",载《财政经济评论》2009 年下卷,经济科学出版社,第 138 页。

[26] 弗朗切斯科·迪纳:《自由贸易的社会构建》,黄胜强、许铭原译,中国社会科学出版社 2009 年版,第 14 页。

文并未对该条款管辖的措施设置限定范围,也没有明确排除所得税措施的适用。[27]

同样在货物贸易领域,对于以所得税方式提供的出口补贴,WTO 的《补贴与反补贴协定》(Agreement on Subsidies and Countervailing Measures, SCM)第 3 条明确禁止予以禁止。《补贴与反补贴协定》第 1 条第 1 款(a)项指出,放弃或不收取本应取得的政府财政收入(government revenue that is otherwise due is foregone or not collected)是一种补贴。《补贴与反补贴协定》附件 1(出口补贴的解释性清单)第 5 段列举的措施就包括"对工商企业已经缴纳或应缴纳的与出口有关的直接税的全部或部分免税、退税或递延"。

在服务贸易领域,GATS 的主要作用是消除对服务提供者的税收歧视。GATS 第 17 条是关于国民待遇的规定,要求 WTO 成员在承诺开放的部门,应给予其他成员的服务和服务提供者不低于本国相同服务和服务提供者的待遇。因此,对外国服务提供者的歧视性所得税措施就在被禁止之列。

上述 WTO 规则对于消除所得税贸易壁垒是有积极意义的,但也有其局限性:

首先,借助所得税措施实施的贸易歧视并没有完全消除。在货物贸易领域,尽管专家组在 FSC 案中认为所得税措施并没有被排除适用,但仍需 WTO 实践的检验和后续案例的支持。在服务贸易领域,GATS 下的国民待遇属于具体承诺的范畴,难以提供全面的国民待遇。也就是说,在 WTO 成员没有承诺开放的服务部门,即使是借助所得税措施歧视外国服务提供者,也并不是对国民待遇的违背。

其次,禁止出口补贴的义务适用范围有限。在货物贸易领域,《补贴与反补贴协定》只是禁止 WTO 成员以减免所得税的方式提供出口补贴。但是,如果所得税措施是为了吸引外资流入,且跨国公司的业务不涉及货物贸易时,就很难适用反补贴规则。[28] 在服务贸易领域,理论上也存在 WTO 成员通过所得税措施为服务提供类似于货物贸易的出口补贴的情况。但是,GATS 没有补贴纪律,没有明确禁止采用服务补贴,第 15 条只是规定"各成员认识到,在某些情况下,补贴可对服务贸易产生扭曲作用。各成员应进行谈判,以期制定必要的多边纪律,避免此类贸易扭曲作用"。[29]

因此,对于区域贸易安排来讲,仅仅沿用 WTO 规则,并不能充分约束其成

---

〔27〕 参见 WT/DS108/RW,第 8.142—8.143 段。

〔28〕 Reuven Avi-Yonah and Joel Slemrod, "How Should Trade Agreements deal with Income Tax Issues?", *supra* note[3].

〔29〕 中国—东盟自由贸易区《服务贸易协议》同样也没有补贴纪律。根据该协议第 14 条的规定,服务贸易协议并不适用于中国—东盟自由贸易区成员的补贴,即使补贴只给予国内服务、服务消费者和服务提供者。

员借助所得税措施实施贸易保护的做法。

（二）税收协定的作用与局限

对于双重征税和税收歧视，WTO体制和区域贸易安排本身并没有应对机制，而是通过成员间的税收协定来解决。[30] 税收协定的主要目的是通过消除国际的双重征税，以促进商品、劳务的交换和资本、人员流动[31]，这与自由贸易的目标是相吻合的。

在消除双重征税方面，对于居民管辖权重叠导致的双重征税，税收协定的做法是由一国来行使居民税收管辖权。[32] 此时仍存在双重征税，但转化为居民管辖权和来源地管辖权重叠导致的双重征税。对于此类双重征税，税收协定首先在缔约国之间划分征税权，如果征税权划归居住国或来源地国单独享有，就从根本上消除了双重征税；如果征税权划归两国共享，则对来源地管辖权进行适当限制，并由居住国采取免税法或抵免法消除双重征税。[33]

对于税收歧视，税收协定中有专门的"无差别待遇"（non-discrimination）条款予以应对。OECD范本第24条的"无差别待遇"就包括国籍无差别、常设机构无差别、扣除无差别和资本无差别等内容。[34]

不过，税收协定的上述机制也同样存在局限性：

首先，税收协定无法保障双重征税的彻底消除。

对于本文提及的三种类型的双重征税，税收协定无法解决两个来源地管辖权重叠导致的双重征税。这种来源地管辖权的重叠实际上涉及三个国家。[35]但是，税收协定一般是双边的，而且适用于至少是缔约国一方居民的纳税人。[36]

对于居民管辖权和来源地管辖权重叠导致的双重征税，税收协定要求居住

---

[30] 国际税收协定一般是双边的，而且其体例和内容主要受到了OECD范本的影响。除了OECD范本外，联合国税收协定范本主要供发展中国家和发达国家间缔结税收协定时参考，但其体例与OECD范本类似，只是在个别条款中更加维护发展中国家的税收利益。因此，本文以OECD范本（2010版）为例来阐述税收协定的相关内容。

[31] 参见OECD范本第1条的注释第7段。

[32] 参见OECD范本第4条。

[33] 以股息为例，参见OECD范本第10条和第23条。

[34] 国籍无差别是指缔约国一方国民在缔约国另一方的税收，不应比缔约国另一方国民在相同情况下的负担更重。常设机构无差别指缔约国一方企业在缔约国另一方的常设机构的税负，不应高于进行同样活动的该另一国企业。扣除无差别指缔约国一方企业支付给缔约国另一方居民的利息、特许权使用费等款项，在确定该企业的纳税所得时，应与在同样情况下支付给本国居民一样扣除。资本无差别指缔约国另一方居民所拥有或控制的缔约国一方企业的税负，不应比该缔约国一方同类企业更重。

[35] 来源地管辖权重叠导致的双重征税在国际税法上被称为三角情况。有关三角情况的详细阐述，可参见罗伊·罗哈吉：《国际税收基础》，林海宁、范文祥译，北京大学出版社2006年版，第591—596页。

[36] 参见OECD范本第1条。

国采取免税法或抵免法。但是,免税法或抵免法的具体适用仍离不开缔约国的国内法。[37] 在适用国内法时,仍可能出现双重征税问题。比如,一国采取限额抵免法时,居民纳税人在境外缴纳的全部税款并不能全部得到抵免。[38]

其次,税收协定无法全面消除税收歧视。

税收协定"无差别待遇"的适用是以居民和非居民的划分为前提的。由于居民和非居民的纳税义务不同,而税收无差别待遇又要求基于相同情况进行比较,这意味着非居民通常不能在来源地国主张给予当地居民的全部优惠。[39] 税收无差别待遇主要解决来源地国给予非居民的待遇,但不涉及居住国对本国居民境外所得的歧视。此外,无差别待遇类似于国民待遇,缺乏最惠国待遇的内容。也就是说,一国可以在与不同国家的税收协定中给予来自这些国家的服务或投资以差别待遇。

最后,税收协定无法有效应对区域内的避税和税收竞争问题。

区域贸易安排内的避税和税收竞争涉及多个国家,在一个成员有比较完备的反避税措施而另一个成员并不积极打击避税时,该成员的措施可能并不奏效。此外,当一个成员采取反避税措施时,对因此可能造成的资本外流的担心会影响一国反避税措施的力度。[40] 即使是通过税收协定应对避税,由于税收协定的双边性,也无法约束第三方。

税收协定同样无法解决税收竞争问题。对于税收协定来讲,无差别待遇条款并不限制缔约方给予非居民更多优惠。双边税收协定也无法约束第三方优惠措施的给予。

还需要指出的是,对于税收协定的上述问题,WTO 体制和区域贸易安排似乎无意干预。

在 WTO 体制下,尽管《补贴与反补贴协定》明确禁止 WTO 成员借助所得税减免措施提供出口补贴,但根据该协定注释 59 的第 5 句话的规定,这一义务并非旨在限制一个成员采取措施,以避免该成员或其他成员的企业的外国来源

---

[37] 就税收协定和国内法的关系来讲,税收协定的主要目的在于分配征税权并尽量消除双重征税;而纳税人税负的认定和计税方式则由国内法规定。参见罗伊·罗哈吉:《国际税收基础》,同前注〔35〕,第 40 页。

[38] 限额抵免法仅允许居民纳税人抵免不超过该笔境外所得依居住国税率计算的应纳税额(即抵免限额)。在居住国的所得税率低于来源地国税率的情况下,抵免限额就小于其在来源地国实际缴纳的税额。此时,居民纳税人境外缴纳的税额不能得到全额抵免。

[39] 比如,OECD 范本第 24 条第 3 款第 2 句就规定,该条不应理解为,缔约国一方由于民事地位、家庭负担给予本国居民的任何扣除、优惠和减免也必须给予该缔约国另一方居民。

[40] 从技术角度讲,即使一个成员采取了反避税措施,由于此类措施一般会限制税收协定优惠对缔约方居民的适用,从而产生国内法与税收协定不一致的问题,引起缔约国违反税收协定的争议。

所得的双重征税。因此,消除双重征税的做法并不构成出口补贴。[41] 即便相关做法(比如限额抵免)对于双重征税的消除并不彻底,也不在 WTO 管辖之列。此外,根据 GATS 第 14 条第 1 款第 4 项的规定,与国民待遇不一致的所得税差别措施,只要差别待遇是为了保证对其他成员的服务或服务提供者平等或有效地课征所得税,就不构成对国民待遇义务的违背。也就是说,如果税收差别是基于居民和非居民的税负差异等因素产生的,并不违反国民待遇。根据 GATS 第 14 条第 1 款第 5 项的规定,与 GATS 第 2 条最惠国待遇不一致的 WTO 成员的措施,如果差别待遇是基于税收协定而产生的,也不构成对最惠国待遇的背离。因此,作为多边贸易体制基石的最惠国待遇原则并不适用于 WTO 成员间的双边税收协定。双边税收协定的无差别待遇条款缺乏最惠国待遇内容的问题依然没有改变。此外,WTO 体制也缺乏税收竞争的应对机制。事实上,WTO 体制是鼓励其成员给予外国投资或服务提供者更多优惠的。[42]

区域贸易安排也采取了同样的态度。比如,NAFTA 第 2103 条第 1 款规定:"除本条之规定外,本协定并不适用于税收措施。"[43]该条第 2 款进一步规定,NAFTA 并不影响缔约方在税收协定下的权利和义务。如果 NAFTA 与税收协定相冲突,税收协定优先。再以中国—东盟自由贸易区为例:《货物贸易协议》第 7 条只是重申缔约方遵守 WTO 规则(包括补贴和反补贴措施);《服务贸易协议》第 12 条第 4 款和第 5 款也是 GATS 第 14 条第 1 款第 4 项和第 5 项的翻版;《投资协议》第 3 条第 4 款规定该协议不适用于税收协定,第 16 条第 4 款也与 GATS 第 14 条第 1 款第 4 项一样。

三、区域贸易安排所得税协调机制的建立:进一步的思考

(一)路径探讨

区域贸易安排的现行做法是受到了传统模式的影响。从历史沿革来看,税收协定和贸易体制一直是作为两个平行的机制存在的,而且双边税收协定的出

---

[41] 对于何为消除双重征税的措施,专家组在美国 FSC 案后续的 ETI 案中指出:一个措施如果只是偶然或碰巧在特定情况下防止了双重征税,并不能使其成为注释 59 中的消除双重征税的措施。事实上所有通过减轻所得税负方式提供的补贴都具有这样的效果。如果这样的广义解释将使得《补贴与反补贴协定》禁止出口补贴的规定失去其本来意义。参见专家组报告(WT/DS108/RW)第 8.94 段。

[42] 比如,GATS 的国民待遇关注的是外国服务提供者的待遇不低于本国相同的服务提供者,并不禁止"超国民待遇"。

[43] NAFTA 第 2103 条的另有规定是,NAFTA 的国民待遇义务适用于其成员对产生于服务贸易和货物贸易的所得的征税。这一规定的目的是为了解决这样的差别待遇。比如,从国内咨询公司购买咨询服务的费用可以扣除,但从另一 NAFTA 缔约国的公司购买服务的费用则不能扣除。除此之外,NAFTA 对于其成员的所得税法和税收协定没有影响。事实上,即使没有这一规定,税收协定无差别待遇中的扣除无差别也能够解决这一问题。See David B. Oliver, "Tax Treaties and the Market-State", 56 *Tax L. Rev.* 587 (2002—2003).

现要早于从1947年GATT开始的多边贸易体制。[44] 客观地讲,作为贸易法的WTO体制和区域贸易安排与属于税法范畴的税收协定是存在区别的。贸易法的目标是促进货物和服务的自由流动,而税法的目的是取得收入。如果单纯从自由贸易角度讲,不应当有关税和非关税措施,但政府需要征税来获取财政收益。一国既不可能为了贸易目标而牺牲财政利益,也不会为了单纯追求财政目标而不考虑贸易因素。因此,贸易体制和税收协定是并行和无法相互替代的。

从贸易法的角度看,关税是针对货物的征税,只要确定了产品的分类、估价和原产地三个要素,关税就能够正确征收,因此关税减让谈判也相对容易。相比之下,所得税计算复杂,管理相对困难,征税成本也高于间接税。[45] 在应税所得的确定、费用扣除的范围等方面,各国差异很大,并没有统一的国际标准。[46] 与关税相比,所得税政策与一国社会福利政策更为密切,这也是WTO体制有限涉及所得税措施的一个原因。[47] 此外,由于WTO并非超国家组织,本身也没有权限调整其成员的税制。正如上诉机构在FSC案中所指出的,WTO没有强迫一个成员选择某种税收体制。WTO成员原则上可基于其主权对任何种类的收入课税或免税[48]。

从税收协定的功能来看,税收协定的目的不是统一缔约国之间的税负水平和税收差异,而是协调、划分征税权。[49] 税收协定可以减免税负,但不能创设新的征税权,因为征税权来自国内法,税收协定并非超国家立法。即使税收协定将某类所得的管辖权划分为一个缔约国单独享有,该国也可通过国内法不对该对象征税。[50] 此外,对于某类所得在居民国和来源地国之间的分配,在缔约国双方都是发达国家和一方为发达国家而另一方为发展中国家时,具体方案也会出现差异。[51] OECD也认为,在消除双重征税方面,双边税收协定仍是更适合的方式。[52]

因此,就区域贸易安排将前述两类所得税问题分别交由贸易体制和税收协

---

[44] 双边税收协定的历史可追溯到19世纪。关于税收协定的历史发展,可参见廖益新:《国际税法学》,同前注[21],第136—143页。

[45] 杨斌:《税收学》,同前注[2],第65页。

[46] 关税则不同。在产品分类方面,WTO成员普遍采用世界海关组织(WCO)的协调规则(HS),WTO在海关估价和原产地方面也有专门的协议。

[47] WTO的《补贴与反补贴协定》也是从货物贸易的角度还规制WTO成员的所得税补贴。

[48] 参见上诉机构报告(WT/DS108/AB)第90段。

[49] Arnold A. Knechtle, *Basic Problems in International Fiscal Law*, supra note[10], p.175.

[50] 参见罗伊·罗哈吉:《国际税收基础》,同前注[35],第40页。

[51] 以特许权使用费为例,OECD范本第12条将缔约国一方居民来源于缔约国另一方的特许权使用费的征税权划归该居民国单独享有,来源地国不再行使征税权。但是,《联合国关于发达国家与发展中国家双重征税的协定范本》(以下简称"联合国范本")第12条则是主张由来源地国和居民国共享征税权。

[52] 参见OECD范本注释引言部分第37—40段。

定处理的模式来讲,本身是可取的。不过,区域贸易安排和税收协定还应分别予以完善并辅之以其他机制,才能适应区域一体化的要求。

（二）区域体制的路径

WTO体制只是提供了贸易自由化的最低标准。由于WTO有153个成员,谈判成本高,达成新的协议困难,修改原有协定也不容易。[53] 如果要进一步消除贸易壁垒,由于区域贸易安排的成员相对要少得多,更容易达成共识。[54] WTO体制允许区域贸易安排的存在并以区域安排背离最惠国待遇为代价,正是出于这样的考虑。就贸易体制而言,将某些与贸易有关的所得税问题置于其管辖下并没有困难。WTO的《补贴与反补贴协定》以及GATS规则已经作出了示范。就区域贸易安排来看,欧盟的实践是值得关注的。

从区域经济一体化的程度来讲,欧盟早已超越了关税同盟阶段,建立起了一个货物、服务、资本和人员自由流动的内部市场(internal market)。不过,在欧盟现行法律框架下,欧盟成员国依然享有所得税主权,可以自行确定税收管辖权、税基、税率等税收要素。从这一点来讲,欧盟面临的所得税问题与其他区域贸易安排没有实质区别。

根据《欧洲联盟功能条约》(Treaty on the Function of the European Union)第4条[55],在内部市场建设方面,欧盟及其成员国具有共享权限(shared competence)。因此,为了消除成员国所得税法对内部市场造成的壁垒,欧盟一方面通过颁布指令来进一步消除双重征税,另一方面通过欧洲法院的判例来消除成员国所得税法所导致的歧视。

《欧洲联盟功能条约》第115条(原《欧共体条约》第94条)规定:"理事会应当在一致同意的基础上,在会商欧洲议会以及欧洲经济和社会委员会后,为内部市场的建立和市场功能的需要,颁布协调成员国法律、法规或行政措施的指令。"

---

[53] 比如,WTO协定第10条规定,对1994年GATT第1条和第2条、GATS第2条第1款、与贸易有关的知识产权协定第4条的修正需要所有WTO成员接受。

[54] 在20世纪80年代和90年代,关贸总协定、世贸组织以及它们实施的多边协商机制开始遇到一系列难题:一是协商机制建立在一种繁琐的一致性的制度之上,一个小国独自就能够否决一部分国家提出来的一项动议;二是绝大多数的缔约方虽然推崇在全球范围内实现贸易自由化,但也只是关注货物而不重视服务、资本和劳动力;三是贸易自由化基本工具仍然是削减关税壁垒,非关税壁垒因此容易被用来限制贸易,而且绝大多数的国家利用这个工具来保护本国的弱势产业和特殊利益团体;四是来自欧洲和美洲的富裕国家继续对它们的农民和大量其他产业的参与者提供巨额补贴。区域贸易协定提供了一个新的选择。欧盟取得的成就显示了另一种市场(区域市场而不是全球市场)建设的生命力,其在自由化的范围、实现模式以及确保遵守的工具上更具开拓性、更为深化。参见弗朗切斯科·迪纳:《自由贸易的社会构建》,同前注[26],第26—27页。

[55] 在《里斯本条约》生效后,原《欧洲共同体条约》更名为《欧洲联盟功能条约》(即《马斯特里赫特条约》)。

指令是欧盟二级立法的一种[56],具有高于成员国国内法和税收协定的效力[57]。在所得税领域,欧盟颁布的指令主要有:公司合并、分立和资产转让税收指令[58];母子公司税收指令[59];关联公司间利息和特许权使用费支付指令[60];储蓄利息所得指令等[61] 以母子公司指令为例,母子公司指令消除了一个成员国的母公司收取的位于另一成员国的子公司的法律性双重征税和经济性双重征税[62] 由于指令适用于所有成员国,属于欧盟层面的立法,比税收协定的做法更为彻底和有效。

不过,上述指令并没有直接针对税收歧视的措施。消除税收歧视主要是通过欧洲法院的判例来实现的。

根据《欧洲联盟功能条约》第 267 条(原《欧共体条约》第 234 条)的规定,欧洲法院可就《欧洲联盟条约》和《欧洲联盟功能条约》的解释作出初步裁决(preliminary ruling)[63] 欧洲法院在初步裁决程序下就欧盟法作出的解释对引用该程序的成员

---

[56] 二级立法是与《欧洲联盟条约》和《欧洲联盟功能条约》等基础条约相对应的。根据《欧洲联盟功能条约》第 288 条(原《欧共体条约》第 249 条),欧盟二级立法包括规(regulation)、指令(directive)、决定(decision)、建议(recommendation)和意见(opinion)等形式。这些二级立法不能与基础条约相抵触。指令在其要达到的目标上对该指令指向的成员国有约束力,但成员国有权自行决定为实现指令的目标所采用的方式或方法。因此,指令所设定目标的实施是通过成员国国内法来实现的。

[57] 这也称为欧盟法的最高效力(supremacy)。这是欧洲法院通过判例确立的。有关欧盟法最高效力的论述,See Alisa Kaczoska, *European Law*: *150 Leading Cases*, London: Old Bailey Press, 2000, pp. 129—130.

[58] Council Directive 90/434/EEC of 23 July 1990 on the common system of taxation applicable to mergers, divisions, transfer of assets and exchange of shares concerning companies of different Member States. OJ L225 of 20.08.1990. 该指令随后被 2005/19/EC 号指令和 2006/98/EC 号指令所修改。

[59] Council Directive 90/435/EEC of 23 July 1990 on the common system of taxation applicable in the case of parent companies and subsidiaries of different Member States. OJ L225 of 20.08.1990. 该指令随后被 2003/123/EC 号指令和 2006/98/EC 号指令所修改。

[60] Council Directive 2003/49/EC of 3 June 2003 on a common system of taxation applicable to interest and royalty payments made between associated companies of different Member States. OJ L157 of 26.06.2003. 该指令随后被 2004/66/EC 号指令、2004/76/EC 号指令和 2006/98/EC 号指令所修改。

[61] Council Directive 2003/48/EC of 3 June 2003 on the taxation of savings income in the form of interest payments. OJ L157 of 26.06.2003. 该指令随后被 2004/66/EC 号指令和 2006/98/EC 号指令所修改。

[62] 根据该指令第 4 条和第 5 条的规定,一个成员国的母公司取得其在另一成员国的子公司分配的股息时,子公司所在国不得征收预提税,母公司所在国应采取免税法。这样,股息面临的法律性双重征税不但予以消除,而且是处于两国都予以免税的状况。该指令第 4 条也允许母公司所在国不采用免税法而选择抵免法,但该国应允许母公司将该笔股息所承担的子公司的所得税予以抵免。这样,除非母公司所在国采用限额抵免法,其效果与免税法是一样的。同时,该种抵免还具有消除经济性双重征税的作用,即将股息所承担的子公司税视为母公司在子公司所在国所缴纳的税收,从母公司向其居住国的应纳税款中扣除。

[63] 初步裁决程序是成员国法院在审理案件时就涉及欧共体法解释的问题请求欧洲法院予以裁决的程序。初步裁决程序的作用在于保证欧共体解释的一致性。因此,初步裁决程序对欧洲法院来讲是一个独立的司法程序,而相对于成员国法院而言,则是其具体案件审理中的一部分。

国法院有约束力。同时,欧洲法院还发展了其判决的先例效力(precedent)。[64]

由于《欧洲联盟功能条约》缺乏直接协调成员国所得税的条文可供解释,欧洲法院就借助于该条约中关于开业自由、服务提供自由、人员自由流动和资本自由流动的规则来消除成员国所得税法中的歧视措施。[65] 欧洲法院在 Wielockx 案(Case C-80/94)中指出:尽管所得税属于成员国权限,但成员国税收法律规范不能与自由流动规则相冲突,不能实施基于国籍的歧视措施。

在实践中,欧洲法院通过一系列判例拓展了税收非歧视的含义,这体现在:(1)突破了居民和非居民的界限,提高了来源地国给予非居民的税收待遇。[66](2)禁止成员国歧视本国居民的境外投资所得或亏损。[67]

总体来看,欧盟的上述做法具有其自身的特点,因为欧盟法的最高效力和欧洲法院的作用是其独有的。不过,欧盟的模式也能够提供启示:

首先,欧盟的实践表明,内部市场的自由流动是高于成员国自身税收利益的,内部市场的建立和完善是以欧盟的整体利益为基础的,即使因此造成了成员国税收的流失,欧洲法院也不允许成员国以此为抗辩。[68] 这一理由同样适用于一般的区域贸易安排。由于现行区域贸易安排将服务和投资也纳入其范围,促进区域内的经济合作也是其意愿[69],尽管其目标相对于欧盟的自由流动

---

[64] 欧洲法院在 CILFIT 案(Case 283/81)中指出,只要案例涉及的欧共体法律问题业已为欧洲法院所解释,成员国法院就可在随后的案例中援引。本文所引用的欧洲法院的案例检索自欧洲法院官方网站 http://curia.europa.eu,最后访问日期 2010 年 9 月 10 日。

[65] 以开业自由(freedom of establishment)为例,《欧洲联盟功能条约》第 49 条(原《欧共体条约》第 43 条)的核心内容是:禁止对成员国国民在另一成员国境内的开业自由实施限制。禁止实施限制适用于任何成员国国民在任何成员国境内设立代表处、分支机构、或子公司的情形。不仅针对其他成员国国民的限制不能采取,即使非歧视地对本国国民和其他成员国国民实施限制也不被允许。有关自由流动具体内容的论述,可参见张智勇:《欧盟货币金融法律制度研究》,法律出版社 2006 年版,第 44—67 页。

[66] 比如,在 Schumacker 案(Case C-279/93)中,欧洲法院裁定非居民个人特定情况下可享受居民基于婚姻家庭的税收优惠。在 Commission v. France 案(Case 270/83)中,欧洲法院裁定一个成员国居民公司在另一成员国设立的常设机构也可享受该另一成员国给予该国居民的消除经济性双重征税的优惠措施。在 Saint-gobain 案(Case C-307/97)中,欧洲法院将一个成员国与非成员国间的税收协定中的优惠扩展适用于非税收协定缔约国的欧盟成员国居民在该成员国的常设机构。

[67] 比如,在 Manninen 案(Case C-319/02)中,欧洲法院裁定成员国不得歧视居民从外国公司获得的股息。在 Marks & Spencer 案(Case C-446/03)中,欧洲法院裁定,在特定情况下,成员国不得拒绝居民公司以境外子公司的亏损冲抵母公司的利润。

[68] 比如,在 Manninen 案中,芬兰提出:如果将税收优惠也给予境外股息,就会造成芬兰税收流失,因为豁免的股息公司税是在另一成员国缴纳而非向给予优惠的成员国缴纳。在给予从本国公司取得股息时就不会出现这一问题,因为分配股息的公司要在当地纳税。但是,欧洲法院没有接受这一抗辩。

[69] 比如,奠定中国—东盟自由贸易区法律基础的《框架协议》的目标是:加强和增进各缔约方之间的经济、贸易和投资合作;促进货物和服务贸易,逐步实现货物和服务贸易自由化,并创造透明、自由和便利的投资机制;为各缔约方之间更紧密的经济合作开辟新领域,制定适当的措施;以及为东盟新成员国更有效地参与经济一体化提供便利,缩小各缔约方发展水平的差距。

要低。

其次,尽管欧洲法院及其初步裁决程序是欧盟独特的制度,但其他区域贸易安排也有相应的争端解决机制(比如仲裁)。就仲裁的法律效力而言,也是终局的。[70] 因此,只要成员愿意,这些机制也可以用于处理与贸易有关的税收争议。即便区域贸易安排将税收协定排除在外,WTO 的争端解决机制也有可供采用的可能。比如,GATS 第 22 条第 3 款也排除了成员间属于税收协定范围措施的适用,但如果成员对争端是否属于双重征税协定范围达不成一致,可提交服务贸易理事会,理事会将通过仲裁方式裁决争端的性质,仲裁裁决是终局的,并对相关成员具有约束力。此外,WTO 的争端解决机制还包括非违反之诉。如果任何成员认为其利益由于另一成员实施与 WTO 规则并不冲突的措施而受到损害,该成员可以诉诸争端解决机制。理论上讲,这也适用于 WTO 成员采取所得税措施对其他成员利益造成损害的情况。

此外,对于区域贸易安排的成员来讲,WTO 的贸易政策审议机制(TPRM)也能够作为它们讨论税收政策的平台。贸易政策审议机制可以对 WTO 成员的全部贸易政策和做法及其对多边贸易体制运行的影响进行定期的集体评估。根据《贸易政策审议机制》A 款之规定,该机制下的评估并不作为 WTO 成员履行有关义务的依据,也不为争端解决程序所采用。不过,该机制有助于所有成员更好地遵守 WTO 协定和履行承诺,有助于多边贸易体制更加平稳地运行。通过审议机制,WTO 成员可以就相关所得税政策进行探讨,增进理解或达成共识。[71]

(三)税收协定的路径

对于区域贸易安排的成员来讲,双边税收协定在消除双重征税和税收歧视方面的作用依然不容忽视。即使在一体化程度很高的欧盟,由于欧盟尚未建立消除双重征税的普遍机制,这意味着成员国国民(包括公司)只能依靠成员国间的税收协定来消除双重征税,即使双重征税并无法彻底消除。[72] 事实上,即使全球所有国家所得税法的内容完全一致,只要各国同时主张居民管辖权和来源地管辖权,双重征税就依然存在。

---

[70] 比如,参见中国—东盟自由贸易区的《争端解决协议》第 8 条。

[71] 比如,我国的《个人所得税法》、《外商投资企业和外国企业所得税法》、《企业所得税暂停条例》(后两者业已被新的《企业所得税法》所取代)等法律法规就列入了"与贸易有关的法规"清单。参见,WT/TPR/S161/Rev.1。

[72] 在 Gilly 案(Case C-336/96)中,欧洲法院指出,成员国有权在税收协定中确定划分管辖权的连接因素和消除双重征税的方式。税收协定只是防止同一所得在两个缔约国都被征税,但不保证纳税人在一国的税负不高于其在另一国的税负。在 Kerckhaert & Morres 案(Case C-513/04)中,欧洲法院指出,自由流动并不为纳税人提供消除双重征税方面的保护,即双重征税本身并不违反自由流动规则。

不过,从区域安排的角度,税收协定也可以做一些改进。

首先,对于所得税法比较趋同的几个国家来讲,可以考虑缔结区域性的税收协定。比如,1983 年丹麦、芬兰、冰岛、挪威和瑞典等国家缔结了《北欧税收协定》(The Treaty between the Nordic Countries for the Avoidance of Double Taxation with Respect to Taxes on Income and Capital)。《北欧税收协定》在消除来源地管辖权重叠的双重征税方面要比双边税收协定更为有效。[73] 即便缔结区域税收协定存在困难,结合区域特点制定一个税收协定范本也是一个替代选择。[74]

其次,尽管贸易体制的最惠国待遇并不适用于税收协定,但这并没有排除税收协定自身引入最惠国待遇条款的可能。事实上,国际间有近六百个双边税收协定中存在最惠国待遇条款。日本和荷兰 1970 年的税收协定就规定:荷兰和日本政府同意,当日本与其他 OECD 成员国签订税收协定,且日本对于利息、股息和特许权使用费的来源征税税率低于荷兰和日本协定的税率时,两国政府将重新审查本协定条款以便给予同等待遇。[75]

此外,对于区域内的逃税避税问题,区域安排的成员还应进一步完善税收情报交换机制。在经济全球化和区域化的背景下,由于纳税人存在着跨国经营活动和所得,不论是为了税法的正确适用或是应对逃税与避税,一国税务当局都需要获得纳税人境外经营活动和财产的相关情报。[76] 由于国际法不允许一个国家在未经其他国家允许的情况下在当地进行税务调查[77],建立国际间的税收情报交换机制就至关重要。从现行实践来看,税收情报交换的国际法律机制主要有三种方式:税收协定中的税收情报交换条款(比如 OECD 范本的第 26 条),专门的税收情报交换协议(Agreement on Exchange of Information on Tax Matters)[78],以及欧洲理事会(Council of Europe)的《税收事务互助公约》(Convention on Mutual Administrative Assistance in Tax Matters)中的相关安排。虽然

---

[73] 有关北欧税收协定的相关阐述,See Nils Mattsson, "Multilateral Tax Treaties—A Model for the Future", 28(8—9) *INTERTAX* 301(2000).

[74] 比如,欧洲学者对此进行了深入的探讨并从学界的角度提出了一个范本。有关这方面的详细探讨,See Michael Lang, *Multilateral Tax Treaties: New Development in International Tax Law*, London; Boston: Kluwer Law International, 1998.

[75] Ines Hofbauer, "Most-Favoured-Nation Clauses in Double Taxation Conventions—A Worldwide Overview", 30(10) *Intertax* 445 (2005).

[76] 情报交换首先是税务当局正确适用税收协定和/或国内法的保证。对于纳税人来讲,情报交换有助于税务当局消除双重征税。如果纳税人主张税收协定和/或国内法中的税收优惠,情报交换也有助于优惠的落实。当然,情报交换对于反避税和逃税也具有重要价值。

[77] 罗伊·罗哈吉:《国际税收基础》,同前注[35],第 135 页。

[78] 税收情报交换协议不同于以避免双重征税为目标的税收协定,是专门针对情报交换订立的,特别是对于建立和完善没有税收协定的避税地的情报交换机制具有重要意义。2002 年,OECD 发布了税收情报交换协议范本。

这三种机制并非是为了区域贸易安排所创设,但可以为区域贸易安排应对区域内的逃税和避税所借鉴,而且《税收事务互助公约》是一个旨在提供税务合作多边机制的安排。[79] 这三种机制不仅仅确立了情报交换的基本方式[80],更重要的是体现了 OECD 所倡导的情报交换的国际标准。[81] 这些标准业已为国际社会所普遍认同[82],能够促进情报交换和税务合作更有效的进行。[83]

---

[79]《税收事务互助公约》于 1988 年 1 月 25 日做成,1995 年 4 月 1 日生效。该公约对欧洲理事会和 OECD 成员开放。公约的目的是为缔约国之间在情报交换、税款征收等事物的相互协助方面建立共同的基础。2010 年 5 月 27 日,欧洲理事会和 OECD 通过了《关于修正公约的议定书》(Protocol amending the Convention on Mutual Administrative Assistance in Tax Matters)。目前议定书正处于供签署批准阶段,尚未生效。需要指出的是,与原公约不同,经议定书修正后的公约不仅供欧洲理事会和 OECD 的成员国签署,也对非欧洲理事会和非 OECD 的成员国开放。

[80] 比如经修正的《税收事务互助公约》确立以下几种情报交换方式:(1) 请求交换(exchange on request)。请求交换是被请求方向请求方提供其要求的针对特定案件的情报。(2) 自动交换(automatic exchange)是就同一类型的多个案件的情报进行交换,通常是情报提供方在其日常业务中定期取得并自动定期交换。这种方式需要相关缔约方之间事前就交换程序和内容达成协议。(3) 主动交换(spontaneous)是缔约方将其获得的涉及其他缔约方利益的纳税人的情报主动提供给其他缔约方而无须其他缔约方提出请求。这种方式比自动交换更为有效,因为情报往往是提供方当局在调查和审计过程中发现的。(4) 共同税检(simultaneous tax examination)方式获取的情报来自于相关缔约方同时在其境内对具有共同利益的纳税人进行检查的过程。这种方式对于应对关联企业间的避税和逃税(比如确定正常交易价格)特别有效。这种方式也有助于消除经济性双重征税和发现纳税人不当的税收筹划方案。共同税检也能够减轻纳税人遵从税法的负担。参见,公约注释报告(Revised Explanatory Report of the Convention on Mutual Administrative Assistance in Tax Matters)。

[81] 这些标准包括:提供与请求方国内税法的管理和实施可预见相关(foreseeable relevance)的情报;不以银行保密和缺乏国内税收利益为理由拒绝提供情报;确保主管当局有权获取情报以及情报的有效性;尊重纳税人权利;交换情报的严格保密。See OECD, *Promoting Transparency and Exchange of Information for Tax Purposes: A Background Information Brief*, April 2010, paragraph 12.

[82] 八国集团、二十国集团和联合国也都认可了 OECD 的标准。比如,2004 年的二十国集团柏林会议上,二十国集团的财长和中央银行行长就承诺采纳 OECD 2002 年税收情报交换协议范本中的标准,并呼吁所有国家采纳。2008 年的日本大阪举行的八国集团会议上,八国财长们督促所有尚未全面实施 OECD 标准的国家尽快行动。OECD 范本新 26 条随后也在 2008 年 10 月为联合国税收协定范本所接纳。事实上,不仅仅是发展中国家,某些原本对 OECD 标准持保留意见的发达国家也改变了态度。比如,2009 年,OECD 中的奥地利、比利时、卢森堡和瑞士撤回了其对 OECD 范本第 26 条的保留。

[83] 在 OECD 提出新标准之前,被请求提供情报的国家常常以相关情报与本国税收利益无关或本国的银行保密法为理由拒绝提供。比如,卢森堡税务当局没有权限获取银行信息。希腊、日本和英国要求从银行获取信息时必须有国内税收利益。但是,OECD 的一份报告指出,过度的银行保密会产生以下问题:影响税务当局对纳税人的正确征税;在借助科技手段不遵从法律的纳税人和守法的纳税人之间制造不公;加剧了流动性强的资本和流动性差的劳务和不动产征税之间的不平衡;助长了对税法的不遵从之风;增加了税收管理成本;扭曲了国际资本流动;造成了不公平的税收竞争;损害了国际税收合作。See OECD, *Improving Access to Bank Information for Tax Purposes*, March 2000, paragraph 11.

四、结束语

随着服务贸易纳入多边贸易体制和越来越多的区域贸易安排将投资自由化涵盖在内,区域贸易成员的相关所得税措施或政策对货物、服务、资本和人员流动的负面影响也越来越突出。从根本上,这些所得税问题是由于区域成员享有所得税主权和所得税制度的差异造成的。因此,这些所得税问题的彻底解决需要区域贸易安排的成员实施相同的所得税制度,并将所得税主权交由区域性的机构来行使。但是,这只是一种理论上的理想状态。由于区域贸易安排大大降低了关税的壁垒作用和调节功能,政府就需要保留所得税主权来进行经济调控。[84] 此外,各国社会保障制度、政治体制和法律传统等方面的差异,也是其保留税收主权的理由。[85]

因此,在区域贸易安排的成员享有所得税主权这一目前仍不可改变的前提下,鉴于相关所得税问题可以分为本文提及的两类,区域贸易安排目前采取了分别交由贸易体制和税收协定的模式。由于贸易法和税法存在目标和功能的差异,这一分别处理的模式本身并没有问题。但是,双边税收协定和现行贸易体制自身的特点决定了它们并不能充分解决相关所得税问题。建立和完善适合区域需要的所得税协调机制仍有必要。

由于各个区域安排各自具有不同的法律传统,寻求一种适用于所有区域贸易安排的机制也是不现实的。比如,NAFTA成员中美国和加拿大属于不成文法国家。墨西哥属于成文法系,但也具有某些不成文法的传统。在欧盟,所有原始成员国都保持了数个世纪的成文法系,仅有的不成文法成员国为英国和爱尔兰,它们的加入对欧盟的基础立法模式影响有限。由于成员国法律冲突的存在,就必须进行统一或协调,各国法律也必须由统一的欧洲法律来取代。[86] 相比较而言,由于NAFTA没有采用欧盟的协调模式,作为大国的美国的法律会对其他两国产生影响。加拿大和墨西哥要修改法律以跟从美国税法的发展,特别是在流动性强的要素方面,比如资本。这是一种事实上的税法协调。[87]

本文所探讨的所得税问题对于我国的区域贸易实践也有现实意义。在

---

[84] 即使是在一体化方面已经采取单一货币的欧盟,所得税主权对于成员国仍有意义。对于欧元区成员国来讲,单一货币的引入意味着它们失去了以汇率和利率政策调整经济的权限,因为欧元的发行权集中到了欧洲中央银行手中,欧元的利率政策也由欧洲中央银行决定。税收政策就成为了这些国家吸引资金和改善竞争条件的主要手段。

[85] Arthur J. Cockfield, *NAFTA Tax Law and Policy: Resolving the Clash between Economic and Sovereignty Interests*, supra note[23], pp.18—19.

[86] 参见弗朗切斯科·迪纳:《自由贸易的社会构建》,同前注[26],第86—88页。

[87] Arthur J. Cockfield, *NAFTA Tax Law and Policy: Resolving the Clash between Economic and Sovereignty Interests*, supra note[23], p.6.

2001年12月11日成为WTO的成员后,我国也开始重视区域贸易安排。迄今为止,我国已经与东盟、巴基斯坦、智利、新西兰、新加坡、秘鲁和哥斯达黎加签署了自由贸易区协议,与香港和澳门签署了更紧密经贸关系安排,并参加了亚太贸易协定[88],其中一些安排也包括了服务贸易和投资自由化的内容。[89] 由于这些自由贸易区安排下的成员都享有所得税主权,前述所得税问题也同样存在。特别是对于中国—东盟自由贸易区来讲,由于涉及我国和东盟十国,区域性问题更加明显。对于这些所得税问题的解决,在区域层面上,本文探讨的方式具有借鉴意义。由于这些自由贸易区安排也为我国服务出口和海外投资提供了机遇,[90]我国还应该进一步完善相关国内法和双边税收协定。[91] 当然,相关机制的建立也必须考虑我国和区域合作伙伴的法律传统和政治经济因素。[92]

综上所述,区域贸易安排的所得税协调问题是区域经济一体化进程中无法回避的一个难题,也是一个敏感的问题,其关键在于平衡成员利益和区域利益的矛盾。区域贸易安排所得税问题的成功解决取决于区域成员推动一体化的政治决心和努力。

(初审编辑:沈朝晖)

---

[88] 参见商务部网站 http://fta.mofcom.gov.cn/index.shtml,最后访问日期2010年11月8日。

[89] 比如中国—东盟自由贸易区有专门的《投资协议》,中国—新西兰自由贸易协定第11章是关于投资的。

[90] 比如,东盟成员国的服务具体承诺是在其WTO服务贸易总协定承诺基础上作出的更高水平的承诺。以新加坡为例,新加坡在商务服务、分销、金融、医疗、娱乐和体育休闲服务、运输部门作出了超越WTO的出价,并在银行、保险、工程、广告、非武装保安服务、药品和医疗用品佣金代理和零售、航空和公路运输服务等部门作出了高于其WTO新一轮谈判出价的承诺,而且在不同程度上放宽了市场准入限制(比如在外资银行方面取消了对新加坡国内银行的外资参股股比40%以内的限制)。参见商务部国际司:《中国—东盟自由贸易区知识手册》,2007年9月,商务部国际司网站 http://gjs.mofcom.gov.cn/table/acfta_manual.pdf,最后访问日期2010年11月8日。

[91] 比如,我国与新加坡的税收协定就没有给予本国居民饶让抵免的规定,而新加坡则在税收协定中给予新加坡居民以饶让抵免。

[92] 比如,传统的"东盟模式"对东盟国家的合作及对外关系具有深远影响。一般认为,"东盟模式"主要有如下三个最为基本的特征:第一,成员国之间的协商一致。协商一致是进一步讨论问题的基础,没有表决,也不存在否决。第二,灵活性原则。所有成员国都力图避免僵硬的谈判过程。第三,政府间合作。东南亚国家联盟的所有决定都是在国家以及区域层次上的政治决定。See Purificacion V. Quisumbing and Benjamin B. Domino (eds.), *EEC and ASEAN: Two Regional Community Perspective*, Manila: The Foreign Service, Institute and University of Phillipines Law Center, 1983, p.130. 转引自王正毅等主编:《亚洲区域合作的政治经济分析:制度建设、安全合作与经济增长》,上海人民出版社2007年版,第12页。

国际投资条约中投资定义的扩张及其限度[*]

季 烨[**]

The Expanding Trend and the Limit of Definition of Investment in International Investment Agreements

Ji Ye

内容摘要：投资的定义是国际投资条约适用的基础。在国际投资自由化的背景下，无论是国际投资条约的文本定义，还是以解决投资争端国际中心仲裁机制为代表的国际投资仲裁实践，投资定义均呈扩散化态势。投资定义的扩张，反映了保护不断扩大的私人财产权的价值取向，但在当前私人参与国际法的实施机制并不完善的情况下，也增加了投资者滥用协定的危险。因此，有必要对国际投资条约中日益膨胀的投资定义施加合理限制，以实现私人投资者与东道国的利益平衡。

关键词：国际投资条约 投资 发展

---

[*] 本文系曾华群教授、余劲松教授担任联合首席专家的国家社科基金重大招标项目"促进与保护我国海外投资的法律体制研究"（09&DZ032）的阶段性研究成果。

[**] 厦门大学国际经济法研究所2008级博士研究生。电子邮箱：jay_xmu@yahoo.com.cn。感谢厦门大学蔡从燕教授、中南财经政法大学刘笋教授、武汉大学张庆麟教授以及两位匿名评审专家对本文初稿提出的宝贵修改意见。

在经济全球化的背景下,跨国投资的规模和数量迅猛增长,逐渐成为与跨国贸易等量齐观的支撑国际经济发展的两大引擎之一。在此经济动因的策动下,关于国际投资的国际法律框架也日趋密集。截至2009年底,全球范围内国际投资条约的总数达5939个[1],其中双边投资条约(bilateral investment treaty, BIT)2750个[2]。在这些国际投资条约中,东道国为吸引和保护外资均作出了近乎一致的制度承诺,即赋予投资者严格的实体待遇标准和国际化的争端解决机制。值得注意的是,这些实体和程序性规则,无不是围绕"投资"这一中心而展开的。国际投资条约中的投资定义,从实体角度看,表明了资本输出国和资本输入国鼓励或限制资本流动的力度;从程序角度看,决定了投资者诉东道国争端解决机制对物管辖权(ratione materiae)的范围。因此,投资的定义是国际投资条约的基础,也是充分利用国际投资协定的关键之一。

一、投资定义的学理分析

在经济学上,投资既可理解为主体为获得预期回报而将资产投入经济活动的行为过程,也可理解为主体投入的资产[3]。相应地,跨国投资则是有形资产或无形资产的跨国流动,其目的是资本增值。但对于"资产"的界定,经济学理论却从未形成一个精确而可操作的标准。相反,在众多经济学文献关于"投资"定义的论述中,资本、资金、资产、财产、资源、价值、实物、收益、收入等概念是混用的。这固然可以理解为经济学意义上的投资含义非常宽泛,但这也为国际投资条约中投资定义的纷争埋下了伏笔。

为克服经济学中投资概念的不确定性,法学学者倾向于通过对投资特征的描述以更清晰地界定这一概念。其中,在实践中影响较大的是维也纳大学Christoph H. Schreuer教授提出的"五要素说"。他认为,一项典型的投资应具备如下特征,即(1)持续一定的时间;(2)享有预期利润和回报;(3)双方承担一定的风险;(4)实质性的投入;(5)此外,考虑到《华盛顿公约》的发展性宗旨,该公约下的投资应对东道国的发展有所贡献[4]。与上述特征相对照,国际贸易则具有即时性,一般是短期或一次性的交易行为。比如,一些货物销售或服务安排规定,买方需在卖方或服务提供者完成全部义务之前付清款项,因此

---

[1] 此处的"国际投资条约"包括双边投资条约、避免双重征税协定以及包含投资章节的自由贸易协定和经济合作协定等。但基于本文的目的,避免双重征税协定并不在本文的讨论对象之列。

[2] UNCTAD, *World Investment Report 2010: Investing in a Low-Carbon Economy*, United Nations: New York and Geneva, 2010, pp.7—8.

[3] See *Black's Law Dictionary*, 8th ed., St. Paul, MN: Thomson West, 2004, pp.844—845.

[4] See Christoph H. Schreuer, *The ICSID Convention: A Commentary*, Cambridge; New York: Cambridge University Press, 2001, pp.140—141.

风险主要或全部由买方承担,此类交易便应属于国际贸易的范畴。[5] 值得注意的是,上述归纳并无法将投资与其他各种交易形式截然分开,这也是该学说在仲裁实践中引发歧见的原因所在。[6]

在国际投资法理论上,学者们往往从不同的角度对国际投资作出不同的分类,其中较具实践意义的一种便是所谓直接投资和证券投资(portfolio investment)[7]的区别。国际直接投资,即狭义的国际投资,是指一国私人在外国直接投资经营企业,直接或间接地控制其投资企业的经营活动,其实现方式包括在外国设立独资公司、企业或合营企业,收购、兼并外国企业,为参与企业经营而取得外国企业的股份等。而广义的投资不但包括直接投资,而且涵盖证券投资,如购买公司股票、债券或其他证券,购买外国政府债券,贷款等。直接投资与证券投资的最大区别便在于投资者是否享有对其投资的控制权。由于投资者并非一定得靠多数股权才能控制企业,因此,如何划定控制标准,成为各国投资法及国际法律文件的又一争点。[8]

从历史的角度考察,投资的含义是随着国际经济关系性质的变迁而不断发展变化的。在19世纪以前,由于交通和通讯技术的障碍,跨国投资的形式较为单一,往往表现为外国人进口至东道国市场的商品或运送商品的船舶;有时,外国人也持有当地债券。为防止外国人的上述有形财产被东道国政府征收,一些国家即开始签订投资保护协定。但大规模的国际投资到19世纪末期才兴起。那时,资本主义进入垄断阶段,资本输出成为大势所趋。公司制逐渐成为投资者从事跨国商业活动的主流形式,但由于交通和通讯技术仍处于起步阶段,私人多采用证券投资的形式。直至20世纪中叶,借助于现代交通技术的发达,外国直接投资的总量才超过证券投资,成为国际投资法的重要调整对象。20世纪晚期开始,随着科技创新遍及全球,投资形式也愈发多样化,知识产权、合同项下的权利的经济价值得到普遍承认,并被视为应受保护的重要投资形式。[9]

可见,经济学意义上的投资定义固然简练,却无法为实践中具体投资形式的识别提供法律标准。学理上对直接投资与间接投资的区分,因法律概念固有

---

[5] See Noah Rubins, "The Notion of 'Investment' in International Investment Arbitration", in Norbert Horn (ed.), *Arbitrating Foreign Investment Disputes: Procedural and Substantive Legal Aspects*, the Hague, the Netherlands: Kluwer Law International, 2004, p.298.

[6] 详见本文第三部分的论述。

[7] 证券投资,亦称"间接投资"。但为避免与投资者间接控制的投资(亦简称"间接投资")相混淆,下文一律采用"证券投资"的表述。

[8] 详见曾华群主编:《国际投资法学》,北京大学出版社1999年版,第3—5页。

[9] See UNCTAD, *Scope and Definition* (*UNCTAD Series on Issues in International Investment Agreements*), United Nations: New York and Geneva, 1999, pp.7—8.

的不确定性和各国立法的差异而备受争议。国际投资流动的发展历程,则表明投资的含义一直处于动态发展之中。这种发展与国际投资立法的更新是一致的,二者在扩大投资含义方面相互促进,从而导致了投资定义的扩张。

二、投资定义的扩张:文本规定的变迁

在早期的国际投资法律文件中,投资定义大概可分为两类:旨在提倡资本和资源的跨境自由流动的投资条约倾向于采用相对狭义的定义,而旨在提供投资保护的投资条约则倾向于采用广义定义。[10] 但随着国际投资形势的变迁,上述区分逐渐模糊,通过宽泛的投资定义保护并促进各种类型的跨国投资成为晚近国际投资条约的主流。

(一)投资形式的扩大

长期以来,中国学者普遍认为,国际投资法是调整国际(跨国)直接投资关系的法律规范,而国际证券投资关系一般由国际金融法和各国证券法调整。[11] 然而,上述学术观点并未在国际投资条约实践中得到普遍体现。如果说,在投资条约发展的早期尚有一些国家之间的 BITs 明确规定"投资"仅限于直接投资[12],那么,晚近更多的投资条约不再区分直接投资与证券投资,而是为其提供一体化保护。以中国为例,几乎所有的 BITs 均采取了以资产为基础的定义方式,只是笼统地规定"投资"包括公司股份、债券、股票和任何其他形式的参股[13],对投资者并无任何控制性的要求,因此可将其理解为包括证券投资在内。为避免争议,一些 BITs 甚至明确其保护对象涵盖证券投资。[14]

笔者认为,将投资条约的保护范围局限于直接投资的立场,更多地体现了作为资本输入国的发展中国家的立场。从政策分析角度看,早在现代 BIT 发端的 20 世纪 60 年代[15],新兴独立的亚非拉国家经济基础孱弱,迫切需要吸收外来资本参与本国建设,而直接投资无疑是理想的选择。从作为东道国的发展中

---

[10] Id., p.15.
[11] 例见姚梅镇:《国际投资法》(修订版),武汉大学出版社 1987 年版,第 37 页;曾华群主编:《国际投资法学》,同前注〔8〕,第 5 页;车丕照:《国际经济法概要》,清华大学出版社 2003 年版,第 305 页;余劲松主编:《国际投资法》(第三版),法律出版社 2007 年版,第 9 页;陈安主编:《国际经济法学》(第四版),北京大学出版社 2007 年版,第 329、365 页;王贵国:《国际投资法》(第二版),法律出版社 2008 年版,第 18 页。
[12] 例如 1976 年前联邦德国—以色列 BIT、1980 年法国—斯里兰卡 BIT 等。
[13] 例见 1983 年中国—罗马尼亚 BIT 第 1 条,1990 年中国—苏联 BIT 第 1 条,2000 年中国—博茨瓦纳 BIT 第 1 条以及 2007 年中国—韩国 BIT 第 1 条等。
[14] 例如 1980 年法国—斯里兰卡 BIT 第 1 条,1994 年《北美自由贸易区协定》(NAFTA)第 1139 条,1998 年《多边投资协定》(MAI)草案第 2 条第 2 款,以及 2003 年美国—新加坡 FTA 第 15 条第 1 款等。
[15] 1959 年 11 月 25 日,联邦德国与巴基斯坦签署了全球第一个 BIT,从而开启了第二次世界大战后世界重建进程的重要一环。

国家的角度看,直接投资更符合作为东道国的发展中国家的需要——在国际直接投资活动中,投资者必须对其投资享有控制权,这也就意味着他们需持续地间接参与东道国的经济事务,从而对东道国的经济发展发挥建设性作用;此外,直接投资不仅可以带来资本,还可以引进技术和管理经验,提升本地人员的素质等。[16] 相较而言,证券投资往往并不会带来技术等附随利益,东道国也难以对其实施有效管制,还可能面临着因资本投机而产生的经济风险。[17]

然而,晚近的经济学理论认为,在经济全球化背景下,各种新的金融衍生品的出现,以及跨国公司各种海外经营模式的创新,使得直接投资与证券投资的区分越来越困难[18],将证券投资排除在外对于那些希望利用外国投资促进本国经济发展的国家将会造成负面影响。[19] 正如英国国际法学者 Ian Brownlie 所指出的,国际法在对直接投资和证券投资的保护方面不应区别对待,因为它们所面临的风险是一样的。[20] 从历史上看,绝大多数国际投资条约均未对直接投资和证券投资进行区分,罕有国际投资条约将其适用对象明确限制于直接投资;从时间角度看,持有债券等证券投资形式被纳入投资条约的时间甚至比某些直接投资更早——早在20世纪中叶以前,作为友好航海通商条约的保护对象,外国人在东道国境内的"财产"的主要形式就是以债券为主要形式的证券投资[21];从总量角度看,直到20世纪中叶,直接投资才超过证券投资并进而成为投资条约的重要调整对象;从现实看,晚近投资条约的保护对象更是超出了直接投资的范畴。[22] 可见,就国际投资条约的实践而言,区分直接投资与证券投资的实质意义已经不再那么明显。

---

[16] See UNCTAD, *International Investment Agreements: Flexibility for Development*, United Nations: New York and Geneva, 2000, p.72.

[17] 近年来发生在发展中国家的数次金融危机更是强化这种认识。参见葛顺奇:"跨国公司国际直接投资:回顾与展望",载《世界经济》2003年第3期。

[18] 同上注。

[19] See Kimberly Evans, "Foreign Portfolio and Direct Investment Complementarily, Differences, and Integration", in OECD, *Global Forum on International Investment: Attraction Foreign Direct Investment for Development*, Shanghai, December 2002, pp.5—6, http://www.oecd.org/dataoecd/54/25/2764407.pdf. 最后访问日期2010年11月8日。

[20] See Ian Brownlie, "Treatment of Aliens: Assumption of Risk and International Law", in W. Flume, H. J. Hain, G. Kegel and K. R. Simmond eds., *International Law and Economic Order: Essays in Honor of F. A. Mann*, C. H. Beck, 1977, p.311. Cf. M. Sornarajah, *The International Law on Foreign Investment*, 2nd ed., Cambridge; New York: Cambridge University Press, 2004, p.8.

[21] See Christoph H. Schreuer, *The ICSID Convention: A Commentary*, supra note[4], pp.7—8.

[22] 例如,在 *Fedax v. Venezuela* 一案中,委内瑞拉政府提出,该案不属于"直接投资"争议,但仲裁庭予以拒绝,并指出,《华盛顿公约》第25条规定的"直接"是针对争议与投资的关联程度,并非指管辖权只限于直接投资。See *Fedax N. V. v. Republic of Venezuela*, Case No. ARB/96/3, Decision on Objections to Jurisdiction, July 11, 1997, para. 21.

(二) 投资定义方式的多样化

在早期的国际投资条约中,投资基本上是以企业为基础(enterprise-based)的。比如,1961年OECD《资本移动自由化守则》附件A规定,直接投资包括:(1)建立或扩建拥有完全控制权的企业、附属机构或分支机构,或收购现有企业的全部所有权;(2)参股新设企业或现有企业;(3)5年或5年以上的贷款。除此之外,投资还须是为了设立持久的经济关系,并可能对企业管理行使有效影响。传统BIT中基于资产(asset-based)的定义也是以经东道国政府批准为限制条件,且附有列举性清单。[23] 但晚近的国际投资条约对投资定义着眼点的选取日益多样化,形成了以资产为基础、以企业为基础和循环(circular)的定义等三种模式,分别以2001年中国—荷兰BIT[24]、墨西哥—瑞典BIT[25]以及

---

[23] 参见曾华群:"变革期双边投资条约实践述评",载《国际经济法学刊》第14卷第3期,北京大学出版社2007年版。

[24] 2001年中国—荷兰BIT第1条第1款规定,"投资"一词系指缔约一方投资者在缔约另一方其领土内所投入的各种财产,特别是,包括但不限于:(一)动产、不动产以及其他财产权利如抵押权、质押权;(二)公司股份、债券、股票和任何其他形式的参股;(三)金钱请求权或其他具有经济价值的与投资有关的行为请求权;(四)知识产权,特别是著作权、专利权、商标权、商名、工艺流程、专有技术和商誉;(五)法律或法律允许依合同授予的商业特许权,包括勘探、耕作、提炼或开发自然资源的特许权。

[25] 2008年中国—墨西哥BIT第1条第1款规定,"投资"一词系指缔约一方投资者所有或控制并依照缔约另一方法律和法规获得的资产,列举如下:
(一)企业;
(二)企业发行的股票;
(三)企业发行的债券
1. 如果该企业是投资者的附属企业;或
2. 如果债券的原始到期期限至少为3年,但不包括缔约一方或国有企业发行的债券,不论原始到期期限长短;
(四)对企业的贷款
1. 如果该企业是投资者的附属企业;或
2. 如果贷款的原始到期期限至少为3年,但不包括对缔约一方或国有企业的贷款,不论原始到期期限长短;
(五)在企业中使所有者有权分享企业所得和利润的权益;
(六)在企业中使所有者有权分享企业解散时之财产的权益,但不包括上述第(三)项和(四)项所排除的债券和贷款;
(七)为商业目的获得或使用的不动产或其他财产,而不论是有形财产还是无形财产;
(八)由于向缔约一方境内投入用于该境内经济活动的资本或其他资源而产生之权益,例如根据:
1. 与投资者位于该缔约另一方境内之财产有关的合同,包括交钥匙合同或建设合同或特许经营合同,或
2. 回报主要依赖企业的生产、收入或利润之合同。

美国 2004 年 BIT 范本[26]为代表。

如果从投资的实现方式上看,似乎直接投资是以企业为基础,而证券投资则以资产为基础,并进而能自然地推出基于企业的投资定义比基于资产的投资定义内涵更为宽泛这一结论,但事实并非如此。尽管着眼点各不相同,但上述定义均包含了五个权利群,即传统的动产与不动产财产权,对公司的权利(如股份),货币请求权和合同权利,知识产权,以及特许协议与类似权利。这五个权利群不但覆盖面极广,而且内涵丰富并可不断发展,足以容纳各种新型投资形式。因此,尽管国际投资条约对投资定义的着眼点日益灵活多变,但在实现宽泛的投资定义这一终极目标上可谓殊途同归。

(三)从静态保护到动态保护

在对投资的静态保护方面,国际投资条约的适用范围并不限于新设投资,而是逐步扩展到投资条约订立之前就已存在的既存投资(pre-existing investment)。投资条约的溯及适用实际上迎合了资本输出国的意愿,强化了对外国投资者的保护,也在某种程度上削弱了投资条约的意义——发展中国家签订投资条约的初衷,更多是为了鼓励和吸引外国新投资的流入;但对于既存投资,这种鼓励则没有太大的价值。[27]

与此同时,晚近的国际投资条约更加注重对投资实行动态保护。一方面,"与投资有关的活动"被逐渐纳入条约的保护范围。例如,1988 年中国—澳大利亚 BIT 公正与公平待遇、最惠国待遇等适用于缔约方领土内的"投资和与投资有关的活动"[28],而其第 1 条第 6 款规定,"与投资有关的活动"包括依照接受投资缔约一方的法律组织、控制、经营、维护和处置公司、分支机构、代理、办事处、工厂、或进行业务的其他设施;制定、履行和执行合同;取得、使用、保护和处置所有各类财产,包括工业产权和知识产权,借入资金,购买和发行股票,购买和出售外汇。[29] 另一方面,晚近投资条约的保护范围还拓展到与贸易相关的领域。美国和加拿大 2004 年 BIT 范本的投资定义便扩展至包括债务融资或

---

[26] 美国 2004 年 BIT 范本第 1 条规定,"**投资**"指投资者直接或间接拥有或控制的**具有投资特征的**任何财产(强调系本文作者所加,下同),包括资本或其他资源的承诺、收益或利润的预期,或风险的承担等特征。投资形式包括:(1)企业;(2)企业的股份和其他股权参与形式;(3)债券和其他债权文件及贷款;(4)期货、选择权和其他衍生物;(5)交钥匙、建设、管理、特许等合同;(6)知识产权;(7)根据可适用的内国法授予的许可证、授权、允许及类似的权利;及(8)其他有形或无形财产、动产或不动产以及相关财产权利。此外,该范本还以脚注的形式作出进一步规定。

[27] See Jeswald W. Salacuse, "BIT by BIT: The Growth of Bilateral Investment Treaties and Their Impact on Foreign Investment in Developing Countries", 24 *The International Lawyer* 665 (1990).

[28] 参见 1988 年中国—澳大利亚 BIT 第 2 条、第 3 条、第 4 条和第 8 条等。

[29] 类似的规定,参见 1992 年中国—韩国 BIT、1998 年中国—巴巴多斯 BIT、2003 年中国—德国 BIT、加拿大 2004 年 BIT 范本、美国 2004 年 BIT 范本、2008 年中国—墨西哥 BIT 等。

货物和服务贸易销售在内的各种长期交易。[30] 而由合同产生的权利,恰恰已经超越了传统意义上投资的范畴,而步入了投资与贸易之间的"灰色领域"。

(四) 小结

总之,"投资"的定义几经演进,现已涵盖直接、间接投资及现代有经济价值的合同与其他交易。[31] 尽管投资条约文本在宽泛而全面的投资定义方面日渐统一,却缺乏一种具有代表性的狭义的投资定义,而只能通过对宽泛的投资定义采取排除的方法来约束其过分膨胀:如有的通过"涵盖投资"的规定,将在特定日期之前的投资排除在适用范围之外,有的则通过否定性清单(negative list)排除特定经济部门的方式。之所以会出现这一困境,原因是多方面的,如一些国际投资条约根本对投资不做定义;有的缔约方可以通过实体条款来限制条约的适用范围,并非必须通过投资定义;各国吸收或保护外资的格局不同,利益差异较大,也是重要原因之一。[32]

国际投资条约文本对投资的定义似乎表明,投资与资产、财产乃至利益是等同的。一方面,通过规定投资的特征这一途径限制 BIT 的保护范围乃是 2004 年前后美国、加拿大等国 BIT 范本的首倡,在当前投资条约总量中采用的比重尚低。[33] 目前对于投资的主流定义仍着眼于资产并采取开放性的方式,即先作一个概括性的说明,通常提及"投资系指一切种类的财产";再作一个非穷尽性的列举[34],并无任何限制性规定。早期的一些 BIT 甚至规定"投资"一词"应包括各类财产,包括各类权利和利益"。[35] 另一方面,英美法中被视为权威并在相当情况下可作为法律渊源使用的《财产法重述》指出,"财产"这一术语在最广的含义上是指"任何利益(interest)或利益集合"。[36] 而英美法系中的财产权和财产这两个中文概念都用"property"这个单词来表述,其含义不仅

---

[30] 例如,美国 2004 年 BIT 范本第 1 条脚注指出,**长期**票据更具投资的性质,而源于货物或服务贸易的**即期支付**要求则不具有投资的特征。加拿大 2004 年 BIT 范本第 1 条则在约文中明确规定,原始到期日在三年以上企业的债权、贷款便构成投资。

[31] 〔英〕艾伦·雷德芬等:《国际商事仲裁法律与实践》(第四版),林一飞、宋连斌译,北京大学出版社 2005 年版,第 515 页。

[32] See Christoph H. Schreuer, *The ICSID Convention: A Commentary*, supra note[4], pp. 17—18, 23—30.

[33] 可资佐证的是,如果不考虑 BIT 的修订等因素,截至 2004 年底的全球 BIT 已达 2392 个,占当前全球 BIT 总量的 87%,而此前的投资定义中采取美、加等限制性规定的微乎其微。关于 2004 年全球 BIT 的数据,See UNCTAD, *World Investment Report 2005: Transnational Corporations and the Internationalization of R&D*, United Nations: New York and Geneva, 2005, p.24.

[34] 参见〔英〕艾伦·雷德芬等:《国际商事仲裁法律与实践》(第四版),同前注[31],第 514—515 页。

[35] 1963 年德国—斯里兰卡 BIT 第 8 条第 1 款。

[36] 参见冉昊:"财产含义辨析:从英美私法的角度",载《金陵法律评论》2005 年春季号。

包括作为客体的财产,还包括存在于任何客体之中或之上的完全的权利。[37] 正是在这个意义上,蔡从燕教授认为,在国际投资法的语境中,"英美法系国家的财产法文化观念正逐步'战胜'大陆法系的财产文化"。[38]

三、投资含义的扩张:仲裁实践的发展

根据1965年《解决国家和他国国民之间投资争端公约》,即《华盛顿公约》(简称《公约》)组建的解决投资争端国际中心(简称 ICSID)是世界银行集团下专门解决外国投资者与东道国政府之间投资争端的国际组织。目前,ICSID 仲裁机制已经成为解决国际投资争端的主要场所。[39] 尽管 ICSID 仲裁机制中并不存在普通法系"遵循先例"(stare decisis)的制度,但实践表明,已决案例对后来仲裁程序在事实上的劝导力(persuasive authority)不容小觑。尤其是在条约文本对投资的定义相对固定,而现实中的投资形式灵活多变的背景下,ICSID 仲裁庭的解释更具研究价值和参考意义。

《公约》第 25 条第 1 款规定:"中心的管辖适用于缔约国(或缔约国向中心指定的该国的任何组成部分或机构)和另一缔约国国民之间因投资而产生,并经双方书面同意提交给中心的任何法律争端。"在《公约》的起草过程中,作为 ICSID 仲裁庭对物管辖权的关键,投资的定义问题曾经引发广泛争论,但最终公约放弃了这一努力。对此结果,各界众说纷纭。Moshe Hirsch 认为这是各国代表对该定义缺乏共识所致[40],而《ICSID 标准条款》则声称这是有意的省略,因为私人与外国政府实体之间交易的多样性,使得任何定义也无法将之囊括。[41]《公约》对投资定义的缺位,导致了仲裁庭在投资定义的解释问题上各行其是。

(一)扩张向度之一:投资的解释方法之争

国际投资仲裁实践中关于投资定义的解释,可大致分为主观主义和客观主义两种解释方法。[42]

---

[37] 参见〔英〕戴维·M.沃克编:《牛津法律大辞典》,邓正来等译,光明日报出版社1988年版,第729页;Bryan A. Garner ed., *Black's Law Dictionary*, 8th edition, St. Paul, MN: Thomson West, 2004, p.3841.

[38] 陈安主编:《国际投资法的新发展与中国双边投资条约的新实践》,复旦大学出版社2007年版,第137—138页。

[39] 据统计,2007年公开的35件案件中有27件在 ICSID 仲裁,See Mahnaz Malik, "Recent Developments in the Definition of Investment in International Investment Agreements", 2nd Annual Forum for Developing Country Investment Negotiators, held in Marrakech, Morocco, 2—4 November 2008.

[40] See Moshe Hirsch, *Arbitration Mechanism of the International Center for the Settlement of Investment Disputes*, Boston, MA: Kluwer Academic Publishers, 1993, p.59.

[41] See 1 *ICSID Reports* 200 (1993).

[42] See Walid Ben Hamida, "Two Nebulous ICSID Features: The Notion of Investment and the Scope of Annulment Control", 24 *Journal of International Arbitration* 290 (2007).

在解释《公约》第 25 条中的"投资"一词时,主观主义解释方法认为,在当事人就争端提交 ICSID 仲裁达成合意时,意味着他们都承认其争端已经符合《公约》第 25 条第 1 款对投资的要求,投资定义就此确定。此外,《公约》第 25 条第 4 款的规定:"任何缔约国可以在批准、接受或认可本公约时,或在此后任何时候,把它将考虑或不考虑提交给 ICSID 管辖的一类或几类争端通知 ICSID ……"据此,《公约》的主要起草人之一 Broches 主张,既然 ICSID 的管辖权是选择性的,那么就没有必要对投资下一个精确定义,而可以并入对管辖的同意这一要件。[43] Delaume 也持相同观点。[44] 这一立场也体现执行董事会关于《公约》的报告中。该报告认为,在将投资争端提交国际仲裁的过程中,考虑到存在当事人合意这一要件,缔约国可以事先知晓提交"中心"仲裁的争端的类型,并据此作出是否提交仲裁的判断,因此《公约》并未试图对投资下定义。[45]

在此理论的倡导下,ICSID 仲裁庭就 Fedax N. V. v. Venezuela 案的裁决,开启 ICSID 在投资定义解释问题上的自由化倾向。该案仲裁庭认为,ICSID 未对投资作出能为缔约各方共同接受的定义,转而将这一概念交由各缔约国自己界定,这就决定了应对"投资"一词作出广义解释,因为,如果缔约国想要对其作出狭义解释,它完全可以根据《公约》第 25 条第 4 款的规定作出声明。[46] 在 Middle East Cement Shipping & Handling v. Egypt 一案中,仲裁庭更是直截了当地指出,其对是否构成投资的判断,只依据相关 BIT,而无需考虑《公约》第 25 条第 1 款的独立性要求。[47]

笔者认为,主观主义的解释方法采取的推定做法,擅自忽略了《公约》对于 ICSID 属物管辖权的规定,从而可能扩大投资的范围。对《公约》的文本分析表

---

[43] See Aron Broches, "The Convention on the Settlement of Investment Disputes: Some Observations on Jurisdiction", 5 *Columbia Journal of Transnational Law* 263 (1966).

[44] See George R. Delaume, "ICSID and the Transnational Financial Community", 1 *ICSID Review* 237 (1986).

[45] See 1 *ICSID Reports* 28 (1993); Julian Davis Mortenson, "The Meaning of 'Investment': ICSID's Travaux and the Domain of International Investment Law", 51 (1) *Harvard International Law Journal* 280 (2010). 但 Farouk Yala 认为上述断言不但具有误导性,而且与《公约》的谈判史不符。他指出,在《公约》谈判的早期,一些代表团提交的草案中的确包含了对"投资"一词的定义,甚至一些代表团认为这是界定《公约》适用范围的"重中之重",只是因各方分歧严重而最终放弃了努力。See Farouk Yala, "The Notion of 'Investment' in ICSID Case Law: A Drifting Jurisdictional Requirement?", 22 *Journal of International Arbitration* 105 (2005). 类似观点亦可参见 Christoph H. Schreuer, *The ICSID Convention: A Commentary*, supra note[4], p. 124.

[46] See *Fedax N. V. v. Republic of Venezuela*, ICSID Case No. ARB/96/3, Decision on Objections to Jurisdiction, July 11, 1997, para. 21.

[47] See *Middle East Cement Shipping and Handling Co. S. A. v. Arab Republic of Egypt*, ICSID Case No. ARB/99/6, April 12, 2002, para. 136.

明,ICSID 管辖权有三个相互独立且并行不悖的要件——对人管辖权(*ratione personae*)、对物管辖权和当事人的同意,当事人的同意乃必要而非充分条件。尽管《公约》第 25 条第 1 款允许东道国保留对投资争端提交国际仲裁的"逐案同意权",但晚近国际投资法却丰富了"同意"的形式,除了当事人在具体的投资协议中订立 ICSID 仲裁条款之外,有的国家甚至将其规定在国内投资法或 BIT 中。[48] 而在后两种"同意"方式中,缔约国不可能预见其与投资者未来可能发生何种纠纷,自然也就不可能"同意"将所有潜在纠纷都认定为与投资相关。因此,将其一概推定为东道国同意所涉争议标的或标的符合投资的定义,显然过于武断。

随着主观主义解释方法的上述缺陷日益受到质疑,对投资定义采取客观解释的实践逐渐增多。他们的主要观点是,《公约》对投资的定义与争端当事人同意提交仲裁是两个独立的问题,《公约》建立了对 ICSID 管辖权的客观限制。例如,Salini v. Morocco 一案的仲裁庭就认为,公约所涵盖的投资必须具备四个特征,即以现金、实物或劳务等形式的投入,持续一定期间,承担交易风险,并有利于东道国经济发展。[49] 在 *Joy Mining v. Egypt* 一案中,仲裁庭进一步解释道,尽管《公约》并未对"投资"一词进行定义,但这并不意味着当事人所合意的任何事项均符合公约项下的投资;如果当事人意欲启动 ICSID 仲裁庭的管辖权,其对投资进行定义的自由就存在限制;争端当事人不能为了仲裁而通过合同或条约对投资进行定义,否则《公约》第 25 条将变得毫无意义。[50]

上述对《公约》中投资定义的解释方法之争的法律意义在于,它表明,与那些不包含投资特征之规定的 BIT 相比,《公约》在管辖权方面的要求更加严格。在决定是否享有管辖权时,ICSID 仲裁庭应采取"两步走"的方法:首先要看有关争议是否符合所涉 BIT 中的投资定义,其次看是否符合《公约》所暗含的投资概念。因此,客观主义解释方法在某种程度上有助于抑制 ICSID 仲裁实践中投资定义的扩张。但它也可能给 ICSID 机制本身带来尴尬。一方面,根据客观

---

[48] 详见陈安主编:《国际投资争端仲裁——"解决投资争端国际中心"机制研究》,复旦大学出版社 2001 年版,第 106—116、509—510 页;曾华群主编:《国际投资法学》,同前注[8],第 588—589 页。

[49] See *Salini Costruttori S. p. a. and Italstrade S. p. a. v. Kingdom of Morocco*, ICSID Case No. ARB/00/4, Decision on Jurisdiction, paras. 50—58.

[50] See *Joy Mining Machinery Ltd. v. Arab Republic of Egypt*, ICSID Case No. ARB/03/11, Award of August 6, 2004.

主义解释方法,即便当事人约定 ICSID 标准仲裁条款[51],仲裁庭仍有可能和权力拒绝行使管辖权,这就可能导致 ICSID 标准仲裁条款丧失应有的效用[52];另一方面,这种在管辖要件上的严格要求可能促使投资者抛弃 ICSID 仲裁机制,转而采取 UNCITRAL 之类的临时仲裁或其他一般的商事仲裁机制,因为后者并无任何属物管辖权的要求;即使当事人对所涉事项是否属于投资存在争议,仲裁庭也只会审查诉争交易是否符合相关 BIT 中的投资定义,而不涉及《公约》对投资定义的内在限制,从而对投资者更有利。

(二)扩张向度之二:投资的特征之争

面对 ICSID 仲裁庭对投资定义采取泛化解释并进而扩大管辖权的倾向,客观主义解释方法旨在抑制上述趋势方面的努力值得赞赏,但不无遗憾的是,其理论主张缺乏较为明显的法律文本依据。更重要的是,客观主义解释方法所归纳出的投资特征也存在着显著的不确定性,从而在仲裁实践中出现了不一致的现象。

首先,在投资特征的构成要素方面,仲裁庭之间存在分歧。例如,*Salini* 案的仲裁庭指出,《公约》所涵盖的投资必须具备四个特征,即一定的投入,一定的持续期间,承担交易风险,以及有利于东道国经济发展。[53] 但 *Joy Mining v. Egypt* 案仲裁庭则主张五个特征,即还应包括享有预期利润或回报。[54] *Consortium Groupement v. Algeria* 案的仲裁庭则干脆否认投资应对东道国有所回报这一独立要件,其理由是,该要求难以明确化,且已被其他条件所隐含。[55] 但 *Malaysian Historical Salvors Sdn v. Malaysia* 一案的仲裁庭又格外强调该标准,并认为投资者在马来西亚的水下打捞工程未能实质性地惠及马来西亚的公共

---

[51] 例如,针对将来可能发生的争端,ICSID 秘书处提供的标准条款是:"The [Government]/[name of constituent subdivision or agency] of name of Contracting State (hereinafter the "Host State") and name of investor (hereinafter the "Investor") hereby consent to submit to the International Centre for Settlement of Investment Disputes (hereinafter the "Centre") any6 dispute arising out of or relating to this agreement for settlement by [conciliation]/[arbitration]/[conciliation followed, if the dispute remains unresolved within time limit of the communication of the report of the Conciliation Commission to the parties, by arbitration] pursuant to the Convention on the Settlement of Investment Disputes between States and Nationals of Other States (hereinafter the "Convention")." See http://icsid.worldbank.org/ICSID/StaticFiles/model-clauses-en/7.htm, 最后访问日期 2010 年 11 月 8 日。

[52] 或许正是基于这一原因,ICSID 秘书处一再告诫当事人,在记载其同意仲裁的文件中,除了可明确声明双方间的某种交易构成《华盛顿公约》意义上的一项投资,还可对一项投资的某些特点,如投资的性质、规模或期限作出补充说明。参见陈安主编:《国际投资争端仲裁——"解决投资争端国际中心"机制研究》,同前注[48],第 81 页。

[53] See *Salini Costruttori S. p. a. and Italstrade S. p. a. v. Kingdom of Morocco*, supra note [49].

[54] See *Joy Mining Machinery Ltd. v. Arab Republic of Egypt*, supra note[50].

[55] See *Consortium Groupement L. E. S. I. DIPENTA v. Algeria*, ICSID Case No. ARB/03/8, January 10, 2005.

利益或其经济发展,进而不符合《公约》的对物管辖权要求。[56]

其次,即便如 Patrick Mitchell v. Congo 案的专门委员会所主张的,投资者的投入、一定的持续期间和风险,以及对东道国的贡献等四个特征是 ICSID 判例法和法学学说所普遍确认的[57],但每个特征的具体认定标准也存在很大的弹性空间。例如,在持续时间方面,尽管《公约》草案曾经规定受保护的投资需持续5年以上[58],但美国参议会在批准《公约》时却指出,公约谈判史并未明确排除短期投资。在风险方面,前述投资特征要求双方承担风险,从而将一方基于合同而承担主要或全部风险的交易排除在投资之外;但一些仲裁庭则认为购买债权而产生的信用风险、合同安排的不履行也符合这里的风险要件,从而构成《公约》保护的投资。[59] 在投入方面,在《公约》的谈判过程中,曾有代表团建议将10万美元作为投资者援引公约求偿的底线要求,意在排除那些未作实质性投入的无关紧要的投资。[60] 尽管为凝聚共识,上述建议最终并未得以采纳,但在当前解释投资的相关特征是否具有参考价值,在实践中却因仲裁庭的随意取舍而容易引发争议。

最后,在相关标准的措辞方面,仲裁庭的表述也有所不同。例如,针对外资对东道国的回报,Salini 案要求外资能"有利于东道国经济发展",Joy 案则主张投资应能"为东道国发展起到重要贡献"。从"经济发展"到"发展"的措辞变化,仅凭语义很难判断对合格投资的要求是放宽了还是更加严格;从"有利于"到"重要贡献",这一措辞的严格化虽然明显,却也为实践中的具体评价留下了空间。

总之,正如 Schreuer 教授所言,上述特征不应被视为管辖权要求的必然要件,而仅仅是《公约》项下投资的典型特征。[61] 正是基于投资特征的不确定性,无论是"四要素说",还是"五要素说",都不应作僵化理解,从而使仲裁庭对投资定义采取扩大化解释成为可能。

(三) 扩张向度之三:国内法的作用之争

众多 BIT 都在其投资定义条款规定,投资应当符合东道国法律的规定或根

---

[56] See *Malaysian Historical Salvors, SDN, BHD v. Malaysia*, ICSID Case No. ARB/05/10, Award, May 17 2007.

[57] See *Patrick Mitchell v. Democratic Republic of the Congo*, Decision on the Application for the Annulment of the Award, November 1, 2006, para. 27.

[58] See Christoph H. Schreuer, *The ICSID Convention: A Commentary*, supra note[4], p. 122.

[59] See Noah Rubins, "The Notion of 'Investment' in International Investment Arbitration", supra note[5], pp. 297—299.

[60] See Christoph H. Schreuer, *The ICSID Convention: A Commentary*, supra note[4], p. 123.

[61] Id, p. 140. 类似观点,See Barry Appleton & Nick Gallus, "Has the Tide Turned Against Investment Protection in International Investment Law?", 1 *Appleton's International Investment Law & Arbitration News* 18 (1995).

据东道国法律的要求进行。[62] 在晚近的 ICSID 仲裁实践中,上述符合东道国法律的规定引发了较大争议。但仲裁庭的一系列裁决似乎表明,东道国法律在界定投资含义方面的作用似乎正在弱化。

一方面,仲裁庭否认东道国国内法中的投资定义的可适用性。例如,在 *Salini v. Morocco* 案中,摩洛哥政府主张,鉴于《公约》中投资定义的缺失以及 BIT 的授权[63],本案所涉交易类型,应依据其国内法(1998 年第 2-98-482 号令)认定为服务合同而非投资合同,因此 ICSID 对本案无管辖权。但仲裁庭并未接受这一抗辩理由,而是直接指出,其"管辖权取决于符合 BIT 和《公约》要求的投资的存在",BIT 中符合国内法的措辞仅意在强调投资的合法性而非其定义,尤其是防止 BIT 保护那些不应保护甚至非法的投资。[64] 换言之,既然交易项目获得了摩洛哥政府的批准并依法施工,其国内法中投资定义的作用就到此为止,是否构成受条约保护的投资只能根据 BIT 来判断。此后,*LESI v. Algeria* 案[65]、*Bayindir v. Pakistan* 案[66]和 *Saipem v. Bangladesh* 案[67]均沿袭了 *Salini* 案仲裁庭的上述观点。

另一方面,仲裁庭极力限制东道国法律在界定投资的合法性方面的作用。尽管 *Salini* 案确认了 BIT 只保护合法投资这一基本准则,但一些仲裁庭对交易的合法性进行审查时并未严守这一标准。例如,*Tokios Tokeles v. Ukrain* 案的仲裁庭指出,尽管投资者在对其投资活动登记的过程中出现技术性过错,如登记的公司名称不正确,一些资产收购和转让文件缺少签字或公证,但其活动"本身并不违法";因"微小失误"(minor errors)而剥夺投资者受 BIT 保护的权利,与 BIT 的宗旨和意图不符。[68] 然而,在 *Yaung Chi Oo Trading v. Myanmar* 案中,仲裁庭认为,尽管投资者的活动构成了经济意义上的投资,但由于其未获得缅甸政府的书面批准和登记,因此不构成 1987 年《东盟投资促进与保护协定》

---

[62] 例如,1982 年中国—瑞典 BIT 第 1 条规定,"投资"应包括缔约一方投资者在缔约另一方境内、依照其法律和规章用于投资的各种形式的资产。类似规定,可参见 1990 年意大利—摩洛哥 BIT 第 1 条、1997 年德国—菲律宾 BIT 第 1 条、2008 年中国—墨西哥 BIT 第 1 条等。

[63] 根据 1990 年意大利—摩洛哥 BIT 第 1 条第 1 款的规定,"投资"一词是指条约生效后由自然人或法人,包括缔约国政府,在另一缔约国境内根据该国的法律和法规所投入的各类资产。

[64] See *Salini Costruttori S. p. A. & Italstrade S. p. A., v. Kingdom of Morocco*, supra note [49], paras. 44—49.

[65] See *Consortium Groupement LESI-Dipenta v. Algeria*, supra note[55].

[66] See *Bayindir v. Pakistan*, ICSID Case No. ARB/03/29, Decision on Jurisdiction, 14 November 2005.

[67] See *Saipem S. p. A. v. The Republic of Bangladesh*, ICSID Case No. ARB/05/7, Decision on Jurisdiction and Recommendation on Provisional Measures, 21 March 2007.

[68] See *Tokios Toheles v. Ukraine*, ICSID Case No. ARB/02/18, Decision on Jurisdiction, 29 April 2004, paras. 84—86.

项下的合格投资,从而拒绝行使管辖权。[69] 两案截然相反的结果表明,区分"微小失误"和实质违法的界限是仲裁庭行使管辖权的关键,但其决定权完全操之于仲裁庭之手,东道国法律似乎无能为力。

截至目前,在投资含义的认定中涉及国内法的仲裁案件尚不多见,但上述分歧足以引发人们的疑虑。如果接受了 Salini 案的观点——BIT 中符合国内法的要求仅仅是为了保护合法投资,那么类似的措辞便可有可无而不具有任何法律意义。因此,国际仲裁实践中通过弱化东道国国内法在界定投资含义中的作用,进而实现仲裁庭管辖权扩张的倾向值得警惕。

(四) 小结

总之,ICSID 仲裁实践中关于投资定义的上述分歧,足以表明目前国际社会对投资定义远未达到统一的认识,这在损害仲裁裁决权威性的同时,也为未来投资仲裁的不确定性埋下了隐患。也正是在这种不确定性的指引下,ICSID 仲裁庭对投资定义的解释日益泛化。[70] 对此,学者 Farouk Yala 不无忧虑地指出,长此以往,ICSID 仲裁管辖权可能扩展至任何形式的经济营业活动,ICSID 也将堕落为一般的商事仲裁机构,缔约国当初为加入《公约》所让渡的主权权利就失去了意义。早知如此,缔约国当初可能就不会登上世界银行提供的这艘航船。[71]

四、投资定义扩张之反思

国际投资条约中投资定义的扩张,是经济全球化背景下财产形式的多样化和复杂化所决定,是市场逻辑的必然要求,也反应了国际投资法保护外国私人投资的价值取向。张庆麟教授认为,个人拥有财产权并受到法律的完备保护是市场经济的逻辑起点与归属,因而投资条约应当对外国投资者的投资进行充分与有效的保护。在投资条约的适用范围,即表现为投资的定义不断扩大,从而尽可能详尽地囊括各种投资资产。[72]

从理论上看,宽泛和开放的投资定义可以适应资本市场的无穷创造性,反映了资本输入国鼓励和保护各种形式投资的承诺,促进资本流动。但是,理论

---

[69] See *Yaung Chi Oo Trading Pte. Ltd. v. Government of the Union of Myanmar*, Arbitral Award, ASEAN I. D. Case No. ARB 01/1, 2003, para. 20, 62.

[70] 对 ICSID 仲裁实践的统计表明,1998 至 2008 年间,在 ICSID 受理的 105 个案件中,东道国对所涉事项的投资性质表示异议的案件有 34 个。其中,仲裁庭认定构成投资的案件有 26 个,占 76%;否认投资的有 8 个,仅占 24%。可见,仲裁庭整体上倾向于作出构成投资的裁决。

[71] See Farouk Yala, "The Notion of 'Investment' in ICSID Case Law: A Drifting Jurisdictional Requirement? —Some 'Un-Conventional' Thoughts on Salini, SGS and Mihaly", *supra* note[45].

[72] 参见张庆麟:"评晚近国际投资协定中'投资'定义的扩大趋势",载张庆麟主编:《全球化时代的国际经济法》,武汉大学出版社 2009 年版,第 355—356 页。

上的投资定义与国际投资条约中的投资定义是否应当完全一致呢？笔者认为，两者不可相提并论，也无需一一对应。

首先，将任何财产纳入投资条约的保护机制的意愿，忽略了国际投资条约本身的功利目的和既有缺陷。

尽管国际投资条约多在其序言宣称愿保护外国投资并为其创造良好的投资环境，但不可否认的是，其根本预期在于吸引外资并最终促进本国发展。然而，晚近经济学的实证研究表明，BIT 与投资流入国内部制度存在相互补充而非替代的关系[73]，而尚未发现在缔结 BIT 与其后的投资流入之间存在密切联系。[74] 即使是 BIT 中相对强有力的保护措施，看来也没有增加向签署协定的发展中国家的投资流动。[75] 因此，寄希望于通过扩大投资的定义来带动投资是不现实的。

在私人与东道国政府之间的投资争端解决方面，ICSID 所倡导的外国投资者诉东道国仲裁机制，是在国际争端解决过程中发挥私人作用的一个转折点。[76] 该机制打破了国家的垄断地位，首次实现了私人直接参与国际层面投资争端的解决。但同样需要注意的是，ICSID 仲裁的制度性安排，更多地彰显着一种功利主义的价值取向。详言之，《公约》的缔约国之所以允许私人有权直接在国际仲裁庭起诉东道国政府，是因为他们笃信该机制可以缓解南北国家在保护海外投资与维护经济主权之间的尖锐矛盾，是"考虑到经济发展需要进行国际合作及发挥私人国际投资在这方面的作用"。[77] 因此，保护私人财产权并非国际投资仲裁机制的首要目标。忽略 ICSID 仲裁机制背后的经济动因而将其视为保护外国人财产权或人权的制度性安排，不但背离了缔约方创立或同意 ICSID 机制的初衷，人为拔高了其理论意义，在实践中也将有损东道国的利益。

同时，ICSID 仲裁机制所面临的日益严峻的"正当性危机"，也决定了其在当下无法担负起均衡保护私人财产权的重任。在仲裁庭方面，Sornarajah 教授

---

[73] 参见张晓斌："双边投资条约引资效果的经验分析"，载《国际经济法学刊》第 13 卷第 1 期，北京大学出版社 2006 年版。

[74] See World Bank, *World Development Report 2005: A Better Investment Climate for Everyone*, World Bank and Oxford University Press, 2004, p.177.

[75] See World Bank, *Global Economic Prospects 2003: Investing to Unlock Global Opportunities*, at http://siteresources.worldbank.org/INGEP2003/Resources/gep2003summarycantonese.pdf, 最后访问日期 2008 年 3 月 1 日。

[76] See Francisco Orrego Vicuna, *International Dispute Settlement in an Evolving Global Society*, Cambridge; New York: Cambridge University Press, 2004, pp.64—65. 此前，个人在国际争端解决机构的诉权或者昙花一现，或者胎死腹中。详见蔡从燕：《私人结构性参与多边贸易体制》，北京大学出版社 2007 年版，第 161 页。

[77] 参见《ICSID 公约》序言，以及 Christoph H. Schreuer, *The ICSID Convention: A Commentary*, supra note[4], p.4.

认为,相对于国际共同体的利益而言,ICSID 仲裁员更加关注"神圣"的合同,他们通过表现对商业笃信及多国企业的忠诚以确保被再次指定为仲裁员。[78] 在投资者方面,投资者滥用国际投资争端解决机制已成为其规避公司社会责任、消弭商业风险的一种途径。[79] 实践证明,脱胎于一般性国际商事仲裁体制的 ICSID 仲裁机制过多地关注私人投资者的经济诉求,而无法对东道国的国家利益、公共利益乃作为整体的发展中国家的利益作出适当回应,突出表现为国际投资仲裁透明度的缺失、忽视环境、健康等可持续发展因素。[80] 在这种情况下,贸然将任何财产纳入投资条约的保护框架,无疑会加剧投资者、东道国等利益攸关者的权益失衡,并对更多以东道国角色出现的发展中国家的管制空间和管制能力带来挑战。[81]

其次,过度扩张的投资定义漠视了财产性质的内在界限,将引发贸易协定与投资协定之间争端管辖权的重叠。

在全球经济一体化的趋势下,投资与贸易这两大经济部门之间的整合更加密切,但其分属投资、贸易等不同领域的基本属性并未改变——从经营或交易时间看,国际投资一般是长期的经营项目;而国际贸易则一般是短期或一次性的交易行为。从东道国的管制方式看,国际投资经历准入和经营两个阶段,涉及外资审批和投资措施等管制方式;而国际贸易通常只经历交易一个阶段,一般涉及关税和非关税措施。[82] 此外,二者的根本区别还在于,贸易系因当事人处分财产并引发其所有权的转移,而投资则是将财产转化为资本。[83] 国内法对于私人财产权尚有物权和债权的两分法并施以不同的保护手段,将对外国人

---

[78] See M. Sornarajah, "The Clash of Globalizations and the International Law on Foreign Investment", 10 (2) *Canadian Foreign* Policy 2.

[79] 2004 年美国 BIT 范本即增加了案件初审制、败诉方支付仲裁费和律师费等程序性措施,以消灭和阻吓投资者提起的骚扰性申诉。详见陈辉萍:"美国投资者与东道国争端解决机制的晚近发展对发展中国家的启示",载《国际经济法学刊》第 14 卷第 3 期。

[80] 详见陈安主编:《国际投资法的新发展与中国双边投资条约的新实践》,同前注〔38〕,第 168—170 页。

[81] 正是面对上述风险,联合国贸易与发展会议(UNCTAD)才不无所指地警告道:"为了能够从这些流入的外国直接投资中获取更多益处,发展中国家也需要保留奉行以发展为导向的外国直接投资政策的能力,即为了公共利益对经济进行管制的能力。在日后签订国际投资协定时,发展中国家所面临的最大挑战便是在上述两者之间保持平衡。这意味着发展中国家必须为自己保留足够的政策空间,使其能够在不违反相关国际投资协定义务的前提下,灵活地运用上述政策。" See UNCTAD, *World Investment Report 2003*: *FDI Policies for Development*: *National and International Perspectives*, United Nations: New York and Geneva, 2003, p. xvi. 类似的结论,又见 UNCTAD, *Preserving Flexibility in International Investment Agreements*: *The Use of Reservations* (*UNCTAD Series on International Investment Policies for Development*), United Nations: New York and Geneva, 2006, p.6.

[82] 参见曾华群:"论 WTO 体制与国际投资法的关系",载《厦门大学学报》(哲学社会科学版)2007 年第 6 期。

[83] 本观点源自本文一位匿名审稿人的建议,谨此致谢。

的投资和贸易权益一体纳入国际投资条约而使国家承担国际责任,无疑人为拓展了条约的适用范围。

当前,整合全球资源实现一体化经营已是跨国公司的普遍实践和优势。在此背景下,贸易与投资的关联性进一步增强,并引发二者的"识别冲突"。例如,在 Pope & Talbot v. Canada 案中,美国 Pope & Talbot 公司的加拿大子公司主张,加拿大政府对软木出口的配额限制,违反了《NAFTA 协定》征收等条款。仲裁庭认为,Pope & Talbot 公司是加拿大境内的外国投资者,其在加分公司便是合格投资。既然加政府的配额措施对投资者和投资造成不利影响,产生的争端便是与投资有关,因而仲裁庭享有管辖权。[84] 此后的 S. D. Myers v. Canada 案仲裁庭仍遵循类似立场,认定"市场份额"构成投资。[85] 值得注意的是,"市场准入"、"市场份额"传统上均属于典型的贸易议题。[86] 虽然在上述案件中,相关贸易措施被认为对投资及其投资者产生影响并进而被作为投资争端来处理,这一做法不无道理,但仲裁庭在其裁决中并未明确一个根本性问题,即影响投资的贸易措施在多大程度上可以作为投资仲裁的管辖对象?相反,上述裁决的笼统性推理似乎表明,子公司的任何行为或利益都可以界定为投资,但这种推断在逻辑上存在缺陷:考虑争端是否与投资相关,应当首先从经济活动的性质入手,因为经济活动决定主体身份;直接从主体角度认定,显属本末倒置。

上述解释方法可能对当前国际经济条约运行机制产生巨大影响。政府贸易措施的合法性原本是通过国家之间的争端解决机制予以裁断,但上述两案却另辟蹊径,开启了私人通过投资者诉国家的投资仲裁机制实现贸易权利的大门,其便捷性与有效性必然更受私人青睐。由此产生的结果是,私人可能在国家间机制和私人诉国家机制二者间进行双重求偿或挑选法院(forum shopping);而世界贸易组织(WTO)的争端解决机制必然受到较大冲击,BIT 中投资者诉东道国争端解决机制必将更加泛滥,并使后者扛起消除贸易壁垒的重任,这可能造成其不可承受之重。目前,WTO 体制内进行投资议题谈判的呼声此起彼伏,而上述裁决无疑再次肯定了贸易与投资的内在关联,从而为 WTO 的职能扩张增添动力,使其距离所谓"经济联合国"的目标更进一步。[87]

最后,过度扩张的投资定义可能导致投资者滥用协定,或造成一事多诉的

---

[84] See *Pope & Talbot, Inc. v. Government of Canada*, Interim Award, June 26, 2000, para. 96—99.

[85] See *S. D. Myers, Inc. v. Government of Canada*, First Partial Award, November 2000, para. 232.

[86] 参见车丕照:"'市场准入'、'市场准出'与贸易权利",载《清华大学学报》(哲学社会科学版)2004 年第 4 期。

[87] 张玉卿教授即指出,把 WTO 称为"经济联合国"在法律上有误导作用。参见张玉卿:"善用 WTO 规则",载《国际经济法学刊》第 10 卷,北京大学出版社 2004 年版。

局面。

"控制利益"(controlling interest)的标准在晚近国际投资条约的定义部分得到广泛采用。如美国、加拿大等国BIT规定,投资包括投资者直接或间接所有或控制的任何资产。BIT并未进一步解释何谓"间接控制"[88],但实践中已有扩大解释的案例。在 Lauder v. Czech 案中,美国人Lauder并不直接持有捷克公司的股权,而是由其荷兰子公司CME持有,但仍援引美国—捷克BIT而诉诸国际仲裁,捷克政府对此并未提出异议,亦即承认了Lauder在事实上对捷克境内公司的间接控制。[89] 此外,一些仲裁庭还认定,控制不仅仅表现为股权比例的绝对多数,也可能是相对多数,还可能是在公司决策中的权限和影响力等。[90]

美国国务院曾负责NAFTA事务的Barton Legum先生认为,投资定义中"间接控制"概念的存在,使得中间受控公司多层次化,这就导致东道国政府可能无法知悉某一公司最终受哪个BIT保护,因而只能假设并赋予所有的公司受最高标准的BIT保护,也就是"对一切人的义务"(obligations erga omnes)。[91] 但这种观点过于偏向对投资者的保护,极有可能造成跨国投资者滥用协定。例如,甲国投资者A在乙国设立了一家控制子公司B,其中,A持有丙国C公司30%的股权,B持有剩余70%的股权。按上述理解,在丙国政府干涉到C公司利益时,A既可以直接援引甲丙两国的BIT寻求条约保护(间接控制),也可以援引乙丙两国的BIT提请仲裁(直接控制),甚至可以同时启动两个平行仲裁程序。此外,当A援引甲丙两国的BIT提请仲裁时,其求偿范围不仅局限于其持股的30%,甚至可以主张C所受损害部分100%的赔偿。上述主张的不合理性由此可见一斑。

同时,国际投资条约普遍采纳的最惠国待遇条款,可能使一国对外BITs中最为宽泛的投资定义多边化。即当A国与B国之间BIT所包含的投资形式并不包含在A国与任何第三国的BIT中时,在A国投资的第三国投资者仍然可以援引最惠国待遇条款,主张条约保护。截至目前,尽管国际仲裁实践尚未披

---

[88] 值得注意的是,业已流产的OECD《多边投资协定》(MAI)的评注(Commentary)曾将"间接投资"明确界定为四种情形,即(1) 由非MAI缔约方投资者拥有或控制,但设在MAI缔约一方的投资者在缔约另一方所做的投资;(2) 由MAI缔约方投资者拥有或控制,但设在非MAI缔约方的投资者所做的投资;(3) 由MAI缔约方投资者拥有或控制,设在MAI另一缔约方的投资者向MAI第三缔约方所做的投资;(4) 在MAI缔约方属于MAI项下的投资在该缔约方的投资。但前两种情形在谈判中受到强烈质疑。See Chen Huiping, *OECD's Multilateral Agreement on Investment: A Chinese Perspective*, New York: Kluwer Law International, 2002, pp. 39—40.

[89] See *Ronald S. Lauder v. The Czech Republic*, UNCTRAL Award of 10 September 2001, para. 77.

[90] See *International Thunderbird Gaming Corporation v. Mexican*, NAFTA Arbitral Award, January 26, 2006, paras. 101—110.

[91] See Barton Legum, "Defining Investment and Investor: Who is Entitled to Claim?", 22 *Arbitration International* 524 (2006).

露这样的案例,但理论上却不无可能。[92]

总之,面对投资定义日益扩大的趋势,UNCTAD 认为,宽泛的投资定义与东道国的发展政策目标绝非不能兼容,前提是东道国能够视谈判对象的不同而最终缩小条约的适用范围和实体承诺。[93] 这显然高估了东道国特别是广大发展中国家在国际投资条约谈判过程中的谈判实力(bargaining power)[94],也忽视了最惠国待遇条款可能引发的负面影响。事实上,投资定义越宽泛,清单的列举非穷尽,受保护的资产类型越多,东道国管制其境内跨国投资的能力和权限就越受限制,这一点不言而喻。尽管外国人所有形式的财产均可能构成理论上的投资,但并不意味着它们都应一体纳入国际投资条约的保护框架。将财产或财产权与国际投资条约中"投资"等量齐观,在理论上不足取,实践中也将导致资本输入国不可承受之重。

五、投资定义的合理限度:中国的应有立场

从国内法角度看,为适应改革开放以来吸引外资的需要,在投资的形式方面,我国接受包括现金、机器设备或者其他实物、工业产权、非专利技术和设备、以及他财产权利等在内的各种类型的投资,作为外商投资企业的出资形式[95];在外资的组织形式方面,我国自1979年起便陆续出台了《中外合资经营企业法》、《中外合作经营企业法》和《外商独资企业法》等,使外商投资企业成为我国最普遍的外资组织形式,并在此后通过一系列单行法规和规章,允许和鼓励外国投资者采取新的投资组织形式,如外商投资股份有限公司、外商投资性公司、合并与收购、BOT、物流企业、创业投资、证券投资、参与资产重组与处置等。[96]

在国际条约方面,在近三十年的 BIT 实践中,我国所签署的 BIT 对投资的定义较为一致,并呈现出宽泛的特点,具体表现为:采用以资产为基础的列举性

---

[92] See Noah Rubins, "The Notion of 'Investment' in International Investment Arbitration", supra note[5], pp. 320—323.

[93] See Christoph H. Schreuer, *The ICSID Convention*: *A Commentary*, supra note[4], p.32.

[94] 原美国国务院 BIT 谈判小组成员 Alvarez 坦言:"对于许多国家来说,缔结 BIT 几乎不是自愿、没有强制的交易。它们觉得它们必须签署协定,或者觉得不这么做就是愚蠢……事实情况是,迄今美国 BIT 范本普遍被认为是一种'要么接受,要么放弃'的建议……BIT 谈判不是平等主权国家之间的谈判。它更像是一场由美国根据其规矩开设的密集的培训班。" See Gennady Pilch, "The Development and Expansion of Bilateral Investment Treaties", 86 *American Society of International Law*: *Proceedings* 552 (1992).

[95] 例如 2000 年修正后的《中华人民共和国中外合资经营企业法》第5条、2000年修正后的《中华人民共和国中外合作经营企业法》第8条、1994年《中华人民共和国台湾同胞投资保护法》第7条等。

[96] 详见曾华群主编:《WTO 规则与中国经贸法制的新发展》,厦门大学出版社2006年版,第394—406页。

定义方式；所涵盖的财产类型包括传统的物权和债权，知识产权，股份、债权等间接投资，以及公法性质的特许权等；承诺投资形式的变化和再投资也受到BIT的保护[97]；少数BIT在投资定义中采取了"间接控制"标准。[98]

从总体上看，我国对外BIT中宽泛的投资定义与国内法保持了一致性，适应了改革开放和吸引外资的要求。尤其是在我国逐渐由资本输入国转变为资本输出国的过程中，采取相对宽松的投资定义可以更好地保护和促进我国企业的对外投资。但随着国际投资仲裁实践对投资定义的解释日趋多样化和自由化，我国BIT中传统的投资定义略显陈旧，诸如"任何资产"、"间接控制"之类的措辞如不及时澄清，有可能在仲裁实践中产生不利后果。

鉴此，必须对国际投资条约中日益扩张的投资定义予以适度限制，从而实现保护外国投资和维护国家利益的平衡。具体而言，可从以下几方面展开：

第一，应继续重视东道国的法律法规在限制投资定义扩张方面的作用。

尽管截至目前涉及国内法的投资含义认定的仲裁案件尚不多见，但一些仲裁庭故意忽略或降低东道国法律法规的重要性的做法足以引发人们的疑虑。如果接受了 Salini 案的观点——BIT中符合国内法的要求仅仅是为了保护合法投资，那么类似的措辞便可有可无而不具有任何实质性法律意义，因为非法行为不产生合法利益(*ex injuria jus non oritur*)是基本法律原则，无需BIT赘言。此外，Salini 案仲裁庭的解释方法也明显违反了《维也纳条约法公约》的文义解释要求，有悖于条约缔约方的真实意愿。因为国内法对投资的定义或要求，也是当事方特别是东道国同意国际仲裁管辖权的考虑因素之一。[99] 实际上，美国之所以在其对外签订的国际投资条约中采用了宽泛的投资定义，是基于其独特的历史观和宪法上对私人财产权的深度保护等国内政策和法律因素的综合考虑。相比而言，欧式投资条约中的投资定义则相对狭窄，且多注重考虑私人财产权和公共利益的平衡，这也是受其国内公法上的比例原则的影响。据此，我们在界定投资的定义时，也必须考虑本国法律与政策的因素。

事实上，也有部分仲裁庭并不赞同上述漠视东道国法律的解释方法。例如，在 Inceysa Vallisoletena v. El Salvador 案中，仲裁庭认为，投资者在投资初始阶段通过虚假陈述误导东道国官员，并涉嫌通过欺诈手段获得投资许可，因此违反了东道国法律，不属于受BIT保护的合格投资。[100] 此外，2007年中国和古

---

[97] 如1982年中国—瑞典BIT，1986年中国—英国BIT，1992年中国—西班牙BIT，1998年中国—巴巴多斯BIT，2004年中国—贝宁BIT，2007年中国—韩国BIT。

[98] 如1988年中国—澳大利亚BIT，2003年中国—德国BIT，2005年中国—西班牙BIT，2007年中国—塞舌尔BIT。

[99] See Christoph H. Schreuer, *The ICSID Convention: A Commentary*, supra note[4], p.133.

[100] See *Inceysa Vallisoletana SL v. Republic of El Salvador*, ICSID Case No. ARB/03/26, August 2, 2006, unofficial English translation, pp.56—57.

巴政府新修订的 BIT 第 1 条也明确规定："'根据后者的法律和法规'是指对属于本协定所保护的投资的任何投资财产,应当与接受投资的缔约一方的立法所确定的外国投资种类一致,并按照该种类进行登记。"[101] 笔者认为,为防止仲裁庭漠视或扩大解释我国对外 BITs 的投资定义,有必要借鉴上述做法,对"符合东道国国内法"作出进一步明确解释。

第二,应当明确投资与贸易的基本界限,限制 BIT 对证券投资的保护力度。

尽管国际投资实践对于投资的特征的描述并不一致,但这并不妨碍晚近的投资条约越来越普遍地接受这种循环定义的方式。正是考虑到 NAFTA 的前车之鉴,美国 2004 年 BIT 范本、加拿大 2004 年 BIT 范本、哥伦比亚 2007 年 BIT 范本以及挪威 2007 年 BIT 范本草案等均明确,投资应具有对资本或其他资产的投入、对利润的预期以及承担风险等特征,以此限制受 BIT 保护的投资的范围。另外,尽管 NAFTA、加拿大 BIT 范本等均采取了封闭式清单对投资予以定义,但都明确了单纯由商业合同产生的金钱请求权,对企业债券、贷款等投资形式也要求期限 3 年以上。这种定义方式表明缔约国希望保护的是具有较长投资周期的直接投资,体现了持续期间这一投资特征。最近,*Patrick Mitchell v. Congo* 案的专门委员会也再一次确认,投资者的投入、一定的持续期间和风险,以及对东道国的贡献等四个特征是 ICSID 判例法和法学学说所普遍确认的,它们相互依赖,在决定一项活动是否投资时需要全面地审查。[102] 在对国际投资条约涉足贸易领域的负面影响评估尚不充分的情况下,采取上述定义方式无疑是较为稳妥可行的。

正是基于投资的上述特征,笔者主张应适度限制投资条约对于证券投资的保护力度。尽管从理论上看,直接投资和证券投资对于促进一国经济健康增长和发展是必要的,但其在经济活动中的可控性和危害性却不可相提并论,1998 年和 2008 年两次全球金融危机充分证明了这一点。鉴于具有高度投机性和流动性的证券投资并不完全符合作为投资的持续性期间要求,因此,2003 年中国—德国 BIT 议定书第 1 条强调,投资"系指为了与企业建立持续的经济关系,尤其是那些能够对企业的管理产生有效影响的投资"。2008 年中国—墨西哥 BIT 第 1 条也将距原始期限不足 3 年的非国有企业发行的债券、对企业的贷款排除在 BIT 的保护范围之外。这一点对于境外游资出没频繁、资本市场尚不发达、金融监管机制尚不完善的中国尤为重要。

第三,发展性要求在决定受保护的投资时应得到进一步确认。

如前文所述,关于投资的特征,对促进东道国的经济发展这一标准一直分

---

[101] 参见 2007 年中国—古巴 BIT 第 1 条。
[102] See *Patrick Mitchell v. Democratic Republic of the Congo*, supra note[57], para. 27.

歧较大。但 Patrick Mitchell v. Congo 案的专门委员会似乎试图平息上述争论。专门委员会认为,投资应促进东道国的经济发展是一项活动构成受保护的投资的"基本、必要且毋庸置疑"的标准。这是因为:《公约》是在国际复兴开发银行的主持下订立的,倡导发展这一主旨不言自明;《公约》的序言也表明促进发展是公约的"基本原则"、"目的"和"目标"之一。此外,ICSID 仲裁庭通常会明示或默示地考虑投资对东道国经济的影响,这也是"投资"一词唯一可能的客观含义。[103] 作为 ICSID 仲裁庭关于投资发展性所作的最新而最详尽的解释,上述观点的确令人信服。

在发展性的评价标准方面,世界银行集团下属的"多边投资担保机构"在其《业务细则》提供了具体参考因素,即在决定一项投资项目是否具有发展性时,除了经济合理性,还应考虑以下因素:如项目为东道国创造收益的潜力,对最大限度发挥东道国生产潜力所作的贡献,尤其是对生产出口产品或进口替代产品,以及增加东道国对外部经济变化抵御能力的贡献;对东道国经济活动多样化、增加就业机会以及改善收入福利的作用;向东道国转移知识和技术的程度;以及对东道国社会基础设施和环境的影响等。[104]

第四,应当在条约条款的设计方面防范投资者滥用协定。

为防范投资定义中的"间接控制"解释不当而引发投资者通过中间实体挑选条约、进行双重诉讼,可采取下述措施:首先,可将"间接控制"下的投资仅限于 BIT 双方之间,即指缔约一方的投资者通过其完全或部分拥有的、住所在缔约另一方境内的公司所作的投资,从而彻底避免第三国投资者"搭便车"的可能。[105] 其次,如果要将"间接投资"扩大至投资者在第三国的控制公司在东道国的投资,则应明确,只有当第三国公司无资格或放弃请求补偿的权利时,投资者方可主张征收赔偿。[106] 另外,还可借鉴美国 BIT 范本第 17 条的"拒绝授惠"(denial of benefits)条款,排除那些纯粹为获取条约利益而在东道国设立的不从事实质性经营活动的"空壳公司"。最后,在程序方面对仲裁庭的裁决进行一

---

[103] Id., paras. 27, 30—33.

[104] See MIGA, *Operational Regulations* (As amended by the Board of Directors through October 1, 2007), para. 3.06.

[105] 2003 年中国—德国 BIT 议定书第 1 条即作此限定。德方所持的理由是,从投资来源国和目的地国的角度看,总部不在缔约任何一方境内的控股公司在第三国进行的投资不具有保护价值,因为投资者可以为其寻求其他保护途径。See Tillmann Rudolf Braun & Pascal Schonard, "The New Germany-China Bilateral Investment Treaty: A Commentary and Evaluation in Light of the Development of Investment Protection under Public International Law", 22 *ICSID Review-Foreign Investment Law Journal* 267 (2007).

[106] 参见 2008 年中国—新西兰 FTA 第 135 条。

定程度的审查和评议,也是防止仲裁庭滥用自由裁量权的一种新兴的探索。[107]

六、结语

  晚近勃兴的高标准的国际投资条约早已突破了传统的投资保护功能,其不但充分表征着当前迅速蔓延的国际投资自由化趋势,也成为进一步推进投资自由化的工具。其重要表现之一,便是投资条约中投资文本定义的扩大化。同时,国际仲裁庭为扩张自身对案件的管辖权,对投资定义的泛化解释起到了推波助澜的作用。尽管我国面临着从资本输入国向资本输出国的身份转变,从而在保护海外投资方面面临更为紧迫的任务,但也应考虑到,国际投资条约中对投资的定义,应取决于一国的经济政策、发展水平和保护能力,并与以 ICSID 为代表的国际法律机制的完善程度相适应。因此,我国在缔结投资条约的过程中,不宜盲目接受过于宽泛的投资定义,而应汲取晚近别国在仲裁实践中的教训,适度调整对投资定义的涵盖范围,从而在保护投资的同时,避免投资者对条约机制的滥用。

(初审编辑:沈朝晖)

---

[107] 关于美国在这方面的实践,详见陈辉萍:"美国投资者与东道国争端解决机制的晚近发展及其对发展中国家的启示",同前注[79]。

十九世纪的"文明"与"野蛮"

——从国际法视角重新看待甲午战争

赖骏楠[*]

"Civilization" and "Barbarism" in the Nineteenth Century:
Rethinking the First Chino-Japanese War from the Perspective of International Law

Lai Junnan

内容摘要:19 世纪国际社会又名"国际法共同体",这一共同体并非向所有国家开放。相反,"文明"标准使得大部分非西方国家被排除在"国际法共同体"之外,从而导致其无法享受平等的国际法人格,领事裁判权制度便是这种国际法上人格不平等的集中体现。中日两国在 19 世纪与国际社会遭遇时,同时也遭遇这一"文明"标准。中国由于困窘于误导性的国际法汉译作品以及强大的儒家传统,从而在晚清数十年时间内未能意识到"文明"话语的重要性。日本则不假思索地接受了这套话语,并努力使自己符合"文明"的各项标准。于是,在 19 世纪国际法学预设好的轨迹内,甲午战争成为检验中日两国"文

---

[*] 北京大学法学院 2010 级博士生。电子邮箱:ljnwy@163.com。感谢黄宗智、易平、黄嘉亮、陈文玲、尤陈俊、吴四伍、俞盛锋、刘晗、高原、桂涛、焦长权、李达等师友就本文提供的评论和意见。文责概由本人自负。

明"成就的关键舞台。日本在战争中胜出,其国际法学家创作了一系列证明日本"文明"表现的作品,从而获得了西方国家对其"文明"国家身份的承认,以及"国际法共同体"的成员资格与领事裁判权的废除,并进一步加固了西方国际法学"文明"话语本身的正当性。中国则遭遇彻底的失败,这不仅体现在军事上,也体现在国际法人格上:中国被判定为"非文明",从而不能进入"国际法共同体"。为了构建一个更为平等合理的国际政治秩序,国际法的"文明"标准值得反思。

关键词:国际法共同体　文明　明治日本　晚清中国　甲午战争

一、引言

光绪十二年(1886年)旧历七月十日,北洋水师提督丁汝昌率"定远"、"镇远"、"济远"、"威远"四艘军舰以"入坞上油修理"的名义驶抵长崎。"定远"、"镇远"两舰是当时北洋水师乃至全远东吨位最大的铁甲舰,其排水量均为7335吨,各配有305毫米口径大炮4门、150毫米口径大炮2门,另有其他火炮、机枪以及鱼雷发射管若干门。威风凛凛的舰队吸引了大量长崎市民前来观看,羡慕与嫉妒的情绪交织在人群当中。不出数日,便爆发了流血冲突:傲慢的中国水兵与愤懑的日本警察和民众在岸上发生斗殴,这导致双方各有伤亡。接下来则是旷日持久的事后交涉,最终在英德公使的调停下,双方达成协议,对死伤者予以抚恤,对肇事者(包括肇事水兵和警察)则予以惩戒(中方对自己水兵的惩办实际是不了了之)。[1]

中国方面似乎没有从本次事件中吸取什么东西,不过该事件对日本人来说却是意义重大。巨型铁甲舰的存在始终是本次谈判中的一个若隐若现的威慑因素,这深深地刺激了日本人敏感的民族自尊心:炮舰的威慑反倒促成了近代民族主义情绪的狂热爆发。更为实际的后果是,在随后不到十年的时间里,中日两国的海军实力发生了戏剧性的逆转。从1888年直到甲午战争开战,北洋水师未增一舰,而日本却大大加强了近代海军的建设。如何击沉"定远"、"镇远"这两艘铁甲舰,并战胜不可一世的北洋水师,成为日本海军绞尽脑汁研究的核心课题。1893年,日本拥有了当时全世界最先进的高速巡洋舰"吉野"号。它的航速比"定远"和"镇远"多出10.5节,其火炮射速则是中国军舰的四到六倍。正是这艘"吉野"舰发出的隆隆炮声,宣告了中日甲午战争的爆发:是它在丰岛海战中打响了第一炮。它也参与了对"高升"号的轰击,并在黄海海战和

---

〔1〕 关于"长崎事件"的具体交涉细节,参见王家俭:"中日长崎事件之交涉(1886—1887)",载中国近代现代史论集编辑委员会编:《清季对外交涉(二)俄、日》(中国近代现代史论集,15),台湾商务印书馆1986年版,第215—270页。

围攻威海卫的战斗中立下赫赫战功。[2] 最终,中国彻底战败,并签订丧权辱国的《马关条约》。

对许多有关本次战争的历史教科书、学术专著、论文、浮世绘和其他影视文学作品来说,甲午战争的历史记忆就到此为止了。在经典的近代史叙述中,甲午战争见证了一个新兴的民族主义帝国的崛起,以及一个行将崩溃的旧帝国的垂死挣扎。新帝国的胜利首先在物质层面得以见证:所谓亚洲最强的北洋水师竟然被一个弹丸小国的海军击败了。为着论证这一结果的必然性,相关的历史案例时常被引用:诸如慈禧太后挪用北洋水师军费去修建颐和园,而日本天皇的母亲则捐献出自己的首饰以资助购买"吉野"号这种对比鲜明的例子。更进一步的反思(这类反思自梁启超的时代即已开始)会指出中国不仅输在枪炮上,更输在了腐朽的法律和政治体制上,并宣告单纯模仿西方科学技术的洋务运动的彻底失败。然而,仅仅从军事实力和国内制度两个维度去理解一场殖民时代的战争,将不利于我们全方位地理解殖民征服的所有构成要素。本文试图提出一种新的视角,这种视角将关注日本帝国主义在征服东亚事业中的话语维度。后殖民主义的大量作品早已启发我们,所谓的帝国主义不仅仅体现在"炮舰政策"上,也不仅仅表现为"自由贸易帝国主义"。[3] 实际上,在帝国主义与殖民主义的全球扩张过程中,"法律"语言也成为一种至关重要的通货。[4] 本文试图展示的正是国际法话语在这种法律通货中的重要份额。与此同时,一种全球史的视角也有助于我们更深刻地理解国际法话语在19世纪跨文化的权力互动关系中所产生的作用。直到这时,我们才能深刻地体会到:在这场标志着近代中日两国命运转折点的关键战争中,中国不仅输在了曾经幻想能够攻克横滨、神户的军舰和枪炮上,更输在了(国际法)话语上。

二、国际法"文明"话语在东亚的传播

(一) 19世纪国际法与"文明"

当两个或两个以上国家之间有足够的交往,而且一个国家可以对其他国家的决策产生足够影响时,国家体系(又名国际体系)便产生了。[5] 如果这一国家体系内的国家意识到它们具有共同利益和价值观念,从而组成一个社会,也

---

[2] 关于甲午海战的战斗详情,参见戚其章:《走进甲午》,天津古籍出版社2005年版,第73—348页。

[3] See John Gallagher & Ronald Robinson, "The Imperialism of Free Trade", 6 *The Economic History Review* 1—15 (1953).

[4] See Sally Engle Merry, "Law and Colonialism", 25 *Law & Society Review* 889—922 (1991).

[5] 赫德利·布尔:《无政府社会——世界政治秩序研究》(第二版),张小明译,世界知识出版社2003年版,第7页。

就是说,这些国家认为它们相互间关系受到一套共同规则的制约,而且它们一起构建共同的制度,那么国际社会便诞生了。[6] 在19世纪的许多时间里,国际社会常常同"欧洲协调"(concert of Europe)这类概念联系在一起,因为它起源于这块土地。这也提醒我们,虽然我们今天能够对国际社会作出普遍性的理解,但在历史上,这个概念却与特定的地域、文化乃至宗教紧密交织。正因如此,作为国际关系学中"英国学派"代表人物的赫德利·布尔(Hedley Bull),在其作品中介绍当代"世界性国际社会"之前,感到有必要首先介绍之前存在的两个国际社会:"基督教国际社会"与"欧洲国际社会"。[7]

这意味着在一个"世界性国际社会"形成之前,在历史的岁月中必定发生了某些事件。在这些事件中,非基督教、非欧洲的政治实体逐渐将自己建构成西方意义上的民族国家,并通过不懈的努力,最终在20世纪全部融入了国际社会,从而与西方国家一道,享受着(形式上)平等的主权。从西方的视角来看,这段历史被称作"国际社会的扩张"[8],从非西方的视角来看,这段历史则被称为"进入国际大家庭"。[9] 由于主体的不同,所使用的动词也就不同("扩张"与"进入")。不过,无论叙述的视角如何,西方与非西方都始终绕不过一个共同的主线,这一主线就是"文明"。

在现代国际关系学诞生之前,国际法学承担着界定与描绘国际秩序的角色。[10] 所以,在19世纪,布尔所说的"欧洲国际社会"又称为"国际法共同体"。这个共同体由平等的主权国家构成,彼此平等地通过使节和贸易(以及偶尔发生的战争)进行往来。他们共享着某些价值观念,一开始国际法学家认为它体现在基督教上。然而,当国际法试图将本身拓展到欧洲之外的广大地域时,问题出现了:欧洲之外的世界几乎全是异教徒。于是,一种新的价值认同孕育而生,它就是更具包容性的"文明"概念。杰里特·W.龚(Gerrit W. Gong)已经指出,"文明"概念在19世纪国际法的全球扩张中具有两重功能:(1)它是为了回应保护居住在欧洲之外的欧洲人生命、自由和财产这一现实问题而出现,"文明"标准保证了欧洲人的某些基本权利能够在全球范围内得到保障,这导致领事裁判权制度的兴起;(2)在一种更为宏大的视野中,它是为了回应哪些国家能够获得国际法上的承认与人格这一问题而出现,"文明"标准提供了

---

〔6〕 同上注,第10—11页。

〔7〕 同上注,第21—30页。

〔8〕 例见 Hedley Bull & Adam Watson (eds.), *The Expansion of International Society*, Oxford: Clarendon Press, 1984。

〔9〕 例见 Immanuel C. Y. Hsü, *China's Entrance into the Family of Nations: the Diplomatic Phase, 1858—1880*, Cambridge, Massachusetts: Harvard University Press, 1960。

〔10〕 现代国际关系学诞生于20世纪,参见肯尼思·W.汤普森:《国际关系中的思想流派》,梅仁、王雨译,北京大学出版社2003年版。

一种对"国际法共同体"成员及其候选人予以有效限制的学说。[11] 如果非西方国家不能满足"文明"标准,那么,它将不能进入"国际法共同体",与此相伴的后果则是:主权被减等;不平等条约将被签订和维持;固定关税、片面最惠国待遇、租界、领事裁判权、混合法庭、势力范围、保护关系等事物必须被保留。如果想解除这种束缚,那么唯一的方法便是"文明化",它大致包括如下几个方面的工作:(1)对(尤其是外国人的)生命、自由和财产的保护;(2)有效率的官僚制政府;(3)完善的国内法律体系;(4)对包括战争法在内的国际法的自觉遵守,以及对国际会议与国际公约的积极参与。[12]

不过,还有一个问题需要解决:在19世纪国际法学家的眼中,究竟哪些国家已经是"文明"国家,哪些尚未达到"文明"?对这个问题,英国国际法学家詹姆斯·劳瑞默(James Lorimer)在其作品中作出了最清晰直白的解答:

> 作为一种政治现象,人类在其目前条件中,被划分成了三种区域或范围——文明人、野蛮人以及未开化人(savage humanity)。对于这些不同种类的人,不论是由种族特性造成还是由于同种族内部的发展阶段不一造成,文明国家享有在三种层面上承认的权利——完全政治承认、部分政治承认以及自然或纯粹作为人的承认……
>
> 完全政治承认的范围是所有现存欧洲国家,以及他们的殖民属国,这是就它们的人民是欧洲人的后代而言;以及南北美洲的国家……
>
> 部分政治承认的范围是土耳其的欧洲和亚洲部分[13],以及那些没有成为欧洲属国的古老亚洲国家——波斯和其他中亚独立国家,以及中国、暹罗和日本。
>
> 自然或纯粹作为人的承认的范围,包括上文提及民族以外的其他人类;尽管在此处我们或许还应该区分进步种族和非进步种族。
>
> 国际法学家所直接处理的,唯有这三个范围中的第一个;……他没有义务去将实证国际法适用于未开化人,甚至是野蛮人。[14]

(二)中日两国的不同反应

当中日两国与世界遭遇时,它们同时也遭遇了这幅国际法画面。1864年末,亦即《南京条约》签订——这是西方对中国承担"文明化"使命的关键一步——22年后,美国传教士丁韪良(M. A. P. Martin)在总理衙门和美国公使

---

[11] Gerrit W. Gong, *The Standard of "Civilization" in International Society*, Oxford: Clarendon Press, 1984, p. 24.

[12] Also see id., pp. 14—15.

[13] 这意味着作者眼中的埃及已经脱离了奥斯曼帝国,而成为英国的"保护国"。

[14] James Lorimer, *The Institutes of the Law of Nations: A Treatise of the Jural Relations of Separate Political Communities*, Edinburgh: W. Blackwood and Sons, 1883—1884, pp. 101—102.

的双重支持下,将其同胞亨利·惠顿(Henry Wheaton)的《国际法原理》(Elements of International Law)一书翻译完毕(中译本即《万国公法》)。该事件意味着中国政府对西方国际法的首度正式接受,当然,"正式"并不意味着"全部"。有充分的证据表明,丁韪良在翻译《万国公法》以及之后的一系列西方国际法作品时,出于使中国人更顺利地接受西方国际法,以及更有效地传播西方基督教文明的目的,将体现出国际法实证主义风格的原文扭转成自然法学风格。[15] 前一种国际法学强调国际法是主权国家意志的产物,因而其内容必须从外交实践中去推求。国际法并非具有先天普遍性,相反,国际法的普遍性必须通过历史性的实践来实现。在具体的国际法实践扩张到某一地区之前,该地区是不属于国际法适用范围的。[16] 后一种国际法学则更为古老,它在19世纪逐渐失势。这一学派认为国际法来源于自然法,由于其是"理性法"或"上帝法"的体现,国际法具有先天的普遍性,所以,所有国家,不论处于西方还是非西方,都是这个普遍国际社会的平等一员。[17] 很显然,在19世纪日益得势、并在该世纪下半叶占据统治地位的国际法实证主义与"国际法共同体"的"文明"标准有着强烈的话语亲和关系。[18] 亨利·惠顿,作为英语世界国际法实证主义的首位代表人物,在其给国际法下的定义中强调:国际法是"文明"国家间的法律。[19]

然而,丁韪良却将这幅图画抹杀掉了,并且替换上一个更美丽的版本。将国际法称作"万国公法"导致这样一种印象:国际法作为国际社会中制约各个国家之间关系的法规体系,就如同自然秩序一样是既定的存在。[20] 用"天理"、"人情"这些朱子理学概念去描述国际法的性质,也体现出丁韪良本人在美化国际法事业上孜孜不倦的努力。在1864年直到甲午战争前夕的三十年时间里,大部分不懂西方语言的中国士大夫在试图了解国际法时,其所能依赖的资源只有丁韪良的译本。赴欧留学人员中虽然有人学习了国际法,但他们却没有留下国际法学作品,他们中的大部分甚至在晚清外交实践中也默默无闻(只有

---

[15] 参见林学忠:《从万国公法到公法外交——晚清国际法的传入、诠释与应用》,上海古籍出版社2009年版,第63—66页。笔者的硕士论文对此做了更为详细的解析,参见赖骏楠:《〈万国公法〉与晚清国际法话语(1863—1895)》,清华大学硕士学位论文,2010年,第2章。

[16] 参见杨泽伟:《宏观国际法史》,武汉大学出版社2001年版,第162—170页。

[17] 参见同上注,第156—160页; Arthur Nussbaum, *A Concise History of the Law of Nations*, New York: The Macmillan Company, 1947, pp.114—118。

[18] 需要提及的是,杰里特·W. 龚认为这二者并无本质关联,参见 Gerrit W. Gong, *The Standard of "Civilization" in International Society*, supra note[11], pp.42—44。

[19] Madison, *Examination of the British Doctrine which subjects to Capture a Neutral Trade not open in Name of Peace*, London Ed., 1806, p.41, quoted from Henry Wheaton, *Elements of International Law*, Boston: Little, Brown and Company, 1855, 6th Edition, p.22.

[20] 佐藤慎一:《近代中国的知识分子与文明》,刘岳兵译,江苏人民出版社2006年版,第33页。

马建忠是一个例外)。在同文馆和其他新式学堂中,屈指可数的丁韪良译作成为国际法教材,这是一个没有大学更没有法学院的时代。与此同时,中国传统儒家思想中对"天理"、"人情"的重视、对王道政治的向往,以及以诚信治天下、守四夷的思想,由于与西方自然法学存在某种程度的暗合,导致数代知识分子沉浸在丁韪良所描绘的自然法学图画中难以自拔。[21] 此外,在传统思想与实践中,存在一套中国自身的、有关"文明"与"野蛮"的话语(诸如"华夷之辨"的观念),而中国则位于"文明"层级的最高端。[22] 尽管这套观念体系逐渐崩塌在19世纪残酷的国际政治现实面前,但它依然或多或少掣肘着晚清士大夫的心灵,这导致他们难以接受一个颠倒过来的新"文明"秩序。于是,新的"文明"概念消解进晚清国际法的自然法话语,甚或迷失在一种无知状态中。后文将指出的是,这在某种程度上导致了悲剧性后果。

与此同时,日本却渐渐走上另一条道路。明治初期的日本由于同样受到从中国输入的丁韪良译本的影响,其国际法观念停留在模糊的自然法/朱子理学认识上。不过,对国际政治的更深入接触(以岩仓使节团的经历为标志)、其启蒙思想家对时代精神的准确把握(以福泽谕吉的言论为代表)、对欧美留学生派遣的增多(研究过国际法的西周助等人是其中的佼佼者),对国内大学中法学教育的重视,乃至大和民族本身重现实体验、不屑于理论批判的文化习惯,所有这一切因素都导致日本在19世纪70年代逐渐意识到国际法"文明"话语在当时历史舞台上的重要意义。实际上,"文明开化"正是明治国家的三大国策之一。早在1875年,在其名作《文明论概略》中,福泽谕吉就对西方学术界中关于不同民族在"文明"上差距的话语表示全盘接受:

> 前章已经说过,事物的轻重是非这个词是相对的。因而,文明开化这个词也是相对的。现代世界的文明情况,要以欧洲各国和美国为最文明的国家,土耳其、中国、日本等亚洲国家为半开化的国家,而非洲和澳洲的国家算是野蛮的国家。这种说法已经成为世界的通论,不仅西洋各国人民自诩为文明,就是那些半开化和野蛮的人民也不以这种说法为侮辱,并且也没有不接受这个说法而强要夸耀本国的情况认为胜于西洋的。[23]

日本痛苦地接受了这一话语事实,也接受了与此相伴随的国际法理论,并且"从未怀疑过其效力或合法性,不论是在整体还是在局部上,它严格地遵守

---

[21] 参见赖骏楠:《〈万国公法〉与晚清国际法话语》,同前注〔15〕,第3章。
[22] See John King Fairbank (ed.), *The Chinese World Order*, *China's Foreign Relations*, Cambridge, Massachusetts: Harvard University Press, 1968.
[23] 福泽谕吉:《文明论概略》,北京编译社译,九州出版社2008年版,第17页。

着国际法的规则"。[24] 尾佐竹猛已经指出,这时的日本人认定世道已经发生改变,而这一西方理论必然是正确的,因为"文明"国家的国际法学家坚持这种观点。当然,某些日本知识分子也曾在某种程度上怀疑过它的正义性,然而他们没有足够的勇气去冷淡并且无所畏惧地拒绝它。他们没有用来对抗欧洲理论的证据。甚至连日本的政治家们也在提倡全盘西化。于是,日本学者不得不服从欧洲理论。这正是明治中期存在的情形。[25]

在福泽谕吉笔下,"文明"成为一个无所不包的范畴,"无论是制度、文学、商业、工业、战争、政法等等"。在这些事物中,能够促进"文明"发展的就是好的,而导致"文明"退步的就是坏的。因此,"内乱或者暴政独裁,只要能促进文明进步,等它的功效显著地表现出来时,人们就会把它往日的丑恶忘掉一半而不再去责难他了"。[26] 因此,在促进"文明开化"的道路上,再也没有什么"天地之公道"和"宇内之公法"(而这正是明治初年日本人对国际法的普遍印象)来阻碍国家政策的实施了。虽然"文明"的含义十分广泛,但对于当下日本来说,"文明"的最重要使命则是确保日本国家的独立。为了确保独立,任何手段都是在所不惜的。福泽谕吉在书中给我们展现了这样一副世界图景:

> 所以,从今天的文明来看世界各国间的相互关系,虽然在各国人民的私人关系上,也可能有相隔万里而一见如故的例子,但国与国之间的关系,则只有两条。一条是平时进行贸易互相争利,另一条就是一旦开战,则拿起武器互相厮杀。换句话说,现今的世界,可以叫做贸易和战争的世界。[27]

这样一幅"文明世界"的图画已经与丁韪良的图画相去甚远。在福泽的"文明"理论中,战争在本质上与"文明"并非冲突,相反,它是彰显国家实力,实现国家利益,促进"文明"发展的重要手段。"因此,应该说,战争是伸张独立国家权利的手段,而贸易是发扬国家光辉的表现。"[28] 这种"文明"观与19世纪国际法学并不冲突,史蒂芬·内夫(Stephen C. Neff)的作品已经告诉我们:对于19世纪的实证主义国际法学家来说,将战争视作一种实现正义或保护国际社会共同价值的手段的观点,已经成为历史,因为"正义"或者"共同价值"已经不

---

[24] Kanae Taijudo, "Some Reflections on the Japan's Practice of International Law during a Dozen Eventful Decades", 69 *American Society of International Law Proceeding* 65 (1975).

[25] 尾佐竹猛『国際法より観たる幕末外交物語』、東京、1926、3—4 頁, quoted from Susumu Yamauchi, "Civilization and International Law in Japan During the Meiji Era (1868—1912)", 24 *Hitotsubashi Journal of Law and Politics* 2 (1996).

[26] 福泽谕吉:《文明论概略》,同前注[23],第51—52 页。

[27] 同上注,第255 页。

[28] 同上注,第256 页。

复存在。相反,支撑起19世纪法律思想是一种国际关系的无政府画面,战争是国际生活中固有和根深蒂固的特征。既然主权国家的独立意志是不受限制的,而主权国家间的利益又各不相容,那么发动战争必然成为表达意志和维护利益的手段。发动战争的理由是否合法不在检验范围之内,只要在战争过程中遵守游戏规则,那么这就是"文明"。战争成为一项法律制度,正是在这个世纪,圣彼得堡宣言、"利伯法典"(Lieber Code,美国联邦政府采用的陆战法规)、布鲁塞尔议定书、海牙公约等一系列战争法规则被制定了出来。[29]

三、甲午战争:"文明"与"野蛮"

(一) 日本:走向"文明"的战争之路

为了实现"文明",跻身"国际法共同体",明治政府付出了艰苦卓绝的努力。明治政府从国内和国际两个方面努力追求着自己的目标。"文明开化"、"富国强兵"和"殖产兴业"是这个时期的三大国策,实际上,后二者都可以被囊括进第一个范畴当中。最为关键的是,在19世纪80年代和90年代,仿照自普鲁士的君主立宪制在重重阻力下被确立起来,而刑法、民法以及诉讼法等一系列法典也在外国顾问的协助下被陆续制定和实施。这种国内法上的"文明化"使得外国人在日本的人身财产安全有了保障,因此领事裁判权的撤废被提上议程。与此同时,日本政府也必须向国际社会证明其遵守国际法的承诺。这尤其多地体现在从19世纪70年代开始的历次战争及其交涉中:为了日本的"独立",必须发动战争,并且还必须用国际法来为战争辩护。俾斯麦以三次战争建立的第二帝国成为日本的榜样,日本走上了武力开国的道路。与此相对应,明治日本继受国际法历史的一个显著特征,便是对战争法倾注了大量心血。1874年,日本入侵台湾;1875年,在军舰的帮助下,日本与朝鲜签订《江华岛条约》,迫使朝鲜开国;1882年,日本公使在朝鲜发动政变,试图消灭王宫中的亲清派势力。在这每一次的军事(或准军事)行动中,相关的国际法问题都得到了研究,以证明日本一方的合法与"文明"。[30]

许多学者已经指出,在19世纪最后几十年中,中日两国之所以在朝鲜问题上存在冲突,是因为中国试图维持朝鲜作为中国藩属国的地位,并借此避免西方与日本政治经济势力借助朝鲜这个平台向中国本土实施进一步渗透,而日本则试图在东亚以近代主权国家的国际法上平等关系来替代传统朝贡体制,并实

---

[29] See Stephen C. Neff, *War and the Law of Nations: A General History*, Cambridge: Cambridge University Press, 2004, p. 162, pp. 186—187.

[30] 参见赖骏楠:《〈万国公法〉与晚清国际法话语》,同前注[15],第4章第5节第1小节。

现与独立后朝鲜的结盟,从而将其作为向中国渗透的跳板。[31] 从这个角度看来,甲午战争的爆发显得不可避免。不过,从"近代化"的视角来看,甲午战争则拥有着更为丰富的意涵:从19世纪60年代以来,这两个国家都在军备、工业化、海外贸易、对外关系、科学技术等诸多"近代化"方面作出了巨大努力。而一场全面的战争,则成为检验各自努力是否收到实效的最佳机会。然而,与日本不同的是,中国缺少"文明开化"的口号。这一点已由佐藤慎一指出,他认为"文明开化"口号的缺失,导致中国在引进西方制度和学术上的迟缓,从而酿成甲午战败的悲剧。[32] 笔者将在本文指出的是,正是由于这个口号在中国的阙如,日本才得以在东亚垄断"文明"话语。日本人正是用这种话语来将战争中的各种行动合法化,而中国却对此近乎发不出任何声音。

我们需要回到福泽谕吉的言论上来,因为他本人几乎成为明治日本时代精神的化身。上文已经指出,福泽认为日本在必要时可以诉诸战争,只要这有助于促进"文明"。于是,在甲午战争之前和之中,他始终在鼓吹对中国的战争。在战争爆发之际,正是他组织了"报国会",在全日本筹集到了位居第二的巨额军事捐款[33];正是他将中日战争放置在文明发展史中来看待,并将其称为"一场文明和野蛮之间的战争";正是他发明了如下观念,亦即日本代表"文明",而中国则代表"野蛮"。甲午战争爆发之际,整个日本如痴如狂,在一篇报纸文章中,这时的福泽如此阐述本次战争的意义:

> 日本希望激励朝鲜改革自身以迈向文明。日本希望促进朝鲜的独立,并希望独立后的朝鲜能支援日本自身。然而,中国却反对这迈向文明的运动,并试图干涉它。而且中国还首先通过武力和公开敌意,表达出其反对日本的意愿。日本被迫对中国宣战。这就是这场战争的起因。无可否认,这是一场中日之间的战争,但它实际上是一场文明和野蛮之间的战争。战争的结果将决定文明的未来。因此,将自己认同为东方最先进民族的日本人就必须做好准备,不仅为他们的国家而战,而且为这个世界的文明而战。日本应该进攻并击败中国。日本必须一直不停地与中国战斗,直到有一天中国自己向文明投降。[34]

---

[31] 例见滨下武志:《朝贡和条约——谈判时代的海洋性亚洲和条约口岸网络(1800—1900)》,阿里吉等编:《东亚的复兴——以500年、150年和50年为视角》,马援译,社会科学文献出版社2006年版,第20—61页;Hidemi Suganami, "Japan's Entry into International Society", in Hedley Bull & Adam Watson (eds.), *The Expansion of International Society*, supra note[8], p.195.

[32] 佐藤慎一:《近代中国的知识分子与文明》,同前注[23],第10—11页。

[33] 参见安川寿之辅:《福泽谕吉的亚洲观——重新认识日本近代史》,孙卫东等译,张碧清校,香港社会科学出版社有限公司2004年版,第81—82页,第94页,第109—110页。

[34] Quoted from Susumu Yamauchi, "Civilization and International Law in Japan During the Meiji Era", *supra* note[25], p.8. 此处文字系据英译文转译。

具体到这场战争的国际法领域,日本也必须采取"文明"的策略和话语。国内法的"文明化"已经大体完成,而且这已经通过日本学者用西方语言创作出介绍日本最新法典和司法制度的作品,告知了西方人。[35] 日本走向"文明"国家,加入"国际法共同体"的使命,已经完成了一半。接下来需要日本在国际法本身上面作出足够出色的表现,通过积极地遵守和使用国际法,日本才能证明自己在国际交往中的"文明"。在之前的历次战争中,日本人都在努力研究和遵循国际法,但那些都是小规模的冲突,日本人需要更大的舞台。与中国的战争是一个绝好的机会,通过打败这样的"半文明"大国,通过将自己在战争中的行为与中国的"野蛮行径"一一对比,日本的"文明"将会更加突出。此外,更为现实的因素也催促着日本政府采取行动:1894年7月16日,亦即对中国宣战十四天前,日本与英国签订了新的通商与航海条约,新条约规定英国将在五年后放弃在日本的领事裁判权。在随后短短的一年时间内,其他西方国家也相继与日本签订平等条约。[36] 新的条约意味着西方国家首次对日本"文明"程度的正式认可,意味着日本已经拥有了"国际法共同体"的准成员身份,这正是明治日本几十年如一日梦寐以求的东西。但是,如果日本输掉了对华战争,如果日本在这场战争中事关国际法的事务上表现糟糕,那么这就意味着日本依然不够"文明",新条约可能会作废,西方国家可能会依然坚持领事裁判权,日本将依然被排除在"国际法共同体"之外。历史的逻辑时常以令人窒息的方式一环扣着一环,这种窒息迫使日本无法对中国仁慈,它已经没有退路,它只能背水一战,从物质上击溃中国,从话语上掩埋中国,以捍卫经过几十年奋斗而得来的成果。

甲午战争的经过和结局已无需赘述,它早已被深深植入中国、日本、韩国和朝鲜各自的民族历史记忆,尽管记忆的画面略有出入,对画面的评判则存在更大的差别。在本文中,我们需要关注的是本次战争中国际法话语的面向:日本人是如何将自己在战争中的一言一行同国际法相连? 日本人是如何制造出一系列的国际法话语,从而证明自己已经迈入"文明",已经成为"国际法共同体"的一员? 西方对这套话语是如何反应的? 这套话语对中国与日本在国际政治中的历史命运造成了何种影响?

---

[35] See Kinji Akashi, "Japanese 'Acceptance' of the European Law of Nations: A Brief History of International Law in Japan c. 1853—1900", in Stolleis, Michael & Masaharu Yanagihara (eds.), *East Asian and European Perspectives on International Law*, Baden-Baden: NOMOS Verlagsgesellschaft, 2004, pp. 11—12.

[36] Yoshiro Matsui, "Modern Japan, War and International Law", in Ando, Nisuke (ed.), *Japan and International Law: Past, Present and Future, International Symposium to mark the Centennial of the Japanese Association of International Law*, Hague, London, Boston: Kluwer Law International, 1999, pp. 10—11.

(二) 日本:国际法大秀场

国际法话语无所不在。1894年8月1日,日本政府对华正式宣战,明治天皇在开战诏敕中明确提及日本将遵守国际法。对陆战和海战规则的紧急需要,导致了有贺长雄《万国战时公法》、原敬(译解)《陆战公法》、藤田隆三郎(译述)《海上万国公法》的刊行,这些作品成为日本军队在作战时的国际法参考用书。第二年,清军节节溃退,败局已定,李鸿章赴马关议和,此时中村进午的《媾和类例》问世,这当然是一本用来指导战胜国如何敲诈战败国的案例集。甚至,为了应对随后的三国干涉还辽,众议院议员集会所调查部编纂了《干涉及仲裁、战使、降伏》一书。日本人将整个战争的所有方面都用国际法包装起来,甲午战争成为日本人国际法知识的大秀场。[37]

不过这些以日语创作的作品,其主要目的是给日本政府和军队直接使用。欧洲人不懂日语,他们没有义务去考察这些作品,因此他们也就无法得知日本是否严格遵守了国际法。为此,产生了另外一批作品,它们用西方语言创作,主要面向西方读者。陆军第二军随军法律顾问有贺长雄在战争结束后前往欧洲,然后以最快的速度完成了创作。早在1895年,他就用法语发表了一篇介绍开战伊始便通过的保护在日中国侨民的帝国法令的文章。[38] 1896年,他又用法语完成了《日清战役国际法论》一书的创作,并在当年就将该书译成日语。[39] 海军法律顾问高桥作卫的作品产生得要迟些,他来到英国接受国际法学的训练,先是发表了一篇简短的英语论文(1898年),该文简要介绍了战争期间有关捕获法的若干问题,并为自己的未来专著做宣传。[40] 1899年,其英文作品《中日战争中的国际法案例》问世,这本书从海战法角度审视了甲午战争。[41] 1900年,高桥作卫还用德语出版了一本关于他这部作品的评论集,这本书显示出高桥的作品在西方学术界的影响。[42] 同年,作为国际法协会在日本的负责人,高桥作卫还将自己的那本英文作品提交给该协会第19届年会。[43]

---

[37] 一又正雄「明治及び大正初期における日本国際法学の形成と発展——前史と黎明期」、『国際法外交雑誌』、第七十一巻、第五、六合并号(1973年)、503頁。

[38] Kinji Akashi, "Japanese 'Acceptance' of the European Law of Nations", *supra* note [35], pp.14—15.

[39] 日译本参见有贺长雄『日清戦役國際法論』、東京、哲學書院、明治三十六年。

[40] See Sakue Takahashi, "The Application of International Law During the Chino-Japanese War", 14 *Law Quarterly Review* 405—415 (1898).

[41] See Sakuyé Takahashi, *Cases on international law during the Chino-Japanese war*, Cambridge: University Press, 1899.

[42] See Sakuyé Takahashi, Äusserungen über völkerrechtlich bedeutsame Vorkommnisse aus dem chinesisch-japanischen Seekrieg und das darauf bezügliche Werk: "Cases on international law during the Chino-Japanese war", München, 1900; Kinji Akashi, "Japanese 'Acceptance' of the European Law of Nations", *supra* note [35], p.18.

[43] 19 *The International Law Association Representative Conference* 324—325 (1900).

有贺长雄和高桥作卫用英、法、德、日四种语言创作的这批作品,都呈现出一种"描述性"的特征。他们在作品中列举了大量的历史事实、法律条文、宣言、告示、军事命令、案例,而很少有理论探讨,这是典型的实证主义方法。有贺长雄是如此解释他这样做的目的:"本书编述的目的在于,对发生于明治二十七年至二十八年的日清战役中的各种事件,从战时国际法的角度,尤其是从其中的陆战各种例规的角度,进行诚实的记述。"[44] 有贺长雄的作品记述了他在战争中所经历的几乎一切战斗与非战斗情形。在他的描述下,滞留在日本的清国臣民及财产受到日本政府的保护;日本军队对战争中误伤的中国居民都予以救护,并提供饮食照料;日本军队对中国居民财产秋毫无犯;日本军队以合乎人道的方式处理了中国军人的尸体(先埋葬后又挖出火葬);日本军队对受伤俘虏予以救护;日本红十字会在战争期间以中立态度同时慷慨地救助中日两国的士兵;日本军队有效地区分了军用和民用建筑物,并对后者予以保护;日本军队以合理的补偿征用了占领地的各种财产;日本军队在占领地极为关注公众卫生,并努力杜绝霍乱、天花等传染病的爆发;日本军队对中立国的国民与财产予以了充分保护。[45] 高桥作卫也描述了日本军人对国际法的忠诚:

> 于是日本发布了保护停留在日本的中国人的法令,这在上文已述及。她克制自己不去使用志愿者,因为这些人不属于正规军。她禁止使用私掠船作为报复,并严禁甚至是最轻微种类的抢劫。此外,她对受伤战俘照料得如同自己军人一样好。她给予所有战俘以最大的宽容。她有效地治理着占领地的人民,并释放了上千战斗人员,这些人已在威海卫投降。我们不敢冒险去列举完这类例子,因为它们实在太多了……[46]

与此同时,在他们的记述下,中国军队则表现太过恶劣。有贺长雄提供了若干证据:在他引用的陆军大臣训谕中,中国是一个"文明未化"的国家,因此它的士兵对日军伤病俘虏施加虐待[47];中国士兵依然保持着割取敌军尸体首级的野蛮习俗[48];中国士兵甚至虐杀并肢解日军俘虏。[49] 高桥作卫则声称,中国政府在宣战诏书要求将所有日本帆船(不论是军用还是民用)击沉(可惜他没有提供中国曾经真正击沉过任何一艘日本民用船只的例子),中国不仅杀害战斗人员,还杀害战争爆发后滞留在中国的非战斗人员(他们实际上是为日

---

[44] 有賀長雄『日清戰役國際法論・緒言』,同前注〔39〕,9頁。
[45] 参见同上注书。
[46] Sakuyé Takahashi, *Cases on International Law during the Chino-Japanese War*, supra note〔40〕, pp.3—4.
[47] 有賀長雄『日清戰役國際法論』,同前注〔39〕,99—100頁。
[48] 同上注,102頁。
[49] 同上注,116—117頁。

军提供情报的日奸）。[50] 所以，日本所面临的对手，是一个"不承认战争法，对敌国国民的私人财产不制定任何适当对待的规定，而且不试图采取任何坚决手段来限制其军队的抢劫和纵火暴行（即便是在它自己领土内）"的国家。[51]

因此，这种"描述性"的视角充分"描述"了战争过程中日本的"文明"和中国的"野蛮"。两相对比之下，日本人对自己的"文明"充满了自豪感。于是，有贺长雄在《日清战役国际法论》的一开头就写到："盖日清战役中最重要的一点，即是此次战争的某种特异性质，在这场战争中，交战两国中的一方严格尊奉着战争法惯例，而另一方却严重违反了它。"[52] 在第一章的最后一段文字中，有贺长雄将战争中的"支那人"比作土耳其人、阿拉伯人和美洲印第安人，而"日本帝国"则如同法国、英国和德国那样恪守战争法规则，这甚至给日本士兵造成了重大牺牲。日本的表现是如此出色，以致这场战争中的日方经验将成为日后欧美诸国交战时的有益先例。[53] 高桥作卫在自己英语专著中，甚至制造出一种"历史"与"价值"（借用列文森的术语）的统一："正如历史显示的那样，一种守法精神，尤其是在战争中，是一种日本自古以来就有的特性。"[54] 正是由于这种日本自有的"文明"特性，使得它能够顺利地接受来自欧洲的最"文明"战争惯例。[55]

不过，在旅顺口发生的事情，却多少成为这套精美包装的"文明"话语的一个瑕疵。旅顺口大屠杀发生后，由于欧美记者冲破日军重重封锁而向外界发布报道，日本的"文明"造型一度受到欧美人士的强烈怀疑。驻英、驻法、驻德、驻意、驻奥、驻美的日本公使都意识到事态的严重性，并纷纷向外务大臣发来电报，请示如何应对西方媒体的报道。日本人一方面通过收买媒体，一方面通过公开辩解来处理予以应对。[56] 高桥作卫和有贺长雄在战争结束后，依然感到有必要对此事予以更充分的辩解。的确，他们采取的"诚实的记述"这一说辞有着一种妙用，它导致了一种有利于日本的实际叙述效果。如果这部作品忠实地记录下了本次战争所有可信的事件，那么，没有被写进此书的便是不可靠的传言。高桥作卫在自己的书中，表示自己目睹了日军进攻旅顺口的整个过程，并在旅顺被攻克后立即访问了这个城镇。他以自己的"所见所闻"反驳了一则

---

[50] Sakuyé Takahashi, *Cases on International Law during the Chino-Japanese War*, supra note [40], p.3.

[51] Id., p.164.

[52] 有贺长雄『日清戦役国際法論・緒言』，同前注[39]，9页。

[53] 同上注，第24页。

[54] Sakuyé Takahashi, *Cases on International Law during the Chino-Japanese War*, supra note [40], p.1.

[55] Id., p.157.

[56] 相关的电报，见戚其章主编：《中日战争》（第九册），中华书局1994年版，第529—536页。

报道日军在旅顺口登陆时曾袭击十艘载满难民的舢板船的消息,他只承认有少数平民死于战斗过程中的流弹和炮火,而这类事故当然是不可避免的。[57] 如果连袭击舢板这样的事件都未曾发生,那么,怎么可能会存在持续四天的大屠杀呢?这只能是子虚乌有的谣言。有贺长雄的确更诚实地记述了他眼见的情形,他承认市街上堵满了尸体,这大概有两千具,不过他进而声称其中只有五百多具才是非战斗人员的尸体。而他认为更值得注意的是,死者大多是壮年男子,妇女儿童的尸体则极少见到,他只承认在水池中和马路上各见一具女子的尸体。这说明日本军队只是在处理试图逃匿或抵抗的残余清军。接着有贺长雄讲述了日本军队在登陆后是如何正确做到区分战俘与平民,如何保护平民的生命安全的(通过在身上和门口悬挂日军颁发的写有"不杀此人"之类文字的牌子)。最后他总结到:"以上为二十一日之后数日在旅顺市街内的实况。"[58] 然而,对于自己声称眼见到的两千具左右的尸体,有贺长雄必须作出解释,他最终只承认发生了以下事实:(1)日本军队进入旅顺市街当日(1894年11月21日),由于平民与清军士兵混杂在一起,所以日军的进攻导致了平民伤亡;(2)日本军队在战斗结束后的几天内,又杀死了大量试图抵抗和逃跑的清军战俘。也只是在这两点上,有贺长雄的法律良知战胜了辩解本能,他批评第二军司令官就旅顺事件向大本营所做答辩。该答辩承认发生了这两点事实,但试图提供辩护理由,但有贺指出,军方的理由无论如何在国际法上都是不成立的。[59] 不过,这种"中立"的写作策略,却使得有贺长雄作为国际法学者的人格更令人尊敬,它更强化了前面在事实辩解上的叙述效果:只有大约两千人死亡,大部分是战斗人员,几乎没有妇女儿童死亡。

最终,这些"诚实的记述"以及附带的诡辩都在向欧洲人证明:中国人在战争中不遵守国际法,他们的举动不像是"文明"民族的所作所为,而日本天皇、日本政府、日本军队和日本国民却抱着谨遵国际法的最忠实愿望,他们在国际法上表现优异,日本已经实现了"文明",并进入了"国际法共同体",而发生在旅顺口的那一点点杀戮(况且它没有证据来证明!)并不能作为日本违反人类道德的有力证据。

(三)中国:声音微弱

中国方面却只能发出极其微弱的声音。郑观应收到了美国记者写给他的英文信件,这封信描述了旅顺口大屠杀的惨状,他悲痛欲绝,在泪水中将信件译成中文,将屠杀情形绘图十二张,并摘录"公法战例一本",以及"古今名将不嗜

---

[57] Sakuyé Takahashi, *Cases on International Law during the Chino-Japanese War*, supra note [40], pp. 4—9.

[58] 有賀長雄『日清戦役國際法論』,同前注[39],108—111頁。

[59] 同上注,118—126頁。

杀而得福报者一本",编成一本册子,散发给民众。[60] 115 年后,这本书已经无处可寻,而有贺长雄和高桥作卫的著作依然躺在世界各地的图书馆里。何启和胡礼垣在 1894 年冬(此时中国败局已定)创作了《中国宜改革新政论议》一文,他们在文中倡议学校教育应重视"万国公法及律学大同"这两大科目。他们对国际法的讨论依然重复着丁韪良的自然法话语,"公法"被当成"性理之书",被视作与"平情"吻合。对正在进行的那场战争,两位中国作者指责中国违背了国际法。当然日本也违反了国际法,证据表明"轰高升"、"屠旅顺"、"扰登州"以及"僵降卒"都确有其事,作者也对此表示谴责。作者甚至进一步指出"日本高明之士"以及"日报名家"早已"自知无理,深明大局者不乏其人"。鉴于中日两国在战争中都违反了国际法,作者期望两国在今后都不要有违国际法。[61]在华传教士也参与进对这场战争的讨论,丁韪良的同胞林乐知(Young John Allen)在《万国公报》上发表议论。他重复着日本人的话语,指责中国方面对国际法的公然违背,中国的行径甚至激起了英法各国乃至日本的愤怒。而日本则表现良好,它明显更有"教化"。[62]

至少从现存史料上看,甲午战争时期派驻西方的中国公使都没有意识到日本人垄断"文明"话语的危害性。在这次战争中,他们最大的贡献只在于为朝廷购买军火。[63] 同样是在这个时期,没有任何一个中国人利用国际法资源和欧洲语言,向欧洲人展示中国方面的遭遇和看法。从军事力量上看,中日两国在甲午战争前夕的军舰总吨位分别是 83900 吨与 59000 吨。虽然甲午海战中实际上仅是北洋水师参与了战斗,而其他水师则袖手旁观,但中国方面依然可以投入总吨位达 41200 吨的舰队。[64] 无论怎么对比,两国在军事力量上的差距并不遥远。然而从(国际法)话语的角度来看,双方则实力悬殊:晚清中国没有高等教育机构,没有法学院,没有专业国际法教授(同文馆的"万国公法"教习一直由学神学的丁韪良担任),也没有国际法专著产生,甚至连一篇真正的国际法学术论文都没有。因此,甲午战争不仅是一场军事力量上的较量,而且

---

[60] 参见(清)郑观应:《盛世危言后编·中日交战西文报记日兵屠城惨酷图说序》,载夏东元编:《郑观应集》(下册),上海人民出版社 1982 年版,第 486—488 页。

[61] 参见(清)何启、胡礼垣:《新政真诠:何启、胡礼垣集》,郑大华点校,辽宁人民出版社 1994 年版,第 121—124 页。

[62] 林乐知:"中东之战关系地球全局说"(光绪二十年十月),蔡尔康译,载李天纲编校:《万国公报文选》,生活·读书·新知三联书店 1998 年版,第 328—329 页。

[63] 参见"驻俄使臣许景澄奏购定枪弹电",载戚其章主编:《中日战争》(第一册),中华书局 1989 年版,第 218 页;"驻英使臣龚照瑗为购买枪械已由英运德十一月可到沪电",载戚其章主编:《中日战争》(第一册),第 269 页;"驻美使臣杨儒奏请派精通水师制造之人同往查验船只电",载戚其章主编:《中日战争》(第一册),第 452 页;"驻俄使臣许景澄奏北洋及张之洞所购枪炮弹药均已装船运粤电",载戚其章主编:《中日战争》(第一册),第 661 页。

[64] 吴杰章等主编:《中国近代海军史》,解放军出版社 1989 年版,第 205、207 页。

是一场话语上的较量。在这双重较量中,中国都以惨败告终。

四、课业评定:西方的回应

(一) 日本胜出

日本人的努力立即收到成效。实际上在战争期间,西方的观察员和记者就坐在英国军舰里,饶有兴致地观看着战争双方的一举一动。一群东方人身穿欧式军服,手拿欧式步枪,按照欧式战法在战斗,这本身就很有趣,不是吗?欧洲人把军舰和大炮卖给了这两个国家,他们想观察自己武器的实际效能。由于这两个国家都是"国际法共同体"的候选人,所以本次战争是对其各自"文明"程度的最佳检验场合,这自然也需要欧洲人的参与。检验结果很快出炉。牛津大学的霍兰德教授(T. E. Holland,他后来给高桥作卫的那本英语作品写序)在战争结束后不久,就发表了一篇演讲以专门阐述本次战争中的国际法问题。在演讲的开始部分,他就指出这场"伟大战争"的深远影响:"在远东发生的伟大战争已经持续将近十个月。它摧毁了一个帝国的荣誉,却造就了另一个帝国的荣誉。"日本已经处于进入"国际法共同体"的试用期,但中国则不是。因为中国并不准备吸收西方的伦理思想,也不准备进入大大便利了世界的社会生活的条约网络。中国没有加入日内瓦公约,而日本很早以前就成为其中一员。中国的法庭和法典也没有显示出任何试图符合欧洲要求的意愿,而日本在这方面却已大为改观。"因此,我们可以说,在这场战争之前,日本就已经被允许试用于'国际大家庭',而中国则只是一个被允许的候选人。"[65]霍兰德接下来从交战国之间以及交战国与中立国之间的两个战争法角度,逐一分析了甲午战争中的各个细节。在分析过程中,对于在旅顺口发生的事情,霍兰德表示承认,并且解释其原因:

> 只有一次,即在亚瑟港[66],日本人的表现无疑是可恶的。但其中的许多行为却是可以原谅的,只需考虑到当进攻者攻入要塞时发生了什么就可以了。如果部分不穿制服的苦力,或扔掉他们制服的士兵,在被发现手中持有步枪时就供认了自己的身份,对这些人进行处理就没有超出最近欧洲先例的允许范围。但不幸的是,日本人不论是军官还是士兵,在当他们于城镇大门发现遭拷打的战友的被肢解尸体时,他们随后作出的事情就远远超出了能被原谅的范围。登陆首日之后的整整四天,对非战斗人员、妇女和儿童的屠杀在冷血中持续进行着,而欧洲的军事观察员和特别通讯员则

---

[65] T. E. Holland, "International Law in the War between Japan and China", 3 *The American Lawyer* 387 (1895).

[66] 即旅顺港。

对这起他们无力阻止的大规模谋杀和毁灭感到震惊。据说这座城市最终只有36名中国人存活。他们能够幸免于难,是因为他们被用来掩埋他们死难同胞的尸体,他们每人都通过在帽子上系一个小纸条而受到保护,纸条上写着:"这个人不要杀掉。"[67]

然而这幅悲惨画面却并不阻碍霍兰德对日本在战争大部分过程中表现优异的肯定。他的分析表明,日本没有使用私掠船,没有违反圣彼得堡宣言中关于禁止使用会爆裂子弹(达姆弹)的规定(中国被控告使用了这种子弹),日本政府努力禁止双手拿刀的武士参战(但还是有些武士伪装成苦力混入了军营),日本军队对居民和外国人的对待值得表扬,日本军队对大部分不再抵抗的战斗人员给予了宽恕,并对伤员给予良好的救治……霍兰德的结论是:"日本,除了在亚瑟港的那次令人惋惜的野性爆发,已经符合战争法的要求,不论是在对待敌人方面还是在与中立国关系方面,其表现都可与西欧最文明国家的习惯相媲美。与此相反,中国则没有显示出试图接受文明战争惯例的迹象。"霍兰德甚至对中国的糟糕表现感到惋惜,因为中国也曾努力学习国际法,他们翻译了若干国际法作品,他们还聘请丁韪良博士来传授国际法。"但是中国人只接受了被我描述为最初步和最不可或缺的国际法观念。他们在使节礼仪和外交事务上展现出了他们的精通。但在战争法领域,他们还未掌握要领。"[68]霍兰德的这篇演讲意味着日本经过此次战争的洗礼,已经顺利通过了西方的考察,被评定为"文明",从而正式进入了国际社会。日本政府对霍兰德的这篇演讲非常满意,因为这篇演讲的出现正在日本政府的国际法规划之内。演讲被翻译成日语,并分发给各级日本官员。[69]

霍兰德的演讲让日本最终迈入了"国际法共同体"。1899年,领事裁判权得以在日本被废除。1902年,日本与英国缔结盟约,这标志着日本开始以更积极的姿态活跃于国际社会。日本在1904至1905年的日俄战争中的胜利,意味着它已经可与西方列强匹敌,并成为其中之一。1908年,高桥作卫的英语新作《俄日战争中的国际法》问世。[70]

(二) 中国落选

然而,霍兰德的评分不仅针对日本,也针对中国。中国被评定为不及格,它依然不够"文明",被指定在国际社会的大门外苦苦等候入场券。这种话语在

---

[67] T. E. Holland, "International Law in the War between Japan and China", *supra* note [65], 388.
[68] Id., 389.
[69] Susumu Yamauchi, "Civilization and International Law in Japan During the Meiji Era", *supra* note [25], 12.
[70] Sakuyé Takahashi, *International Law Applied to the Russo-Japanese War, with the Decisions of the Japanese Prize Courts*, London: Stevens and Johns, 1908.

甲午战争后的欧洲学术界一再重复,而现实政治的表现也与这种话语保持一致。1895 年以后的清代历史是一段急剧凶险的历史,中国的领土不断被列强吞食,甚至面临被彻底瓜分的危险。1900 年夏,北京陷入了一场清政府本身必须承担责任的惨酷闹剧。于是,日本与其他七个西方国家一道,派遣军队前往北京营救使馆人员和侨民。8 月 28 日,刚刚击溃了义和团和清军主力的来自俄、日、英、美、法、德、意、奥八国的士兵分队(按照笔者列出的这个顺序)依次由南向北穿过紫禁城。[71] 一位观看了阅兵式的美国军官对此评论到:

> 据说从来没有白人进过紫禁城,洋人不能攻进紫禁城的说法虽然是一种迷信,但却为中国人深信不疑,因而粉碎、动摇这种信念就会使中国人精神崩溃,并且永远不能从这个打击中恢复过来。那样,他们就不用与列强谈判和平条件,不用偿付赔款了,中国就会被瓜分。[72]

这场盛大的军事—政治表演给所有人展示了一个历经几百年演变而日臻完善的国际法世界,它展示了新的民族国家世界体系所能爆发出的惊人能量。在这个世界中,只有民族国家才是国际法的主体,它们有着神圣不可侵犯的主权,它们可以动用主权来保卫使馆和侨民。如果你的祖国没有达到他们所要求的"文明"(义和团的所作所为便是明证),那么,你的祖国将不被视作国际法上的国家。它们可以将主权拓展到你这里,而你却没有主权。于是,来自主权世界的八个主权国家在世界体系的边缘展示它们的神圣主权。为着捍卫它们的主权,它们可以不经宣战直接派兵侵略一个国家,它们可以随意指定战败国政府对他们认定的"祸首"实施死刑,它们甚至可以枪杀已经放下武器表示投降的对手。[73] 因为这个国家没有主权,国际法对它完全不适用。

这种话语伴随着武装干预的进一步深入,迅即出现在欧美学术刊物中。同年 10 月,在义和团事件的公认最大受害国——德国(他的公使被清军枪杀),第二帝国头号公法学家耶利内克(Georg Jellinek)在《德意志法学家报》上发表了《中国与国际法》一文,专门阐述本次事件与国际法的关系。耶利内克在文章开头就指出了国际法与武力的联系:"德意志民族在面临今后可能遭遇的危机时,不仅要有正确的政治行动,而且还要对这种行动寻找相应的法律依据。"[74]于是耶利内克开始对侵略进行"法律依据"的论证。他首先煞有介事

---

[71] 北京市政协文史资料研究委员会、天津市政协文史资料研究委员会编:《京津蒙难记——八国联军侵华纪实》,中国文史出版社 1990 年版,第 262 页。
[72] 同上注,第 261—262 页。
[73] 参见张海鹏:《试论辛丑议和中有关国际法的几个问题》,载张海鹏:《追求集:近代中国历史进程的探索》,社会科学文献出版社 1998 年版,第 201—222 页。
[74] Georg Jellinek, "China und Völkerrecht", in: *Deutsche Juristen-Zeitung*, 1900, Nr. 19, S. 401.

地介绍了西方国际法学归纳的国与国之间各种敌对关系的种类,这包括战争、干预(Intervention)、报复(Repressalien)以及自助(Selbsthilfe)等。随后耶利内克笔锋一转,指出"只有当眼下这项行动有着一个清晰可辨的法律面向时,对以上问题的讨论才有价值"。他提出这样一个问题:"文明政权与中国之间的关系,在多大程度上能够按照国际法来看待呢?"[75]于是他回顾了一遍19世纪欧洲国际法的传播史。最邻近的土耳其在1856年进入"政权一致"(das Konzert der Mächte),日本则"有意同其整个过去完全断绝",因此最终也加入进来。而所谓中国已经完全接受西方国际法这一说法,只是一个完全无法证实的声音,实际的情况是:

> 中国至多只是在勉强的、外界的令其屈服的压力驱使下,才将它那古老的针对外民族的锁国政策打开一个小口,从而开始同文明国家进行一些受限制的交往。但它从来就没有放弃它那高傲的政治狂妄与幻想;它总是自诩为中央帝国,根据它的官方理论,其他民族对它来说永远都是附庸。[76]

耶利内克继续写道:具体到战争法领域,中国更是没有参与进其最近几十年的完善事业中来。中国以完全次要地位的方式参加了1899年海牙会议,而且毫无疑问它没有批准这项决议。中国从来就不打算在这个领域对"文明"世界承担义务。对中国没有接受西方国际法的更为关键的证据,在于中国从来没有在国际法基础上捍卫自己遭侵犯的权利。耶利内克写道:

> 中国从来没有抱怨过,它遭遇了不公正待遇,尽管这种不公正待遇经常发生。它通过自己的行为证明了它对西方国际法的拒绝,而且它也不会意识到需要将国家建立在国际法基础上。对于中国提出的所谓就西方违反国际法的抗议,人们完全可以置之不理;高傲的东方借助这种谎言挽救了其自负,这种自负禁止它令自己显得微不足道。然而,对国际法的侵犯始终以一个感觉受到伤害的主体为前提。以下这句话:"哪里没有受害者,哪里就没有违法行为",在国际交往中也毫无例外地生效。[77]

于是历史上空前盛大的一场"文明"世界针对东方"野蛮"政权的斗争就在国际法之外完成了,这场斗争完全是由政治而非法律主宰。既然斗争不受法律约束,那么杀戮和抢劫也就成为理所当然的了:

> 伴随着这种认识,我们不应对联军一方的所谓野蛮行径说三道四,这

---

[75] S. o., S. 401—402.
[76] S. o., S. 402.
[77] S. o., S. 403.

点已无需做进一步的解释。但是人道依然要被贯彻,不是因为中国可以将其作为一项权利来要求,而是因为它可以保证作为文明承担者的各民族避免去玷污历史的审判席。[78]

38年前(1862年美国公使蒲安臣(Anson Burlingame)开始向总理衙门推荐惠顿作品),西方人兴高采烈地将国际法介绍给中国。而现在西方人将国际法收走,并认为中国人不配阅读这本书。耶利内克的文章是一篇以不容置疑的口吻创作的,令人感觉酣畅淋漓的作品。文章被翻译成英语,被再度发表在第二年的《美国法律评论》上(此时的美国也是德国公法学的继受国)。[79] 于是大西洋两岸的西方法律世界共同拥有了关于中国与国际法关系的统一话语。

五、结语

直到20世纪下半叶,依然有日本学者陶醉在当年的"文明"壮举中。1962年,著名外交史专家植田捷雄在自己的论文中,对日本在甲午战争中的表现给予高度肯定:"日本帝国获得国际法上人格,完全是依靠自己的奋发。日本正是依靠自己的努力,获得了欧洲对其同为最高文明国的承认。"[80] 另一方面,可怜的中国依旧被定性为"野蛮",有贺长雄的原文几乎被一字不漏地照搬:"战争中清国的行动颇为野蛮,宛若土耳其人、阿拉伯人、美洲印第安人等。"[81] 不过植田捷雄也意识到,如果不存在有贺长雄和高桥作卫的作品,这些"文明"和"野蛮"的事例很可能将无人知晓,于是他又为这两位学术前辈歌功颂德:"日本在日清战役中对国际法的遵守,在世界上广获好评,在这背后,当年日本的两大国际法学者,亦即有贺长雄和高桥作卫两博士的伟大功绩是不能忘记的。"[82] 植田捷雄似乎意识到了话语在抬高日本国际地位上的作用,但是他没有进一步对此进行阐释,他更没有意识到为日本"文明"话语所掩盖的东亚人民的痛苦与灾难。植田捷雄的论文,实际上是在对日本的战争行动与话语进行史诗般的赞颂(与辩护)。

与此相反,本文尝试以新的、更具批判性的视角改写甲午战争史。在这种视角下,19世纪"国际法共同体"的"文明"标准更多地带有一种话语性质,在这种话语背后则是19世纪西方国家在面对非西方世界时,所拥有的政治、经

---

[78] S. o., S. 403.
[79] See Georg Jellinek (trans. By Pauline Adelaide Thompson), "China and International Law", 35 *American Law Review* 56—62 (1901).
[80] 植田捷雄「日清戰役と國際法」、英修道博士還暦記念論文集編集委員会編『外交史及び國際政治の諸問題——英修道博士還暦記念論文集』、東京、慶應通信、1962、484頁。
[81] 同上注,486頁。
[82] 同上注,487頁。

济、军事上的压倒性优势。当中日两国与这个"国际法共同体"发生接触时,他们也遭遇了这种"文明"话语。由于各种宏观和微观的原因,中日两国对这种话语作出了不同的回应。中国由于困窘于误导性的国际法汉译作品以及强大的儒家传统,从而在晚清数十年时间内未能意识到"文明"话语的重要性。日本则不假思索地接受了它,并努力使自己符合"文明"的各项标准。于是,在19世纪国际法学预设好的轨迹内,甲午战争成为检验中日两国"文明"成就的关键舞台。日本在战争中胜出,它的国际法学家创作了一系列证明日本"文明"表现的作品,从而获得了西方国家对其"文明"国家身份的承认,以及"国际法共同体"的成员资格与领事裁判权的废除,并进一步加固了西方国际法学"文明"话语本身的正当性。中国则遭遇彻底的失败,这不仅体现在军事上,也体现在国际法人格上:中国被判定为"非文明",从而不能进入"国际法共同体"。直到1943年,领事裁判权制度才在中国被彻底废除。因此,在本文的视角下,有贺长雄、高桥作卫等人在19世纪末用西方语言创作的国际法学作品,在决定中日两国近代政治命运的进程中,起到了举足轻重的作用。与此同时,在"文明"话语的背后,则是战争给全体东亚人民造成的巨大创伤以及(在很大程度上被民族主义话语加强的)持续至今的仇恨。

很显然,植田捷雄在其论文中,对19世纪国际法上的"文明"叙事依然不假思索地全盘接受。正是由于对"文明"本身缺少反思,所以他才会对日本的所作所为大唱赞歌。在一个主权膨胀的年代,在一个完整主权资格必须与"文明"挂钩的年代,日本以战争的方式追求"文明"、彰显主权的作法,似乎显得无可厚非。然而,由于本文将"文明"标准主要视作一种话语,所以有必要以怀疑的眼光来审视19世纪的"文明"叙事。后殖民主义的研究已经表明,在19世纪有关西方法律代表"文明",而中国法律代表"野蛮"的叙事,很大程度上起源于18世纪晚期以来西方商人、媒体与汉学家建立在歪曲事实基础上的话语建构。而正是这套话语,为领事裁判权在中国的设立奠定了正当性基础。[83] 在国际法层面,伴随着越来越多的非西方国家进入国际大家庭、德国与日本这两个"文明"国家在20世纪三四十年代令人震惊的"反文明"罪行,以及西方国际法学本身对新现实的积极应对,"文明"话语也遭受质疑,并逐渐消失在20世纪国际法学作品中。[84]

然而,一个国际社会如果要维持其存在,就必须保持某些共同的观念、利益

---

[83] See Li Chen, "Law, Empire, and Historiography of Modern Sino-Western Relations: A Case Study of the *Lady Hughes* Controversy in 1784", 27 *Law and History Review* 1—53(2009). 感谢欧中坦(Jonathan Ocko)与邱澎生两位教授推荐笔者阅读这篇论文。

[84] Gerrit W. Gong, *The Standard of "Civilization" in International Society*, supra note [11], pp. 81—90.

与规范,否则这个社会将面临瓦解,国际社会将可能重回霍布斯式的杀伐丛林。因此,从这一角度来看,19世纪国际社会的"文明"标准自有其存在的正当性。不过甲午战争却又提醒我们:"文明"标准本身可能导致新的悲剧。旧的"文明"标准已经成为历史,新的标准逐渐浮出水面,这包括人权和现代化等备选项。[85] 在研究完19世纪国际社会的"文明"标准后,杰里特·W. 龚已经无可避免地意识到:"某些文明标准将是任何国际社会的一个特征,在这些国际社会中,文化差异和多元主义将永远与等级制和无政府状态并存,而不论社会联结的纽带有多么坚韧。"[86] 因此,审慎地对待和处理国际社会的开放与封闭、普遍性与特殊性、人权与主权、现代与传统这些永恒的张力,无疑将是所有政治家、历史学家、国际法学家与国际关系学家需要共同承担的艰巨使命。

(初审编辑:徐斌)

---

[85] Id., pp.90—93.
[86] Id., p.248.

亚历山大的威胁与共和政体的优越性

章永乐 *

The Threat of Alexander the Great and the Superiority of the Republican Regime

Zhang Yongle

内容摘要： 本文探讨了李维、普鲁塔克和马基雅维利三位史家如何通过想象亚历山大大帝与罗马共和国之间的斗争来论证共和政体的优越性。作为罗马史家的李维认为，面对着变幻不定的机运（τύχη），罗马共和国比由亚历山大一个人支撑的帝国更为稳固；作为希腊人的普鲁塔克认为，亚历山大将以其卓越的德性（αρετή）而赢得与罗马人的战斗；作为古罗马共和国的仰慕者，马基雅维利批评普鲁塔克对罗马人的贬损，并继承和发展了李维的视角，形成更为系统的对共和政体优越性的论述。通过这一案例，本文重构了西方史学中一个业已湮没无闻的通过反事实（counterfactual）来进行政体比较的传统，并阐明其方法论意义。

关键词： 共和　反事实　德性　机运

---

* 北京大学法学院讲师，美国加州大学洛杉矶分校（UCLA）政治学博士。本文的写作基于笔者提交给 UCLA 政治学系的研究领域论文"Between Virtue and Fortune: Visions of Political Action in Plutarch and Machiavelli"（2005）和博士论文"Imagining Alternate Possibilities: Counterfactual Reasoning and Writing in Graeco-Roman Historiography"（2008）。感谢笔者两位来自意大利的博士论文导师 Giulia Sissa 与 Carlo Ginzburg 对本文思路的启发。一如既往，文责自负。

"如果亚历山大大帝侵略意大利,结果会如何?"公元前三世纪,在罗马人和希腊人交战期间,一个反事实(counterfactual)问题在罗马人中流传。亚历山大大帝当然没有侵略过罗马,他远征印度归来后不久就死于巴比伦。但这个没有事实基础的问题却绝不是无稽之谈,在思想史上,它开启了对共和政体(regime)优越性的讨论——在罗马共和派和后世倾慕罗马的思想家眼中,亚历山大代表的是绝对君主政体,而罗马所代表的是一个共和政体。他们之间的虚拟战争,实质上是对两个政体优劣高低的比较研究。

本文试图重构和展示一个通过历史典范来进行政体比较的西方思想传统。西方古典思想中对于政体的探讨已是汗牛充栋。古希腊和罗马的哲学家们,如柏拉图、亚里士多德、西塞罗,都已经贡献出了精细和复杂的政体理论。但与哲学家相比,历史学家的政体探讨采取的是不同的进路。他们所从事的文体并没有留给他们多少作长篇理论探讨的空间,他们通常采取的做法是以某些历史范例(exemplar)来阐发自己的理论关怀——中国传统史学一般将这种范例称为"义例"。在这种探讨中,"反事实"(counterfactual)的运用,使史家可以超越对具体的历史事实的描写,而进入"可能性"的领域,使历史写作获得更高的普遍性。[1] 在希腊—罗马时期,对于共和政体和君主政体的比较,戏剧性地落到亚历山大大帝和罗马共和国两个"义例"身上,一直到文艺复兴时期,我们还能听到这种比较的余音。本文的讨论将围绕三个思想家而展开:李维、普鲁塔克与马基雅维利。普鲁塔克记录了"如果亚历山大大帝侵略意大利,结果会如何"这个反事实问题,并对亚历山大给予了较多赞赏的笔调。李维则第一次将对这个反事实问题的讨论上升到政体比较的高度。而马基雅维利批驳了普鲁塔克的罗马观,并将李维的视角发展成为一个更为精细的政治理论。

要进入这场讨论,我们必须首先理解它所采用的关键词。希腊人和罗马人各自用了一对意思非常接近的概念,汉语可翻译成"机运(命运)/德性"[2],希腊文是 $\tau \acute{\upsilon} \chi \eta / \alpha \rho \varepsilon \tau \acute{\eta}$,拉丁文是 fortuna/ virtus。对 $\tau \acute{\upsilon} \chi \eta$ 的较早解释可见于亚里士多德的《物理学》II. 4-6,在那里,亚里士多德将 $\tau \acute{\upsilon} \chi \eta$ 放在因果关系语境中讨论,对亚里士多德来说,$\tau \acute{\upsilon} \chi \eta$ 作为一个偶然性的原因,发生在行动者有目的性行动的领域——某种偶然性的因素出现,导致行动偏离行动者的目的或预

---

[1] 在《诗学》中,亚里士多德认为"诗是一种比历史更富哲学性、更严肃的艺术,因为诗倾向于表现带普遍性的事,而历史却倾向于记载具体事件"(1451b5-7)。这一见解是狭隘的。早在亚里士多德之前,希罗多德与休昔底德等历史学家已经通过"反事实"探讨,使得历史写作的对象从现实的、具体的事物扩展到可能的、普遍的事物上去。具体参见拙文 Imagining Alternate Possibilities: Counterfactual Reasoning and Writing in Graeco-Roman Historiography, University of California, Los Angeles, 2008 (Doctoral Dissertation)。

[2] 根据汉语习惯,本文根据语境将 $\tau \acute{\upsilon} \chi \eta$/fortuna 翻译成"命运"、"机运"或"好运"。当它们被作为女神看待的时候,统一翻译成"命运女神"。

期。动植物和儿童因为不具有理性的目的或预期,因而与 τύχη 无关。显然,τύχη 是非理性的。[3] 在伦理事务上,τύχη 被分出好坏,时人常将好的 τύχη 等同于幸福。在希腊城邦的衰落时期,τύχη 一跃而成为一个极其重要的希腊女神,她掌管着权力、荣耀和物质财富等外在的善好(external goods)的分配,其意图不可为凡人所猜度。而与之相比,αρετή——卓越或美德,则以个人灵魂的理性部分为基础,它是个人能够控制和修炼的美德,从而与控制外物的 τύχη 形成对立。道德理论家们强调 τύχη 的变幻莫测,从而要求个人将注意力放在自我德性的修炼上,而不是抱着侥幸心理随波逐流。fortuna/virtus 是 τύχη/αρετή 这对概念在拉丁文中的对应物。Virtus(拉丁文词根 vir,男子)在早期指向男子气概,尤其是战争中的勇敢。但随着希腊道德哲学的影响,到了共和国晚期,它已经与灵魂学说发生密切关联,与 αρετή 的意思几无实质差别。

这两对概念的伦理—政治意义如下:τύχη-fortuna 集中体现了作为有朽者的人类所从事的事业的脆弱性。人类在外在世界中所留下的作品,总是很容易在命运的打击下烟消云散。但这种脆弱性因此也恰恰成为一个试金石:对个人来说,要在 τύχη-fortuna 的打击前面保持稳固,需要卓越的内在品质;而由众人集合而成的国家也是如此,无论是君主国,还是共和国,都要经受变幻莫测的 τύχη-fortuna 的考验。通过将政治表述为在德性和机运之间永恒的斗争,史家们得以观察和比较不同的政治行动主体在历史中的能力。

一、"亚历山大入侵":问题的提出

"如果亚历山大大帝侵略意大利,结果会如何?",对产生这个问题的历史情境的最早记录,可见于普鲁塔克(Plutarch)的《皮洛斯传》(*Pyrrhus*)。如果我们接受普鲁塔克的叙事,这个问题应该早在皮洛斯和罗马人交战的时候就已经初现。在《皮洛斯传》中,普鲁塔克记录了一个场景:罗马人和皮洛斯发生战争,而后者因骁勇善战,常被同时代的希腊人看做是亚历山大的化身。罗马人在一场战斗中失利。皮洛斯知道自己没有足够的力量完全摧毁罗马人,建议休战。罗马元老院因为恐惧,几乎决定接受皮洛斯的条件。然而,曾经多次担任执政官和独裁官,已经双目失明的元老阿披乌斯·克劳迪乌斯(Appius Claudius)站起来对诸元老发表了一番演讲:

---

[3] 这里还需要考虑两部作者归属有一定争议的亚氏伦理学著作。在《优苔谟伦理学》(*Ethica Eudemia*)中,τύχη 被认为是通过一种行动者身上的一种本能冲动起作用,这种本能冲动使人在缺乏良好的理性考虑的时候,也能取得成功结果(*Ethica Eudemia*,1247b)。《优苔谟伦理学》认为这种本能冲动起作用的方式与理性和自然均无关,因而最终应当归结到神灵的引导。但作者归属更有争议的《大伦理学》(*Magna moralia*)认为,行动者身上的这种本能冲动是自然的,但并非理性的(*Magna moralia*,1207a 16)。不过,不管这几部著作之间有何种分歧,对 τύχη 的非理性性质的判断是一致的。

……你们反复向全世界重申的话——当我们还年轻,而我们的父亲正当盛年时,如果声名远播的亚历山大大帝来到意大利并与我们发生冲突,他不会像现在那样被推崇为不可战胜的,而可能已经逃逸,或者已经倒下,而使得罗马更加光荣——结果怎样?你们现在正在确凿无疑地证明这是自我吹嘘和空洞的喧嚣,因为你们害怕查奥尼人和莫洛西人,他们曾经是马其顿人的猎物;你们在皮洛斯前面颤抖,而他只不过曾经是亚历山大的一个护卫的臣仆和随从,现在他来了,在意大利漫游,与其说是要帮助居住在这里的希腊人,还不如说是为了逃避他在国内的敌人,他吹嘘说要用那支甚至不能为他保存马其顿的一小部分的军队,来赢得对我们的支配地位……(Pyrrh. 19)

这个演讲表明,反事实问题"如果亚历山大大帝侵略意大利,结果会如何?"在那个时代已广为传布,罗马人出于他们一贯的高傲,认为自己必将获得胜利。但在当下,他们却被亚历山大的一位仆从和模仿者吓得战战兢兢。克劳迪乌斯在罗马人的回答和当下的反应作了鲜明的对比,进而向他的听众提出了严厉的批评,隐含的意思是,如果罗马人言行不一,必将招致其他民族的蔑视。

在这个语境中,这个问题涉及的仅仅是罗马人的自我评价和当下表现脱节的"面子问题",但没有涉及罗马人的自我评价的具体构成:这个共和国的卓越,到底体现在什么地方?然而,到了奥古斯都时期,这一问题在李维的著作中重新出现。这一次,已上升到了政体比较的高度。

二、"一个人"(unus homo)的反面:李维对罗马共和的辩护

李维是在IX.16—18展开对亚历山大入侵罗马的想象。但在IX.16之前,已经有很多线索隐隐约约地指向了这一想象。早在李维叙述伊庇鲁斯的亚历山大(Alexander of Epirus,亚历山大大帝的舅舅)在意大利登陆的时候(VIII.3),他就已经留给我们某些信号,表明他将在某个时候讨论亚历山大大帝。李维指出,伊庇鲁斯的亚历山大登陆的时刻恰恰是亚历山大大帝死亡的时刻。李维的担忧是,"如果他一开始就所向披靡,战争将会扩展到罗马"。(VIII.3)这里的意涵是,伊庇鲁斯的亚历山大有与罗马作战的潜在可能性。[4] 在VIII.24,李维详细地叙述了伊庇鲁斯的亚历山大在战场上的悲剧性死亡,作出了一个非常微妙的评论:"……虽然命运阻止他与罗马为敌,他在意大利进行的战争在这部历史中给了他一个位置。"李维的意思是,如果这位亚历山大

---

〔4〕 李维在VIII.17中的分析则进一步印证这一点:"亚伊庇鲁斯的亚历山大在帕埃斯图姆(Paestum)附近的登陆迫使萨姆奈特人和卢卡尼亚人联合起来,但是他们的联军在一场激战中被亚历山大击垮。他进而与罗马建立了友好关系,但是非常值得怀疑的是,他会在多大程度上维持这种关系,如果他的其他事业是同样成功的话。"

没有在这个时刻死亡的话,或早或晚,总有一天他会和罗马兵刃相见。在 VI-II.24,李维再一次提到伊庇鲁斯的亚历山大的姐妹正是亚历山大大帝的母亲。这两位亚历山大之间的关联在 IX.19 得到了进一步的重申。在那里,李维告诉我们,据说伊庇鲁斯的亚历山大在受到致命伤之后,曾经将自己的命运和亚历山大大帝在其亚洲远征中的命运相比较。所有这些线索都为李维对亚历山大远征意大利的想象作了语境上的准备。

那么,李维又是如何具体提出他的亚历山大问题的呢?在 IX.16,李维叙述了亚历山大大帝的同时代罗马将领帕披鲁斯(Papirus)的高尚言行之后,评论道:"没有一个时代比帕披鲁斯所生活时代有更多的伟大和高贵的人物,而即便在那个时代,也没有人比他更杰出地以自己的力量维系共和国。"他赞美的不仅仅是帕披鲁斯所生活的时代,而且也是帕披鲁斯的伟大美德与对共和国的贡献。接着,他提到,有些人认为如果亚历山大大帝在征服亚洲之后挥戈西进,他会在帕披鲁斯那里遭遇到劲敌。这当然是某些罗马人所提出的反事实虚拟,其目的是通过与亚历山大帝对比而赞美帕披鲁斯。[5] 李维宣布,他在这里将开始一段较长的离题论述,因为上面对于亚历山大的意见诱使他对下面这个反事实问题作出一点反思:"如果罗马与亚历山大交战,罗马的结果会是如何?"(IX.17)

李维的讨论语境与这个问题第一次提出时的语境非常不同。一方面,罗马已经征服了希腊世界;另一方面,在征服希腊世界之后,罗马自身的败坏也已经开始。与在战争期间不同,李维用不着赞美罗马以提升其同伴的士气。但他对这个问题的回答和罗马人通常的回答没有两样:罗马有能力赢得与亚历山大的战争。在他看来,战争的结果依赖于三个指标:军队的数量和勇气,指挥者的能力(virtus, animus),以及命运(fortuna)——她"对于人类事务有强大的影响,尤其是在战争事务中"(*Plurimum in bello pollere videntur militum copia et virtus, ingenia imperatorum, fortuna per omnia humana maxime in res bellicas potens.* IX.17)。下面,李维按照三个指标,依次对亚历山大和罗马进行了比较。

就军事指挥官这一方面而言,李维并不否认亚历山大是一位杰出的将军,但他的声誉其实被下述事实放大了:亚历山大死得太早,以至于没有经历过命运的逆转。但有很多其他的英雄经历了人类事务的变化,如过去的居鲁士(Cyrus),或近期的庞培(Pompey)——李维认为,如果这些英雄们也像亚历山大那样在命运逆转之前死亡,他们也许会获得类似的声誉。接下来,李维指出,有许多罗马的将领,其实力可能与亚历山大相当:M. Valerius Corvus、C. Marcius

---

[5] 类似分析,参见 Ruth Morello, "Livy's Alexander Digression (9.17—19):Counterfactuals and Apologetics", *The Journal of Roman Studies*, Vol. 92(2002), pp.62—85。

Rutilus、C. Sulpicius、T. Manlius Torquatus、Q. Publilius Philo、L. Papirius Cursor、Q. Fabius Maximus、the two Decii、L. Volumnius、和 Manlius Curius 等。所有这些人在勇气、才能和战争的技艺(*animi ingeniique*,*tum disciplina militaris*)方面都与亚历山大旗鼓相当,而就战争的技艺而言,从建城以来,罗马已经有了一个丰富的战争技艺传统。

接下来,李维提出一系列修辞意味十足的问题,讨论亚历山大是否能够征服这些罗马将领。他用一系列排比句来强调,亚历山大会在意大利折戟沉沙。最后一个句子甚至指向了他的舅舅,伊庇鲁斯的亚历山大:"……他将在阿普利亚(Apulia)山口以及卢卡尼亚(Lucania)山脉找到最近落在他的家族身上的灾难的痕迹,当他的舅舅,伊庇鲁斯国王亚历山大,灭亡的时候(*uisus illi habitus esset*,*saltus Apuliae ac montes Lucanos cernenti et uestigia recentia domesticae cladis*,*ubi auunculus eius nuper*,*Epiri rex Alexander*,*absumptus erat*)。"这和他在 VIII.24 中对于伊庇鲁斯的亚历山大在意大利的死亡的描述遥相呼应。现在,我们可以清楚地看到,虽然这两个亚历山大没有一个真正与罗马打过仗,在李维的眼里,他们同样代表着来自希腊世界的紧迫威胁。

但上面的讨论仍然只是第一阶段,只是讨论亚历山大并没有被败坏的时候。李维接下来把讨论推向了第二个阶段。他指出,亚历山大被他自己的胜利败坏——被命运女神(fortuna)宠坏。作为一个征服者,他采取了被征服者的服饰和生活方式。李维列举了亚历山大的败坏的各个方面:他对波斯服饰的喜爱,他的酗酒,他的虚荣和残酷……在此对亚历山大从征服者向被征服者逆转的描述,进一步强化了李维的论点:亚历山大会在与罗马的战争中失败。

下面到达了讨论的高潮部分:在李维看来,更要命的是,那些将亚历山大与罗马进行对比的人都犯了一个错误,他们并没有意识到"他们是在拿一个人,一个年轻人的行动与一个经历 800 年战争的民族的成就相对比(*non intellegunt se hominis res gestas*,*et eius iuuenis*, *cum populi iam octingentesimum bellantis annum rebus conferre*)。"亚历山大不过是"一个人"(unus homo)而已,但罗马是一个具有悠久历史的共和国,并不是一个人。就单个人来看,罗马的领导人们受到体制的约束,他们的个人的计划常常受到环境的阻碍。而相比之下,"国王们没有任何阻碍,他们是时间和环境的主宰,将所有的事物都纳入他们自己的计划之中(*At hercule reges non liberi solum impedimentis omnibus sed domini rerum temporumque trahunt consiliis cuncta*,*non sequuntur*)"。然而,从整个帝国的风险来看,亚历山大尽管非常勇敢,但也可以说非常脆弱,因为他只不过是"独夫"。而罗马的基础更为稳固,因为"有许多人,在荣耀和事迹的伟大方面可与亚历山大相提并论,然而他们中的每个人会以生命或死亡来实现他们的命运,而不危及国家的生存(*Romani multi fuissent Alexandro uel gloria uel rerum magnitudine pares, quorum suo quisque fato sine publico discrimine uiueret morereturque*。IX.18)"。这里的意涵是,因为罗马的安全并不依赖于一个人(unus homo),她能够更好地承受命运(fortuna)的变幻起伏。

李维的讨论还包括对于每一方军事力量的的数量和勇气的比较。李维认为亚历山大在这两方面都有缺陷。马其顿的方队和罗马的军团也无法比较——这是波里比乌斯在若干代之前就做过的比较(Polybius, XVIII.28—32)。李维进一步将迦太基人也纳入了他的思想实验:亚历山大,将和汉尼拔一样,发现自己在一片陌生的外国土地上战斗,他的军队的数量在减少,勇气在减退。罗马经历了漫长的布匿战争,但亚历山大不可能活这么长。对亚历山大来说,更糟糕的是,罗马和迦太基很可能联合起来,对付他这个共同的敌人。这又一次呼应了"亚历山大只是一个人,因而无法承受命运的跌宕起伏"的命题。

因此,罗马共和国(res publica)便是君主制的反面,其政治和军事领导权并非掌握在一个人手中,而是由许多受任期限制的政治家和军事将领们共享。权力的共享和任期的限制使得他们中的每一个都无法完全实现自己的雄才大略,但是共和国却因建立在许多人身上而更为稳固。前仆后继的爱国者们将会为共和国抵御机运的突变,而再有雄才大略的君主毕竟只是一个人,随着他的倒下,他的事业也将化为乌有。

这个很长的离题论述是李维即兴而作,还是深思熟虑的结果?我认为是后者。在这里,李维不仅仅是用第一人称在发言,在谈到罗马具有的诸项资源的时候,他始终用第一人称复数。如此明显的叙述干预(authorial intervention)在李维的作品中是很少出现的现象,可以表明李维对于这一段评论的深度情感投入。IX.18 的最后一句话("……有许多人,在荣耀和事迹的伟大方面可与亚历山大相提并论,然而他们中的每个人会以生命或死亡来实现他们的命运,而不危及国家的生存")[6]和 IX.19 对于内战的提及,也给我们进一步的线索。在罗马共和国晚期的内战中,难道不正是那些野心勃勃的军事指挥者们危及罗马国家的存在吗?李维对罗马道德败坏的担忧当然源于他对于内战时期的经历。虽然奥古斯都宣称恢复了共和政体,败坏仍然在继续。正如李维在《建城以来史》的前言中表明的,他的时代的败坏已经如此令人灰心,他甚至将他的作品看做从这种时代状况的逃避。

在这里,我们还应当参考这样一个重要的背景:共和国晚期的那些政治和

---

〔6〕 原文如下:"*immo etiam eo plus periculi subisset quod Macedones unum Alexandrum habuissent, multis casibus non solum obnoxium sed etiam offerentem se, Romani multi fuissent Alexandro uel gloria uel rerum magnitudine pares, quorum suo quisque fato sine publico discrimine uiueret morereturque*。"(Livy, IX.18)

军事领袖们——庞培,安东尼,凯撒,甚至奥古斯都,都是亚历山大大帝的钦慕者。大卫·坎宁安(David R. Cunningham)的博士论文 The Influence of the Alexander Legend on Some Roman Political Figures 提供了足够的证据,证明亚历山大在共和国后期的那些军阀身上投下的阴影。[7] 而我在这里要强调的是,那些军阀对亚历山大的模仿,对于那些忠于共和原则的保守人士来说,是一个非常令人不快的信息。比如说,西塞罗就清楚地意识到凯撒对亚历山大的模仿。在给阿提库斯(Atticus)的一封信里,西塞罗解释它自己为什么没有将一封建议信送给凯撒:"你应该看到,甚至是那位亚里士多德的学生,尽管具有卓越的智慧与审慎,一旦获得'国王'的头衔之后,也变得傲慢、残酷与放纵。什么?你想象这个受追捧的偶像、这个奎里努斯(Quirinus)的同帐伙伴有可能享受像我写的这样温和的信吗?"(Epist. ad Att, XII. 28.3)[8]

对这位享有"祖国之父"(Pater Patriae)荣誉称号的共和主义者来说,在凯撒和亚历山大之间的相似性是很明显的:他们都被野心和权力所败坏,成为骄傲、残酷、缺乏节制的僭主,站在西塞罗的共和原则的对立面。后来,卢卡(Lucan)在其被广泛认为是影射凯撒的史诗《内战记》(Pharsalia)中将亚历山大描绘为疯狂、无节制、腐败的人,将其作为注定灭亡的那一类人的代表(Pharsalia, III. 233—34,X. 25—52)。它所传递的信息和西塞罗非常相似。在他们的感觉中,共和国的背叛者们身上已经附着亚历山大的阴魂,因而亚历山大对他们来说是如此危险!

对像亚历山大这样的范例政治影响的关注,也可以在更晚时期的罗马文献中看到。塞涅卡,尼禄皇帝的教师,经常将亚历山大描绘为"疯狂的青年"(vesanus adulescens)[9],尤其是他在杀克雷图斯(Cleitus)事件中所表现出来的野蛮(feritas),是塞涅卡喜欢谈的主题。[10] 和斯多葛的智慧者(sapiens)不同,亚历山大并没有控制住自己的激情,他的酗酒导致了克雷图斯的死亡,最后是他自己的死亡(Ep. LXXXIII. 19,23,Ira. II. 23.1—2,4—8)[11],他有的并不是勇敢(virtus),而是幸运的莽撞(felix temeritas)(Ben. I. 13.3,VII. III. 1;cf Lu-

---

[7] See David R. Cunningham, *The Influence of the Alexander Legend on Some Roman Political Figures*, University of Washington, 1971 (Doctoral Dissertation). See also Ceaucescu, Petre, "La double image d'Alexandre le Grand à Rome: essai d'une explication politique", *Studii Clasice* 16 (1974), pp. 153—68; and Wirth, Gerhard, "Alexander und Rom", *Alexandre le Grand: image et réalité*, *Entretiens Hardt* 22 (1976), pp. 181—210.

[8] 原文如下:"*Quid? Tu non uides ipsum illum Aristoteli discipulum, summo ingenio, summa modestia, postea quam rex appellatus sit, superbum, crudelem, immoderatum fuisse? Quid? Tu hunc de pompa, Quirini contubernalem, his nostris moderatis epistulis lacetaturum putas?*"(*Epist. ad Att*, 12.28.3)

[9] Ben. 1.13.1,II.16.1;Ep. XCI.17,XCIV.62. Cf. Lucan X.20,42—vesanus rex。

[10] Clem. I.25.1;Ira III.17.1,XXIII.1;Ep. XCIV.62。

[11] 普鲁塔克对这一批评的回应见于 *De Alex. fort.* II. 5. *f*.

can X. 21)。他对于名声和财产有无穷无尽的欲望(Ben. VII. 2. 5 f. ; Q Nat. V. 18. 10),自我膨胀(Ben. V. 6. 1,'*homo super mensuram humanae superbiae tumens*';cf II. 16. 2,'*tumidissimum animal*'),鉴于塞涅卡作品中很大一部分是为尼禄皇帝而写,他对亚历山大的评论明显有着一个教育的目的。亚历山大是其"君主镜鉴"(mirror of the prince)中诸多反面例子的一个。

总的来说,帝国早期的罗马作家们对于亚历山大并不那么友好。塞涅卡和卢卡对亚历山大的猛烈攻击乃是出自斯多葛主义对于专制的反对;昆体良(Quintilian)、尤文纳尔(Juvenal)和格里乌斯(Gelius)也对亚历山大给出了许多负面评价。[12] 在克劳迪乌斯皇帝之下写作的库尔提乌斯(Qintus Curtius)表现出了一种褒贬参半的态度。[13] 尽管有像特罗古斯(Trogus)那样的赞赏亚历山大的作者,他们的声音从来不是压倒性的。对于保守共和理想的人士来说,亚历山大从来都是对他们的罗马共和传统理想的威胁。这一反事实问题"如果亚历山大入侵罗马,结果会如何"看起来似乎只是关于过去,但隐藏在这个问题背后的恰恰是在罗马人和希腊人之间,在罗马政治的两种可能性之间的斗争。

三、无关政体的辩护:普鲁塔克

李维的探讨方式在保守共和理想的罗马人那里非常多见,但在希腊人那里,却并不能引起多少同情的回应。毕竟,亚历山大是一个希腊人。曾长期作为人质而客居罗马的希腊史家波里比乌斯(Polybius)在讨论到亚历山大的时候,采用的调子就以褒扬为主。在其《历史》V. 11 中,当他比较腓力五世、腓力二世与亚历山大的时候,曾经提到亚历山大将忒拜城夷为平地,但他马上指出,甚至在那种情况下,亚历山大也很尊敬这个城邦的诸神。这里的调子完全是辩护性的。像狄奥多罗斯(Diodorus),普鲁塔克(Plutarch)和阿里安(Arrian)这样的希腊史家都更倾向于将亚历山大看做是希腊文化和军事力量的代表者。

上文已经提到普鲁塔克在《皮洛斯传》中记录了罗马人对于亚历山大入侵罗马的假设,在那里,普鲁塔克并未以自己的名义发表看法。但他对这个问题是有自己判断的。在《论罗马人的命运》(*De fortuna Romanorum*,简称 *De fort. Rom*)中,普鲁塔克对这个问题作了间接的回应:

>……我也把亚历山大之死归结于命运,他,凭借着源于其不可战胜的勇猛和高尚的抱负的巨大的好运(εὐτυχήμασι μεγάλοις)和辉煌的成功

---

[12] Quintilian, I. 1. 9; Juvenal X. 168—72; Gelius XIII 4.
[13] 参见 curt. IV. 7. 29:"*fortuna quos uni sibi credere coegit magna ex parte avidos gloriae magis quam capaces faci*"。同时参见 X. 5. 26 ff.

($\kappa\alpha\tau o\varrho\theta\acute{\omega}\eta\alpha\sigma\iota\ \lambda\alpha\mu\pi\pi\varrho o\hat{\iota}\varsigma$),像一颗流星一样从东到西横扫世界,已经允许其武器的光泽在意大利闪烁……(De fort. Rom, 326 a—b)

普鲁塔克隐含的意思是,亚历山大是有夺取意大利的能力的。如果不是命运过早夺取了他的生命的话,他将横扫东方和西方。

李维却认为,亚历山大早年所向披靡,很大程度上只是由于他幸运而已。普鲁塔克在同一演讲中指出,亚历山大固然享有巨大的幸运($\varepsilon\dot{\upsilon}\tau\upsilon\chi\acute{\eta}\mu\alpha\sigma\iota\ \mu\varepsilon\gamma\acute{\alpha}\lambda o\iota\varsigma$),但很快补充,这不过是"源于其不可战胜的勇猛和高尚的抱负"($\dot{\upsilon}\pi\grave{o}\ \theta\acute{\alpha}\varrho\sigma o\upsilon\varsigma\dot{\alpha}\mu\acute{\alpha}\chi o\upsilon\ \kappa\alpha\grave{\iota}\ \varphi\varrho o\nu\acute{\eta}\mu\alpha\tau o\varsigma$)。换而言之,亚历山大的好运并非被武断地授予,而是由其卓越的德性而获得的。与之形成鲜明对比的是,当普鲁塔克说命运女神($\tau\acute{\upsilon}\chi\eta$)最终定居在罗马并变得稳定的时候,他并没有指出命运女神这样做的理由。如果说,他对亚历山大的分析表明亚历山大享有的好运具有一个理性基础,他对罗马人命运的分析却遵循着一条不同的线索:命运女神在关键的时刻,通过许多非理性的力量来帮助罗马人。比如说,当高卢人夜袭卡匹托尔山(Capitol)的时候,山顶神殿的鹅被惊醒,叫了起来,吵醒了罗马人,使高卢人的阴谋没能得逞。命运女神也保佑罗马人,使他们始终能够避免同时打两场战争。这与罗马人对他们自己历史的态度形成鲜明对比——虽然罗马人通常相信自己获得帝国是有神意支撑,但他们倾向于相信,这个神意是通过他们自己的德性,而非神灵的毫无理由的干预而实现的。[14]

普鲁塔克的两个演讲《论亚历山大的命运》(De fortuna Alexandri,简称 De Alex. fort.)和《论罗马人的命运》(De fortuna Romanorum)围绕着这个问题展开:亚历山大大帝和罗马帝国,它们是机运($\tau\acute{\upsilon}\chi\eta$)的产物,抑或德性($\alpha\varrho\varepsilon\tau\acute{\eta}$)的产物?普鲁塔克和李维所用的关键词是类似的:李维用的是 fortuna/virtus,普鲁塔克用的是 $\tau\acute{\upsilon}\chi\eta/\alpha\varrho\varepsilon\tau\acute{\eta}$,在罗马帝国早期,这两对概念,尽管是在不同文字里,意思已经高度接近。在 De Alex. Fort. 中,普鲁塔克勾勒出的命运形象是这样的:她对亚历山大充满恶意,处处设障,亚历山大的成功,因而凸显出其德性之高贵。而在 De Fort. Rom 中,普鲁塔克将罗马帝国视为德性和命运的合作产物。他举了无数例子来说明命运通过非理性的力量来帮助了罗马人,同时也以罗马人对于命运女神的崇敬作为证据,以加强自己的论证。研究普鲁塔克的学

---

[14] 维吉尔的《埃涅阿斯纪》(Aeneid)代表了这样一种解读罗马史的态度。虽然埃涅阿斯受到神的预言的指引,但这一预言的实现,却是通过他自己的勇敢和坚韧。See John Alvis, *Divine Purpose and Heroic Response in Homer and Virgil: the Political Plan of Zeus*, Lanham, Md.: Rowman & Littlefied Publishers, 1995。See also George E. Duckworth, "Fate and Free Will in Virgil's Aeneid", *The Classical Journal*, Vol. 51, no. 8(May, 1956), pp. 357—64。命运女神在罗马的稳定性是李维著作的一个重要主题,而西塞罗也在其《论共和国》(De Republica)中承认罗马从好运中获益。但他们的进路是一致的:罗马人以他们自己的伟大的德性而赢得好运。

者们对于这两篇演说的严肃性有一定的争议。[15] 当然,这两篇演讲修辞性十足,但这并不说明它们不具有严肃性,或者对于研究普鲁塔克的时代的文化气氛没有用处。正因为它们诉诸希腊人的文明自豪感与对于征服者的本能的抗拒,它们至少展现了当时希腊人对于亚历山大和罗马的荣耀与成就的一种具有代表性的思考方式。

普鲁塔克对亚历山大的辩护并不仅仅存在于这两篇演讲中,他在其《亚历山大传》(*Alexander*)记录了亚历山大的一些名声不佳的行迹,如摧毁忒拜城和戕害其朋友。但他并没有对这些事迹进行评论。在 De Alex. Fort 中,普鲁塔克也提到了这些缺点,但他评述说,如果其他人处于亚历山大的位置,他们可能被败坏得更加厉害(De Alex. Fort. 337. E)。在这里,他采取的立场和波里比乌斯在 V.10—11 中的立场相近,波里比乌斯记录了亚历山大摧毁忒拜城以及对波斯人的报复,但指出亚历山大始终对他们的神保持着崇敬。

反亚历山大的罗马作家们通常忽略亚历山大传播希腊文化的功绩。而普鲁塔克则在 De Alex. Fort 和 Alexander 中对此大加赞赏。在 De Alex. Fort 中,他将亚历山大称为一个哲学家——柏拉图只不过是教导了几个学生,而亚历山大则照亮了整个世界(De Alex. Fort,328C—D)。对于亚历山大传播希腊文化的强调表明了普鲁塔克强烈的文化自豪感,正如罗马人对于道德的强调能够表明他们对于罗马德性的自豪一样。

在普鲁塔克这里,政体的因素并不是对比的关键。作为被罗马征服的希腊人,他既希望通过自己的写作来使希腊人理解罗马的伟大,也希望在罗马人前面为希腊人辩护。因此,他并不需要像李维那样,忧心于野心家们对共和国的颠覆。他要捍卫的仅仅是希腊世界的文化和政治尊严。尽管他并不情愿介入关于政体的争论,但他对亚历山大与罗马所发表的看法,客观上有可能减损罗马共和政体的正当性。在一千多年之后,一位意大利的政治思想家硬将他拉入了一场关于政体的跨时空讨论。

四、对抗 fortuna 的政治学:马基雅维利

我在这里要讨论的是马基雅维利,《君主论》与《论李维的前十书》的作者。马基雅维利是以一种非常怪异的方式间接地介入这场讨论的。在《论李维》第二卷第一章,马基雅维利提出这样一个问题:罗马人获得帝国,究竟是因为德

---

[15] J. R. Hamilton 认为这两篇演讲不过是修辞学练习,参见 Hamilton, *Plutarch's Alexander:A Commentary*, Oxford University Press,1969, p. xxxi. 此观点亦可参见 R. H. Barrow, *Plutarch and His Times*, London:Chatto & Windus, 1967。但 Tim Duff 反对这一观点,认为我们可以将之作为对两个文化的严肃比较,See Tim Duff, *Plutarch's Lives:Exploring Virtue and Vice*, Oxford:Clarendon Press, 1999, pp. 300—301。

性,还是因为命运的庇佑？他要批评的权威是普鲁塔克:在他看来,普鲁塔克认为罗马人是通过命运而非德性而获得一个帝国的。[16] 这并不是对普鲁塔克观点的忠实转述。在 De Fort. Rom 中,普鲁塔克并没有说罗马帝国仅仅是 τύχη 的产物,他强调 τύχη 和 αρετή 之间的合作促成了罗马帝国的建立。但他对罗马人受 τύχη 庇佑的强调,显然给马基雅维利留下了深刻的印象。在后者看来,普鲁塔克的这一观点剥夺了原本应该属于罗马人的荣耀。

马基雅维利起而捍卫罗马的光荣,争辩道,罗马人是通过他们自己的德性获得帝国的。在我看来,《论李维》全书对普鲁塔克提出了两方面的回应,一个是直接的,一个是间接的。

第一,普鲁塔克的一个观点是,罗马人从来没有同时打两场仗,这说明他们受到命运的庇佑。马基雅维利承认这一现象,但指出,罗马人并没有同时打两场战争,并不是一个偶然的巧合,而是罗马人的军事和外交努力的结果。他们在安排战事的时候,总是避免同时打两场战争。而那些可能趁火打劫的敌人,或者受到他们的震慑,或者被他们收买,并不能对他们构成致命威胁。这恰恰证明罗马人能力(virtù)之高超。[17]

第二,普鲁塔克在 De Fort. Rom 这篇演讲中指出,罗马人认为自己的成功受到命运女神的庇佑。马基雅维利根本无法接受这一证据。他并没有对这一观点作出别的评论,但《论李维》所包含的某些理论视角可以说已经隐含了对普鲁塔克的回应。对 fortuna 女神的崇拜是罗马宗教的一部分,而宗教,在马基雅维利看来,可以被还原为一种在政治上非常有用的恐惧。伟大的立法家努马利用了这种原始的恐惧,创立了罗马宗教,将粗野和放荡不羁的罗马人改造成为虔敬守法的罗马公民。正是普通公民的宗教虔敬和政治领袖们对于宗教的巧妙利用,使得共和国的秩序建立并且稳固下来,并使共和国在战场上所向披靡。[18] 可以说,罗马的宗教崇拜,即便是对 fortuna 的崇拜,也是罗马人的 virtù 的构成成分之一。

从表面上看,马基雅维利使用的术语 virtù/fortuna 保持着与罗马史家的连续性,但其实质已经发生了显著变化。马基雅维利研究者们已经达成的共识是,马基雅维利已经将 virtù 改造成为一个与古典的 virtus 有很大差异的概念。virtù 脱离了与灵魂理性部分以及自然(natura)的紧密关联,淡化了 virtus 的古典伦理意涵,它仅仅指向政治主体在一个外在事物(external goods)的世界赢得成功的能力,而与灵魂的完善与得救无关。这一外在事物的世界,恰恰处于变幻莫测的 fortuna 女神的权限范围。正因为隐去了灵魂完善和得救的视野,对

---

[16] 《论李维》,II. 1。
[17] 同上注。
[18] 参见《论李维》,I. 11, 13, 14.

于马基雅维利笔下的政治行动者来说,他们的一切政治行动都是与他们所处的政治环境——fortuna——进行搏斗。只有战胜变幻莫测的 fortuna,他们才能被称为是有能力(virtù)的。

在古典的视野中,政治行动者是以他们灵魂的秩序——外化为卓越的行动——来制约变幻莫测的 fortuna 的力量。即便是从事权变的审慎美德(φρόνησις, prudentia)也是这个灵魂秩序的具体化。这个内在的灵魂秩序,从本体论上与自然(natura)相对应。而对于悬置灵魂秩序的马基雅维利来说,与 fortuna 的对抗征用的并不是一个固定的理性秩序的力量。在《君主论》第 25 章,马基雅维利公然说,一个人如果能根据时势和事情本身而改变自己的自然(natura),他的好运(fortuna)就不会改变。[19] 这是一个石破天惊的提议,因为在古典与中世纪的视野中,natura 是不可由人自己来改变的。而马基雅维利想象,他的"新君主"可以根据不同的时势需要,以自身 virtù 之中不同的方面来从容应对。他的 virtù 是复合的,既包含了人所特有的对于荣耀的渴求,也包括了狮子的强力和狐狸的灵活多变以及制造幻象的能力——这意味着他的 natura 本身必然也是复合的,而不像古典作家强调的那样,只有一种单一的秩序。

但《君主论》第 25 章同时也包含了对改变 natura 这一提议现实可能性的自我怀疑。马基雅维利举了教皇朱里奥二世的例子。这位君主在行事时总是非常迅猛(impetuosamente),这种方式和时势相协调,因而取得了成功。但他像亚历山大那样英年早逝,未能经历机运(fortuna)的逆转。马基雅维利评述道:"如果时光流转到了他必须谨慎行事的时候,他就会毁灭了;因为他永不会抛弃他的自然(natura)使他倾向的那些方法。"从中得出的结论是,人们的行事方式必须与 fortuna 的变化相协调。然而,遗憾的是,马基雅维利并没有展开分析"新君主"到底是否能在多大程度上改变自己的自然,而是很快跳跃到鼓励他的读者以青年人的勇猛去征服命运女神(fortuna),而无视上文对朱里奥二世可能的命运逆转的分析,"自然"是否可以改变的问题也就滑落在这个文本的断裂里。像这样的断裂和跳跃在马基雅维利的文本中并不罕见,要追问那些被马基雅维利的断裂和跳跃忽略和掩盖的问题,我们或许要从他的文本的其他地方寻找线索。

在此,让我们回顾一下李维的视角:成功的君主,如亚历山大,也只不过是一个人(unus homo),他所有过去的经历,都参与了塑造其行事的方式。他可能很多变,但绝不能突破 unus homo 的限度,一旦机运突变,他的事业也许就会遭遇到戏剧性的失败。在我看来,熟读李维的马基雅维利,在很大程度上已经将李维的视角融合到自己的写作之中。

---

[19] 原文为:ché, se si mutassi di natura con li tempi e con le cose, non si muterebbe fortuna。

根据马基雅维利的政体分类，一个国家不是共和国就是君主国。从表面上看，二者之间似乎存在一种相互排斥的关系。但是，在《论李维》中，马基雅维利不时使用"共和国的君主们"这样的用法[20]，表明他的共和国并非是君主的绝对反面。实际上，共和国更像是一个复合的结构，在其中，君主的因素，贵族的因素和平民的因素混合在一起。由于这种复合结构，共和国将许多不同的行事方式混合在一起。正如马基雅维利指出：

> 与君主国相比，共和国有着更强盛的活力，更长久的好运，因为它有形形色色的公民，能够比君主更好地顺应时局……只用一种方式做事的人，绝不会改弦易辙；如果时局已变，他的方式不再适用，他也就覆灭了。（III.9）

这一段引文包含了丰富的内涵。像李维一样，马基雅维利指出了 unus homo 的限度：一个人的行事方式难以应付机运的无穷变化，一旦其方式不适合时局，就会遭遇失败。而拥有各色公民的共和国，却能够超越 unus homo 的限制，在不同的时局中采取不同的行事方式。马基雅维利举的例子是法比乌斯（Fabius）与西庇阿（Scipio）两位罗马将领，他们一个谨慎保守，一个勇猛大胆，但因为各自的行事方式与时局相适应，最终合力打败遵循自身行动程式的汉尼拔。马基雅维利在此甚至作了一个反事实的假设，如果罗马是一个君主国，而法比乌斯是国王的话，那么他很可能会输掉战争，因为他的本性所决定的方式并不足以对付汉尼拔。所幸罗马是一个共和国，在不同的时机能适用具有不同秉性的将领，因此取得了成功。[21] 从汉尼拔一方来说，尽管他来自迦太基，一个类似于罗马的共和国，但在意大利的土地上，他指挥军队如同君主。他的失败，正如李维想象中的亚历山大大帝的失败，是 unus homo 对于一个复合的 res publica 的失败。

而如果离开共和国的政治结构，法比乌斯与西庇阿作为个人未必能长久胜利。在《君主论》第 17 章中，马基雅维利曾指出西庇阿性情和易，对自己的士兵过于仁慈，从而难以赢得士兵对他个人的尊敬。"如果西庇阿这样继续保持他的统帅地位，这种性情早晚要把他的名声和荣誉葬送掉。但是，由于他是在元老院的监督之下，他这种有害的品性不仅被掩盖起来，而且还使他获得荣誉。"[22] 马基雅维利在此暗暗指向了罗马共和国的政制结构，西庇阿在这个结构中，既不是唯一的统帅，更不是永久的统帅。他的弱点对于君主的事业来说是致命的，但因为他是在一个共和国里，他的弱点所造成的消极影响就被大大

---

[20] 参见《论李维》，I.30.
[21] 《论李维》，III.9.
[22] 中译参见马基雅维利：《君主论》，潘汉典译，商务印书馆 1997 年版，第 82 页。

弱化了，不至于对共和国的事业造成致命伤害。因而，在《君主论》这本以君主国为主题的书中，马基雅维利已经暗暗向罗马共和国致意。

《论李维》对共和国稳固性的强调，似乎可以对解读《君主论》第25章中的文本断裂有所启发。在我看来，"改变自然"是马基雅维利对君主的主张和号召，但基于历史经验，一个人"改变自然"是极其困难的。一个国家若是基于一种实现的概率极小的可能性，就无法稳如磐石。因而，与其试图在一个人内部创造出一种复合结构，还不如以无数人为原料，创造出一个宏观的复合结构。对个人所发出的"改变自然"的号召，对于共和国这样一个复合结构来说就变成多余了——它可以使用性情、禀赋和行事方式大相径庭的公民和政治家来应对不同的政治时势。

这个复合结构的稳固性还体现在以下两个方面：

第一，在一个法纪严明的共和国里，人民抗拒败坏的力量要比君主更为强大。在《论李维》I. 58，马基雅维利比较了民众与君主的德性，指出历史上对于民众虚妄和多变的指控存在很大的盲点：

> 然而，我们的史家在谈到群体的本性时所指的群体，并不是像罗马人那样受法律管辖的群体，而是像叙拉古人那样目无法纪的群体，是这种群体犯下了狂放不羁的个人犯下的错误，譬如……亚历山大大帝和希律。（I. 58）

在这里，亚历山大大帝在马基雅维利笔下，成为不守法纪的君主的典型，尽管马基雅维利在《君主论》中将他作为伟大的创建者（founder）的典范。在马基雅维利看来，在不受法纪约束的时候，民众和君主都会作恶，就恶劣程度来说，前者并不比后者更大。但如果考察共和制下法纪严明的罗马人民，就会发现，他们维护良好政治秩序方面的能力要远远超过君主。罗马人民在行事时比君主更为审慎、更加持之有恒。他们能够保持一种荣耀观念数百年不变，而君主却很容易被千万种诱惑所败坏。共和国人民的稳定性，是一种因集合而成的稳定性。在法纪严明的情况下，共和国体制下政治权力的分享，能将个别官员和公民败坏的消极后果降到最低。

第二，共和国的稳固性还体现在它对颠覆行动的抗拒能力上。在《论李维》III. 6中，马基雅维利告诉我们，反对君主的个人阴谋比反对共和的阴谋更容易成功。毕竟，君主的事业依赖于其肉身。而共和国的事业却超越了单个肉身。即便个人倒下，共和国的制度结构依然屹立不倒。如果我们将颠覆政权的阴谋和败坏官员的尝试都作为一个政治共同体必须面对的fortuna，可以说，相比于君主，共和国展现出了更为惊人的virtus。在共和国里，一个人的死亡和败坏尚不至于影响到整个共和国的结构，因而其衰变会比君主国更为缓慢。

当然，马基雅维利对共和体制的推崇并非是无条件的。他充分认识到，共和国的创建在很多时候是伟大个人行动的结果；在构成共和国的民众本身已经败坏的情况下，也需要有人大权独揽，将共和国带回到其开端——这意味着对共和的再造。但对于这些政治家来说，最大的荣耀并非在于将他们手中的独裁权力永久化，而是用这种独裁权力为共和国奠基。正像他在《论李维》I.10 中指出的那样，一个君主若想追求现世的荣耀（gloria），他应当占有一个腐化的城邦，"不是像凯撒那样彻底摧毁它，而是像罗慕路斯那样予以整饬。"（I.10）而在《君主论》中，马基雅维利尽管就"新君主"的种种活动提出建议，但对其继承问题保持了高度沉默。这也许指向了这样一种可能性：将继承"新君主"位置并继续统一意大利使命的，将不再是一位世袭继承的"旧君主"，而是另一位与他没有血缘关系的"新君主"——如在罗马人那里，与罗穆路斯（Romulus）没有血缘关系的努马（Numa）继承了前者的王位[23]；继承"新君主"事业的，甚至有可能是一个超越个人的复合结构，这一结构能够同时容纳诸多"新君主"，征用他们的能力来对抗 fortuna，并赋予他们不朽的荣耀。

五、尾声

欧洲思想史上对于共和体制的辩护，一般采取两种进路：一种是从规范视角出发，力主公民的政治自由（libertas），君主制因违反这种规范而不可欲。另一种是从政治体制的治理绩效出发，阐明共和政体的优越性。这两种进路都可以在李维和马基雅维利那里找到。本文重构的是他们从第二种视角出发而展开的论述：以罗马共和国为代表的复合共和政体克服了单个统治者肉身和行为习惯的限制，综合了许许多多政治家和公民的才干，来应对内外挑战。因而，它比君主政体更为稳固。类似这样的论述，在中国近代思想中其实屡见不鲜。君主专制在中国的倒台，与晚清的丧权辱国和内部民族压迫有着密切关联。无论革命派还是立宪派都指出了君主专制在应对内外挑战时的重大局限，都试图推动结构性的政治变迁。从这个角度来看，李维和马基雅维利的论述，包含了许多普遍的、可适用于其他时空环境的成分。只是他们采取的论述形式会让我们觉得陌生：他们以亚历山大和罗马这样的特殊的"义例"来讨论政体，并往往以反事实（counterfactual）的虚拟方法来作比较研究；他们用以探讨问题的术语 $τύχη/αρετή$, fortuna/ virtus（virtù）也打着欧洲古代—中世纪的宇宙论与灵魂学说的深刻烙印，从近代以来已不复被人使用。但总结这条思想史线索，还是会有助于我们理解现代共和主义如何从西方文化的母体中生长出来，并走向世界。

---

[23] 参见《论李维》，I.19.

同时,本文的研究在政治/法律思想史方法论上也许具有某些一般意义:第一,"义例"的建构与政治/法律思想的探究:通过对史家如何建构"义例"的考察,我们可以达到其政治/法律思想中一些精微之处。因而,对"义例"的考察,是研究历史叙事中的政治思想的有效切入点。第二,史家往往出于比较研究的目的而进行反事实(counterfactual)叙事,在涉及政治主题的时候,这些"反事实"叙事中往往隐含了作者强烈的政治判断。通过搜寻文本中的"反事实"叙事,往往能很快地深入到史家的核心政治关切。[24]

(初审编辑:岳林)

---

[24] 对于"反事实"在希腊—罗马史学中的运用,可参见笔者博士论文 Imagining Alternate Possibilities:Counterfactual Reasoning and Writing in Graeco-Roman Historiography, University of California, Los Angeles, 2008(Doctoral Dissertation)。

清末民初刑法变革之历史考察
——以人口买卖为中心的分析

李启成*

Historical Research on Penal Reform during the Late Qing Dynasty and the Early Republican China: An Analysis on Human Trafficking

Li Qicheng

内容摘要：清代有大量的人口买卖现象。随着西方天赋人权观念的输入，儒家思想中"人为贵"一面得以激发，以大闹公堂案为契机，以禁革人口买卖、保障人格尊严为目标的法律变革就此展开。其成果在《现行刑律》和《新刑律》中集中体现出来：《现行刑律》的规定注重于现实治理，但缺乏保障个体人格尊严的理想；《新刑律》则集中反映了理想，却忽略了现实。兼顾现实和理想的禁革人口买卖立法在清末民初都未出现，是人口买卖屡禁不止的法律原因，尽管其根本原因不在于此，而在于近代中国转型之艰难和曲折。

关键词：人口买卖　法律变革　现行刑律　新刑律

人生而有欲，且不能完全靠自我内在修养而自足，故须求之于外。以弱肉

---

* 北京大学法学院副教授，法学博士。

强食为特征的暴力争夺和基于互利的交易因之而生。随着文明演进和经验累积,整体来看,暴力争夺的局限日益凸显,交易范围随之扩大。在这个过程中,交易标的之正当范围亦在不断变易:有的原本是正当交易对象,后来被认定为非正当;有的交易对象在古代闻所未闻,现在却司空见惯。前者如人本身,后者如各类证券。在人类社会早期,人本身即是常见的交易对象,但因近代以来人格尊严意识的激荡,"凡有良知的人都说,把人买进卖出是不人道的"[1],因而人不应再作为合理交易对象而存在。今天,禁止一切形式的人口买卖成为保障人权的最起码要求,是文明社会的一个基本象征。

但传统中国,受外儒内法这个主流意识形态的影响,一方面肯定社会等级的合理性,另一方面又强调人在天地之间的重要性。因此,在法律上,既禁止买卖"齐民",又肯定贱民贸易的正当性。故人口买卖在整个传统中国,都程度不同地存在着。降及晚清,受天赋人权说和儒家人本思想的双重影响,经变法修律,各类人口买卖才在理论上成为非法。本文即以人口买卖为切入点,来分析作为修律最重要成果的《现行刑律》和《新刑律》在禁革人口买卖方面对保障人格尊严的推进或失算之处。

一、清代的人口买卖及相关法制

清代同前朝一样,存在众多人口买卖现象,但因为满族入主中原,其原有习俗使得清代的人口买卖具有一些新特点。[2] 按照买卖对象的法律身份,清代的人口买卖行为大致可分下述三类:

第一,买卖贱民为奴为婢。清代的史料和书籍对这一点有诸多记载。如徐珂《清稗类钞》的"大姓买仆"条云:"徽州之汪氏、吴氏,桐城之姚氏、张氏、左氏、马氏,皆大姓也,恒买仆,或使营运,或使耕凿。"[3]同书"奴婢之解释"条亦云:"古罪人之子女,从坐而没入官以给役使者,曰奴婢,后则价买而依主人之姓者亦曰奴,若给工值雇用者,则谓之雇工,然普通心目中,辄皆视之为奴。至奴婢,则皆出价购之,鬻身以充役。"[4]按照徐氏的说法,不仅世家大姓有买来的世仆,一般人家的奴婢,除了雇工之外,也多是价买而来。清代诸帝,陆续将

---

[1] 菲利普·奥德莱尔等:《从奴隶到公民》,陈伟丰译,译林出版社2006年版,第55页。
[2] 这里需要说明的是,清代人口买卖的合法对象仅限于奴婢,但并非所有的奴婢都是合法的交易对象。比如说被遣发为奴的罪犯,从理论上说,由于他们是朝廷指定发配到特定地点服役的罪犯,因此主人无权将其出卖。尽管在实际上,清政府的政策多所调整,但总的说来,买卖此种奴婢即便可能,其合法买主也是大受限制。本文将不涉及此类特殊的人口交易。另外,自晚清开始,在东南沿海,有不少拐卖华人至外洋的现象,它更多的涉及外交领域,本文亦不论及此类人口买卖。
[3] 徐珂:《清稗类钞》(第十一册),中华书局1986年版,第5266页。
[4] 同上注,第5265页。

贱民开豁为良[5]，虽然贱民绝对数量在减少，地位有所提升，但直到晚清修律之时，买卖贱民之事，仍然存在。

第二，买卖旗下家奴。清朝入主中原之始，即将战俘作为战利品，分配给各级官兵为奴仆，并在不同的主人之间流转；清入关后，在京畿附近州县大量圈地，导致很多农民无以为生，有些农民乃至中小地主为躲避繁重的赋税差徭，或被迫或主动投充到各旗名下，成为所谓的"投充人"。这些"投充人"，既经"投充"，其法律身份即由凡人变为家奴，而成为买卖对象。

第三，买卖平民。入关之后的战争征服之中，更有不少良民为官兵掠去，被卖给有钱人家为奴或妓院为娼。这种情况并没有延续下去，随着政权趋于安定，政府正式立法，严禁买卖良民为奴。但因为社会普遍贫困，很多家庭生计艰难，遇上天灾，面对沉重的赋役，这种人口买卖仍频繁发生。传统中国将人口买卖按照所卖人口与家主的关系分为自卖、卖妻和卖子女等三类[6]。这种分类实际上意味着将买卖对象视为家庭之物，家主是整个家庭的代表，其通过卖人所得的钱财是为了家庭之用，足见人口买卖与家庭贫困紧密相关。除了上述界于合法与非法间的买卖平民之外，更有各种非法买卖平民的情形。观清律中"略人略卖人"律条及其下多款例文，反复禁止之，即是该类现象大量存在的反证。[7] 薛允升在《读例存疑》"略人略卖人"条下引《述异记》（东轩主人所撰，反映顺、康之间风俗民情的著述）中的记载更直接证明了这类非法买卖人口现象的普遍性。[8]

在清代各类刑案汇编中，人口买卖案件数量极为可观。这些案件经过了刑部审断，多属于法律上的疑难案件，故可以合理推测，那些按照常规处理的案件，数量更多。清代的人口买卖，既有正式法律所许可的奴婢买卖，更有法律所禁止的良民贩卖。下表是根据清代几种有名的刑案汇编中所收录的人口买卖案件所进行的一些数据统计：

---

[5] 关于历代清帝开豁贱民的情况，可参见《清史稿》，"食货志一"，卷一百二十。

[6] 比如清代卖妻现象就引起了诸多学者的关注，其中斯坦福大学的苏成捷（Matthew H. Sommer）基于司法档案中的卖妻案件所展开的实证研究很有特色，尽管在此基础上所抽象归纳出的两种裁断模式的结论值得商榷。参见苏成捷："清代县衙的卖妻案件审判：以272件巴县、南部与宝坻县案子为例证"，林文凯译，载邱澎生等编：《明清法律运作中的权力与文化》，台北联经出版公司2009年版，第345—396页。

[7] 田涛、郑秦点校：《大清律例》，法律出版社1999年版，第404—408页。

[8] 薛氏所引《述异记》载："京师地方东便门外，为往关东必由之路。一路开枋店者，俱半通旗人，贩卖人口窑子甚多。所骗之人俱藏窝内，最难查禁。"参见胡星桥等主编：《读例存疑点注》，中国人民公安大学出版社1994年版，第514页。作为法律严禁的行为，在京师尚且如此，其他直省及偏远地方更可想见了。

司法文书名称	人口买卖案件总数	买卖妇女案件数	买卖幼童案件数	买卖男子案件数	略卖良人案件数	略卖贱民案件数
《刑案汇览》	29	25	6	0	25	4
《刑案汇览续编》	1	1	0	0	1	0
《续增刑案汇览》	22	12	8	5	20	2
《新增刑案汇览》	3	2	1	0	3	0
沈辑《刑案汇览三编》	17	14	3	0	16	1
统计	72	54	18	5	65	7

根据上表,从买卖对象的身份来看,以妇女居多,幼童次之,也有极个别的男子被卖为优童、太监或奴隶;从法律地位来看,既有良民买卖,也有奴婢、准奴婢买卖。但需指出,人口买卖行为有可能导致买卖对象的社会身份发生变化,如各种买良为贱;也可能不涉及社会身份之变化,如良人、雇工或奴婢被转卖等。但不管如何,在清代,"民生憔悴,逃死无所,妻女鬻为妾媵,子姓沦于皂隶,不肖奸人从而市利,流毒播孽"[9],人口买卖是一严重社会问题。

中国的人口买卖,自古有之。《汉书·王莽传》载:"秦为无道,置奴婢之市,与牛马同兰,制于民臣,颛断其命。奸虐之人因缘为利,至略卖人妻子。"可见,最晚到秦代,买卖人口已是司空见惯。但私家买卖人口,制造"民臣",尤其是权势豪富之家,颛断奴婢之命[10],与朝廷直接对民的严格控制相冲突[11],因此,汉朝力矫秦之弊俗,立"和卖买人"专条以禁止之。以正式立法禁止人口买卖的做法为其后历代所继承。

清代关于此问题的立法,主要是《大清律例·刑律·贼盗》的"略人略卖人"条。该律文沿自明代,按照薛允升的评价,和唐律比较,在内容上失于繁复;在处罚上失于轻纵。[12] 但清朝廷通过制定例文加大了律条对略卖人的处罚力度。[13] 按照乾隆五年的《大清律例》,关于"略人略卖人"目下共有一条律

---

[9] 孙中山:"令内务部禁止买卖人口文"(1912年3月2日),载中国社会科学院近代史研究所中华民国史研究室等编:《孙中山全集》(第二卷),中华书局1981年版,第156页。

[10] 如《后汉书》卷三十四载:"(梁冀)或取良人悉为奴婢,至数千口,名曰自卖人",就是一个显著例子。

[11] 董仲舒谏汉武帝"去奴婢"的理由就是买卖奴婢制度的存在妨碍了人主的"专杀之威"。(《汉书》,卷二十四)

[12] 自汉代以来,历代皆是对略卖人者处以绞刑,明清"改绞为流,不知何故。此层改,而全律皆不免有参差矣"。参见薛允升:《唐明律合编》,法律出版社1998年版,第557—558页。

[13] 源自明代《问刑条例》、雍正三年修改的例文规定:"凡诱拐良人子女,或典卖,或为妻妾子孙者,不分良人奴婢、已卖未卖,但诱取者,被诱之人若不知情,为首拟绞监候,为从流三千里;被诱之人不坐。"鉴于人口买卖主要对象就是妇女幼童,故此条例文实可规范大部分人口买卖行为,按照清代"以例破律"的法条运用方法,故此条例文已在很大程度上改变了律文处以流刑的处罚。薛允升评价"此例改为绞候,并非失之于苛",即是该例已矫正律条处罚偏轻的明证。参见胡星桥等主编:《读例存疑点注》,同前注[8],第513页。

文(共有七款)[14]、九条例文,看似繁杂[15],但其基本内容可大致归纳为下述两点:(1)一律禁止各种良人买卖;(2)禁止和卖、略卖或转卖他人奴婢。由第(2)点即可推出主人出卖己有奴婢和买进别人所属奴婢当不在禁止之列,是合法的买卖;之所以禁止和卖、略卖或转卖他人奴婢,是为了保护主人的所有权,也就是保护主人对"物"的绝对支配权。故分析清朝廷对于人口买卖的态度,一个关键之点就是区分良人和奴婢间的界限。

一般而言,在一个严格的等级社会里,如果各等级之间界限分明且等级内部各成分能较长时期保持其稳定性,比如古代日本的"非人"、"秽多",印度的贱民等,就很容易和其他阶层的人区别开。尽管清代也是个等级社会,但等级之间具有流动性。因为一则朝廷不时将贱民开豁,另又有一些良民因各种原因陆续进入了奴婢和准奴婢等贱民阶层,使得良贱之间的界限有些模糊。

虽然良贱之间的界限有模糊之处,但针对特定的个人,大体上仍可识别。比如说能否有参加科举的资格就是其中一条重要标准。清人承袭明代已发展成熟的科举制度,成为朝廷选拔人才的主要方式。但只有家世清白的人才有资格参加科举。[16] 所谓"家世清白",就是非出身于倡、优、隶、皂等贱民之家。赎身奴仆须三世之后,才能报考。为什么如此规定呢?"盖家奴身充贱役,若放出后即与平民一体应试出仕,其祖父即得以家奴而上膺封典,不足以清流品而重名器,故例以三代为限。"[17] 为了维护等级制度的纯洁性,故限制贱民参加科考。因此,能否有资格参加科考遂成为确认良贱身份的重要标准。

既然特定个人的良贱身份大体上有可识别标准,那么从理论上来说判定人口买卖合法与否的标准也即趋于清晰。但事实是否如此呢?清代社会在本质上和之前的历代王朝没有太大区别,绝大多数民众都在温饱线上挣扎,加上等级社会所造成的财富分配不均,抗意外事件的能力非常弱。如果遭遇天灾等不幸,卖妻鬻子或自卖就成为重要的求生渠道。在卖身沦为贱民和死于饥寒这个二难选择之间,无疑很多人会选择前者。如果朝廷再通过赋役的摊派和征收加重人们负担,则人口买卖就成为家常便饭。顾炎武即以自己的亲身经历,有过下面这段悲惨的记述:

---

[14] 按照道光年间律例馆的归纳,该律文"共分为七节,首节言凡人设方略而诱取及略卖者,次节言假以乞养过房为名而转卖者,三节言和同相诱在己及相卖于人者,四节言略卖和诱他人奴婢者,五节六节言略卖和卖子孙、亲属者,末节言窝主、买主、牙保等,总承各节言之。"《刑案汇览全编点校本·刑案汇览》,法律出版社2007年版,第1127页。

[15] 其条文之所以繁杂,是因为略卖良人和奴婢的情形万般,且良人之间还具有复杂的服制关系,因为家族制度和精神的巨大影响,奴婢、雇工等贱民阶层与其主人之间的关系被拟制为家族尊卑关系,也牵涉复杂的服制关系。因为各异的情形需要分别认定、服制的差别又关系到处罚的轻重,因此律例之规定从形式上看就特显繁琐。

[16] 《清史稿·选举三》,卷一〇八。

[17] 《刑案汇览全编点校本·刑案汇览》,同前注[14],第465页。

> 自禹汤之世,不能无凶年,而民至于无饘卖子。夫凶年而卖其妻子者,禹、汤之世所不能无也;丰年而卖其妻子者,唐、宋之季所未尝有也……今来关中,自鄠以西,至于岐下,则岁甚登,谷甚多,而民且相率卖其妻子,至征粮之日,则村民毕出,谓之人市。[18]

民间长期普遍存在为朝廷律条所严禁的良民买卖现象,这意味着朝廷立法和民间实际情形之间存在很大矛盾。本来,朝廷立法禁止买卖良民,体现了"天地之间人为贵"这个天理,符合不甘自贱自弃的人情,保证了专制君主对臣民的生杀予夺,且它还与律典中的其他一些条文有内在关联,自成系统[19],当为良法可知。但如严格执行起来,即可能会剥夺一些普通良民"卖身"这条唯一可走的活路,有违人情之常。这种历久不变的人情,早在西汉,贾捐之即在《上元帝书》曰:"人情莫亲父母,莫乐夫妇;至嫁妻卖子,法不能禁,义不能止,此社稷之忧也。"[20] 尽管社会大量出现卖妻鬻子现象,主要是朝廷的责任,但一时无法改变这种普遍贫困状况,朝廷一般会优先考虑民间的求生诉求。

早在顺治年间,因八旗圈地而引发大批农民投充旗下为奴,朝廷即肯定因生存而变良民为奴的做法,"前许民人投旗,原非逼勒为奴。念其困苦饥寒,多致失所,致有盗窃为乱,故听其投充资生"。[21] 康熙十九年更定例:"流移之民有情愿卖身者,在何处卖,许在本处官用印。若故意掯勒不许用印,发觉,交与该部从重议处。"[22]乾隆二十四年又有通行,内载湖北臬司条奏穷民当饥寒交迫之时将妻妾子女售卖与人,"原非得已,向所不禁"。[23] 允许民人因贫买卖子女妻妾,是朝廷超越正式立法针对民间贫困现实而作出的妥协。

但如果卖主不是父母,是父母之外的尊长,这种良民买卖是否合法?道光四年,刑部安徽司审办了"孙宅使女三妞带伤自抹身死"一案,该案是叔叔商通哥哥因贫卖其妹为别家婢女,这与规范父母卖子女、夫卖妻妾的例文不符,属于疑难案件,主办案件的安徽司将卖子女的尊长和买主照律科罪,刑部堂官谕令交律例馆查核。律例馆认为安徽司乃误判,是拘泥律文而不解律意之结果,其理由为:"卖良人子女与人为奴婢,在凡人则分略诱、和诱、两相情愿三层,被卖

---

[18] 顾炎武:"钱粮论上",载贺长龄等编:《清经世文编》,中华书局1992年版,第704页。
[19] "卖'缌麻'以上亲,系在十恶'不睦'之列。"参见沈之奇:《大清律辑注》(下册),法律出版社2000年版,第621页。
[20] 《汉书》,卷六十五。
[21] (清)王先谦:《东华录》,1884年长沙王氏刻本,卷顺治四。
[22] 《古今图书集成·经济汇编·祥刑典》,中华书局、巴蜀书社1986年版,卷59,律令部,第93932页。
[23] 胡星桥等主编:《读例存疑点注》,同前注[8],第1126—1128页。此为《刑案汇览》的编者祝庆祺、鲍书芸在眉批中所指出,为刑部官员所熟知无疑。这一通行于同治九年被刑部山东司为"扎毙买婆兴贩之妇"一案的说帖内所称引,可见其效力得到官府长时间承认。参见(清)沈家本编辑:《刑案汇览三编》,卷九下。

之人虽出情愿,而凡人不应从中取利,故律与和诱同科。若父母、亲属价卖子女、卑幼,出于两相情愿,必实因生计艰难,万不得已,其情可悯,则于法当原。"[24] 律例馆的说帖交到承审的安徽司后,承审司员又拟了两份意见参差的说帖:甲说帖[25]为原审办司员所拟,他们坚持原来的主张,即买者卖者皆有罪[26];乙说帖为新办该案的司员所拟,对律例馆的观点持赞成态度。[27] 安徽司这两份意见迥殊的说帖呈堂后,堂谕再交律例馆审核。律例馆认为安徽司不赞成科罪的说帖"较为平允,似可照办",并重申如此断案的理由:

> 卖人坐罪之律,在凡人则无非利己害人,未有买而不诱者,故无不坐罪。若父母、尊长则有诱与不诱之分,如为图利起见,或略或和同哄诱其子孙、亲属而卖之,是骨肉相残,故绳之以法。如赤贫之民,饥寒待毙,困于计无复出,于是鬻卖以各全其生,此等情形岂能目之以诱?既不为诱,则不当治以诱卖之罪矣。[28]

律例馆对"略人略卖人"律条第五节侧重于从主观动机来进行解释,即将父母与尊长完全等同起来,一律以作为卖者的父母、尊长有无"哄诱"、"图利"之情节为断。[29] 如此一来,即大大减少了律文的惩治对象。因为:(1)在特定的人口买卖中,合法的卖者由买卖对象的父母扩大到其尊长(在本案是期亲尊长)。如果按照律例馆所给出的理由,难免出现甲说帖的担心,即合法卖者将会扩大至买卖对象的大功及其更疏远的亲属范围。合法卖者增多,合法的人口买卖也会随之增多。(2)"哄诱"和"图利"情节之断定,直接取决于行为者的

---

[24] 《刑案汇览全编点校本·刑案汇览》,同前注[14],第1125页。

[25] 为论述方便,笔者对安徽司的两份说帖简单命名为甲、乙说帖。

[26] 其理由大致包括下述两点:"略人略卖人"律条第五节的律意重在卖良人为奴婢,良贱之间悬殊极大,不能不将卖者和买者按律处罚;刑部断案难免被后来参考援引,其审断之结果应有助于风俗人心趋于良善。参见《刑案汇览全编点校本·刑案汇览》,同前注[14],第1126页。

[27] 其理由也是从分析律意入手,认为律条重在强调主观上的"诱",从本案情节来分析,无所谓"诱"卖情形,因此不应按律坐罪。其原文略为:"统析律意,盖非为买人、卖人之事立此科条,特诛略诱和诱之心,情同贼盗,故列入贼盗门中……若夫在卖者既无挟制之势,又无谎骗之言,在被卖者并无贪恋所欲之情,规求非份之事,此等不得已之两相情愿,似难附入略人略卖律中……若以奸心、奸力俱无之两相情愿亦加以略诱和诱之刑,则缘情立法,律意未必如此不情。夫例者,理也。理通则例合……议者拟欲以略人略卖人律条科罪,是竟以毫无机械但图苟活之人,科以阴谋诡计引诱谎骗之罪,似乎案律两不相蒙……即欲以辱没幼站及门闾大义责备,愚氓亦所不辞。然其迹可悯,则于法当原。此等案情,在所不少,必曲为文致,引用略人略卖人律条,则断结一案,即留成样,此后纷纷援引,不惟愚氓无所措其手足,且恐本律特诛欺罔牟利之心转隐也。"参见《刑案汇览全编点校本·刑案汇览》,同前注[14],第1126页。

[28] 同上注,第1128页。

[29] 按照现代刑法理论,卖者的行为虽有违法性结果(即作为被卖者的卑幼由良入贱),但为生活所迫,"缺乏期待可能性,因而没有违法性意志",不能归罪于卖者,故卖者的犯罪要件不能完全成立,不构成略人略卖人罪。参见陈兴良:《本体刑法学》,商务印书馆2003年版,第350页。但具体到本类案件,"为生活所迫"本身又具有很强的含糊性,无疑扩大了合法买卖人口之范围。

主观动机。在这里,既然是人口买卖,必定有身价银的支付,卖主收了身价银,即有"利"之客观和"图利"花用之主观。因此,关键之点即在是否"哄诱"。既是尊长卖卑幼,一般而言,在传统家族氛围之下,尊长无疑居于优势地位,卑幼面对尊长,通常被卖的卑幼不会揭发尊长的"哄诱"行为;即便卑幼在公堂之上揭发尊长之"哄诱"属实,也要承担"干名犯义"之处罚。综合来看,代表刑部的律例馆所作的新解释,无疑扩大了合法人口买卖的范围。[30]

道光以降,合法卖主的增加只是为更多合法的人口买卖提供了较大可能性,要让其成为现实,还要有更多的人口买入需求。事实上,这种需求因无形之中规避了成文法律的限制而得到扩大。清律对明律"若庶民之家存养奴婢者杖一百,即放从良"这一条文作了一点小小的却很重要的修改,于顺治三年添加了小注,为"若庶民之家存养(良家男女为)奴婢者杖一百,即放从良",行文的重点即由"庶民"转为"良家"二字,条文所要突出的不再是禁止庶民拥有奴婢,而是不准变良民为奴婢。[31] 也就是说,只要不是压良为贱,庶民之家即可存养奴婢。这里就会产生一个新问题:既然不许压良为贱,又允许庶民之家存养奴婢,哪有那么多奴婢供普通庶民使唤呢?

在清律里,禁止庶民之家存养良家男女为奴婢之律文位于《户律》"立嫡子违法"条下。实际上"立嫡子违法"条并非仅涉及立嫡子承嗣,还包括养子、义子等名目。养子、义子并非限于同姓,因此存在这种可能:庶民之家有以养子、义子之名而实际存养奴婢的情况。薛允升在其著述中提供了直接证据,"古来名人以异姓承继者,不知凡几,亦王道本乎人情之意也"[32],"(义子)自幼蒙其恩养,分产授室,俨同父子,礼顺人情,故谓之义父、义子,名为父子,实则主仆也……律有庶民之家不得存养奴婢之文,故卖奴婢者,其身契多写义子义女,是又在乞养之外也"。[33] 久而久之,禁养奴婢之律条在民间成为具文,遂有公开买卖人口之文据:

> 立卖身文契人老偶胡氏,父母亡过,被兵遭难,日食无度。今因不便,自情愿生女各转好年。婢女年方十七岁,生于丁未年十月廿八日子时,老偶出卖与汪某某名下婢女,为谢三面言定,时值价洋某某整。其洋当日亲手收足无欠……日后成人未大或收或嫁,无得藉口异说。倘有天气不常,

---

[30] 联系到此案审断的时间道光四年(1825年),此时康乾盛世已成过去,但人口压力依然,社会财富却日趋集中,普通小民的生活日见艰难,朝廷对此却无力救济,因此扩大合法人口买卖的范围,让难以度日的贫苦良民鬻身或卖卑幼亲人以自存,亦是衰世王朝无可奈何之处。当然,审断者未必清楚意识到此点,但研究者作为"事后诸葛亮"也许能从这些宏观处能给那些"潜意识"一个合理的解释或推断。

[31] 经君健:《清代社会的贱民等级》,中国人民大学出版社2009年,第110页。

[32] 胡星桥等主编:《读例存疑点注》,同前注[8],第178页。

[33] 同上注,第659页。

各安天命。日后走脚,卖人包寻送来。倘有内州人声说,一并出卖人走,当不涉受卖人之事。自成之后,两各无悔。今欲有凭,立此卖身文契,永远存照。

同治二年六月　日立卖身文契人胡氏老偶[34]

合法卖主的范围扩大,庶民之家存养奴婢已不在禁止之列,甚或在民间公然行之,买主亦不成问题,故人口买卖益发盛行。自道光以降,合法的人口买卖范围在扩大[35],那么朝廷必然会面对另一个难题:如何既能让普通良民鬻身以求存,而又不致让贫困良民大批沦入奴婢,成为不肖奸民渔利的工具。一个有效的办法是加大对人贩的打击力度。

本来,清朝廷对人贩一直予以惩罚,早在乾隆二十四年,刑部在议复湖北按察使沈作明条奏的基础上定例,嘉庆六年又进行了修改。该例文规定:"兴贩妇人子女转卖与他人为奴婢者,杖一百、流三千里,若转卖与他人为妻妾子孙,杖一百、徒三年,为从,各减一等。地方官匿不申报,别经发觉,交部议处。"[36]根据本文表一的统计,在清代,人口买卖对象以妇人女子为多[37]。故清廷于道光四年,刑部议复山东巡抚琦善咨请之后定例:"凡聚众伙谋抢夺兴贩妇女,已成者,为首,拟绞监候;为从,实发云贵两广极边烟瘴充军。"[38]加大了对团伙人贩的打击力度。但兴贩妇女之行为,一般而言有"哄诱"这个前奏,女性与女性之间,"哄诱"易于展开,故多有女性犯人参与其中。而传统法律为了培养女性的廉耻,妇女犯罪,一般仅罪坐家长,很多情况下尚可收赎。清代明确规定:"凡诱拐妇人、子女,或典卖,或谓妻妾子孙者……妇人有犯罪,坐夫男,夫男不知情及无夫男者,仍坐本妇,照例收赎。"[39]按照该规定,妇人贩卖人口,得不到实际应有的惩罚,不利于严厉打击人贩。针对这种情况,到道光九年,刑部在一起借灾贩卖人口案例中,改变了妇女犯买卖人口罪收赎的传统做法,加以实际的监禁。[40]

尽管朝廷将"哄诱图利"的压良为贱、卖良为奴为婢的人贩行为旋为厉禁,在实际司法中加大打击力度,但时至晚清,处于衰世,社会贫困加剧、财富分配

---

[34]　刘伯山编纂:《徽州文书》(第二册),广西师范大学出版社2006年,第264页。
[35]　当时即有律学家对"略人略卖人"律条成为具文的担心,"世情变态日滋,或遇灾荒之岁,而赤贫之民若限以禁律,转恐难保其全,故例听其卖而不论。然既听其卖,则略卖亦所勿论矣。"(清)姚润纂辑:《大清律例刑案汇纂集成》,1843年刻本,卷二十五。
[36]　胡星桥等主编:《读例存疑点注》,同前注[8],第516页。
[37]　这一建立在数据统计上的结论,与薛允升的观察适相吻合。薛氏指出:"益可见买婢女者多,而买奴仆者较少,古今风气之不同,此其一端也。"同上注,第638页。
[38]　同上注,第221页。
[39]　同上注,第513页。
[40]　《刑案汇览全编点校本·刑案汇览》,同前注[14],第348页。此为道光九年(1829年)案。

悬殊、道德陵夷,且法律默许普通人家存养奴婢,允许父母尊长因贫出卖子女卑幼,合法的奴婢买卖姑无论,就是包含各种形式"压良为贱"的人口买卖也只会越来越猖獗。虽然朝廷为示皇仁,陆续开豁固有的贱民,意图解决那些历史遗留问题,但对于整个社会而言,成效不彰。盖一则固有贱民本就为数不多,二则因人口买卖,将更多的贫寒良民投入到贱民等级中来。因此,可以说,降及上个世纪之交的晚清社会,人口买卖和前中期相比,情形更为严重。虽说从历代王朝的发展周期来观察,属于正常现象,可通过改朝换代来进行体制内的微调。但时代和环境已发生重大变化的"晚清",属于"正常现象"的人口买卖还能一如既往通过体制内的微调"正常"下去吗?

二、应被严禁的买卖——天赋人权和儒家思想的交汇

人口买卖本与儒家思想相冲突:虽然儒家肯定等级社会,但认为确定社会成员所属等级的最重要标准是个人的道德修养,而个人的道德修养与出身等先天因素没有必然关联,更多地取决于个人在修德、讲学等方面的努力。在这个意义上,经过后天的努力,"人皆可以为尧舜"。把人视为物来加以买卖,在儒家看来是从根本上剥夺了"人"成为"尧舜"的可能性,因此为其所反对。

但这只是儒家思想体系内在逻辑之直接展开,其实儒家还有另外一个重要面相,那就是它对传统等级社会的超强适应能力。为什么在中国传统诸家学说中,唯独它具有此种能力呢?主要在于它能在自身的理论框架内和等级社会现实之间保持适度张力。具体到人口买卖问题,尽管把人作为物来买卖与人的道德自觉相矛盾,但儒家还是能对此作出相对自圆其说的解释:统治者有责任创造条件,导人向善,因此要推行仁政。当灾荒、战争、瘟疫等意外降临到黎民百姓的头上,除了当政者要救济之外,更要允许老百姓自救。儒家本来就主张社会资源应该按等级分配,但前提是等级由个人的德行决定。既然资源按等级分配是儒家所坚持的,那社会的贫富不均也就是正常现象。当意外降临之时,除了富贵之人自动救济贫民之外,贫民主动鬻身,以服役为代价来换取生命的保全,即是各取所需。因此,人口买卖在这种特殊的情况下能够为儒家思想所容纳。这实际上达成了对社会现实——特权阶层需要无条件地役使作为"物"的人——的妥协。当然,这只是儒家所坚持的"道"下一种"权变"解释,但它在儒家成为主流意识形态之后却成了解释之"常态"。正是这种基于救济黎民才允许其鬻身的"权变"解释,能够使大部分儒家士大夫、乃至当政者在面对人口买卖问题时心安理得[41],儒家更为根本的基于道德自觉而无限发展的"立人"、"达人"之道反倒隐而不彰。清代的人口买卖问题本会一天天地拖下去,但无如中国已步入近代,同古代相比,乃是"天崩地裂"之变。随着西方文明逐渐输入近代中国,儒家内部的这种"权变"解释遂渐有不能维持之势。随着西方"天赋人权"思想输入近代中国并对当时知识界产生影响,当时存在的大量人口买卖现象就逐渐成为一不可容忍之事。

"天赋人权"观念大致在20世纪之交前后对中国思想界产生了重要影响。其中脍炙人口的是严复于1895年发表的《论事变之亟》中所说的"彼西人之言曰:唯天生民,各具赋畀,得自由者乃为全受"[42]一语。在严复这里,由天赋人权推导出了人应具有自由等基本价值。只有尊重"民"的这些基本价值,推动其自治,方能进国族于富强之域。严复的著作在当时就产生了重大影响,自不待言。何启、胡礼垣于1899年在《〈劝学篇〉书后·正权篇辩》中指出,权利之本源和有效性应该且能在"天"那里找到根据。[43] 到20世纪初,这种"天赋人权"思想已非常流行。

"天赋人权"实际上肯定了每个人皆有其建立在基本权利之上的"人格",无论个体在自然条件方面存在何种差别,但其"人格"是平等的。人口买卖则直接否定了被卖者的人格,严重违反了"天赋人权"说,因此是绝对不能接受的。严复在翻译《法意》时写下了这则按语:"约翰·穆勒曰:'一人之身,可自由于万事,独自由于放弃自由不可。'盖二义相灭,不可同居。故文明之法,于鬻身契约,向所不认。"[44]征之于西方史实,虽早先也有奴隶制度和人口买卖,但它们违背了一切启蒙人士和宗教团体提倡的价值观,最终得以被彻底废除,

---

[41] 如雍正八年,河南有数县被水淹,祥符、封邱等州县乏食穷民,沿途求乞,而村镇中更有卖鬻男女,为山陕客商所买去,巡抚田文镜欲将说合之中保、媒人拘拿惩治而请示雍正。雍正指出,"夫卖男鬻女之事,在平时亦有之。此乃出于本人之情愿,非官长所可禁止者。至若荒歉之岁,自以抚绥安插,使民不致离散为第一义。若不能抚绥安插,而但禁其卖鬻子女,以避免离散之名,而绝期生路也,岂为民父母者所忍言乎!"参见《清实录》[第8册],中华书局1985年版,第372页。乾隆也有类似看法,"地方遇有灾侵,无业贫民卖鬻子女,原属间有之事。从前田文镜在河南巡抚任时,曾禁止悯人不准出境,其意不过为讳灾起见。此等贫民既因灾歉,口食无资,不得已将其子女出卖,地方官果抚恤得宜,无此等事则善矣。若概行禁止,则灾黎贫乏不能自存,又无以养赡其子女,必致归于饿毙,岂轸恤灾黎之道?自不若听其卖鬻,则贫民既可得有身价,借以存活,而其子女有人养育,亦不致有冻馁之患,岂非一举两得,又何必强为禁止耶!"参见《清实录》[第25册],第545—546页。准许人口买卖,雍正、乾隆父子尚以为在推行"仁政",其中的思想根源就是儒家的这种"权变"解释。

[42] 王栻主编:《严复集》(第一卷),中华书局1986年版,第3页。

[43] 他们认为:"以大经大法之至正至中者而论,则权者乃天之所为,非人之所立也。天既赋人以性命,则人秉以顾此性命之权。天既备人以万物,则必以以保其身家之权……民盖自顾性命、自保身家,以无负上天所托之权,然后为是矣。"何启、胡礼垣:《新政真诠——何启、胡礼垣集》,辽宁人民出版社1994年版,第397页。

[44] 伍杰编著:《严复书评》,河北人民出版社2001年版,第264页。

成为西方的文明象征。这些事实,既然在严复等人的著作中有所涉及,随着这些著作的传播自然渐为人所知。1901年由林纾翻译的《黑奴吁天录》出版,这部流传甚广的小说对于奴隶制度和人口买卖的批判很有力度。出版于1904年7月的《觉民》第七期登载有署名"灵石"的文章《读〈黑奴吁天录〉》,向国人鼎力推荐该书。[45]

需要指出,近代中国因深重的国族危机,对人口买卖并不是从天赋人权观念所奠定的包括人格平等等基本价值来直接展开批判,而是绕了一个弯:保有国权和族权,必要国民有权,国民有权的根据在于天赋人权;要国民有权,因此要反对形形色色的奴隶制度[46],这才有了批判人口买卖行为的空间。梁启超于1901年发表的《说国民》一文是在与国民做对比的语境中给奴隶下定义的。[47] 于1903年出版的《国民日日报》第一集有《箴奴隶》长文,沉痛告诉国人:"天赋人权之声大倡于世……美洲买奴之苦战固无论矣,即以专制酷烈如俄罗斯,于一千八百六十一年,亦不得不降心而下解放农民之诏。夫奴隶革命之风潮,自公理之发明而大膨胀,今何独至中国而不然?"[48] 这些关于"奴隶"和"奴隶革命"的论述,都是从政治上被专制者所奴役这个角度来立论的。在这样的论证思路当中,人口买卖不是论述的重点,只是附带着被涉及。但还是要肯定,随着这种论证方式的被普遍接受,人口买卖已被认定为野蛮的象征。[49]

前已述及,在传统中国,奴婢制度和人口买卖得到容忍是因为儒家的"立人、达人"之道被救济黎庶的"权变"解释所遮蔽。随着天赋人权观念的传播,特别是以之为论据展开对奴婢制度和人口买卖现象的批评,已被遮蔽很长时间的儒家"立人、达人"之道被重新唤醒,反过来一起作为进一步批评人口买卖的

---

[45] 作者在结尾处写到:"我欲黄人,家家置一'吁天录'。我愿读'吁天录'者,人人发儿女之悲啼,洒英雄之热泪。我愿书场、茶肆、演小说以谋生者,亦奉此'吁天录',竭其平生之所长,以摹绘其酸楚之情状,残酷之手段,以唤醒我国民。我欲求海上名画师,将四十二章,各绘一图,我愿以粗拙之笔,图系一诗,以与'聊斋志异'争声价,庶妇孺贪观,易投俗好。我愿善男子善女人,分送善书劝人为善者,广购此书,以代'果报录'、'太上感应篇'、'敬灶全书'、'科场志异'之用,则度人度己,功德无量矣。"张枬等编:《辛亥革命前十年时论选集》(第一卷下册),生活·读书·新知三联书店1960年版,第871页。

[46] 在这种论证逻辑之中,天赋人权不再是一种不证自明的绝对抽象前提,而是一种服务于"国民有权"、"国族有权"的论证手段。既然是论证手段,就要接受经验层面上的检验。但很遗憾,它经不起这种检验,就只能是一种很容易被批判的"假说"。这似乎可在一定程度上解释当严复同时将之介绍进来,最后为什么是"进化论"而非"天赋人权"在近代中国长期盛行。

[47] 张枬等编:《辛亥革命前十年时论选集》,同前注[45],第一卷上册,第72页。

[48] 同上注,第一卷下册,第709页。

[49] 在这一时期,还盛行天演之说。其主旨为优胜劣败,在逻辑上完全可以为奴隶制度和人口买卖作辩护。但实际上,在近代中国的思想界,天演论的适用范围多在国际、民族间的问题,且作为社会等级的奴婢、被买卖的人口,从来是社会最弱势的群体,在救亡图存为目标的论证逻辑中亦不占重要位置,所以天演论没能成为禁止人口买卖的阻力。

思想武器。试看沈家本的相关批评:

> 西汉承秦敝俗,吏民多蓄奴婢,习为故常,遂使无辜良民吏为罪隶……迨世祖中兴……所以待奴婢者可谓宽矣,西汉敝俗为之一变,洵盛德也。
> ……
> 秦汉以后,变而加厉,以奴婢与财物同论,不以人类视之,生杀悉凭主命……殊非重视人命之义……现在欧美各国均无买卖人口之事,系用尊重人格之主义,其法实可采用。[50]

前条材料出自《刑法分考第十五》,其批判人口买卖的根据是传统儒家的"仁政";后一则材料出自他晚年的奏疏,其批评人口买卖的立论根据,既有儒家的重视民命和民生的思想,也有西方的人格观念。这两种思想资源融汇在一起,成为他主张禁革人口买卖的理论所在。如果说在沈家本这里还能明显分出思想渊源来历所自的话,那陕西道监察御史吴炜炳的论证,则充分融汇了二者。他的"奏置买奴婢恶习宜除请旨严行禁革以昭仁政而重宪法"一则,已将固有的"仁政"和外来的"宪法"并重,作为严禁人口买卖之根据。[51]

到晚清从制度上禁革人口买卖之时,已经难以准确分清,其实也不必定要分清到底是中国固有的,还是西方外来的观念和史实,才是真正用以制度变革的理论工具。因为在晚清,传统思想仍有很大市场,外来的思想观念和历史事实还要通过本国传统文化的内部消化才能真正产生效果。正是西方因天赋人权而奠定的人格基石和儒家的"立人"、"达人"之道在批评长期存在的人口买卖这一点上相互融汇,为即将到来的相关法制变革提供了必要的思想资源。

三、禁革人口买卖的契机——大闹公堂案和周馥上折

任何一种思想对制度变革的作用是隐性的、潜移默化的,具体制度变革的发生则相对来说较突然,有一个具体的时间点,尽管变革的过程可能是长期的。也即是说,从抽象、宏观的历史连续性来看,相关思想可能为具体制度变革做了充足的准备,但作为事件的具体制度变革之发生,尚需之前紧密相联的另一事件作为契机,思想本身不能决定这种历史的细节。具体到禁革人口买卖,这个契机在1905年底出现了,那就是"大闹公堂案"。

---

[50] 沈家本:《历代刑法考》(第四册),中华书局1985年版,第2037—2039页。
[51] 其奏折相关内容为:"天地有好生之心,帝王以仁民为本,方今预备立宪,全国人民其优秀者固宜随时培养,其微贱者亦须一视同仁。若以穷苦无告之民,听其互相买卖,沦于贱役,致令虐使苛待,惨无人理,非仁政所宜有也。"《大清法规大全》[第三册],台湾考正出版社1972年版,第1672页。

已有不少学者对"大闹公堂案"进行了研究[52],现根据已有的研究成果和笔者对资料的查阅,简略勾勒一下该案的缘由:

上海公共租界巡捕房得到情报:"鄱阳号"班轮上,有以两个女子为首的人贩,从内地拐骗了十几个幼女来上海贩卖,情报人员要求捕房缉拿罪犯并释放被拐骗的幼女。1905年12月6日晚,"鄱阳号"停靠在上海码头,捕头木突生抓捕了黎黄氏等人。黎黄氏的丈夫黎廷钰,任四川府经历,不久前因病亡故,黎黄氏遂由几个同乡仆人陪同,与多名婢女一道,扶其丈夫灵柩转道上海,回广东原籍安葬。12月8日,会审公堂开庭审理黎黄氏拐骗案。谳员关絅之以为需进一步调查拐骗证据,遂宣布审讯中止,当时和英国陪审官德为门因犯罪嫌疑人黎黄氏应在何处关押发生冲突,前者认为应在会审公堂女押所听候处断,后者则要将人犯带回捕房。会审公堂的差役和工部局巡捕之间发生摩擦,结果差役被殴伤,黎黄氏等被巡捕强行带走。媒体在报道中谴责了德为门及其巡捕肆意侵犯中国司法主权的行为,引发上海市民的抗议,事态进一步扩大。为避免事情不可收拾,上海道袁树勋、署理两江总督周馥先后与各国领事进行了高层交涉,清廷外务部也对驻京外国公使团提出抗议。在交涉过程中,又发生了示威群众火烧老闸捕房而被巡捕打死打伤的流血事件。面对不断扩大的事态,双方抓紧交涉,最后决定今后会审公堂的中国女犯直接在公堂女押所收押,不再送工部局监狱;因为关絅之的坚持,德为门不再作为陪审官出庭,之后被调离上海到镇江任职,捕头木突生则逃脱处罚;英国因为老闸捕房被火烧而提出的赔偿要求最终不了了之。"大闹公堂案"至此告一段落。[53]

"大闹公堂案"之发生,虽因捕房得到虚假信息欲抓捕人贩而起,但中方谳员和英国陪审官之间发生冲突,直接原因是犯罪嫌疑人在审讯期间应关押于何

---

[52] 对该案的考订有代表性的研究成果有席涤尘:"大闹公堂案"(《上海通志馆期刊》第1卷第2期,1933年9月)、马长林:"1905年大闹会审公堂案始末"(《档案春秋》2007年第4期)、石子政:"对《1905年大闹会审公堂案始末》的补正"(《档案春秋》2007年第9期)等。

[53] 时任署理两江总督的周馥事后有如下简明扼要的回忆,曰:"(光绪三十一年)十一月二十三日奉旨赴上海查办会审公堂案件。先是会审公堂因英副领事误以官眷某孀妇多携婢女,视为拐带,判押西牢。廨员不允。遂嗾西捕夺去,殴差受伤。上海道袁树勋恐民怨滋事,暂停会审。旋有匪徒传单罢市,勒逼铺户闭门。流氓因而抢夺,伤印捕三名,英人三名,华人被枪毙十二人,内有良民。余奉旨往沪查办,即饬开公堂审案,缉拿匪徒,查抚中外受害之家,民心大定。将应撤副领事应惩西捕两事归外务部商办英使,索赔款未允。于十二月回宁,电奏,奉旨,外务部知道。""周悫慎公自著年谱",载《秋浦周尚书[玉山]全集》,台湾成文出版社1967年影印本,第5756—5757页。

处,是会审公堂管理下的女押所还是租界巡捕房监狱?[54]

关押地点的差别,直接影响到犯罪嫌疑人的处境,是由作为同胞的中方谳员所管理,还是为外国陪审员指挥的巡捕所控制?这对于作为犯罪嫌疑人的黎黄氏来说,因为下述两个因素的存在,在不同的地点关押,不仅关系到关押期间的待遇,且会对案件最终的判决结果产生影响。为什么如此重要呢?因为捕房获得虚假情报在先,已认定黎黄氏为人贩,有先入为主的成见;工部局的监狱在当时俗称"西牢"[55],虽宣称为文明,但实际管理却颇为野蛮。[56] 而会审公堂之押所,虽是旧式,但一则处于中国谳员的管理之下,尤其经过关䌹之改革整顿以后[57],关押人犯的待遇得到改善;且在传统中国的观念里,出于励廉耻、重名节的考虑,司法官对女犯一直比较优待,何况还是有特殊身份的黎黄氏!因此,就黎黄氏而言,关押于何处,实大有区别。

对直接冲突双方而言,其争执主要是司法权问题。英国陪审员德为门希望能扩张领事陪审权力,主导会审公堂案件的审理;中国谳员关䌹之不论是基于履行职责的考虑,还是激于民族情感,都会力争中国政府对会审公堂的司法主权。其实,考察会审公堂司法权在中外之间分配的历史,外国领事一直在条约文字的解释上做文章,甚至超越条约文本迳以既成事实为据,扩张其观审、陪审等司法权力。一部会审公堂史,在很大程度上就是列强在公共租界司法权力的扩张史。一方要扩张司法权力,一方要保守司法主权,冲突自不可免,中方谳员和外国陪审领事自然处于冲突最前沿。关䌹之本人具有较强的民族意识,且26岁即出任谳员[58],正是血气方刚之年,面对陪审领事的蛮横,当然不会听之

---

[54] 关于会审公堂人犯的关押问题,前辈学者已做了很翔实的研究:"会审公堂最初的职权很有限,按1869年颁布的《会审章程》规定,只能发落枷杖以下罪名犯人,军流、徒刑以上的罪行须交上海县审理。随着租界当局对我司法主权的一次次侵夺,后来竟擅自判处十年以至无期徒刑,原来会审公堂判决监禁的人犯均送县监狱执行,短暂拘押的人犯在公堂的押所看管。后来变成了人犯动辄就押往西牢,到1905年初,英国陪审官藉口公堂押所不卫生,竟发展到将未判决的女犯也强押西牢。"石子政:"对《1905年大闹会审公堂案始末》的补正",载《档案春秋》2007年第9期。

[55] 西牢通称"提篮桥外国牢监",从1901年建造,到1906年建造了两幢监狱大楼,依照美国监狱样式,有480间单独牢房。陈文生:"旧上海监狱的形成",载《上海档案》1986年第2期。

[56] 关于其建筑等所体现的文明一面,参见许章润:"清末对于西方狱制的接触和研究:一项法的历史和文化考察",载《南京大学法律评论》1995年秋季号。关于其实际管理的野蛮,参见张铨:"上海公共租界会审公廨论要(续)",载《史林》1990年第1期。

[57] 1905年7月关䌹之就任谳员伊始,痛下决心整顿公堂秩序。其举措之一便是对会审公堂的押所进行大力整治。规定所有20间男女押所统一编号,每间只押4名罪犯,审判后应押的犯人由他亲自标明该押入几号间,这样就避免了差役向犯人及家属任意索贿。他还专门请来西医检查押所卫生状况,确保犯人在押所内得到应有的待遇(《申报》1905年7月10日)。虽然报纸的报道未必完全真实,其雷厉风行的整顿也未必能完全保证犯人的权利,但经整顿有所改观应不成问题。且至本案发生时,相隔不过半年,且押所还在关䌹之的直接管理之下,其整顿当不至完全归于无效。

[58] 彭晓亮:"关䌹之与上海会审公廨",载《史林》2006年第4期。

任之。早在本案发生约半年前,也就是关氏上任之初,即为罪犯的发落权问题与外国领事发生冲突,并有给领事的正式照会,为《申报》所登载。[59] 关氏维护一己之职权,同时也是维护中国司法主权的坚定态度于此可见。所以,黎黄氏案件所引起的争议,只是前此争议之继续。其实质是会审公堂司法权力在中外之间的分配,就中方而言,是维护司法主权;对外方而言,是如何进一步扩大领事裁判权。

如果上面的分析成立,那接下来的争议解决之道就是双方或者是各自的上司(上海道、两江总督与各国驻沪领事乃至外务部同列强驻京公使团)之间谈判磋商。历史给我们留下了这方面的证据,兹不赘述。[60] 就本案的最终结果而言,虽没能完全达到预期目的,但相比清政府其他对外交涉,总体上还算过得去;尤其和两年前的《苏报》案相比,可说是很成功的:英国虽未答应立即撤换陪审领事德为门,但实际上因为关絅之的抗争,德为门不再出庭陪审,不久更被调离上海;英国提出的赔偿要求最终不了了之。[61] 即便假定清朝廷对于谈判的最终结果不满意,出于对司法主权被侵夺的担忧,那么直接的对策就是与外国谈判,磋商关于会审公堂司法权力在中外之间的具体分配原则,拟定双方都能接受的细则,慢慢将之固定化;如果说还要较长远一点的解决方案,那就是切实整顿会审公堂的秩序,采取更有力的措施以防止长期存在、易为外人指摘而

---

[59] 该照会为《关谳员致英美副领事照会(为争发落事)》,有言:"查责放人犯向由敝当堂释放。现捕房忽欲带回,显与定章不符……上海本系租界,并非贵国地方,名为中西会审,自应参酌中西,未便专用西律。盖既经发落,已为无罪之人,今将无罪之人重行带回捕房,似与公理不合。至谓敝差役从中索费,倘有此种情事,本分府亦所痛恶。捕房访出实据,仅可由贵副领事照会敝。如敝不为严办,再用此强硬手段带回未迟。乃现在并无实据,徒凭风影之词,谓敝差役索费,然则带回捕房,能保包探巡捕之必不索费乎?本分府破除情面,雷厉风行,自当严束差役,不会有此等情弊,贵领事与工部局尽可放心。本分府下车伊始,愿与贵副领事及工部局和衷共济,以保治安。乃迩来捕房时出新章,租界居民咸生疑虑,人心惶惶,长此纷更,恐非租界之福。近来上海民志颇齐,设一旦激成事端,本分府不能担此重咎,尚望贵副领事与工部局凡事三思。至责放一事,现虽经道宪与领袖领事磋商,然本分府有保护商民之责,不敢缄默自安。此事一日不定,即一日不能发落。天气酷暑,民亦何辜久遭羁押?况捕房押犯太多,易生疫病,殊非贵副领事与工部局保卫闾阎之本意。务祈转商工部局,以后所有责放人犯仍归敝当堂释放,以符向章。"参见《申报》1905年7月11日。

[60] 这些证据数量不少,举其要者,如上海市档案馆所藏的相关档案,前所引周馥《自著年谱》中的简略记载,《工部局董事会会议录》(上海市档案馆编,上海古籍出版社2001年版)第十六册的相关记载,《申报》的报道等。限于篇幅,不再一一列举。

[61] 如早在20世纪30年代,席涤尘即有评论,"事件本身在上海固属屈服,但就其影响远及于北京使团而言,则尚属胜利。"参见席涤尘:"大闹公堂案",载《上海通志馆期刊》第1卷第2期,1933年9月。石子政先生认为:"(虽)确实反映了清政府的腐败无能。但以此评价这场民众风潮'终于以清政府的交涉失败而告终'显得偏颇。"主要是因为"原来正在进行的殖民主义公使团胁迫清廷外务部修改《会审章程》的谈判,被迫收场。这样,殖民者原想将其侵略我司法主权30多年的成果以法律形式固定下来的阴谋终于破产,从法理上仍然回到了1869年的起点上。"参见石子政:"对《1905年大闹会审公堂案始末》的补正",同前注〔54〕。

成为侵权口实的潜规则,如差役等在监所对犯人的敲诈等,以防患于未然;最根本的解决之道是釜底抽薪,废除领事裁判权,唯一看似可行的办法就是清政府主动进行以充分西化为模式的法律和司法改革,但这非一朝一夕所能奏效。但不论如何,按照一般逻辑,清政府对大闹公堂案进行反思所能吸取的经验教训,应该在前述三个方面以内。

但实际上,署理两江总督周馥于次年(光绪三十二年)3月4日上了"禁革买卖人口折",认为"买卖人口有伤天地之和,未洽文明之化",因此"请旨禁革,以昭仁政"。虽然从周馥的奏折里不能直接看到大闹公堂案的影响,但可以合理推测,周馥之所以上此折,应该是与公堂案有关。因为上折时间是周馥刚处理完公堂案,且公堂案之发生,即因为工部局捕房相信了犯罪嫌疑人黎黄氏在进行人口贩卖活动。周馥的上折,实启动了晚清的禁革买卖人口、删除奴婢律例之议。[62]

这里就自然生出一个疑问:公堂案之所以发生,固然与巡捕怀疑黎黄氏买卖人口有关,但公堂案之所以成其为"大闹",并成为一个至今不时被史学界记起的历史事件,是本文前面所分析的租界司法权力如何在中外之间进行分配这一重大问题的集中体现,因诸多中外官员、上海市民参与其中而得以被历史"选择"记忆。况且黎黄氏已经有充足的证据证明其所带婢女是合法的,因为所有婢女均系其夫粤中亲戚托买,且有买契为凭,按诸清律,完全正当;出入租界,有重庆道台所发护照;且捕房所获得的黎黄氏拐卖人口的信息,事后查明是出于"鄱阳号"轮船水手因敲诈未成而挟嫌报复的诬告。这些都说明所谓的黎黄氏拐卖人口并非大闹公堂案之所以发生的主要原因,最多只能是一个诱因而已。那为什么作为清政府总揽两江全局的周馥会抓住这个"诱因"而不是主因单独上折,提出禁革人口买卖之议呢?

周馥在其保留下来的文字记录里没有涉及他这方面主观动机的记录,但作为研究者,综合事件发生的前因后果及其宏观背景,还是能给出一个自圆其说的解释。首先,领事裁判权的存在,对清政府构成了严重威胁,会审公堂的司法权力之所以要在中外之间进行分配而不能由作为主权国的大清所独享,就是因为领事裁判权的存在。自庚子国变后,清政府已不能强力收回,只有靠改良自己的法律司法,采取舍己从人的办法,通过谈判之道来解决。既然要舍己从人,那"人"已将各种形式的人口买卖视为野蛮而从法律上严禁。因此,不论是从眼前杜绝类似"大闹公堂案"的事情发生,还是最终撤废领事裁判权来考虑,都需要废止人口买卖制度;其次,自庚子国变后,清王朝在国际大局中已是岌岌可危,面对日益深重的亡国灭种危机,民间民族情绪高涨,朝廷亦需作出相应姿态,出于对自身安全的极度忧虑,力图周全地自我检讨,尽量不给外人以侵犯之

---

[62] 李贵连:《沈家本传》,法律出版社2000年版,第220页。

口实。其实,这一因外交压力决定内政之趋向,以敦睦中外关系,保证自身安全,是朝廷在庚子国变后一以贯之的方略。一道有名的上谕即说出了此中奥妙,"量中华之国力,结与国之欢心",要求列强照顾中国现状,不作力所不及的要求;中国也尽己所能,不拂友邦之所请。[63] 大闹公堂案因捕房怀疑黎黄氏为人贩而起,捕房之所以有此怀疑,是因为中国有大量人口买卖的事实,更有合法的人口买卖。以前对此缺乏足够的关注,是认为它不足以成为中外纠纷之源。经公堂案之证明,人口买卖之事实可能引起更大的中外纠纷,因此提议将之废除,自然有望得到朝廷的许可。

本来,大闹公堂案的实质是会审公堂的司法权力如何在中外之间分配,是中方保持条约上的权力还是外方超越条约而扩张权力。经双方谈判得以解决之后,署理两江总督周馥检讨此次中外启衅的根源在人口买卖,遂有上折奏请禁革人口买卖之举,大闹公堂案成为中国禁革人口买卖之契机。

四、《现行刑律》与人口买卖之禁革

周馥上折不久,总办改革政治之特设机关——于1901年设立的督办政务处来不及与议旋即裁撤。1909年2月6日陕西道监察御史吴炜炳又上折请求严禁人口买卖。[64] 前后两折内容相近,朝廷一并下发给宪政编查馆,令其会同修订法律大臣审议并拟定相关条例。延至次年1月31日由宪政编查馆主稿、会同修订法律大臣上奏的"禁革买卖人口旧习酌拟办法折"获得朝廷的批准。它先列举了之所以要禁革买卖人口的理由:

> 窃惟立宪政体首重人权,凡属圆颅方趾之俦,皆有特立独行之性。若互相买卖,夺其自由,视同犬马,与朝廷颁行宪法之宗旨显相违背,非所以广皇仁示列邦也。是买卖人口一事,自应禁革,毫无疑义……人或以此为疑议。不知奴亦人也,岂容任意残害。生命固应重,人格尤宜尊。正未可因任故习,等人类于畜产也。方今朝廷颁行宪法,迭奉谕旨,不啻三令五申,凡与宪法有密切之关系,尤不可不及时通变。买卖人口一事,久为西国所非笑,律例内奴婢各条,与买卖人口事实相因。此若不早图禁革,迨实行宪政之时,将有格不相入之势。[65]

可以看出,其主要理由是买卖人口与将来的宪政、已颁布的宪法大纲之宗旨相矛盾,也即是说,禁革人口买卖是预备立宪所要完成的任务。既然它是如此重要,那具体应该怎么做呢?归纳起来,大致为:各种买卖人口的契据一律作

---

[63] 王开玺:"'量中华之物力,结与国之欢心'新解",载《近代史研究》2006年第4期。
[64] 《大清法规大全》(第三册),同前注[51],第1672页。
[65] 同上注,第1672—1673页。

废,从前的价买奴婢今改为雇工人;今后人口买卖的买主、卖主一律按照略卖、和卖律例分别治罪;基于人格平等,删除良贱为婚律条。[66]

当沈家本等初次上奏《现行刑律》之时,筹备立宪清单尚未颁布,且关于人口买卖问题未奉明诏,及至1910年1月31日朝廷有了禁革人口买卖的谕旨,且宪政馆亦要求修律大臣再行修订现行律[67],因此修改后的《现行刑律》吸收了禁革人口买卖条例之基本内容。

早在1905年4月17日,修订法律大臣将《大清律例》内应删各条例上奏获准,其中"略人略卖人"目下,共删除条例10条。[68] 虽然在删除的各该例文中未见说明其原因的按语,但考察其具体内容,结合《读例存疑》相关部分和奏折的说明,尚可分析出其中的理由。乾隆五年(1740年)的《大清律例》,该目只有9条例文;到薛允升的《读例存疑》,他所参考的例文大致以同治九年(1869年)修例为准,共有例文17条。[69] 可见,在短短129年的时间内,例文增加将近一倍。这些例文乃一时一地之立法,现时过境迁,已无关引用,成为具文。[70] 经此次删除,律例繁杂程度有所减轻。

在1910年2月2日(农历十二月二十四)宪政编查馆奏上朝廷的《现行刑律》中,对与人口买卖相关的原律例进行了大幅度的修改,大致包括:(1)为保障人权,改变贱民身份,将之提升为良民或准良民的雇工人,因而删除、更改原律例中的"贱民"、"奴婢"字样多处;(2)原被视为"物"的各类奴婢一律恢复"人"的身份,尽管所有"人"的身份未必完全等同;(3)为更好地消除实际存在的人口买卖现象,加大对人口买卖的惩罚力度。[71]

---

[66] 宪政馆主稿的奏折上列了十条具体办法,分别为:契买之例宜一律删除;买卖罪名宜酌定;奴婢罪名宜酌定;贫民子女准作雇工;旗下家奴之例宜变通;汉人世仆宜量开豁;旧时婢女限年婚配;纳妾只许媒说;良贱为婚姻之律宜删除;买良为倡优之禁宜切实执行。同上注,第1674—1677页。这十条具体办法获得朝廷批准,成为条例。

[67] "买卖人口久为环球所指摘,而与立宪政体保护人民权利之旨尤相背驰。此次编订,未经议及。良以属稿在未奉明诏之先,本月臣等议复前署两江总督周馥、监察御史吴炜炳等条奏,业经奉旨禁革,钦遵在案,自应将律内有关买卖人口及奴仆、奴婢诸条一概删除改定,以昭仁政。"同上注,第1761页。

[68] 同上注,第1721—1723页;参考沈家本、俞廉三:"拟请编定现行刑律以立推行新律基础折",载《大清现行刑律案语》,法律馆1909年铅印本。

[69] 胡星桥等主编:《读例存疑点注》,同前注[8],第513—518页。

[70] 在这删除的十条里,包括下述几种情形:罪罚明显轻重失衡者2条,因特殊情形定例今不再适用的7条,与既有的例条重复、毋庸另立专条的1条。

[71] 《现行刑律》"略人略卖人"条下的案语集中阐释了修订律例条文之理由和内容,"谨案:宣统元年十二月二十一日臣馆会同修订法律大臣奏请禁革买卖人口折内称嗣后因贫而卖及子女者处七等罚,买者处八等罚,其略卖、和卖案内不知情之买者亦照此办理等因,奉旨允准,钦遵在案。本律'不知者俱不坐'句应改为'不知者俱处八等罚',以符新章。至'奴婢'一项,现改'雇工',则此后自无略卖他人奴婢之事。设有略卖他人雇工者,自可酌照略卖良人办理。第四节应请节删。"按:第四节为"若略卖、和诱他人奴婢者,各减略卖、和诱良人罪一等。"奴婢名目既不存在,此节律文自应完全删除。《大清法规大全》(第三册),同前注[51],第3433—3438页。

《现行刑律》自颁布后一直是清王朝的基本法律;其"民事部分"在民初被辑录出来,在《中华民国民法典》生效之前,一直是民国时期主要的民事实体法。在人口买卖方面,经过《现行刑律》的革新,首先完全否定了"贱民"、"奴婢"等名目的合法性,只要是人,都属于"(准)良民"这个等级,从而间接确认了所有人在人格方面的大致平等。因此,《现行刑律》绝不承认有合法的人口买卖。

既然《现行刑律》基于人格的大致平等而视人口买卖为犯罪,当然要对买卖双方进行处罚。和之前的处罚比较起来,除了相应的刑名更改外,主要是扩大了对买者的处罚,将原先律文规定的"买者不知情不坐"改为"不知者处八等罚";增加了对父母因贫卖子女的处罚,原先律无治罪明文,现改为对卖、买者分别处以七等、八等罚。

按照清政府的计划,《现行刑律》是预备立宪期间有效的过渡法。为什么要这个过渡法呢?按照沈家本的说法,是因为实行新律的条件尚不成熟,借鉴日本而采取类似于《新律纲领》的办法。那这就有一个问题,《新律纲领》是"一洗幕府武健严酷之风"[72],且废除重刑也是变法修律大势所趋[73],为什么在人口买卖问题上,既有的绞、流、徒等刑没有减轻,反而增加了等级各异的罚金刑?下面是修律参与者吉同钧在《大清现行刑律讲义》中的一段话:

> 日本刑法略取未满十二岁幼者或诱拐或交付他人,处重禁锢一年以上五年以下,附加罚金四十圆以上百圆以下,略取十二岁以上至未满二十岁幼者减一等,其诱拐者又减一等。知略取诱拐之幼者而作为家属仆婢,但略取诱拐之幼者从礼式之成婚姻之时,无告诉之效。又略取诱拐未满二十岁之幼者交付外国人者,处轻惩役云云。详绎此法只言二十岁以下之幼者,可见二十岁以上之长者即不论罪矣。而略取诱拐后以礼成婚者,即不得告诉。此亦中国难行之事,勉强行之,伤风败化,必致酿成杀伤劫夺之祸。[74]

可见,当时有人主张对人口买卖处罚从轻,否则,吉同钧何必多此一举,详加分析?对此,他有自己的解释,如果贸然追求轻刑的虚誉而不察中国的现实,那将助长以暴力方式进行人口买卖而从中获利,最终败坏社会风俗。吉同钧的解释抓住了中国当时社会现实。因为有清一代,人口买卖,尤其是非法的人口买卖相当猖獗。在这种非法的人口买卖中,作为买卖对象,同时也是直接受害

---

[72] 沈家本、俞廉三:"拟请编定现行刑律以立推行新律基础折",同前注[68]。
[73] 时任法部律学馆监督的陈康瑞在给吉同钧《现行刑律讲义》所写的序文中提到,吉同钧的讲义编成正拟付印之际,"适值颁布现行律,一切多改从轻。君乃分门别类,反复推求,抉异参同,重加论说。"(清)吉同钧:《大清现行刑律讲义》,1910年石印本,卷一。
[74] 同上注,卷五,"略人略卖人"条。

者的主要是妇女和幼童,他们都是社会弱势群体。导致这种非法买卖如此猖獗的原因固然很多,但最主要的还是社会等级制度的悬殊,使得原本的普遍贫困在一般阶层及其以下成为绝对贫困,加之赋役和不可测的天灾,从而孕育了巨大的人口买卖市场。利之所在,人争趋之。即便是严刑峻罚,亦不能从根本上解决问题。尽管如此,这种严刑峻罚至少还能发挥威慑作用,对人口买卖现象有一定的遏制效果。如追求轻刑之名,模仿日本的做法,在社会基本情况没有发生根本变化,而且在短期内也不会发生根本变化的情况下,就可能会使那些正在犹豫要否从人口买卖中获利的人果断起来,成为它的积极参与者。

《现行刑律》基于保护人格的大致平等,对人口买卖犯罪处罚范围更广,且在"轻刑"这个时代风潮之下,并没有盲目跟风,不仅坚持了原先的重罚,且增加了新的处罚,在当时的社会条件下,是一种较为妥当的选择。但有两个方面值得进一步推敲:

一是它用正式立法的方式确认了以"雇工人"为主体的准良民身份,实际上这又会形成一个新的贱民阶层。雇工人"隶属家长,虽不为贱民(好似唐之随身),但对家长关系,类似唐之部曲,家长有教令权及惩戒权"。[75]《现行刑律》关于"雇工人"有这样的条例:"从前契买奴婢,如有干犯家长,及被家长杀伤,不论红契白契,俱照雇工人本律治罪。其一切车夫、厨役、水火夫、轿夫、打杂受雇服役人等,平日起居不敢与共,饮食不敢与同,并不敢尔我相称,素有主仆名分者,仍依雇工人论……至未经赎、放之家人不遵约束,傲慢顽梗,酗酒生事者,仍流二千里。"[76]该条例之所以有意义,就在于"雇工人"与"良民"之间存在由法律确认的等级差别,集中表现为二者相互侵犯,同罪不同罚。"营业不正及身家不清白者"则被剥夺了"入考捐监"这个主流的晋升之途,且有"若将良民诬指"字样,即明确指出这类人非"良民"。既然清廷考虑禁革人口买卖、废除奴婢制度的理由是"重生命"、"尊人格",为什么还要在法律身份上采取这种明显的区别对待呢?根本的原因还是特权阶层的存在及其势力的庞大。这一点在宪政编查馆主稿的奏折里说得很明白,"论者每多论其不便"。"论者"是谁呢?显然是满汉贵族官僚等特权阶层,他们需要驯服的"下人"为其提供方方面面的服务。但在预备立宪的大背景下,面对强大的舆论思潮和社会压力,不得不作出妥协——有"下人"之实而放弃其名,于是就有了上述规定。

一是它严格禁止父母因贫出卖子女,是否为一种妥当的做法,值得怀疑。因社会的普遍贫困,卖身为奴为婢成为贫民最后活命之道,清朝廷之前一直力图在生存和禁止买卖良民之间进行一些技术性的、同时也是细枝末节的操作,

---

[75] 戴炎辉:《中国法制史》,台湾三民书局1966年版,第46页。
[76] 《大清法规大全》(第三册),同前注[51],第3488—3489页。

来维持一种脆弱的平衡。降及晚清，整个社会的贫困状态没能得到根本性的改观，反而因时局的动荡而加剧。此时，朝廷立法不再顾及原有的平衡，来个一刀切，一律禁止父母因贫出卖子女，违者，买卖双方分别处以八等、七等罚。[77] 该例文如严格执行起来，父母因贫卖子女虽能得到一定遏制，但也可能堵死了贫民最后的生存之道。在生存和人格尊严之间，如不能两全，单独由朝廷立法为贫民作出唯一的选择，可能失之于苛。

尽管《现行刑律》关于改革人口买卖立法上有缺失，但仍需指出，其成就是主要的。其理由主要有两点：第一，它肯定人口买卖不符合"立宪政体首重人格"的要求，也不符合"天地之间人为贵"的圣人古训，更不是王道仁政之下的应有行为；从而以正式立法的方式宣告人口买卖在中国完全不再具有合法性。第二，即便是指陈的那些缺失，完全有可能向好的方向发展。如雇工人的地位本来较之奴婢有所改善；特权阶层希望避"下人"之名而取其实，但名实之间根本不存在绝对界限，按照整个社会日益要求平等的趋势，无"下人"之名可能也就渐无"下人"之实了。又如法律严禁父母因贫出卖子女，也可能会促使为人父母者设法改善自己及其家庭的处境。当然这只是一种可能性，在中国这个集权社会，法律从来没有获得自治的地位，它更受制于政治等法外因素。如果政治能早日上轨道，这种人口买卖立法的不利之点更可能向可欲方向发展。总之，作为一部过渡法典，《现行刑律》关于人口买卖的法律革新是实实在在的。

五、《新刑律》与人口买卖之禁革

过渡毕竟只是过渡，即便按照清朝廷的计划，《现行刑律》也只能适用六年左右的时间，之后就该适用《新刑律》了。《新刑律》早在1907年即脱稿，经七易其稿，1911年初予以颁布。在民初经临时大总统令确认生效施行，是整个北洋时期的基本刑法典。它被学术界誉为中国历史上第一部近代刑法典。下面来分析该刑法典对禁革人口买卖方面的具体规定。

该规定集中在分则第三十章"关于略诱及和诱之罪"，共八条法文。买卖人口之罪名分为略诱与和诱：凡用暴行胁迫或伪计拐取未满二十岁男女者为略诱罪，处二等或三等有期徒刑；和诱罪则处三等以下有期徒刑。关于立法之重点，所可注意者有三点：(1) 该罪惩处的重点是卖人口出境或以营利为宗旨而

---

[77] 按照《现行刑律》的规定，八等罚是罚银十两、七等罚是罚七两五钱。在晚清，按照《币制则例》，一元五角合库平一两，因而罚银分别为15元和11.3元，当时法曹丁役每月薪水全支不过6到8元左右。参见汪庆祺编：《各省审判厅判牍》，李启成点校，北京大学出版社2007年版，第430—442页。按照经济史学者的研究，清末湖南汝城县雇工一日的工资为小洋0.1元，折合银元约0.05元，罚银则分别相当于雇工300天或225天的工值。参见田炯权："清末至民国时期湖南汝城县的商品流通和物价变动"，载《清史研究》2004年第1期；邓云乡：《水流云在丛稿》，中华书局2001年版，第377页。可见，处罚还是很重的。

进行人口交易[78];(2)出于对幼童的特殊保护,规定和诱未满十六岁之男女者,仍以略诱论;(3)略诱、和诱之罪及其收受藏匿被买卖人口罪为亲告罪,如果罪犯人与被买卖人成立婚姻关系,在婚姻存续期内,被买卖人的告诉为无效。[79]

按照《新刑律》总则关于罪刑法定的规定,在所有人口买卖行为中,成为罪的只有略诱与和诱,其他的人口买卖行为则不为罪。"略诱"与"和诱"名词,皆承袭自《现行刑律》。在之前的法典中,"略诱"更经常被称为"略卖",与"和诱"相对称。因此,尽管"略"字本意为"设方略",但它既与"和"相对,照唐律注文的说法"非和即略",强调的是该行为采取了包括劫掠在内的各种强制手段。[80] 故"略诱"、"和诱"所能包括的人口买卖行为就是那些以强力或和同的方式,通过诱骗而进行的那些行为,不足以概括各种类型的人口买卖。比如说父母因贫出卖子女于人贩,显然不是"略诱",但是否为"和诱",界定起来很困难。"和诱"乃"和同相诱"的简称,其典型形态是以欺罔诱惑手段将人口卖与他人。父母出卖子女于人贩,则与之有别:虽然都侵害了买卖对象的利益,但在前者,人贩向买卖对象之父母支付了对价,未侵害父母对子女的监督权;"和诱"则否。另外,将《新刑律》分则第三十章与日本旧刑法第三十三章"略取诱拐之罪"对照,加以考虑冈田朝太郎直接参与了《新刑律》的起草这一因素,可以合理推测,《新刑律》"关于略诱及和诱之罪"章基本移植了日本旧刑法相关章节。日本旧刑法则将"略取"与"诱拐"对举。[81] 因此《新刑律》中的"和诱",即对应于日本旧刑法中的"诱拐",这就更能凸显"和诱"与父母出卖子女之间的区别。如果将父母出卖子女于人贩视为"和诱"的一种而加以处罚,显然不符合罪罚相当原则。

经过前述论证,可以得知:《新刑律》虽然将大多数同时也具更大危害性的人口买卖行为定为罪,并予以处罚,但也将一部分人口买卖行为出罪,比如父母出卖子女于人贩,从而使得相应的人口买卖者避免了刑事制裁。另外,即便是那些定为"罪"的人口买卖,对买卖者的处罚,较之《现行刑律》,也是大为减轻。按照《新刑律》总则关于"刑名"的规定,二等有期徒刑的期限是五到十年,三等是三到五年。也就是说,对一次略卖人口罪犯的最重处罚也就是十年有期徒刑;较之《现行刑律》绞、流等刑罚,其轻重显然。

---

〔78〕 该章按语明确指出,"略诱与和诱,均以出于移送外国及营利之宗旨者,加重其刑。若以营利之宗旨而移送外国者,更重其刑,以期保刑罚之权衡也"。《大清法规大全》[第三册],同前注〔51〕,第 2068 页。

〔79〕 《大清法规大全》(第三册),同前注〔51〕,第 2068—2071 页。

〔80〕 钱大群:《唐律疏义新注》,南京大学出版社 2007 年版,第 639 页。

〔81〕 牧野英一:《日本刑法通义》,陈承泽译,中国政法大学出版社 2003 年版,第 205—207 页。

一旦按照清政府的日程表,1916年正式立宪适用《新刑律》,难保不会出现吉同钧的担心——"勉强行之,伤风败化,必致酿成杀伤劫夺之祸"。为什么会有这样的推测呢?民初编辑的《最新司法判词》中即有确凿证据。因为民初社会和晚清相比,未发生根本性变化,尽管其间国体发生了变革;且大清《新刑律》到民初易名为《暂行新刑律》而发挥效力。故可以从《最新司法判词》所辑录的案例来考察大清《新刑律》对于规范相关社会行为的得失。下面是其中的两个判词跟法律适用最紧密相关部分:

1. 价买张二妮、李小妮,一则得诸被害人之父,一则得诸被害人之兄。夫人因贫欲卖其子女,该上告人乃乘机而价买之,律以前清禁革买卖人口条例,张二妮之父及李小妮之兄,为卖子女之人,该上告人为买入子女之人,明系买卖人口行为,不得谓为略诱,其理甚明。查前清法律,苟不与民国国体相抵触,当然继续有效,暂行新刑律中,既无关于卖买人口之规定,而前清现行律中,禁革买卖人口条例,又无明文废止,则该条例自属有效。[82]

2. 查……高等审判厅照覆本厅咨询买卖子女引用律文,覆称买卖子女,新刑律虽无正条,然从前施行之禁革买卖人口条款,为一种单行法,与民国并无抵触,按照袁大总统蒸电,当然有效。[83]

本来《禁革买卖人口条例》的内容在晚清已被吸收入大清《现行刑律》,但到民初,刑法适用的是大清《新刑律》经删除与民国国体抵触部分的《暂行新刑律》,民事基本法沿用的是《现行刑律》的"民事有效部分"。这实际上也意味着《现行刑律》的其他部分已被废除。对于父母将其子女卖给人贩的行为,在民国法曹看来,不属于《新刑律》所认为罪的"略诱及和诱",但该行为自晚清以降,皆认为是一种犯罪。面对这种困境,他们突破了《暂行新刑律》关于罪刑法定的规定,根据沿用前清法律的大总统令,将清代的《禁革买卖人口条例》视为一种单行法加以运用,从而在实际上弥补了《暂行新刑律》在人口买卖立法上的疏漏。

为什么会有这种疏漏呢?主要的原因在于其立法尽管在名词上看似沿用了中国所固有,但整个章节内容基本来自日本刑法典。这就自然产生了问题,因为它忽略了中日社会关于人口买卖习俗和社会发展阶段的差异。亦即是说,日本在明治维新之后,各个方面迅速进入轨道,其社会转型远较中国为顺利。因为其民众的包括受教育水平在内的整个文明程度都远远高出近代中国,所以内容相近的法律条文,仅仅都只规定性质较恶劣的人口买卖行为为罪,其社会

---

[82] 《最新司法判词》(第一册),上海商务印书馆1923年版,第254—255页。
[83] 《最新司法判词》(第四册),上海商务印书馆1923年版,第86页。

效果迥异:在迅速近代化了的日本不成问题,而在去传统未远的清末民初的中国就不是那样了。

《新刑律》规定只有用强制方式拐卖二十岁以下的男女才构成"略诱罪",予以犯罪者较重的惩罚;也即是说以强制手段拐卖二十岁以上的男女不构成"略诱罪",那是否构成"和诱罪",该章法文没有明说。但《新刑律》总则关于责任年龄的规定,采取的是三分制,不满十六岁为无刑事责任年龄;十六岁到二十岁之间为相对刑事责任年龄;二十岁以上为完全刑事责任年龄。[84] 故二十岁以上的男女达到完全刑事责任年龄,即有完全的辨别能力和控制能力,从理论上不再会被"略诱及和诱",自然也就无相应罪刑了。这种刑事责任划定的方法,其完全成立,是建立在一前提之下,即个人具有同等的法律主体资格。而传统中国法律并不完全如此,它富于道德和人伦的色彩,行为人身份为犯罪的构成要件,"不但为犯罪的主体及客体,且为情况,对犯罪之成否及刑之加减,亦有所影响。"[85]

传统认为,妇人因身体特殊,体力与性格柔弱,缺乏独立性,因此有三从之义。既有三从,故主中馈,不予外事,对外不成为家的代表,因此在法律方面,受到与男子不同的规制。以明清律为例,妇人犯略人、略卖人,罪坐夫男,只有在夫不知情及无夫男的情况下,才罪坐本妇;妇人犯罪,除奸及死罪外,责付本夫收管;妇人犯徒流之罪,原则上可得收赎;妇女原则上不能告人罪,相应地,妇女除犯奸、盗、人命等重情外,不出入公堂,而以夫男、子侄、兄弟出堂应审。[86] 这些都表明妇女即便成年,法律也未将之视为完全责任能力人,而是限制责任能力人。久而久之,很多妇女实际上也无能力负担完全刑事责任,而需要法律予以特别保护。根据前面的统计,清代的人口买卖对象以妇女、幼童居多,亦证明他们确实更需要法律的特别保护。《新刑律》仅对幼童予以特别保护,而忽略已成年妇女,与当时社会现实差距很大。近代中国的妇女解放虽在世纪初即有人倡议,但形成潮流及取得事实上的较大效果,至少要到20世纪20年代以后了。故《新刑律》关于"略诱及和诱"之立法,舍弃了传统法律对妇女的特别保护规定,是误将理想当成现实,具有鲜明的"法教"特点。尽管立法需要理想,需要寓"法教"于法律施行之中,但"法教"不能代替法律对社会现实的关照。

《新刑律》还规定,"略诱、和诱罪须待告诉始论,如果罪犯人与被买卖人成立婚姻关系,在婚姻存续期内,被买卖人的告诉为无效。"该条直接来自日本旧

---

[84]《新刑律》第十一条规定:"凡未满十六岁之行为不为罪,但因其情节得命以感化教育";第四十九条规定:"凡十六岁以上二十岁未满之犯罪者,得减本刑一等。"《大清法规大全》[第三册],同前注[51],第1947、1969页。

[85] 戴炎辉编著:《唐律通论》,戴东雄、黄源盛校订,台湾元照出版公司2010年版,第33页。

[86] 参见戴炎辉:《中国法制史》,同前注[75],第112—114页。

刑法第344条。[87] 观日本立法之本意,之所以规定此等罪为亲告罪,是为了保护被拐取者名誉。那为什么会在婚姻存续期内,法律不赋予受害者以明确的诉权呢?是因为婚姻的性质决定了夫妻为一体,相互有容隐的义务。因略诱、和诱成立的婚姻,一般而言是建立在胁迫或诈欺的基础上,违背了婚姻基于"和同"之本意,婚姻应归于无效。在保护受害者的利益和婚姻所确定的夫妻一体关系神圣性这两者之间,完全可以进行二者兼顾的立法,所以日本新刑法第229条对旧刑法第344条进行了修正,为"……除以营利为目的的以外,亲告的才能提起告诉。被略取、被拐卖或者被买卖的人已于犯罪人结婚的,在宣告婚姻无效或者取消婚姻的判决确定后,才发生告诉的效力"[88],明确指出受害者可以先向法院提出婚姻无效或取消的主张,在法院判决之后,再起诉罪犯的略取、拐卖等罪。

在晚清,略诱、和诱罪的受害者多是女性,与犯罪者被迫成立婚姻关系。《新刑律》"在婚姻存续期内,被买卖人的告诉为无效"这一款的规定,恰没有案语给我们提供理解条文的方向。按照一般的理解,存在两种完全不同的含义:(1)婚姻不再存续,被买卖人的告诉依然无效;(2)被买卖人的告诉要有效,必须是婚姻不再存续。也即是说,该条款并不能必然推导出被买卖人有告诉的权利。如果立法者能借鉴日本新刑法的相关规定,给受害者明确指出先解除婚姻然后起诉罪犯,而不是以否定的方式消极规定被买卖人的诉权限制,对欲寻求法律救济的被害者来说,条文内容可能更明确。故《暂行新刑律》第355条即改为"……罪须告诉乃论。被略诱和诱人与犯人为婚姻者,非离婚后,其告诉为无效"。[89]

即便我们认同第(2)种解释,此种立法仍有缺陷。因《新刑律》乃正式立宪后适用的法律,与之配套的是《大清民律草案》,该草案"亲属法"编规定,因诈欺或胁迫而为婚姻者,惟当事人得撤销之;且撤销期限为发觉欺诈或免于胁迫起六个月内。[90] 因此,作为受害者的女性要使犯罪者受到法律惩罚,先要亲自撤销婚姻以获得亲告资格,然后告诉略诱、和诱犯罪。在略诱、和诱案件中,尤其是略诱案件中,被略诱者的人身往往受限,法律为什么不赋予被害人的近亲属以直接控告罪犯的诉权呢?如果被害人的近亲属有此诉权,无疑增加了被害人获得法律救济的机会。在晚清社会,法律知识普遍低下,作为社会弱势群体的妇女更为贫乏,要亲自经历如许周折,且无近亲属代劳,才能使罪犯得到惩罚,法律的救济对她们来说可能只是画饼充饥。实际上,到民初正式适用《暂

---

[87] 牧野英一:《日本刑法通义》,同前注[81],第295页。
[88] 同上注,第371页。
[89] 《改订司法例规》,北京司法部1922年编印,第1084页。
[90] 《中华民国民法制定史料汇编》(上册),台湾"司法行政部"1976年版,第852—855页。

行新刑律》的时候,大理院、广西高审厅、灵川县令都无一例外,完全忽视了"亲告乃论"之规定,转而承认被略诱人近亲属对于略诱犯罪及连带解除婚约的诉权。大理院更在上告审判决中明确指出:"(被略诱者与略诱者)虽已成亲,然婚姻之一方意思既不存在,则实质上要件已缺……择期行娶,亦不得遽认为形式上之要件完备,当然不能为正式婚姻,故无须审查第三百五十五条第二项之条件,只以有同条第一项之告诉,而略诱罪自可成立。"[91]况本案略诱者的辩护人为民初大律师曹汝霖,也未以上告人诉权缺失为理由来进行防御,即更能证明该条对于诉权的限制,因为不利于保护被略诱者的利益而显失公平,被民国法曹实际上放弃了。

六、结语

《新刑律》关于人口买卖的立法,实际上有重大缺失,它定罪范围太窄、处罚太轻、诉权太苛,以至于民国法曹在适用它时,一方面拉来清末的《禁革买卖人口条例》以为补充,另一方面将诉权规定有意搁置,倾向于直接作出有利于保护受害者的判决。反观《现行刑律》,基本上完全吸收了《禁革人口买卖条例》的内容,且没有诉权方面的绝对限制,因此也就更能惩罚买卖人口犯罪,进而实际保障买卖对象的"人"权。因此,这里出现了一个很有趣的问题:以保障个体权利为指导思想所制定的适合于宪政的《新刑律》,在对"人"权的实际保障上,反不如集晚清旧律改革之大成的《现行刑律》。其背后的原因何在呢?

《新刑律》将略诱及和诱罪的对象限于未有完全刑事责任能力的国民,对略诱罪、和诱罪的惩罚有所减轻,规定这些罪都属于亲告罪的范围。之所以如此立法,是基于这样的一个假定:既然《新刑律》乃适用于宪政时期的基本法律,其直接规范对象是立宪国国民之行为,该国民应为能享受权利履行义务、且具有尊严的独立人格体。但在中国这样一个具有悠久文化传统的大国,要从传统成功转型到近代,有一段很长的路要走,绝非短短几年的宪政预备或政治革命所能完成,尤其是作为宪政国家基石的独立人格体塑造,更非一蹴而就能成功。这种独立人格体的型塑,不仅需要观念上持续而广泛的启蒙,更需要相关的制度支撑。具体到要真正减少人口买卖现象,则近代化的户籍管理制度、警察制度、社会保障和福利制度的建立和完善等都是必要的制度前提。而要完成这类制度建设,又需要相应的人力、物力资源,这绝非短时期所能奏效。所谓"牵一发而动全身"、"一转百转",道出了近代中国转型的困难。反过来亦可以说,单纯某个法律制度的革新、甚至是整个法律制度的革新,都仅仅只是整个转型中的"百转"之一。没有这个"百转",所谓的"一转"最多就只能是半吊子的

---

[91] 牧野英一:《日本刑法通义》,同前注[81],第260页。

"一转";这个半吊子的一转,其实际效果可能还不如原先的"不转"。而在晚清短短数年的预备立宪期间,是不可能真正成功进行这个"一转"的,因此也不可能真正完成独立人格体的型塑。

没有独立人格体的形成,《新刑律》的立法效果自然大打折扣,甚至其实效可能走向立法者所预期的反面。晚清已有人明确意识到此问题,如资政院议员陈树楷[92]在资政院审议《新刑律》时即指出:"凡规定法律,必先本于社会情状,若以最高的法律施之于社会情状不合之国民,其危险更有甚于法律不完全之弊者。以上等社会看待国民,本员很赞成,不过对于中国现在的社会情状不合,非所以保持秩序之本意也。"[93]

尽管《新刑律》在结构、体例、用语甚至其背后的思维等方面确是一部近代刑法典,是中国刑事法制近代化的一个里程碑,"中国刑法乘《新刑律》产生之机会,踏上了世界的舞台"[94];但它主要是被外力逼出来的,忽略了20世纪中国社会这本不成文的书,是理想超过了现实。[95] 而《现行刑律》更多的是关照了现实,但却没有给中国法律近代化给出方向和理想所在。吉同钧等人基于对现实的关注所产生的忧虑——盲目移植西律,难行于中国之事,若勉强行之,后果堪忧——就并非是那么难以接受的了。当年蔡枢衡曾这样评价晚清礼法二派:"反沈派知有社会而不知有目的,沈派知有目的而不知有社会。"[96] 笔者也借用这句话来评价《现行刑律》和《新刑律》关于人口买卖的规定,即"《现行刑律》知有社会而不知有目的,《新刑律》知有目的而不知有社会",这就是本文通过考察清代人口买卖及其相关法律革新所得出的主要结论。为什么近代中国的人口买卖屡禁不止,除了社会不上轨道这个主要原因外,立法求新,注重法教,忽略社会现实,以致在司法中不适于用,则是法律领域的主要问题所在。

(初审编辑:胡娟)

---

[92] 陈树楷,资政院第一次常年会民选议员。直隶大兴人,1870年出生,副贡,日本法政大学毕业,1909年当选为直隶谘议局议员,1910年经省谘议局议员互选为资政院议员,是晚清政帝国宪政实进会的发起人之一。入民国后,曾任直隶大名道尹、广西省内务司长等职。
[93] 《资政院议场会议速记录》,清末石印本,第一次常年会第39号。
[94] 蔡枢衡:《中国法理自觉的发展》,清华大学出版社2005年版,第270页。
[95] 参见王伯琦:《近代法律思潮与中国固有文化》,清华大学出版社2005年版,第29页。
[96] 《资政院议场会议速记录》,同前注[93],第44页。

早期普通土地法上的 Breve de Recto 与 Novel Disseisin

张传玺*

Breve de Recto and Novel Disseisin at the Early Common Land Law

Zhang Chuanxi

内容摘要：12 世纪下半叶至 13 世纪上半叶的 breve de recto 和 novel disseisin 两类令状及其引导的诉讼形式的出现和运作，是英国普通法成型的关键。国外的相关研究成果迭出；国内则显薄弱。对两类令状的研究历程显示，梅特兰构建了以 breve de recto 和 novel disseisin 为顶底两端的解决土地讼争的层级结构，其后直至哈德森，认识逐渐深化，密尔松的新模式取代了梅特兰的理论，描述了以封建制为主轴的早期土地法的立体结构，并得到不断完善；对两类诉讼形式进行的较深入分析表明，在普通法早期，两类诉讼实体规则层面具有一致性，而在程序层面，新近剥夺占有令状既是公正令状的前置性令状，又是它的纠正性令状，其相互关系体现了深刻的管辖权变动。

关键词：公正令状　新近剥夺占有之诉令状　权利　占有　管辖权　实体规则

---

* 北京大学法学院 2008 级博士生。本文的撰写，曾得到中国政法大学曾尔恕教授和北京大学徐爱国教授两位导师的鼓励和建议，以及中国人民大学法学院博士生张秋实的切磋助益，在此谨致谢意；同时感谢《北大法律评论》初审编辑和匿名审稿老师的辛勤工作。

作为早期社会中财富的重要体现和生活的主要来源,土地及对土地的权利必然会受法律重点保护。英国普通土地法上最早用以保护自由保有土地的起始令状,首要的是 Breve de Recto,后有以 Novel Disseisin 为首的数种小咨审诉讼[1]的令状,述及早期土地法时,两者不可不提。因其重要,国内外对两类诉讼的各自性质及相互关系的研究成果极丰。稍加搜罗不难发现,国内的研究与国外多有差异,差异之处在基本的术语理解、理论观点的内容、史料选择、分析依据和逻辑等层面皆有体现。而国内相关的学术史评介和较精细的分析工作仍稍嫌薄弱,撰写本文即为试图在这两方面稍作探讨。

本文将时间段限定在 12 世纪中叶到 13 世纪下半叶之前,即两类诉讼形式作为自由保有土地的主要救济手段相对较为盛行之时。在行文上,首先简介两类诉讼形式,继而扼要地回顾学界对两类诉讼形式的研究历程并加以评价,指出梅特兰构建了以 Breve de Recto 和 Novel Disseisin 为顶底两端的解决土地讼争的层级结构,而其后直至哈德森,认识逐渐深化,密尔松的新模式取代了梅特兰的理论,描述了以封建制为主轴的早期土地法的立体结构,并得到不断完善;之后是在前述工作的基础上,对两类诉讼形式进行较深入的分析,说明在普通法早期,两类诉讼在实体规则层面具有一致性,强调两者关系的重要性主要体现在程序层面,指出管辖权的变动对土地法实体规则的深刻影响。

一、两类诉讼形式简介及学术史回顾

(一)对 Breve de Recto 和 Novel Disseisin 的简介

Breve de Recto,通常英译为 writ of right,本文译为"公正令状",其所引导的诉讼形式为"公正之诉"。该令状名称源于令状起首"(我指令)你主持全部公正"(teneas plenum rectum)一句。[2] 该诉很早就可能以 Breve de Recto 作为一

---

[1] 小咨审诉讼(petite assizes)指以咨审团(assisa;assize)审理案件的诉讼类型,与大咨审诉讼(grand assize)有别,共有四种:"新近剥夺占有之诉"(assize of novel disseisin)、"祖先之死之诉"(assize of mort d'ancestor)、"最后推荐之诉"(assize of darrein presentment)和"是否之诉"(assize of utrum)。前三种诉讼一般被认为是"保护占有性质的诉讼",而"是否之诉"属于判断争议地产性质(或僧或俗)的预置性诉讼,不直接涉及权利认定。

[2] Rectum 一词有"公正"和"权利"两义项。成书于 12 世纪 80 年代的格兰维尔书中有"关于物的权利"(super recto rei)的说法(Ranulf de Glanville, *Tractatus de legibus & consuetudinibus regni Angliae*, London: Printed by A. Islip, 1604, Copy from: Yale University Library, lib. 13, c. 9, p. 101; John Beames, *A Translation of Glanville*, Littleton, Colo.: Fred B. Rothman and Company, 1980, p.314. 本文以"格兰维尔"指称该书及其作者,注引时以"lib. n, c. x"表示拉丁版第 n 书,第 x 章;以 E. 表示英译版),且有将 rectum 与 seisina 做对立说明之处(例见 Glanvill, lib. 13, c. 9, p.101; E. p.312,此处对比了 seisina 和 rectum;该处 rectum 显然与 seisina 相对而有具体指向,译为"权利"或更妥当)。但于 breve de recto 言,因动词 tenere 意为"(自己)持有、占有、主持(某事物)"等,而无"回复/保障/授予他人(某事物)"的用法,rectum 乃是 tenere 的宾语,则 rectum 就非"权利"义而是"公正"义;该令状相应可译为"公正令状"。

类起始令状的名称,且贯穿亨利二世治下这段普通法成型的重要时期:令状的正式名称至迟在1158年即已出现[3],在早期法学著作格兰维尔中,该诉的典型令状格式如下:

> 国王问候W伯爵康安。我指令你毫不迟延地为N就位于Middleton的十"卡路卡塔"[4]土地主持全部公正,他主张该土地乃是以一个骑士封地上的所有自由役务保有自你;或者……(以下格兰维尔列举了诸多具体自由的保有和不同役务情形);而W的儿子R强占了该土地;若你不这样做,诺桑普顿郡长将这么做,以免我听到还有对正义缺失的抱怨。[5]

公正令状不仅如上引,可用于封臣主张自由保有土地,而且可用于领主向封臣主张役务之履行[6],还可用于妇女主张寡妇份地。[7] 惟主张寡妇份地的公正令状并非致送领主,而是致送寡妇已故丈夫的继承人。[8] 因此,公正令状是为一类令状,特征为令状起首"你主持全部公正"词句。同时,被要求主持公正者(受致送者)是原告主张之领主[9],而非被告本人。这就意味着诉讼将在领主法庭而非地方公共法庭或王室法庭启动。本文所关注的,乃是用于主张土地的令状及其引导的诉讼。[10]

公正令状文本中并未点明该诉所保护的实质对象,但其诉答程序会提及"权利"(ius)一词:作为古老的土地诉讼,该诉程序体现了强烈的形式主义特

---

[3] R. C. Van Caenegem, *Royal Writs in England from the Conquest to Glanvill: Studies in the Early History of the Common Law*, London: Selden Society, 1958, pp. 206—207.

[4] carucata,土地面积单位,carucatis 的单数主格。

[5] Glanvill, *supra* note[2], lib. 12, c. 3, p. 91; E. p. 286.值得注意的是,该令状文本是致送W(领主)的,而被告R为W的儿子。如果这两个W为同一人,则该令状典型地针对领主处置自由保有土地的行为。

[6] Id., lib. 12, c. 4, p. 91; E. p. 288.

[7] Id., lib. 6, c. 5, p. 39; E. p. 119.

[8] 该继承人对该寡妇的身份,据格兰维尔所述,乃为保证人(warrantus)。参见 id., lib. 6, c. 5, p. 39; E. p. 119.

[9] 参见 id., lib. 12, c. 3, p. 91; E. p. 286。

[10] 早期土地诉讼也有使用其他令状的。如"指令他交付令状"(praecipe quod reddat),直接致送个人,命其实施交付行为,受致送人不从命则应赴国王法庭说明原因。格兰维尔中典型的"指令他交付令状"位于其著作的第一书"国王法庭与郡长法庭的管辖诉讼"中。参见 id., lib. 1, c. 6, p. 2; E. pp. 6—7.若是国王的直接封臣间的土地诉讼,则此时的指令令状是"直接指令令状"(writ of *praecipe in capite*),诉讼直接在王室法庭(亦即国王作为领主的领主法庭)启动。然国王乃是正义之源,令状无法指令国王对其直属封臣主持公正,故直接指令令状文本中没有主持公正的语句;但从案件的管辖来看,仍属于领主法庭管辖,这与"指令他交付令状"不同。

格兰维尔中的直接指令令状中并未出现"直接"一词,但明言保有自国王。同时,格兰维尔将直接指令令状文本作为一章(第五章)归入第十二书"公正之诉及在不同情形下致送郡长或地产领主的多种公正令状"。应注意者,虽然第十二书标题仅为公正之诉,但其中包括了多种不应被视作公正令状的令状格式。这说明格兰维尔一书的篇章划分是以管辖权为基本出发点。

征,原被告两造均应以特定言语表明诉求、辩驳和理由。原告通常会陈述说,某块土地是他的"权利和继承物",并说明其理由(通常是指明某一特定时期该土地由其先祖占有并取得若干收益,而自己是先祖继承谱系的终端);被告则到庭反驳其"权利";法庭会命两造决斗或召集大咨审团来判定"谁有更大权利"(quis habeat maius ius)。表面上看,争议核心是"权利",但"权利"为何则未有明指;惟可明确者,该 ius 不同于 rectum,不是令状名称(Breve de Recto)的来源。

新近剥夺占有之诉(Novel Disseisin)[11]则是 12 世纪下半叶出现的新式诉讼形式,其令状文本摈弃了旧式的指令令状格式,以咨审团认定制取代决斗作为取证裁断模式,混杂了对土地和地上动产的处置,对后世土地法和债法都有不同程度的影响。

格兰维尔中对新近剥夺占有令状的记载如下:

> 国王问候郡长康安。N 向我们控诉道,R 在我最近一次渡海去往诺曼底之后,不正当和未经判决地剥夺了他对位于某处的自由保有土地的占有。因此我命令你,如果该 N 向你提供了保证人以保证将进行控诉,则由你使该土地回复占有,使掠走自该土地的动产回复到该土地,并使该土地及动产保持和平状态直至降灵节;同时由你使邻里中的十二名守法的自由人去查验争议土地,并于令状上记录其姓名;并由适合的召集人召集他们准备好(于降灵节)在我或我的法官面前进行认定(recognition);提供担保和保人之后,使得前述的 R(如果未找到 R,则是 R 的管家)在前定时间地点听取认定。……[12]

"新近剥夺占有之诉"的名称揭示了两个要点:"新近"表明该诉对其所针对的行为规定了时限,即须是"新近"发生。格兰维尔中的这一时限可能不足一年,这表明该诉创设之初的暂时针对性,即不追究久远行为。但该诉令状旋即成为格式令状(breve de cursu, writ of course),其后新近时限屡次延长,1242 年亨利三世出行至加斯科尼的日期被确定为新近期限的起算点,并一直沿用至亨利八世治下的 1540 年。[13]"新近"一词也就失去了意义;"剥夺占有"(disseisin)一词与占有(seisin)相对,后者用于人对土地的关系时,具有占有的封建

---

[11] 对 novel disseisin 的多种中译法的简介,可参见陈敬刚:"试论早期普通法中的新近被夺占有诉讼",载何勤华主编:《20 世纪外国司法制度的变革》,法律出版社 2003 年版,第 3 页,注 1。本文侧重强调 seisin 和 disseisin 的封建性因素及行为属性,故译为"新近剥夺占有之诉"。

[12] Glanvill, *Tractatus de legibus & consuetudinibus regni Angliae*, supra note[2], lib. 13, c. 33, p. 110; E. pp. 335—336.

[13] 参见 Sir Frederick Pollock and Frederic William Maitland, *The History of English Law before the Time of Edward I*, London: Cambridge University Press, 1898(2nd edition, reprinted 1968), II, p. 51, et note 4。详尽列出"新近"期限的,参见 Caenegem, *Royal Writs in England from the Conquest to Glanvill*, supra note[3], p. 261, note 2。

正当性要求。而 disseisin 一词也就具有某种封建性因素。[14]

新近剥夺占有之诉的令状的要点，除上述两点外，就是该诉直接启动王室法庭的管辖，以及"不正当和未经判决"的行为限定。这里的"判决"指的是领主法庭的判决。具体分析将在后文展开。

（二）梅特兰的论述——诉讼形式的层级结构

新近剥夺占有之诉的令状文本和诉答程序围绕着"不正当且未经判决"、"占有"与"剥夺占有"的问题，并不涉及公正之诉中出现的"权利"；而且自格兰维尔始，英格兰的法学家们就乐于对比"权利"和"占有"。由此而来的印象就是：两类诉讼所保护的对象各有确指；"权利"与"占有"截然对立。这种对立在现代英法史学科奠基者梅特兰及其追随者处，有更为细致的论述。百多年前，梅特兰写道：

> 最初公正令状（writ of right）被这样称呼，是因为它指令封建领主为原告主持全部公正（do full right to the demandant）；从这个意义出发，"指令他交付令状"并非公正令状。但当占有性质的诉讼（possessory actions）在王室法庭确立之后，"权利"（right）就和"占有"（seisin）对立起来了，而所有启动主张土地的所有权性质的诉讼（proprietary actions）的令状，包括"直接指令令状"（praecipe in capite）就被认为是权利令状。[15]

此处梅特兰是为解释何以令状文本中没有"公正"（rectum）一词的指令令状也被归入"权利令状"一类，但从侧面给出了从"公正令状"到"权利令状"转变——亦即从令状字面原义到功能、性质的转变——的理由："公正令状"之名最初只是该令状指令领主"主持全部公正"的缩略表达；该诉功能上是保护所有权性质的，所以当占有性质的诉讼出现后，其他保护所有权性质的诉讼就和该诉的起始令状一起被称为"权利令状"。[16] 易言之，"权利诉讼"代表了对"近似所有权"的"权利"的保护，"占有性质的诉讼"则代表了对"占有"的保

---

[14] 稍加注意"剥夺占有"的含义，至少会牵连出以下问题：首先，陌生人的侵夺在事实上使正当的占有丧失，这样该诉当然可转用于陌生人侵夺案件。在封建秩序严密的社会中，这种行为还是一种被严厉打击的犯罪。其次，如果领主剥夺了占有，转而封赠他人，则占有者会被视为同谋而成为"共同被告"。后一点见 Pollock and Maitland, *The History of English Law before the Time of Edward I*, id., II, pp. 54—55。

[15] F. W. Maitland, "The History of the Register of Original Writs", in H. A. L. Fisher (ed.), *The Collected Papers of Fredric William Maitland*, London: Cambridge University Press, 1911, vol. II, p. 129, note 1. 1215 年大宪章第 34 条禁止颁发指令令状，但针对的应是"指令他交付"令状，不包括直接指令令状；因此 1215 年后，同为指令令状的进令亦行用无碍。梅特兰的说法中，存在着 rectum 和 right 的含义的转换，本文姑且如此翻译。梅氏类似说法也在别处出现，例见 F. W. 梅特兰：《普通法的诉讼形式》，王云霞等译，商务印书馆 2009 年版，第 63 页。

[16] 参见 Pollock and Maitland, *The History of English Law before the Time of Edward I*, supra note [13], II, p. 62。

护;两类诉讼存在功能和性质上的差别,功能上的对比使得公正令状得以成为"权利令状"。梅特兰并未止步于将不同的指令令状按功能标准归为一类,他还进而建构了一个从"占有"到"权利"的精细的层级结构,对差别之存在、功能之对比做了详尽论述。

1. 对梅特兰层级结构的简介

梅特兰试图解决普通土地法上 seisina 与 ius,和罗马法上 possessio 与 proprietas 的对应关系,并认可以后者描述前者的可行性。[17] 由此出发,梅特兰描述了一个由几类诉讼形式构成的层级结构:最底层是"全部意义上的占有性质"的新近剥夺占有之诉,其上是祖先之死之诉(assisa de morte antecessoris)[18],再其上是进占之诉(entry),顶端则是保护最接近所有权的"权利令状(诉讼)"。当事人可以从新近剥夺占有之诉开始,向上寻求救济。[19] 在该结构中,处于中间位置的祖先之死之诉和进占之诉是为弥补处于两端的新近剥夺占有之诉和"权利诉讼"之间的空隙而出现的。

在梅特兰的层级结构里,与"权利诉讼"相对的另一端——"新近剥夺占有之诉"——的地位极重要。他曾对该诉从"私法"和"公法"两方面进行分析:"其一,占有(possession)或占有(seisin),不同于所有权(ownership)或最优权利(best right),受到非同寻常的快速救济的保护;其二,不论保有自何类领主,自由保有土地的占有(seisin)受到国王的保护。"他进而认为,"对土地的所有权可能是封建法庭的管辖事务;国王……保护所有自由保有土地的占有"。[20] 此处梅特兰区分了"权利"与"占有"、领主法庭与王室法庭,并两两对比。他的层级结构的基础也就是这种"公"、"私"两个层面的对比。

2. 对梅特兰层级结构的评析

梅特兰笔下的层级结构有更广的基础和理论来源:

首先,其叙述线索是"占有"(seisin)。《爱德华一世以前的英国法律史》中有大篇幅叙述占有[21],亦有关于占有的专文数篇[22],涉及更长的时间段和主

---

[17] 见 id., Ⅱ, pp. 33—34。

[18] 此处 ancestor 指被继承人(土地的前手保有者),并非通常意义上的祖先;而本类令状会直接说明被继承人为父、祖之类,如果主张同一继承谱系的当事人之间是兄弟、叔侄、舅甥一类的关系,则超出该诉的适用范围。以便宜计,本文暂译 ancestor 为"祖先"。一般的继承情形,参见 Glanvill, *supra* note[2], lib. 7;兄弟乃至舅甥间的继承情形,参见 William Huse Dunham, Jr. (ed., with an introduction), *Casus Placitorum and Reports of Cases in the King's Courts*(1272—1278), London: Selden Society, 1950, p. 1。

[19] Pollock and Maitland, *The History of English Law before the Time of Edward I*, *supra* note [13], Ⅱ, pp. 74—75.

[20] Id., Ⅰ, p. 146.

[21] Id., Ⅱ, pp. 29—80. 该书写至 13 世纪下半叶止,多论述布拉克顿及之前的占有问题。

[22] 即发表于 1885—1888 年的"The Seisin of Chattels"、"The Mystery of Seisin"和"The Beatitude of Seisin"。

题。层级结构的主轴之一就是占有的正当性资格(title)的强弱:新近剥夺占有之诉保护的占有不需要资格,顺着层级结构向上,越接近"权利诉讼",正当性亦即"权利"(ius)的要求越明显,而"权利诉讼"本身的主要争点就是权利的优先问题。[23]

其次,梅特兰参考了13、14世纪的法学书籍的论述,其理论的相当部分来自布拉克顿、布里顿,乃至科克。[24] 历代普通法学家对占有和所有权的不同描述似乎给了梅特兰"法律所保护的占有对正当性要求有所变化"的印象。

再次,是基于他对各类令状登记簿(register of writs)、王室法庭卷宗记录(plea rolls)和年鉴(year books)的分析和运用。如他曾对令状登记簿的排布顺序作过专门研究[25],从"权利诉讼"和占有性质的诉讼在令状登记簿中的位置来论证二者关系;又如他曾援引过年鉴作者将占有与所有权并列对比的说法。[26]

最后,他重视近现代法律史家的论证而常引用之。在"权利诉讼"与占有性质的诉讼的对立分类这一关键问题上,他就参考了法律史家布伦纳的说法。[27]

应当指出,梅特兰的理论存在两大问题:

其一是材料的撷取。他对早期普通法的关键性描述,倚赖早期的法学著作尤其是布拉克顿之处颇多,如本文注意到,布拉克顿的相关论述似是梅特兰"保护占有对抗所有权"说法的出处。[28] 但早期英国法著作深受罗马法体系、概念的影响,并陈陈相因。即便是格兰维尔,虽然比布拉克顿更为贴近史实[29],但仍存在以罗马化概念叙述英国法的问题。[30] 依赖罗马法这一外在参

---

[23] 在占有性质的诉讼中占有(seisin)是否需要具备正当性资格的问题上,梅特兰接受了布拉克顿对占有的看法——梅特兰认为在布拉克顿处,seisin等同于单纯占有(possession),即不需要资格,包括无资格的乃至恶意的占有(untitled even vicious possession)。见 F. W. Maitland, "The Beatitude of Seisin", in H. A. L. Fisher (ed.), *The Collected Papers of Fredric William Maitland*, supra note[15], vol. I, p. 426, p. 434。

[24] F. W. Maitland, "The Mystery of Seisin", in H. A. L. Fisher (ed.), *The Collected Papers of Fredric William Maitland*, supra note[15], vol. I, pp. 358—384; Maitland, "The Beatitude of Seisin", id., pp. 407—457.

[25] Maitland, *The History of the Register of Original Writs*, supra note[15], pp. 110—173.

[26] Pollock and Maitland, *The History of English Law before the Time of Edward I*, supra note[13], II, p. 34 (note 1), p. 72 (note 4).

[27] Maitland, "The History of the Register of Original Writs", supra note[15], p. 129, note 1.

[28] Maitland, "The Beatitude of Seisin", supra note[23], p. 426, note 2.

[29] 布拉克顿体系和表述更为罗马法化;而格兰维尔以当时的令状体系为出发点,且成书年代正是 breve de recto、novel disseisin 等诉讼形式的盛行期。

[30] 格兰维尔中不仅对比了 seisina 和 rectum,例见 Glanvill, *Tractatus de legibus & consuetudinibus regni Angliae*, supra note[2], lib. 13, c. 9, p. 101; E. p. 312;且在类似叙述中使用占有(possessio)和所有权(proprietas),如 Glanvill, *Tractatus de legibus & consuetudinibus regni Angliae*, supra note[2], lib. 1, c. 3, p. 1; E. p. 5。

照来讲述普通法的做法,导致法学著作、法律运作和日常观念间并非总存在紧密的契合度。[31]

其二是分析的角度。梅特兰在《爱德华一世以前的英国法律史》中的分析,有个公私二分模式的前提:该书上卷集中于普通法"公"的一面,重点是普通法产生和运作的机制背景;下卷则关注实体法规则。层级结构是在实体规则层面上构建起来的,这无形中忽略了从机制角度对层级结构进行验证的步骤。而一旦落入实体规则层面,纠结于所有权和占有,会导致以平面的部门法发展取代全面考察的弊病。

梅特兰将机制和实体分离讨论的直接后果,就是对相关诉讼的机制意义发掘得不足,进而影响对亨利二世时期法律发展的认识:布拉克顿时隔七八十年后记载说,新近剥夺占有之诉乃是经过"多个不眠之夜"的深思谋划而设立[32],梅特兰对此深信不疑[33];"亨利二世统治时期在我们法律的历史上具有最重要的意义,其意义归结于中央权力的运作,和王命下的改革。……他一直忙于谋划执行法律的新方法",梅特兰如是说[34];在"王室法庭和领主法庭争夺管辖权"的过程中,"占有诉讼令的出现实质上是王室法庭通过对土地占有的保护来取代领主法庭对土地权利的保护"[35],梅特兰的追随者如是说;占有性质的诉讼成为亨利二世精心设计出来以剥夺领主权力的工具,"安茹改革"就具有了反封建的性质。这正是梅特兰式的传统认识路线。

3. 对梅特兰式认识的继承和变异——以"权利令状"研究为例

梅特兰辞世至今已有百多年,其观点仍深刻影响着当代英法史的叙述腔调。以对"权利令状"的研究为例,直接承袭者不乏其人。较典型的如克兰奇(M. T. Clanchy)教授,在为塞尔登协会编辑的 1972 年和 1973 年年度的《1248 年伯克郡巡回审判卷宗和令状文档》一书中,仍遵从了梅特兰对相关诉讼形式的分类方法,将其所谓的"权利开示令状"(writ of right patent),"小封印权利令状"(little writ of right close)以及"为土地的指令令状"(writ of praecipe for land)

---

[31] 如大量摘编布拉克顿的《弗莱塔》中曾说,"成文法中被称为'ius'的,在英格兰法中被称为'rectum'",且以 accio super recto 来指称"权利诉讼"(见 G. O. Sayles (ed.), *Fleta*, London: Selden Society, 1984, lib. 6, p.107.);但又在它处使用 ius 来指称普通法上的"权利"。在格兰维尔、布拉克顿和《弗莱塔》中,虽然对公正之诉与新近剥夺占有之诉的适用对象等各有描述,但本不能从中得到"权利"有所确指、"权利"和"占有"对立的结论。这多少反映了早期法学著作和实际法律间若即若离的关系。

[32] George E. Woodbine (ed.), Samuel E. Thorne (trans.), *Bracton on the Laws and Customs of England*, Massachusetts: the Belknap Press of Harvard University Press, 1977, vol. Ⅲ, p.25.

[33] Pollock and Maitland, *The History of English Law before the Time of Edward I*, supra note [13], Ⅰ, p.146.

[34] Id., Ⅰ, p.136.

[35] 李红海:《普通法的历史解读——从梅特兰开始》,清华大学出版社 2003 年版,第 139 页。

三者全部划分到"权利诉讼"(Action of Right)之中。[36]

同时,沿用梅特兰的基本视角,但在具体叙述时有所修正的中西论著所见颇多,如卡内冈教授的《从诺曼征服到格兰维尔时期的王室令状》一书,虽然同梅特兰一样认为 Breve de Recto 和 writ praecipe(即指令他交付令状,*praecipe quod reddat*)均为处置"权利"问题而非"占有"问题,但从令状语句之不同出发而将两者相并列[37],因而新意突显;又如有国内专著或译著亦称 writ of right 为"权利令状",并有加以解释的:"直接对地产权本身进行救济的不动产权益诉讼形式"为"权利诉讼(action in the right),这里的'right'就是权利人对地产所享有的各种权利、地产权"。[38] 亦即将令状文本中的"rectum"和诉答程序中的"ius"直接统一理解为"权利"。众多类似的做法是对梅特兰论述的另一种改造。[39]

这些承袭者和改造者的基本出发点,均是认定 Breve de Recto 和 Novel Disseisin 分别对应"权利"和"占有",两者间截然对立。

(三)超越梅特兰——密尔松的"立体世界"模式

1. 密尔松之前的理论准备

自20世纪下半叶始,梅特兰的理论开始被倾覆。本文将这一过程归纳为:首先是从实体规则层面,抛弃早期法学作品使用罗马法概念表述的影响,对"权利"和"占有"的所指提出新看法,由此消解了在实体规则层面对比"权利"和"占有"的工作的意义[40];之后逐渐跳出规则层面,开始重视封建关系在相关

---

[36] 克兰奇的"权利令状"分类方法,可参见 M. T. Clanchy (ed.), *The Roll and Writ File of the Berkshire Eyre of 1248*, London: Selden Society, 1973, p.565 以下。

[37] Caenegem, *Royal Writs in England from the Conquest to Glanvill*, supra note[3], p.206 et seq..

[38] 李红海:《普通法的历史解读》,同前注[35],第111页。

[39] 国内"权利诉讼/令状"的用例,或许是出于对令状文本的误读。依 teneas plenum rectum 的英译 do/hold full right 而中译为"保障"(原告)"享有权利",或"授予/恢复"原告"权利"的做法,所见多有,例见同上注,第210页;S. F. C. 密尔松:《普通法的历史基础》,李显冬等译,中国大百科全书出版社1999年版,第130页;梅特兰:《普通法的诉讼形式》,同前注[15],第143页;屈文生:"试论普通法令状的起源及其嬗变",载《东方法学》2009年第5期,第141页。这种依英译而来的中译文本将会造成"令状本身即以'权利'为焦点"的误解,容易模糊公正令状与指令他交付令状的差异。因而生成的对梅特兰理论的变造说亦有所见,如将"权利诉讼"视为"直接对地产权进行救济的不动产权益诉讼形式",不仅有年代错置问题(地产权概念即令布拉克顿时代也仍未形成),亦有对象错置问题("权利诉讼"的保护对象与地产权的范围并不一致),还有语法错误问题(公正之诉诉答程序中的 ius 为单数,"各种权利、地产权"为复数)。

[40] 1956年,普拉克内特教授的《简明普通法史》出至第五版。在书中他说,作为中世纪特有的概念,"占有(seisin)是一种基于资格的对财产的享有,本质上与权利不可分。易言之,罗马法中对所有权和占有所做的清晰区分,在英国法中没有得到认可;(英国法中的)占有(seisin)并非罗马法中的占有(posssession),(英国法中的)权利(right)也不是罗马法中的所有权(ownership)。这两个概念在英国法中只用占有(seisin)来表示"。见 Theodore F. T. Plucknett, *A Concise History of the Common Law*, 5th edition, 中信出版社2003年影印版, p.358。

诉讼中的体现,中世纪中晚期学术界对英格兰封建制的讨论得以接续。现代英法史将封建因素纳入土地法史的研究,使得从梅特兰式的平面视角到立体视角的转变成为可能[41];其后是综合考虑上述成果,并重视相关诉讼的实际运作。

2. 密尔松的"立体世界"模式

彻底颠覆梅特兰理论的是密尔松教授。1968 年,他在为重刊版《爱德华一世以前的英国法律史》所写的导论中,初步提出了新的土地法结构[42];1976 年他的《英国封建制的法律框架》[43]一书出版,充实了之前提出的结构;1981 年《普通法的历史基础》第二版[44]出版,简练而有修正地完成了其理论。1996 年他在哥伦比亚大学的讲座课讲义于 2003 年出版[45],回应了之前对其理论的某些批评,重新阐述了其英法史架构:

> 在实体规则层面,密氏并未排斥对"财产权"等概念的讨论和使用,也不反对公正之诉的"权利"意味。如他就在辨析 writ of right 的原义后,仍使用 action in the right 表达方式。[46] 密氏强调,涉及"权利/所有权"时,语言上"物的私人归属"的表述(如"我的")并非人—物关系的确证[47];在"所有权"意义上确定人—物关系的关键是可继承性。[48]

但密尔松对实体规则的讨论有其前提,即他更关注争端及其解决机制的外在背景:管辖权变动下的英国法的封建性问题。他认为,封建性的领主—封臣关系应遵循正当程序,双方的终身保有土地的封赐、役务的履行,均应符合封建习惯。[49] 密氏所强调的机制变动及其作用,可从以下几点来看:

---

[41] 1959 年,Thorne 教授发表"英国封建制与地产权"一文(S. E. Thorne, "English Feudalism and Estates in Land", 17 *Cambridge Law Journal* 193—209 (1959)),以可继承性为标准衡量所有权的存在与否。该文指出,(军役保有下的)所谓"可继承土地"直到 1200 年前后才具有可继承性,之前的乃是终身保有,领主权的参与仍是土地流转中不可或缺的因素。该文动摇了梅特兰观点的一个前提,即格兰维尔所处时代前后已存在实质意义的土地保有的继承性,故能从所有性权利角度认定"权利令状"的"保护所有权的性质"。梅氏观点见 Pollock and Maitland, *The History of English Law before the Time of Edward I*, supra note[13], Ⅱ, pp. 4—6。

[42] Id., Ⅰ, xxvii—xlix.

[43] S. F. C. Milsom, *The Legal Framework of English Feudalism*, London: Cambridge University Press, 1976.

[44] S. F. C. Milsom, *Historical Foundations of the Common Law*, London: Butterworths, 1981 (2nd edition).

[45] S. F. C. Milsom, *A Natural History of the Common Law*, New York: Columbia University Press, 2003, chapter 3 and 4.

[46] 例见 Milsom, *Historical Foundations of the Common Law*, supra note[44], p. 135。但他的"权利"意涵,仅是公正之诉保护对象的代称,并非梅特兰式的、与"占有"相对立的"权利"。

[47] Milsom, *A Natural History of the Common Law*, supra note[45], p. 52. 在本文看来,这是密尔松在回应哈德森的部分批评;哈德森从观念上对私人归属的强调,见下文分析。

[48] 参见 id., pp. 57—58。

[49] Id., pp. 59—60.

首先,管辖权变动是普通法实体规则呈现与发展的前提。他指出,实体规则层面的立法有其前提,即已经具有一定规模的实体规则(亦包括明确的概念),而普通土地法出现之初则不具备这个前提。早期的王室立法针对的是程序事项,即管辖权的规范。考察管辖权可见,在土地法方面,在王室权力未常规性地干预封建权力时,领主法庭的判决对特定的人—物关系而言是终局性的,判决体现的是依习惯的自由裁量,而非依法律的严格规则。但当王室法庭管辖权深入领主法庭管辖事项后,自由裁量不可避免地要被一套确定的规则所取代,土地法才逐步得以呈现出来。[50]

其次,在诉讼当事人关系方面,密尔松强调说,传统观点的前提是将亨利二世时期前后的法律世界看做是"平面的"[51],而忽视了土地流转中领主权的存在和领主—封臣间的相对关系。在封建关系仍起实质作用的情况下,封臣对自由保有土地的关系赖于分封中的宣誓效忠:封臣的效忠换来的是土地的终身保有和封建习惯下领主的义务——同意其继承人在其身后与领主缔结新的封赐关系,获得新的终身自由保有。既然封臣与土地间的关系受到人身关系的制约,且从封臣一方看,还未形成自主延续的继承,原告主张的"权利",就是被封赐终身自由保有土地的权利,这样就无所谓"所有权"和"占有"的区分了,占有才是唯一重要的利益关注点——在领主法庭内,"没有比占有更大的所有权观念"。[52]

再次,具体到各个诉讼,密尔松提出,最初它们都是由封臣针对领主或由领主针对封臣的。从令状原义看,Breve de Recto 仅指指令领主"主持全部公正"的开示令状,与封印指令令状不同[53];公正之诉中,不论双方当事人身份如何,最终还是会牵涉领主曾经的作为,"法律上的争议在于原告和领主之间,而非原告与被告之间"。[54] 祖先之死之诉本就是源于针对领主的立法条款。[55] 新近剥夺占有之诉的令状中提到的"剥夺占有"、"动产的回复"、"管家"等,都暗示了领主就是被告。进占之诉则相反,是领主向封臣(土地现占有者)主张的救济的载体。[56] 这些诉讼形式创立之初都带有明显的封建色彩,反映的是一个"立体的"世界。

---

[50] 参见 id., pp.56—57。

[51] Milsom, *Historical Foundations of the Common Law*, supra note[44], p.123.

[52] Id., p.120.

[53] Id., pp.124—125.

[54] Id., p.128.

[55] 1176 年"诺桑普顿诏令"第四条。拉丁文本见 William Stubbs(ed.), *Select Charters and Other Illustrations of English Constitutional History from the Earliest Times to the Reign of Edward the First*, London: Oxford at the Clarendon Press, 1921 (9th edition), pp.179—180。

[56] 密尔松对各个诉讼的分析,见 Milsom, *Historical Foundations of the Common Law*, supra note[44], pp.124—149。

最后,密尔松认为,不同诉讼之所以"呈现"出"所有权性质"或"占有性质",原因就在于在领主法庭管辖权之上,出现了更高级的王室法庭管辖权。王室法庭对当前案件的判决具备追溯力,自始地承认或推翻领主法庭的之前判决;"王室管辖权一旦以公正之诉建立了常规控制","权利就突然变成了某种所有权"。[57] 此后,令状文本和原告陈述中的"继承"、"继承物"和"继承人"这类语句才具有了确定的描述人—物关系的意义;土地具备了可继承性表象,"所有权"和"占有"才可能被区分开来。

因此,密氏的观点大体是:抛开现代眼光后回观历史,在一个封建关系仍起作用的立体的世界中,早期普通土地法上的诉讼形式都是按照封建原则来规范而非侵夺领主权力的。亨利二世改革的目的并非以王权(国家权力)来反封建(领主权力),而是恰恰相反——是为规范和维护封建秩序;只是法律自身的发展背离了原初目的。领主法庭和王室法庭的目的和管理对象全然不同,但在调整领主和封臣关系时,领主法庭内某种程度的自由裁量成为王室法庭内严格规则的来源和基础。在这样的框架中,梅特兰式的层级结构本不存在,公正之诉和新近剥夺占有之诉间的关系亦非截然对立。

密尔松有明确的重建英法史的目的,因而,其作品的最大贡献乃是建立了新的模式。正因为他的工作在于确立新模式,必然出现理论预设部分地脱离史料支撑、细致论证缺失和过于抽象的弊病。换言之,密尔松对早期英法史的论断,更近于"理论架构"而非"史实考证",虽然其目的仍为接近历史真实。

(四) 对密尔松模式的重要回应

密尔松的论断太具颠覆性,近三十年来引起的争议和回应不断。较有影响的如帕默尔(Robert C. Palmer)教授从财产权的起源、早期英国法的封建性等角度,对密尔松观点的反思和运用[58];又如布兰德(Paul Brand)教授考察了亨利二世时期的王室法庭事务、法官活动和令状制度的变化,并据此强调普通法诞生的主观人为性[59];等等。其中对密氏的批评,体现了某种回归梅特兰模式的倾向。

对密尔松批评最力者可能是约翰·哈德森(John Hudson)。他依据多层次

---

[57] 参见 Milsom, *A Natural History of the Common Law*, supra note[45], pp. 89—90。

[58] Robert C. Palmer, "The Origins of Property in England", 3 *Law and Historical Review* 1—50 (1985); "The Feudal Framework of English Law", 79 *Michigan Law Review* 1130—64 (1981).

[59] Paul Brand, "Multis vigiliis excogitatam et inventam: Henry II and the Creation of the English Common Law", 2 *The Haskins Society Journal* 196—222 (1990). 后收入 Paul Brand, *The Making of the Common Law*, London: Hambledon Press, 1992。

史料对密尔松的论断提出质疑,并力图确立起一个"替代的"路数[60]:首先,从"人"的层面看,观念上,早期有关土地保有的分类表明土地的私人归属观念久已有之,且领主与封臣对此的认识通常一致。从土地保有的安全性、各方对土地流转的态度以及继承来看,土地的财产权或所有权早已在事实上存在,在 12 世纪间有一个稳定发展的阶段,而非 13 世纪才"出现";实力对比上,领主与封臣间的关系并非都是领主强而封臣弱,且随时间推移,封臣实力增强,领主对土地的控制能力减弱。这样,尤其在亲身保有的封臣及其直接领主间,人与土地的关系愈加稳固。其次,从国家的层面看,侵夺土地在一定时期是一种较广泛的犯罪,王室立法对此的处置较深地影响了土地法。此外,亨利二世前后,加强王室司法权威和干预地方司法的企图和做法都存在,亨利二世的改革既有承前的一贯性,又有独立的重要性。

本文以为,哈德森的批评尚不足以构成"替代的"路数。首先,密氏理论有个暗含前提,即普通法发展的最重要途径是法庭内的那种必有是非认定的诉讼——非有这种认定不足以确认法律规则的真面目。因此,哈德森所依赖的不少历史文献——封赐文书、和解记录等——虽利于全面认识当时的社会观念与其他类型的纠纷解决实践,但对确证严格规则的存在与否并无实质性作用。其次,哈德森对相关诉讼的源起似有经典式的误解:对新近剥夺占有之诉的令状,哈德森沿袭的是卡内冈式的理解,即认为令状要点可能在格式令状出现之前就已出现;从对应案例中可能找得到该令状更广泛的用法——卡内冈曾举出他认为的"新近剥夺占有之诉"的前身针对的是封臣而非领主的例证。[61] 这种误解不利于对诉讼形式的初目的、性质和发展的正确理解。本文认为,哈德森的工作实质是"史学"式的成果对"法学"式的成果的一种近景描述式的、动态的补充。

(五) 小结

梅特兰对 Breve de Recto 与 Novel Disseisin 各自性质和相互关系的认识,既总结了之前学者们的叙述,又有新的论证,建立起了以"权利诉讼"和"新近剥夺占有之诉"为顶底两端的解决土地讼争的层级结构。自梅特兰至哈德森,围

---

[60] 参见 John Hudson, "Milsom's Legal Structure: Interpreting Twelfth-century Law", *59 Tijdschrift voor Rechtsgeschiedenis* 47 (1991); John Hudson, "Anglo-Norman Land Law and the Origins of Property", in G. S. Garnett and J. G. H. Hudson (eds.), *Law and Government in Medieval England and Normandy: Essays in honour of Sir James Holt*, London: Cambridge University Press, 1994, pp. 199—222;John Hudson, *Land, Law, and Lordship in Anglo-Norman England*, London: Oxford at the Clarendon Press, 1997 (first published in 1994);约翰·哈德森:《英国普通法的形成——从诺曼征服到大宪章时期英格兰的法律与社会》,刘四新译,商务印书馆 2006 年版。

[61] Hudson, "Milsom's Legal Structure", id., pp. 53—54 (note 29), pp. 55—6. 另参见 R. C. 范·卡内冈:《英国普通法的诞生》(第 2 版),李红海译,中国政法大学出版社 2003 年版,第二版序,第 4 页。

绕"公正之诉"和"新近剥夺占有之诉"的认识逐渐深化,重要理论屡被提出,其中密尔松模式尤为精彩。在新近的研究成果中,"公正令状"得到一定程度的正名,"权利"与"占有"的对立逐渐被消解,对两类诉讼的研究正从简单的规则分析转向深入的机制变动分析。在此基础上,较深入和有侧重的机制性探讨成为可能且必要的任务。

二、简析公正之诉与新近剥夺占有之诉

由前文可见,对公正之诉和新近剥夺占有之诉的关系的不同认识,反映了不同的早期土地法史理论。理清两种诉讼的性质和相互关系,可以进一步检验各种观点的得失。[62] 青蝇附于骥尾——简要回顾和评介部分英法史学者的研究成果后,本文拟以公正之诉与新近剥夺占有之诉为对象,做些讨论。前文已对两类令状的文本内容有所涉及,以下只择要点,提出某些基本问题并试图给出答案。

(一) 观念背景

12世纪见证着后世所有权和占有观念的出现和使用。这类观念可以从两个不同层面进行分析。

其一,在普通人之间,有史料表明,领主或封臣会强调土地属于"我的"、"你的"或"他的"。[63] 这说明,虽然封建性质的人身关系会影响封臣的土地保有状态,但普通人之间已使用确定人与土地间的直接关系的表述。

其二,在真正掌握法律话语权的人群中,包括教会、法官等,已热衷于使用"所有权"(proprietas)、"占有"(possessio)等术语来区分人—物的关系状态。[64]

两者之间存在着质的区别:前者是在日常生活层面强调私人归属,类于"普世感受";后者则是借鉴罗马术语所应用的分类,类于"职业认知"。两者均与普通法的实践有不同程度的不协调之处,因为普通法体系赖于具体令状的运用,而令状创设的原初目的多是解决具体问题,而非以观念性的、抽象的概念系统为源泉。将普通法中的"权利"和"占有"类比于罗马法中的"所有权"和"占有",是一种具有深刻学理渊源和影响的做法,自格兰维尔以降,所见多有;是

---

[62] 对于两种诉讼,国内学者已有专论,如李红海:《普通法的历史解读》,同前注[35],第204页以下;陈敬刚:"试论早期普通法中的新近被夺占有诉讼",同前注[11]。亦有探讨早期不动产法而涉及两类诉讼的,如咸鸿昌:"论英国普通法土地保有权的建构及其内涵特征",载《政治与法律》2009年第9期。

[63] Hudson, "Anglo—Norman Land Law and the Origins of Property", *supra* note [60], pp. 202—210; Hudson, "Milsom's Legal Structure", *supra* note [60], pp. 61—63.

[64] Mary Cheney, "Possessio/proprietas' in Ecclesiastical Courts in Mid-twelfth-century England", in G. S. Garnett and J. G. H. Hudson (eds.), *Law and Government in Medieval England and Normandy: Essays in honour of Sir James Holt*, London: Cambridge University Press, 1994, pp. 245—254.

否适当,就需研究者严加甄别。

(二) 对公正之诉的分析

1. 公正之诉的起源问题

公正之诉为何被创制?传统观点认为是为了树立内战后被没收土地的归属的重新确定标准,而将合法占有回溯到1135年亨利一世驾崩时是一种不偏向内战中任何一方、因而在政治上可接受的中性标准。[65] 其重要依据是,内战后达成的和解协议宣称,"被入侵者攫取的占有应当返还给伟大的国王亨利时期的古老的、合法的占有者"。[66]

不过该令状虽可能在亨利二世登基(1154年)之后不久已经成为格式令状,但"W的儿子R强占了该土地"一句并不见于1170年代之前的令状。[67] 该令状最初并不直接提及被告即土地现占有者,原因何在?很大的一种可能就是,此前的公正令状针对的是领主本人剥夺了封臣的占有并亲身占有该土地的情形。[68] 这样,更深层的问题之一就是,在作为封臣的原告只能诉于自己的领主法庭的前提下,内战是否造成了胜者成为新领主而输家沦为封臣的普遍情形?或者另行分封他人时,原土地占有者普遍成为新受封者的封臣?新的封赠事件是否规模性存在?又或者只是领主易人而封臣未变,那么内战后的新领主法庭会去关心和解决旧封臣向自己主张、追讨的"权利"问题吗?因内战而重新分配的土地会因一个令状的创设而恢复原有格局吗?这是传统观点所难以解决的问题。

因而一种可能的解释就是,解决相对久远的内战遗留问题本不是公正之诉的创设目的,亦非其主要功能;它只是为令状创设之后发生的土地争议——尤其是打破了领主和封臣间的固定关系的案件,如封臣不履行役务而领主直接收回土地的情况——作出某种程序上的规范规定,提供某种正规途径。紧接的下文将阐述这一观点。

2. 公正之诉的程序意义

本文以为,正确理解公正之诉的关键,端在令状文本:

> 国王致领主:我指令你毫不迟延地为原告主持全部公正。
> 若你不这样做,郡长将这么做,以免我听到还有对正义缺失的抱怨。

---

[65] Palmer, "The Feudal Framework of English Law", supra note [58], p.1136.

[66] Robert de Torigny, "Chronica Roberti de Torignei, Abbatis Monsterii Sancti Michaelis in Periculo Mariso", in R. Howlett (ed.), *Chronicles of the Reigns of Stephen, Henry II, and Richard I*, London: Rolls Series, 1884—1889, vol. IV, p.177.

[67] Caenegem, *Royal Writs in England from the Conquest to Glanvills*, supra note [3], p.212.

[68] 当然也有其他可能,如在领主法庭开庭后确认被告,然后进入"真正的"诉讼。但无疑,1170年代之前的公正令状关注的乃是领主及其法庭的角色与职能。

首先，该令状由国王发出，反映出王室希望领主法庭管辖自由保有土地诉争、规范领主法庭内的"司法活动"，以求领主法庭得出公正结果；领主拒绝开庭或未做到公正，则由郡法庭代行其职。这是一种警告或规训。其次，该令状并不涉及实体权利的归属问题。国王并非命令领主给予原告权利，也非先定地认为原告应该得到权利。[69]

在领主法庭内进行的公正之诉中，王室所做的仅是颁发公正令状；而公正令状本身，仅是指令领主召开法庭、受理原告诉求。由此可见，王室的目的是土地诉求在领主法庭内得到表达和满足，而非直接干涉领主法庭的实体权利认定，或自己揽过管辖权。公正令状最初仅是为启动诉讼、规范诉讼程序的工具，并不考虑领主法庭以何种具体方式解决怎样的争端。因此，公正令状出现的原初意义仅在于程序。

3. 公正之诉的实体意义

公正令状只是明确了领主法庭应是受理争端的"初审"法庭的地位；至于争端具体内容如何，令状本身不去涉及。公正之诉下，领主法庭（1179年后，包括了王室法庭）要解决的问题是：原告与被告"谁有更大的权利"。[70] 法律史家聚讼不已的正是"权利"所指为何物的问题。

虽然诉答程序中出现了"权利"一词，但仔细考察，并无证据说明"权利"有具体指向：在原告所谓的"我的权利和继承物"、法庭所要确认的"谁有更大权利"等处，"权利"毋宁说是"正当性"——人对土地的要求的正当性。这种正当性的基础和表现，其实是土地保有的核心问题，即"占有"（seisin）。因此能够看到，法庭内的公正之诉围绕的中心争议就是占有：原告陈述总是提及先祖的占有，以及基于占有的收益，可能进入决斗的证人所须证明的重点也是占有的存在事实；而被告方的有效辩驳理由之一就是他的占有来自原告先祖的封赠，亦即他获得的占有是合乎封建原则的。

对诉讼两造中的任何一方而言，获得占有也就意味着封建意义上的正当性得到承认，通过世代的封赐仪式体现的事实上的土地继承的前景也就被认可，形成"占有创制了世系（即继承谱系）"（seisina fecit stipitem）的事实。因此即使要为"权利"寻找具体的指向（传统观点找到的是"相对的所有权"或"近似所有权的权利"），它也应指"获得占有"。公正之诉所保护的也就是"占有"。

---

[69] 本文注意到，有学者错误地翻译令状文本，认为该令状是直接指示领主恢复或"保障请求人的权利"，是对领主法庭的"很大的威胁"；该令状就是王室法庭为获得"权利诉讼管辖权而采取的主动出击的措施"。例见李红海：《普通法的历史解读》，同前注〔35〕，第210—211页。

[70] 现有论述资料多是以王室法庭的记录为基础的，不能证明1179年之前领主法庭关注的同样是"更大权利"的问题，也不能确证诉答程序在早期领主法庭与王室法庭无别。但本文以为，从"王室法庭代行封建法庭的职能"这一看法出发，可以推测早期领主法庭内的诉讼同样围绕这类问题。

当然,因为本文所讨论的公正之诉仅限于主张自由保有土地的一类,所以这种"占有"有封建性(因而也具有封赠仪式上的"可继承性")的意味。这正是原告在其陈述中明言该土地是其"权利和继承物"的深意所在。除"获得占有"之外,公正之诉并无更高层级的指向对象。

单独的一次公正之诉中,获得占有的不一定是"有更大权利"的当事人,因为可能在原被告两造之外,还存在真正继承谱系终端的第三方。第三方是否进入诉讼主张土地,直接决定原当事双方与争议土地的关系。抛开旧式证据模式的影响不论,在原告与真正继承人是亲属关系,且真正继承人以某种除符合封建习惯的封赐外的形式与原告有默契,原告也不能通过公正之诉排除被告的占有[71],即使被告纯属外来者;原告也就失去了主张土地的资格。有利于被告的概括答辩[72]模式更加剧了原告的劣势。以上情形下,公正之诉实际上考察的只是原告的"权利"问题,对被告而言,单独一次公正之诉也可能会保护他的"无资格的、甚至是恶意的占有(possession)"。而被告与争议土地的关系同样不稳固,它取决于真正权利人是否主张土地。由此可见,综合考虑各种情况,一个独立的公正之诉无法终局性地确定原被告任何一方对特定土地的关系。

同时,传统观点之所以将"权利"视为与"占有"相对的"(近似)所有权",一个重要原因是在公正之诉的诉答过程中,原告需要回溯自己的继承谱系;而"所有权"的表现之一就是"可继承性"。因而有观点认为,该诉保护的是继承,因为原告陈述中必须给出详细的、自亨利一世逝世时的亲身占有土地的祖先至当前原告的继承谱系。[73] 然而事实上,继承谱系的回溯,只是原告为证明自身的诉讼资格及诉求的正当性而已,其前提仍是祖先占有的合法性。言"保护继承",直接与封臣可以进行次级分封的事实相矛盾。此外,确认"占有"时封建性的封赠仪式的不可或缺,也表明早期自由保有土地之上不存在严格意义上的可继承性。

因此,公正之诉所保护的,正是符合封建习惯的占有。这使得该诉与新近剥夺占有之诉在实体规则层面上并无本质的区别乃至对立。

---

[71] 参见 *De Mara v. Bohum* (1198—1207)一案, J. H. Baker and S. F. C. Milsom, *Sources of English Legal History: Private Law to 1750*, London: Butterworths, 1986, pp. 11—13。原告坚持诉讼近十年,先前的被告提出他是继承先祖依赠予文书而获得的土地,因而被告易为赠予人的继承人(以先前被告的保证人身份与原告对簿于王室法庭)。后一被告提出,原告兄长的继承人尚在人世,即使他们两人(之一)确有权利,该继承人的权利也要大于原告。原告回应称,该继承人在原告生存期间,对他放弃主张该土地。王室法庭判决原告败诉,因为土地并非作为"继承性权利",亦即非原告的继承物而落入原告之手。此处被告不需证明自己的"权利",只需指出有第三方的权利大于原告的权利即可,即使原告与真正权利人之间有某种处置,也不能得到法庭支持。

[72] 即被告针对原告控诉作出概括否认(general denial),被告的辩驳以"我否认"起首,然后逐字引述原告全部陈述。概括答辩模式下,原告负全部举证责任。

[73] 如见李红海:《普通法的历史解读》,同前注[35],第 220—221 页。

（三）对新近剥夺占有之诉的分析

新近剥夺占有之诉历来被认为是普通法上的极重要诉讼，围绕它的研究不少，但仍留有待解疑团。

1. 新近剥夺占有之诉的起源问题

对自由保有土地的占有的保护，是诺曼征服后英格兰封建社会一直重视的政策。英格兰对自由保有土地的保护反映了11、12世纪英吉利海峡两岸共同的对被侵占物的回复占有（reseisin）的重视态度，也同样遵循着相同的原则认识：被掠夺物应立即回复原占有；无人在被掠夺后必须控诉。[74] 海峡两岸共同的原则认识催生了相似的做法：教会法中的"对掠夺行为之诉"（actio spolii）和英格兰与诺曼底的打击剥夺占有行为，都直接贯彻这两种原则认识。[75]

但本文认为，不应把这样的认识视作新近剥夺占有令状出现的原因。同样，不应把打击侵夺土地的犯罪行为的治安政策视作该令状出现的原因。在本文看来，这些政策只是新近剥夺占有令状出现的背景而非原因；该令状最初针对领主，这一点是明显的。换言之，该令状最初的针对面狭窄，其后才拓展至普通侵夺土地案件。

2. 新近剥夺占有之诉的程序意义

本文以为，正确理解新近剥夺占有之诉的关键，端在令状中"不正当和未经判决地剥夺占有"一句。

首先，该令状直接行用于王室法庭中，意味着领主法庭管辖权的丧失。但这种丧失并非无由：令状针对的行为乃是"不正当和未经判决地剥夺占有"。也就是说，对剥夺占有的行为，只有领主法庭没有作为或作为错误时，王室法庭才予以后续的干预。

其次，对"不正当"和"未经判决"两个限定性表述的关系，需要深究。依布拉克顿的说法，梅特兰认为两者的关系是"剥夺占有，即使经过判决，也可能是不正当和可诉的剥夺占有"。[76] 密尔松认为"不正当和未经判决"是对"正当程序"的强调。[77] 从司法记录来看，在外来者侵夺土地的情形之外，确实存在

---

[74] 参见 Caenegem, *Royal Writs in England from the Conquest to Glanvill*, supra note[3], p. 269, p. 388。

[75] 这并不表明英国普通法上该诉讼形式的罗马—教会法渊源。卡内冈详细反驳了新近剥夺占有之诉来自于教会法"对掠夺行为之诉"的观点。关于新近剥夺占有之诉与教会法对掠夺行为之诉和罗马法"使用暴力从何处"禁令（interdict unde vi）的关系的争论，见 Pollock and Maitland, *The History of English Law before the Time of Edward I*, supra note[13], II, pp. 47—48；梁治平："英国普通法中的罗马法因素"，载《比较法研究》1990年1期，尾注23及正文。卡内冈教授的相反观点见 id., pp. 386—390。

[76] Pollock and Maitland, *The History of English Law before the Time of Edward I*, supra note[13], II, p.52.

[77] Milsom, *Historical Foundations of the Common Law*, supra note[44], p.140.

着经过领主法庭判决但判决被认定为不正当的案例,典型的就是领主以封臣未履行役务为借口而直接剥夺其土地占有。如 1204 年 Portubus v. Mery 一案是封臣控告领主剥夺占有的案件。原告未履行封建役务,被告经领主法庭判决直接剥夺了其占有,王室法官认为被告应先扣押动产以迫使原告履行役务,而不能径行剥夺其对土地的占有。[78]

这意味着新近剥夺占有之诉与公正之诉间存在着程序上的依存关系,而且这种依存关系正是王室希望通过新近剥夺占有之诉来维护的。规范领主法庭的运作,乃是新近剥夺占有之诉的程序意义所在。当然,两种诉讼之间的关系还不止于此,下文将进一步分析。

3. 新近剥夺占有之诉的实体意义

同样从"不正当和未经判决地剥夺占有"一句出发,可以看到,新近剥夺占有之诉在实体规则层面上本非为"保护单纯占有的诉讼"。该诉所保护的,仍是占有(seisin);该诉所针对的,并非一切剥夺占有行为,而只是"不正当和未经判决地剥夺占有"的行为。

梅特兰曾质疑"不正当"一词能够起到引发所有权争议的作用。因为布拉克顿在解释新近剥夺占有之诉的适用范围时套用了优士丁尼《法学阶梯》中对"使用暴力从何处"禁令(interdict unde vi)范围的说明,即新近剥夺占有之诉保护单纯占有甚至恶意占有。[79] 具体而言,该诉中禁止被剥夺者自行回夺土地(自力救济)。然而,仅在合理期限外的自力救济被禁止。原因是该诉要求将取回土地解决争议的途径限于诉讼内,被侵夺者自力回夺显然是未经判决的,因而符合该诉规定的要件。可见,禁止合理期限外的自力救济是规范争议解决机制的要求,不是对双方实体权利的处置;在回夺情形下,新近剥夺占有之诉将把土地恢复成回夺前的状态,然后由公正令状解决问题。该诉是规范并限定诉讼流程的程序,而不是"保护所有权"或"保护占有"的诉讼。

若对"不正当和未经判决"作进一步分析,能发现新近剥夺占有之诉在程序上的纠错功能并不限于被剥夺占有者自力回夺的情形。当争议土地的自由保有性质已定,该诉同样将涉及占有的正当性问题。尤其是涉及封赐仪式的有无、封赐时间的先后等方面,此时该诉不仅不保护单纯占有,甚至不保护有一定理由的占有。如 Richard son of Thurstan v. William son of Lucy(1222)一案的咨审团确认,原被告同为某人女婿,原告随岳父生活(因此很有可能在某年夏天岳父死亡前耕种争议土地),而被告在夏天岳父死后取得了领主分封;秋天时

---

[78] Baker and Milsom, *Sources of English Legal History*, supra note[71], pp.31—32. 此类案例的记录,另参见该书 1—2 页。

[79] Pollock and Maitland, *The History of English Law before the Time of Edward I*, supra note[13], Ⅱ, p.52; Maitland, "The Beatitude of Seisin", supra note[23], p.426.

原告收割了庄稼;纠纷随后而起,此后数年间双方都到该土地上耕种和收割。小咨审团不知道谁以自由保有占有着该土地。[80] 王室法庭最终判被告胜诉,因为他"经过直接领主而获得占有";而原告却因争夺收成和重复播种被处罚。[81]

因此,新近剥夺占有之诉侧重的是"不正当"和"未经判决"的行为表象,这体现在该诉禁止暴力回夺这一点上。但这并不代表该诉保护的是单纯占有。和公正之诉一样,新近剥夺占有之诉中所涉及的"占有"也有单纯占有事实之外的封建正当性要求。

(四)公正之诉与新近剥夺占有之诉的关系

1. 两类诉讼的关系简析

普拉克内特认为,"新近剥夺占有令状的最早期形式附属于公正令状,并且是公正令状的预备性令状"。[82] 哈德森观点类似,提出两类诉讼在保护"所有权"和"占有"方面的"程序的双重性"。[83] 本文分析如下:

针对未经领主法庭判决的剥夺占有行为提起新近剥夺占有之诉时,新近剥夺占有之诉是公正之诉的前置性诉讼程序,败诉的被告(剥夺占有者)可以随后提起公正之诉;针对的是已经过判决的剥夺占有行为时,新近剥夺占有之诉又是对公正之诉的纠正性诉讼程序。在后一种情况下,如果原告(被剥夺占有者)败诉,则不能再到领主法庭提起公正之诉,因为新近剥夺占有之诉已经确认原领主法庭的判决是正当的;如果被告(剥夺占有者)败诉,则他可以再到领主法庭提起公正之诉,但此时他的处境已是危殆,因为其对手方已通过新近剥夺占有之诉占有了该土地,公正之诉本身又不利于本诉的原告;原领主法庭判决对他有利却被认为是不正当的,新判决推翻原判决的可能性与可行性是个未知数。[84] 而且更重要的是,新近剥夺占有之诉采用小咨审团提供事实认定结果,而一旦公正之诉的被告(即先前新近剥夺占有之诉的原告)选择大咨审团形式,则案件将与先前经历的新近剥夺占有之诉一样进入王室法庭;先前新近剥夺占有之诉中小咨审团裁决已然对他不利,现下大咨审团的裁决是否会与原小咨审团的裁决有实质性差别,实属未知。

---

[80] 对土地的耕作和收益被视为占有正当性的表现。参见李红海:《普通法的历史解读》,同前注[35],第189页。

[81] Baker and Milsom, *Sources of English Legal History*, supra note[71], p.33. 另参见该书第35页的程序说明。值得注意的是,该案来自布拉克顿的案例札记。F. W. Maitland [ed.], *Bracton's Note Book*, Colorado: Fred B. Rothman & Co., 1983, Vol. 5, pp. 611—2. 密尔松教授指出,该案反映了占有的"领主同意"含义,参见 Milsom, *A Natural History of the Common Law*, supra note[45], pp.97—8。

[82] Plucknett, *A Concise History of the Common Law*, supra note[40], p.359.

[83] 哈德森:《英国普通法的形成》,同前注[60],第211—212页。

[84] 此点亦可参见卡内冈:《英国普通法的诞生》,同前注[61],第57页。

2. 管辖权、判决效力与实体规则的成型

1179年之前,从管辖权角度看,公正之诉下,在领主不召开法庭或(当事人判断)法庭审判不公正时,郡法庭及王室法庭才会介入案件管辖;新近剥夺占有之诉中的剥夺占有行为需是"未经判决"或"虽经判决但判决不正当"的,这表明该诉的前提仍是公正之诉的判决,体现了对公正之诉的程序性强调和依赖。这两类诉讼都不是对领主法庭管辖权的直接侵夺,而是建立了更高层级的常规性机制以检验领主法庭的审判活动。

如果进一步强调管辖权因素,则应考虑深层的机制变动对两类法庭判决的效力及其对早期土地法规则成型的影响。针对人与土地的特定关系,判决的终局性可能是传统观点区分公正之诉和新近剥夺占有之诉的所有权性质/占有性质的重要标准。[85] 那么1179年之前,两类法庭的判决的效力情形如何?

首先,单从领主法庭管辖权来看,按封建理论(亦即在王室法庭常规性地介入土地纠纷之前),公正之诉的判决应是终局性的,胜诉方获得的是对特定的有争议土地的占有;他对该土地的占有一旦被确认,则依习惯,其继承人与领主及其继承人之间就形成了特殊关系,获得占有的权利可以被看做是可继承的。但实际上,在1179年和新近剥夺占有之诉创立这两个时间点之前,公正令状允许郡法庭在领主法庭不作为时代行其职,甚或从郡法庭以 pone 令状移转到王室法庭。此时领主法庭的审判程序实际被绕过;在领主或郡法庭作出判决的情形下,原告仍可能以"错误判决"为理由,寻求王室法庭的救助。一旦判定"领主法庭判决错误",领主将丧失其司法管辖权。[86]

其次,王室法庭内的新近剥夺占有之诉的判决并非终局性,部分败诉方可以再提起领主法庭内的公正之诉。上述分析表明,通盘考虑两类法庭的管辖权时,两类诉讼都不是绝对终局性的。

真正的变化自1179年大咨审团引入公正之诉始:当事人可以选择咨审团的证明模式,从而使案件直接进入王室法庭;王室法庭接手公正之诉后,除对大咨审团裁决异议(如认为大咨审团受贿或受到胁迫而作出错误裁决)外,诉讼结果将不会出现实质变动。公正之诉才真正成为终局性的,该诉判决效力上的"保护所有权"性质才稍具讨论意义。相比之下,独立的一个新近剥夺占有之诉始终欠缺终局性的判决效力,在某些案件中,它也就具有"保护(单纯)占有"

---

[85] 梅特兰认为,经过决斗或大咨审团审(这暗示着梅特兰此处并未特别在意提及王室法庭的介入),公正之诉的判决将土地永久性地给予一方当事人及其继承人,而另一方当事人及其继承人永久性地失去该土地,"没什么能更具有终局性的了"。Pollock and Maitland, *The History of English Law before the Time of Edward I*, supra note[13], Ⅱ, p.63.

[86] 参见 Glanvill, *supra* note[2], lib. 8, c. 9, pp.65—6; E. pp.208—12。密尔松指出,格兰维尔所谓的"领主法庭管辖权的丧失"指的是对本案管辖权的丧失(即暂时特定丧失),而非永久性丧失。参见 Milsom, *A Natural History of the Common Law*, supra note[45], p.111, note 17.

的表象。换言之,旧观点在实体规则层面对"所有权性质"与"占有性质"加以讨论,其前提是自始地将管辖权的变动排斥在视野之外,其讨论也就不会注意到管辖权变动不仅主导了两类诉讼间的关系的实质变化,而且也影响着各自的判决效力,乃至真正的实体规则的成型。这正是本文所欲强调的。

(五)小结

本文所分析的两类诉讼的深层程序意义,或许并非当时人所主动追求;但无疑,令状文本的撰拟确乎会考虑到特定字句的后果。可明确的是,公正之诉与新近剥夺占有之诉间的纠结点,在于程序;实体规则上的"权利"和"占有"的对比,并不如传统观点所强调的那样实在。广而言之,如果摒弃梅特兰式的从诉讼所展现的实体规则的对比为出发点的思路,而是分别地看待这两种诉讼以及祖先之死之诉和进占之诉本身及其相互间的管辖关联,实体规则的递进体系(保护单纯占有、保护有资格的占有、保护所有权)就会崩塌瓦解,还原的是隐于诉讼形式后的封建性与管辖权的变动实质。换一种眼光来看待,会有新的问题,和新的答案。

三、结语

以本文所涉及的内容来看,普通法的局部研究经常需要做横向的通盘考虑和纵向的学术史回顾。本文所欲揭示的是,在态度和方法上,相对完整的学术史回顾可以避免将基于相异材料和不同逻辑的不同观点杂糅起来,生成错误结论(这正是当前国内外法史论著撰写方式的一大通病);较精细的分析应综合考虑不同层面的因素,既需避免执其一端而忽视其余,又需避免全面铺设而空泛无据。

在本文主题下,自梅特兰到哈德森的研究历程呈现了视角的更新、方法的进步和材料选取的转向,从中可瞥见梅特兰身后,英法史学科百年来的进步:密尔松摧毁了梅特兰所构建的以 Breve de Recto 和 Novel Disseisin 为顶底两端的自由保有土地保护的"层级结构",显示英法史研究开始真正回归英国本土传统和深刻认识到了普通法的独特精神。从梅特兰式的"平面世界"到密尔松式的"立体世界",再到哈德森等学者对"立体世界"的动态补充,普通土地法形成时期的图景逐渐清晰,益加血肉丰满。本文的分析则从程序和实体两个方面分别探讨公正之诉和新近剥夺占有之诉的关键性要点,初步揭示布拉克顿之前的英国普通法上的这两类诉讼形式在实体规则层面并无实质不同,程序意义则值得深究。两者在程序层面的复杂关系,一方面动态地反映了封建关系对土地讼争的影响,和不同法庭管辖权的变迁过程,另一方面则直接导致了普通土地法实体规则的产生。

本文同时尚留下大量问题未去讨论,如 13 世纪下半叶后的历代法学家对

"权利"和"占有"的理论化、系统化论述,及其与地产权制度相纠缠后愈发复杂的发展过程。但本文既非为架构理论,因而尽力避免分拆与合并时代不同、立场迥异的观点,不加甄别地组装自己的框架。根本目的同样是基础的,即强调英法史局部研究中学术史回顾的地位,进而对公正之诉和新近剥夺占有之诉各自的特点和相互关系,提出问题与找出答案。

(初审编辑:胡娟)

动产善意取得功能辨

薛启明[*]

To Seek Ratio Legis: A Rejustification for Bona Fide Acquisition of Chattels

Xue Qiming

内容摘要：本文在分析有关动产善意取得制度的两种传统功能论解释的基础上，指出该制度的基本功能既不在于保障所谓"交易安全"，也不在于节约社会预防无权处分的信息成本及其替代成本，而在于降低当事人对标的物法律关系的认知成本，而各国法实现这一功能的基本途径就是以受让人一方获得标的物直接占有作为适用善意取得的要件。从这一观点出发，应当在动产善意取得的利益衡量中明确区分受让人合理信赖的界定问题和保护问题，并以此指导我们对法律具体规则的理解和设计。

关键词：善意取得　动产　交易安全　信息成本　占有

一、导言

"动产所有权善意取得制度最可表现法律上的利益衡量与价值判断，对法

---

[*] 北京大学法学院2008级民商法学博士研究生。

学思考甚有助益。"[1]按照本文的理解,王泽鉴教授的这句话包含两层意思。首先,对于某人对某物享有的所有权,法律既可以认可和保护,也可以剥夺。所有权的享有并不是"神圣"的,而是可以基于某种价值判断而被"衡量"、斟酌和牺牲的。其次也是更重要的,动产善意取得制度所处理的利益冲突,并不存在一个一望可知的简单处理方案。在动产所有人将该动产交给他人直接占有(既可能基于一个单纯委托占有的法律行为,也可能基于一个旨在移转所有权但存在效力瑕疵的法律行为),而被委托人擅自以所有人身份将该动产转让给不知情(善意)的受让人,并且受让人已经满足除出让人有所有权之外的一切法定或合法约定的所有权移转条件的情形下(以下将之简称为"受让人善意的无权处分情形")[2],既然善意受让人和真正权利人同时主张自己享有同一动产的所有权,那么法律面临的问题就是:将所有权分配给权利人抑或受让人,究竟有何不同?善意取得这种分配方案何以优于否定善意取得的方案?

将这个问题与动产善意取得本身的要件问题联系起来考察,有助于我们获得进一步的洞见。众所周知,《德国民法典》第932至934条规定的动产善意取得所要求满足的标的物占有移转要件,明显比第929至931条规定的有权处分情形下的动产所有权转移更加苛刻,而这一区别对待的合理性何在,一直是德国民法学界争论不休的话题。[3]但迄今为止似乎少有文献正面探讨过:上述区别对待与动产善意取得制度的基本存在理由或者说功能之间,是否存在着某种内在联系?标的物的占有移转,尤其是直接占有的移转,在动产善意取得制度实现其功能的过程中究竟扮演一个什么样的角色?

二、动产善意取得制度的传统正当化理论及其困境

要进行利益衡量,首先必须确立一个衡量的标准。从理论上讲,一个比较理想的所有权分配方案,应当在不触动有关社会公平的伦理底线的前提下,尽可能地实现受让人善意的无权处分情形下社会遭受的损害和为避免这些损害而支出的成本的总和的最小化。[4]但这一看起来很美的标准直接套用到动产善意取得的研究上却是行不通的,因为受让人善意情形下的无权处分(或者更

---

[1] 参见王泽鉴:《民法物权(二):用益物权・占有》,中国政法大学出版社2001年版,第247页。

[2] 这不等于说动产善意取得的适用范围应当严格局限于此种情形,而只是为下文的分析提供一个出发点。

[3] 这主要体现在德国民法学界有关动产占有的"权利外观"(Rechtsschein)功能在多大程度上成立的争论上。有关这一争论的一般性介绍可参见 Staudinger Kommentar zum BGB, Vorbemerkungen zu §§ 932—936 (Wiegand, 2004), Rn 7—34.

[4] 参见盖多・卡拉布雷西:《事故的成本:法律与经济的分析》,毕竞悦、陈敏、宋小维译,北京大学出版社2008年版,第24页。

宽泛地说,所有无权处分)所引发的"社会损害"并不是一个可以用标的物的市场价值直接度量的给定常数(就像在传统法经济学作为研究出发点的公害侵权案件中那样),它本身就是一个有待界定和澄清的问题——到底是权利人的所有权丧失,还是受让人获得所有权的预期不能实现,能够被当作这里说的社会损害?这两者是等值的吗?如果这两者都不是"社会"损害,那么到底什么才是所谓"社会"损害?很明显,在解决这些问题之前,根本不可能确定当事人的哪些支出可以算作"社会损害"的预防成本,也就更谈不上进一步探讨这两者之间的函数关系,以及如何实现两者总和最小化的问题了。

因此可以理解的是,迄今为止,学术界有关动产善意取得制度的各种正当化理论并没有效法侵权法经济分析的传统模式,直接采用上述损害加预防成本最小化标准进行理论构筑,而是自觉不自觉地采用了另外两个相对切实可行的利益衡量标准:(1)检验动产善意取得制度能否减少受让人善意的无权处分情形下某一特定类型的"社会利益"所遭受的损害,而暂时不去关注全称意义上的"社会损害"到底包括哪些内容,或者(2)检验动产善意取得制度能否节约社会为避免无权处分而支出的特定类型的成本——换言之,看它是否能以同样的特定类型成本减少更多数量的无权处分事件,或者以更少的特定类型成本减少同样数量的无权处分事件,而暂时不去关注无权处分事件到底会产生哪些具体的"社会损害",以及全称意义上的无权处分预防成本到底包括哪些具体内容的问题。前一个标准着眼于法律规则设计对无权处分发生后社会福利状况的影响,因此又可称为"事后标准",后一个标准则着眼于无权处分发生前的防患于未然,可称为"事前标准"。如果动产善意取得制度通过了以上任何一个标准的检验,那么这就意味着其具有实质的(虽然未必是不容辩驳的)正当性。从目前的文献情况来看,采纳"事后标准"的各种理论通常致力于论证动产善意取得制度能够减小社会"交易安全"的损害,笔者将它们统称为"交易安全说";采纳"事前标准"的理论则致力于论证动产善意取得制度能够节约社会为预防无权处分而支出的成本尤其是信息成本,笔者称之为"信息不对称说"。那么,这两类学说是否令人满意地解决了动产善意取得制度的正当性问题呢?下面就让我们分别对它们进行考察。

(一)"交易安全"的保护?

交易安全说是目前国内民法学界用以解释动产善意取得制度正当性的主流学说。该说认为,在受让人善意的无权处分情形中,受让人代表了"交易安全"(又称"动的安全"),而权利人代表的则是"静的安全"。按照郑玉波的界定,"静的安全乃对于吾人本来享有之利益,法律上加以保护,不使他人任意夺取,俾得安全之谓,此种安全之保护,系着眼于利益之享有,故亦称'享有的安全'或'所有的安全'";而"动的安全乃吾人依自己之活动,取得新利益时,法律上对该项取得行为进行保护,不使其归于无效,俾得安全之谓,此种安全之保护,系着眼于利益之取得,故亦称'交易安全'。"[5] 交易安全说的基本立场可以概括为一个口号式命题,即"受让人是社会交易安全的化身":对受让人的"动的安全"予以充分保护,能够促进社会财富的顺畅流通,增加整个社会的财富,也体现了正义与衡平的理念;因此,在当代民法的理念已经从"个人本位"向"社会本位"变化的大背景下,理应牺牲真正权利人的"静的安全",优先保护受让人的"动的安全"。[6]

如上文所述,交易安全说的基本思路是通过论证动产善意取得制度有利于减小社会"交易安全"的损害而将之正当化。如果"交易安全"和"静的安全"这对概念的区分果真像乍看上去那样毫无疑义的话,那么这种理论至少是可以自圆其说的。但问题恰恰出在这一点上。交易安全说对"交易安全"的界定远不像乍看上去那样清晰严谨,它没有正面回答一个关键性问题:所谓"交易安全"中的"交易",是否就是指受让人善意的无权处分情形下受让人所实施的"那一个""取得行为"?对这个问题的不同答案决定了对"交易安全"这一范畴有两种逻辑上的可能理解:(1)"交易安全"中的"交易"就是"那一个""取得行为",或者至少包括该"取得行为",因此"交易安全"单指该"取得行为"的客观有效,或者至少包括该"取得行为"的客观有效;(2)"交易安全"中的"交易",本身并不包括"那一个""取得行为",而是指正常交易(不涉及处分权瑕疵的交易),因此"交易安全"指的并非是某个行为的某种法律效果是否存在,而是当事人在从事正常交易时的安全感。本文将前一种理解称为"客观理解",后一种理解称为"主观理解"。

先来看前一种"客观理解"是否成立,即"交易安全"是否可被理解为单指,或者至少包括受让人善意的无权处分情形下受让人实施的"取得行为"的客观有效。所谓"取得行为",顾名思义,就是直接导致取得权利的行为,或者说以权利的移转为直接法律效果的行为。在德国和我国台湾地区等承认"负担行为"和"处分行为"区分理论的法域,"取得行为"是指所谓"处分行为";在其他不承认这一理论的法域,"取得行为"通常是指交付、登记等行为,在所谓观念交付等情况下,则是指作为当事人之间基础法律行为组成部分的即时移转权利的意思表示。不管是哪一种情况,所有权"取得行为"的"效"都只能是指所有权的移转;换言之,就是在出让人丧失所有权的同时,受让人开始享有跟前者所丧失的相同的所有权。在受让人善意的无权处分情形中,出让人本来就不享有所有权,也无所谓丧失,所以此处受让人实施的"取得行为"的"效"只能单指由

---

[5] 参见郑玉波:《民商法问题研究(一)》,台湾三民书局1980年版,第39页。
[6] 参见孙鹏:《物权公示论——以物权变动为中心》,法律出版社2004年版,第274页以下。

受让人开始享有标的物的所有权。但这样一来该理论的困难之处就暴露出来了：如果说所谓"交易安全"就是，或至少包括在受让人善意的无权处分情形中由受让人享有标的物所有权的话，那么凭什么认为受让人不能享有这个所有权所遭受的损害，一定要大过权利人不能享有这个所有权所遭受的损害呢？

这里实际上就触及一个根本问题，即什么样的所有权转移才能保障社会净福利的增加，或者说什么样的"取得行为"才是值得法律承认和保护的"交易"。对此只需要指出一个事实：世界各国法律（包括我国法律）对于无权处分这种"交易"，原则上均不承认其效力，除非权利人予以追认；换言之，无权处分情形下的受让人不能获得优越于权利人的保护。从福利经济学角度看，法律作出这种安排的理由是显而易见的。在有权处分情形下，出让人既是是否实施"取得行为"的决策者，又是因"取得行为"而丧失权利者；换言之，在出让人那里，权责是统一的，就像在受让人那里一样。因此，只要当事人有关"取得行为"的法律安排是自愿进行的（或者说，是在当事人的行为符合"理性人"假定的前提下进行的），则这种安排本身就能够保证任一方当事人从"交易"中获得的利益均大于其因"交易"而丧失的利益，并最终导致社会福利的帕累托改进。[7] 但这种情况在无权处分中是不存在的。无权处分出让人虽然是实施"取得行为"的决策者，但却并不会丧失作为"取得行为"标的的权利，真正的权利丧失者即权利人并没有参与决策。因此，除非权利人事后追认，否则无权处分至多只能保证受让人从"交易"中获得的利益大于其因"交易"而丧失的利益，却无法保证出让人从"交易"中获得的利益大于权利人因"交易"而丧失的利益，所以也就无法保证社会净福利因"交易"而增加。由此可见，在一般情况下，只有有权处分中的"取得行为"才是法律政策上应当鼓励的"交易"，法律如果要保护无权处分"取得行为"的有效性，必须有特别的理由。如其不然，我们何必斤斤计较"善意"取得的正当性，连"恶意取得"一并承认岂不更好？

对"交易安全"一词的"客观理解"既然无法成立，我们只好转向"主观理解"，即"交易安全"本身并不包括无权处分的"取得行为"的有效，而是指当事人在实施其他正常交易时的"安全感"；相应地，令无权处分的"取得行为"有效，本身并非动产善意取得制度促进"交易安全"的体现，而只是通过这种手段间接地达到消除受让人在从事正常交易时的顾虑，防止其交易积极性受到挫伤的目的，从而最终实现社会正常交易的繁荣。"主观理解"固然可以避免"客观理解"的硬伤，但同时却带来了一个更加棘手的问题：如果承认"交易安全"所谓的"交易"包括社会上一切正常交易的话（这似乎是理所当然的，否则很难将

---

[7] 论证这一观点的代表性文献为 Kenneth J. Arrow & Frank H. Hahn, *General Competitive Analysis*, San Francisco: Holden-Day, 1971. 参见汉斯-贝恩德·舍费尔、克劳斯·奥特：《民法的经济分析》，江清云、杜涛译，法律出版社 2009 年版，第 380 页。

这种"交易安全"视为一种"社会"利益),那么权利人交易的"安全"是否也应得到平等的考量?

让我们分析得更具体一些。按照交易安全说的支持者自己的界定,所谓交易,是指"私法上财产变动关系的双方意思行为"[8]。在受让人善意的无权处分情形中,权利人将动产的占有转移给无权处分人的行为,毫无疑问是基于这种意义上的交易:它既有可能表现为一个不移转标的物所有权而单纯委托占有的法律行为(如租赁、借用、保管等),也有可能表现为一个存在效力瑕疵的旨在移转标的物所有权的法律行为(主要是买卖)。无论在哪种情形下,标的物所有权要么从来没有移转给无权处分人,要么虽然一度被认为移转,但因有关法律行为存在效力瑕疵而被最终确认为自始没有移转;因此,如果此时权利人的所有权因无权处分和善意取得而丧失,那么其无疑会因在从事交易时损失固有利益而对实施同类交易丧失"安全感";而按照"主观理解",这本身就属于"交易安全"的损害。既然在受让人善意的无权处分情形中,法律无论将所有权分配给权利人还是受让人,都会损害另一方的"交易安全",那么为什么不干脆维持法律的初始权利分配规则,而非要引入善意取得制度这一个物权变动的特殊规则,无事生非呢?[9]

综上可见,对于"交易安全"一词,无论采"客观理解"还是"主观理解",最终都会走入死胡同——若采前者,则无法证明此种意义上的"交易安全"比权利人对所有权的享有更为重要,值得法律对其赋予与有权处分的法律效果同等程度的保护;若采后者,则无法将权利人的利益排除出此种意义上的"交易安全"概念的外延,由此导致要证明动产善意取得制度能够促进"交易安全"的命题,势必只能直接比较不采纳善意取得规则时受让人的损害和采纳善意取得规则时权利人的损害各自的大小,而现代经济学的分析早已指出,这种人际的效用比较(interpersonal comparison of utility)是很难有什么结果的。[10] 总之,交易

---

[8] 参见江帆、孙鹏:《交易安全与中国民商法》,中国政法大学出版社 1997 年版,第 7 页。当然,这里涉及到无偿法律行为(如赠与)是否也属于交易的问题。按照德国法的规定,无偿受让标的物之人同样可以善意取得,只不过在不当得利法上对权利人负有返还所有权的义务而已(参见德国民法典第 816 条第 1 款第 2 句)。表面看来,这与我国《物权法》明确要求善意取得的标的物必须"以合理的价格转让"(第 106 条第 1 款第(二)项)的做法有巨大差异,但其实二者的利益衡量都是偏向权利人的,不同之处只在于给予丧失标的物占有的权利人以物之返还请求权还是(作为债权的)不当得利请求权而已,而对于何者更为适当的问题,本文限于篇幅不拟展开探讨。

[9] 此处尚有一种说法,即:保障受让人的交易安全感有利于增强物的流通性(Umlauffähigkeit),因此归根结底有利于权利人不受阻碍地处分自己的物。Siehe J. Hager, *Verkehrsschutz durch redlichen Erwerb*, C. H. Beck, 1990, S. 2. 实际上这种说法毫无意义。按照这种逻辑同样可以说,保障权利人的交易安全感有利于增强物的流通性,归根结底有利于受让人不受阻碍地将自己的物委托他人占有。

[10] Lionel Robbins, *An Essay on the Nature and Significance of Economic Science*, London: Macmillan and Co., Ltd, 1945, 136 ff.

安全说并没有令人信服地证明在受让人而非权利人身上体现了某种可以经由善意取得规则加以促进的社会利益,因此并不是一个令人满意的动产善意取得制度的正当化理论。

(二) 损害预防成本的比较:信息不对称?

现在来考察动产善意取得制度的另一个正当化理论——信息不对称说。该说的基本观点是:在受让人善意的无权处分情形中,权利人为防止无权处分发生而需要支出的特定成本(首先是信息成本)要少于受让人为防止同样一个无权处分发生而需要支出的同类成本;因此,将所有权的丧失分配给权利人,能够节约社会为预防无权处分而支出的总成本。如德国学者舍费尔和奥特认为:"在涉及权利的法律转让行为时,人们经常会提出这样一个问题,当转让方并非所转让权利的所有人时,风险和风险责任如何来分担。如果风险全部由受让人承担,那么他在每一笔交易中就必须付出昂贵的信息成本,以获知出让人是不是权利人。而权利的实际所有人则不需承担监控成本,因为在无权处分的情况下他可以使用他的权利对抗受让人。这是一个单方面和高昂的信息费用分配问题。基于这一理由……现代的法律体系保护在法律交易中对所有权的合法取得,即便无权处分人没有所有权。"[11] 鲍尔和施蒂尔纳也提出:"有两点考虑对于(动产善意取得制度)正当性问题起了决定作用:(1) 第一个观点是:通常没有对出让人生活圈子的了解,动产取得人无论如何也不可能断定,出让人是否就是所有权人。(2) 另一个考虑是,所有权人将物托付给某人,他肯定比取得人更有能力去估量该人的可靠性。"[12] 魏斯特曼认为:"法定规则的基本思想是,所有权和占有的分离可以被所有权人最好地阻止,因此如果善意的法律交往是基于对由占有而产生的表象的信赖,就必须得到保护。"[13] 这些观点都属于典型的信息不对称说。

除了上述比较明显的例子之外,此处尚须提及传统学说中经常用来解释动产善意取得制度正当性的"权利外观理论"(Rechtsscheintheorie)。该理论认为,动产以占有为物权表征方式("权利外观"),而公信力是与以物权表征方式传递物权信息相始终的,否定公信力,就是否定物权表征方式的物权表征功能[14];动产善意取得制度是占有公信力的体现,故承认占有公信力的基础,即

---

[11] 参见舍费尔、奥特:《民法的经济分析》,同前注[7],第551页。波斯纳也认为,A将钻石委托给B去典当,B因误解而出售给不知情的C的情况"是一个A避免错误的成本比C低的简单例子"。参见理查德·波斯纳:《法律的经济分析》(上册),蒋兆康译,中国大百科全书出版社1997年版,第98页。

[12] Baur/Stürner, *Sachenrecht*, 18. Aufl., C. H. Beck, 2009, §52 Rn. 10.

[13] H. P. Westermann, *BGB-Sachenrecht*, 11., neu bearbeitete Aufl., C. F. Müller, 2005, §7 Rn. 191.

[14] 参见叶金强:《公信力的法律构造》,北京大学出版社2004年版,第33页;又见第24页。

是动产善意取得的制度基础。[15] 该理论实际上可看做信息不对称说的一个粗糙版本,我们可以通过以下三点分析来透彻认识其本质。首先,"占有公信力"并非交付作为动产所有权变动公示方式的逻辑引申。在基于法律行为的动产所有权变动问题上,大陆法系内部固然有所谓意思主义(所有权变动在当事人就此达成合意的同时发生)和交付主义(除当事人的合意外,所有权变动还需交付标的物方可发生)之别,但即使是在采纳交付主义的法域,交付也不是强制性的,而是可以由"观念交付",亦即即时移转标的物所有权的意思表示代替的。[16] 换句话说,在大陆法系民法中,动产所有权变动实际上可以不经公示而发生效力。[17] 即使不考虑这一点,我们也无法从"有动产所有权变动则必有交付"合乎逻辑地直接推导出"有交付则必有动产所有权变动"——毋宁说,法律通过承认和保护租赁、保管、借用等"有交付却并无动产所有权变动"的法律行为,已经对动产直接占有人有可能不是所有权人的风险进行了某种提示。其次可以肯定的是,"占有公信力"也不是动产占有人推定为所有权人的规则[18]的逻辑引申,因为后者仅仅涉及举证责任在证据法上的分配问题,而没有触及实体权利。[19] 再次,"占有公信力"同样并非像所谓"引致原则"(Veranlassungsprinzip)所倾向于认为的那样,是权利人"制造"权利外观这一"客观事实"的自然推论。[20] 很显然,在受让人善意的无权处分情形中,权利人和受让人都有可能影响无权处分事件发生的几率,这和侵权法经济分析所经常讨论的相互损害(reciprocal harm)问题非常相似——科斯的分析早已指出,在相互损害的情况下,根本不可能先验地确定谁是加害者,谁是受害者。[21] 如果说法律否定善意取得是放纵权利人通过委托标的物占有来损害受让人,那么同样也可以说法律承认善意取得是放纵受让人通过实施转移所有权的法律行为来损害权利人。综上所述,既然"占有公信力"很难说是某一既有法律规范或事实状态的逻辑引申或自然推论,那么剩下的唯一可行的解释就是:"占有公信力"和动产善意

---

[15] 同上注,第88页。

[16] 参见《德国民法典》第929、930、931条,我国台湾地区"民法典"第761条,我国《物权法》第25—27条。

[17] 参见叶金强:《公信力的法律构造》,同前注[14],第17页。我妻荣也认为"近代法关于动产物权已经放弃了单纯以占有为手段来贯彻公示原则的做法",对于普通动产"并没有彻底贯彻公示原则,而仅止于通过公信原则来保护交易安全"。参见我妻荣:《新订物权法》,罗丽译,中国法制出版社2008年版,第45页。

[18] 参见《德国民法典》第1006条。我国《物权法》未明确规定占有的推定力。

[19] Baur/Stürner, a.a.O., §52 Rn. 1. 持同说者,Hager, S., a.a.O., 241—243.

[20] 参见 M. 沃尔夫:《物权法》,吴越、李大雪译,法律出版社2004年版,第253页。鲍尔和施蒂尔纳对"引致原则"提出了批评,但其理由却是权利人在制造权利外观方面并无"过错"。Siehe Baur/Stürner, a.a.O., §52 Rn. 8.

[21] Ronald H. Coase, "The Problem of Social Cost", 3 *Journal of Law and Economics* 2 (1960).

取得制度导源于受让人善意的无权处分情形中向受让人"以物权表征方式传递物权信息"的迫切需要;换言之,在这里存在一个受让人相对于权利人的信息劣势,需要法律进行特别干预。[22] 在这一语境下,"受让人的合理信赖需要优先保护"的论断,不过是受让人不是最便宜的成本避免者(cheapest cost avoider)这一命题在功利主义伦理学框架下的必然推论,只不过在表达方式上比较"康德化"而已。

那么,现在的问题就是:信息不对称说的核心命题,即受让人善意的无权处分情形中权利人的特定预防成本尤其是信息成本低于受让人的同类成本,是否真的成立?和讨论交易安全说时的情况一样,这首先涉及对"信息成本"的概念如何界定的问题。一般来讲,信息成本是指当事人为获取有用信息("生产性信息")而支出的成本。[23] 如前文所述,无权处分会增大无效率交易的出现几率,因此权利人或受让人为减少无权处分而需要获取的信息无疑属于生产性信息。但在这里需要特别注意的一个关键问题是:在受让人善意的无权处分情形中,权利人的信息成本并不存在一个统一的构成模式。为达成减小无权处分发生几率的目的,权利人既可以事先知悉出让人无所有权的事实,并将该事实向无权处分中的善意当事人披露,也可以事先确保占有受托人(潜在的无权处分人)没有无权处分的动机,或者在防止无权处分发生方面具有更大的谨慎度。在前一种情形下,权利人的信息成本为"知悉成本"加上"披露成本",在后一种情形下,权利人的信息成本则为"选任成本"。具体而言:(1)在权利人和出让人之间并未实施过转移标的物所有权的法律行为的情况下,权利人的知悉成本为零,此时其信息成本或者为针对受让人的披露成本,或者为选任成本。(2)在权利人和出让人之间实施过移转标的物所有权的法律行为,只不过所有权因该行为的效力瑕疵而未能成功移转的情况下,不仅权利人的知悉成本不为零,而且此时出让人也有可能是善意的,因此权利人既可以向受让人披露,也不排除可以向(善意)出让人披露(此时实施披露行为所需的信息成本显然可以忽略不计)。这样,权利人的信息成本就有四种可能的构成模式:(a)针对受让人的披露成本;(b)知悉成本(只限于权利人向善意出让人披露二者之间移转所有权的法律行为效力瑕疵的情形);(c)知悉成本加针对受让人的披露成本;(d)选任成本。与之相对应,受让人要想减少无权处分发生几率,只有通过调查出让人或标的物的状况来确定出让人是否无所有权,因此受让人的信息成本可以简单地表述为"调查成本"。由此可见,我们必须将权利人的上述(a)(b)(c)(d)四种构成模式下的信息成本与受让人的调查成本分别进行比较,才能

---

[22] 法经济学研究认为,法律诉讼中当被告的信息成本低于原告的信息成本时,才存在信赖保护的前提。参见舍费尔、奥特:《民法的经济分析》,同前注[7],第494页。

[23] 同上注,第477页。

对二者的无权处分预防成本谁高谁低的问题给出一个真正令人信服的答案。

1. 权利人针对受让人的披露成本与受让人调查成本的比较

实施信息披露行为所需的信息成本大小几乎完全取决于披露方和被披露方之间是否存在直接接触。在存在这种直接接触的情形下（如普通的缔约磋商），一方向另一方披露信息的直接成本通常可以忽略不计；但在受让人善意的无权处分情形中，权利人向受让人的披露显然不属于这种情况。权利人如果想向受让人披露出让人无所有权的信息，不仅必须首先知晓自己的占有受托人意图实施转移标的物所有权的法律行为，而且必须知晓受让人的具体身份。相应地，权利人针对受让人的披露成本也就由两部分构成：(1) 为确保自己及时知晓占有受托人意图实施转移标的物所有权的法律行为而支出的成本；(2) 调查该无权处分中受让人具体身份的成本。

由此可以看出，权利人针对受让人的披露成本是极其高昂的，没有任何理由认为这一成本要小于受让人通过调查获知出让人无所有权的成本。权利人为确保及时知晓占有受托人意图实施移转标的物所有权的法律行为，就必须对后者的有关商业往来进行不间断的监视，单这一项成本就已经让人望而生畏，更遑论再加上调查、筛选和确定受让人具体身份的成本呢？实际上只要指出如下事实就够了：权利人为阻止无权处分，不仅需要知道存在着一个想从占有受托人手中受让标的物的人，还必须确定此人的具体身份；而受让人要想阻止无权处分，至多只需要知道在出让人之外存在着一个真正享有标的物所有权的人即可，而不需要确定此人的具体身份。这样看来，权利人针对受让人的信息披露成本不仅不小于受让人的调查成本，反而很可能大于后者。单是披露成本尚且如此，权利人向受让人披露时支出的信息成本总和（即披露成本加知悉成本）就更不可能小于受让人信息成本了。至此可以得出结论：(a)(c) 两种构成模式下的权利人信息成本不可能低于受让人的信息成本。

2. 权利人知悉成本与受让人调查成本的比较

在权利人与出让人实施了移转标的物所有权的法律行为，但所有权变动因该法律行为的效力瑕疵而无法成功实现，而出让人对此不知情的情形下，权利人可以通过向出让人披露相关事实而阻止无权处分的发生。此时，权利人的信息成本仅仅由知悉成本，即查知自己与出让人实施的法律行为因效力瑕疵而无法变动标的物所有权这一事实所需的成本构成。在这种情形下，权利人的知悉成本几乎是完全无法概括衡量的，因为法律行为效力瑕疵的发生事由极为多样。在不同的具体案情下，即使是同一个"理性的"权利人，对效力瑕疵的易知程度也是有天壤之别的——在出让人（占有受托人）胁迫的情形下，权利人基本无需任何成本就可知悉法律行为效力瑕疵的存在，但在出让人欺诈的情形下就显然不是如此。尽管如此，我们毕竟可以一般性地认为，权利人查知自己实施的法律行为的效力瑕疵的成本再高,也高不过受让人为查知他人(出让人与权利人)实施的法律行为是否存在效力瑕疵需要支出的成本。因此,在(b)构成模式下,权利人信息成本不大于受让人信息成本的论断是可以成立的。

3. 权利人选任成本与受让人调查成本的比较

与前两组信息成本的比较相比,比较权利人选任成本与受让人调查成本需要特别谨慎。这是因为:在前两组比较中,权利人是在已经与出让人实施委托占有交易的前提下支出信息成本的,所以某些能够影响权利人是否实施、如何实施该种交易之事先决定的因素不会干扰我们的分析;而在后一组比较中,权利人则是在尚未实施某个具体的委托占有交易的前提下支出信息成本的,如此一来,上述因素对我们的分析所产生的干扰作用就会立刻凸显。这些干扰因素中最突出的当属权利救济成本,即权利遭受侵害时实现法律给予的救济权的成本。在受让人善意的无权处分情形中,权利救济成本的存在,意味着法律对动产所有权的分配不再等同于对动产的实际利用机会的分配,在后一种利益的享有方面,直接占有人永远处于更为优越的地位;换言之,所有权人不可能百分之百成功地从无权直接占有人处追还标的物(这既有信息成本的原因,也有管理成本[24]的原因)。因此,如果权利人和受让人中的某一方在取得标的物直接占有方面的机会不平等,那么权利救济成本就会迫使劣势一方在进入交易之前就针对可能的无权处分事件作出预先安排,亦即支出预防成本,而其中就包括信息成本及其替代成本。如果在分析信息成本问题的时候忽略了这一点,那么结果就很可能是误导性的。

从上述观点出发,就很容易理解我们在日常生活中产生的"权利人选任可靠的占有受托人,要比受让人调查出让人是否可靠来得更容易"之类印象到底是怎么回事了。众所周知,在现实的动产交易环境中,一旦发生无权处分,在取得标的物直接占有方面,受让人相对于权利人几乎总是处于主动地位。再加上此时的权利救济成本本身往往十分高昂,足以阻止绝大多数追还标的物的尝试,就使得权利人在实施单纯委托占有交易之前,不得不预先对潜在交易对象实施无权处分的风险进行评估,或者不进行评估而直接放弃某些与陌生人的交易机会,或者冒险进行交易。前一种情况下,权利人支出的评估成本显然是典型的信息成本,而后两种情况下,放弃交易机会或增加因交易而蒙受损失之风险的成本虽然不属于信息成本,但却是信息成本的直接替代,它反映的是潜在信息成本的下限——正是因为权利人根本无从知晓陌生人是否会擅自将自己委托给其占有的物拿去无权处分,才不得不冒着损失风险进行交易,或干脆放弃这些本来或许有利可图的交易机会,转而去跟熟人进行(或许不那么有利可

---

[24] 参见卡拉布雷西:《事故的成本:法律与经济的分析》,同前注[4],第26页。

图的)交易。而日常生活中的感性观察往往直接以市场中实际发生的交易状况为基点来评估各方的信息成本,而忽略当事人在实际进入交易之前是否已经承担额外成本的问题,这势必导致对权利人一方的信息成本发生严重低估。[25]

由此可见,要想正确比较权利人的选任成本和受让人的调查成本,我们首先需要假设一种权利救济成本为零的理想交易环境,从而使权利人和受让人能真正站在同一个起点上接受比较。在这种虚拟的理想交易环境中,所有权人可以毫无成本并且百分之百成功地将动产从无权占有人手中追回。可以想象,此时如果法律在受让人善意的无权处分情形下将标的物所有权分配给权利人,那么权利人是没有任何动力去关心占有受托人的信用或谨慎状况的;相反,受让人在从每一个占有人手中受让标的物所有权时,都必须为对方信用或谨慎状况中存在的风险支出预防成本——这既可以通过先行调查出让人相关情况,亦即直接支出信息成本的方式进行,也可以通过冒险实施交易或放弃某些本来有利可图,但标的物权属有疑义的交易机会(亦即支出信息成本的替代成本)的方式进行。另一方面,如果法律在受让人善意的无权处分情形下将标的物所有权分配给了受让人,那么受让人在实施受让动产所有权的法律行为时,同样不会有任何激励去关心出让人实施无权处分的可能,有这种激励的只能是权利人,而且其承担预防成本的方式也不会和受让人有两样,无非是先行调查、冒险交易或者放弃交易机会。现在唯一的问题就是:我们有无理由认为,在判断某个社会成员就其受托占有的动产实施无权处分的几率方面,后一种情形中的权利人能够比前一种情形中的受让人做得更好?显然无需太复杂的思考就能得出否定答案:权利人与受让人投入信息成本或其替代成本所针对的风险相同(都是相同范围内的潜在交易相对方的信用或谨慎状况的瑕疵),投入成本的激励也相同(因为他们在发生无权处分时承受的损失相同,即丧失对同一个动产的所有权享有),而且受让人还比权利人多一个选择(可以直接调查标的物本身的权属状况,如产权证明文件等),因此谨慎的结论只能是:在缺乏确凿的实证数据的情况下,根本没法断言到底是权利人的选任成本更低,还是受让人的调查成本更低。

现在让我们将先前被有意排除的权利救济成本这个变量加入分析,看看结论是否有变。如前所述,权利救济成本的存在,会迫使权利人在实施委托占有

---

[25] 苏永钦似乎也觉察到了这个问题,他指出:"认为物权人在付托动产与他人时可以好整以暇,故对于所托非人的风险具有支配力,受让人对于让与人无权处分的危险通常却无法支配,显然也只是一种拟制,现代社会中付托与受让的过程往往都十分短促,不能说(谁)支配风险的可能性较高。"参见苏永钦:《私法自治中的经济理性》,中国人民大学出版社2004年版,第175页。但必须指出的是,问题的关键并不在于"付托与受让的过程"是否"短促",更和社会是否"现代"无关——即使在德国民法典刚刚生效的年代,占有改定也已经在动产交易中广泛实行,动产所有权和占有的一致早已不再是理所当然的常规。Siehe Hager, a. a. O., S. 240.

交易之前支出额外的信息成本或其替代成本以防范无权处分风险。这里的问题是：我们是不是可以由此认为，既然权利人无论如何都要支出相当大的无权处分预防成本，那么法律将标的物所有权分配给受让人，至少会有利于受让人节省更多的预防成本支出，从而削减整个社会所支出的无权处分预防成本总量呢？稍加分析就会发现这个似是而非的论点无法成立。须知，权利救济成本的存在会增加权利人预防成本的命题，本来就以下述假设作为推论前提：当事人作为"理性人"，是按照自己对物的实际利用机会而非法律上的权属分配来决定自己针对无权处分风险的预防成本支出量的。如果说基于这个假设可以推论出采纳善意取得制度只不过是剥夺了权利人本来就不太可能实际行使的"空头"所有权，所以并不会显著增加权利人实际支出的预防成本的话，那么基于同一个假设，一样可以推论出采纳善意取得制度也并不会显著削减受让人实际支出的预防成本——即使法律将无权处分标的物的所有权分配给了权利人，受让人也不必过于担心权利人实际追还该物，因此也没有理由支出过多的成本来预防无权处分的发生。举一个简单的例子足以说明这个问题。假设在受让人善意的无权处分情形下，受让人先行取得标的物直接占有的几率为90%，权利人与受让人之间相互成功追还标的物的几率为20%，那么，在法律将所有权分配给权利人的条件下，一旦发生无权处分，权利人最终享有物之实际利用的几率就是10% + 90% × 20% = 28%，而受让人则为90% × (1 - 20%) = 72%；在法律将所有权分配给受让人的情形下，一旦发生无权处分，权利人最终享有物之实际利用的几率为10% × (1 - 20%) = 8%，而受让人则为90% + 10% × 20% = 92%。可见，无论法律规则如何设计，只要权利人享有的物之实际利用机会减少(或增加)一定幅度，受让人享有的物之实际利用机会就会相应地增加(或减少)相同的幅度，反之亦然。这也就是说，在权利人和受让人同时认为自己享有同一动产的所有权的情形下，法律给予一方当事人某种削减无权处分预防成本的激励，必定是以给予另一方当事人一个相同程度的增加无权处分预防成本的激励为代价的，完全没有理由认为双方所支出的预防成本总量会因之减少。

总之，对权利人选任成本和受让人调查成本的比较分析不能在任何意义上支持我们在日常生活中经常持有，而又被某些民法学者不假思索地采纳的"所有权人将物托付给某人，他肯定比取得人更有能力去估量该人的可靠性"这一观点。可靠的结论只能是：(d) 构成模式下的权利人信息成本及其替代成本与受让人的同类成本无法进行大小比较。

4. 小结

从上述三组比较的结果可以看出，在(a)(c)(d)三种构成模式下，都无法认为权利人避免无权处分的信息成本及其替代成本低于受让人避免无权处分的同类成本,仅仅(b)构成模式下的权利人信息成本(这种模式只有在权利人与出让人实施了移转标的物所有权的法律行为,但所有权变动因该法律行为的效力瑕疵而无法实现,而出让人对此不知情的前提下才可能存在)才的确低于,至少不会高于受让人的信息成本。但是,为在这种情形下达成节约社会成本的目的,法律完全可以采取一些更有针对性的制度设计,如规定在与受让人的关系上,权利人不将法律行为的效力瑕疵通知出让人的行为推定构成过错,因而需对受让人承担侵权法上的损害赔偿责任(这利用各国法有关过错侵权责任的一般条款即可实现),或者直接规定权利人与出让人实施的法律行为的效力瑕疵不得对抗善意第三人[26],而大可不必采纳一个泛化的善意取得制度。

综合以上分析,信息不对称说同样不能为动产善意取得制度提供令人满意的正当化论证。动产善意取得制度不会在任何意义上节约社会避免无权处分的信息成本及其替代成本,而只会导致单纯委托占有的法律行为对旨在移转所有权的法律行为的交叉补贴(cross subsidization),以及一部分旨在移转所有权的法律行为(权利人实施的前手交易)对另一部分旨在移转所有权的法律行为(受让人实施的后手交易)的交叉补贴。而无论哪一种补贴,都既不能证明其符合效率的要求,也无法证明其符合公平的要求。

三、动产善意取得制度基本功能的重新认识

上文的分析恐怕会让人自然而然地产生疑问:探寻动产善意取得制度正当性的努力是否已经"山穷水复疑无路"了?我们是否只能将该制度看成古日耳曼法"以手护手"(Hand muß Hand wahren)原则在现代民法中的残余,而非"法律上的利益衡量与价值判断"的适宜对象?其实按照本文观点,只要我们能够避免交易安全说和信息不对称说的前车之鉴,让这个问题的讨论"柳暗花明又一村"并不困难。

(一)降低当事人对标的物法律关系的认知成本:一种"社会利益"

前文的分析已经证明,交易安全说之所以没有成功,并非因为它采用了"事后标准"来对动产善意取得制度进行正当化,而是因为它对该制度所保护的"社会利益"的界定方式一开始就存在致命的问题。为避免重蹈其覆辙,一个依循"事后标准"重新建构的动产善意取得制度旨在保护的"社会利益"概念,不仅应当涵盖受让人和权利人双方的利益状态(否则它就像"客观理解"意义上的"交易安全"一样无法成为一种"社会"利益),而且不会因采纳善意取得而必然导致任何一方在此种利益上的实质减损(否则它就很可能像"主观理解"意义上的"交易安全"一样无法证成该制度的存在理由)。只要满足了这两

---

[26] 可参考《日本民法典》第96条第3款的规定。

个条件,我们就有希望取得成功。

那么应当从哪个角度入手来界定这么一种"社会利益"呢?深入分析信息不对称说有助于这个问题的解决。从前文分析可知,信息不对称说的主要弱点在于无法从权利人和受让人各自为预防无权处分而支出的信息成本及其替代成本的量的比较中得出确定的结论,但其实这种量的比较仅仅在当事人信息成本在"事前标准"之下被作为无权处分的一种预防成本来对待的情形中才是不可避免的,因为在这种思路中,只有谁来支出预防成本的问题,没有需不需要支出预防成本的问题。如果我们从"事前标准"转向"事后标准",将动产善意取得制度的功能定位从预防激励的转移工具变换为信息获取条件的改变工具,上述量的比较就可以轻易避免。此时,法律规则改变某种信息的获取条件,有可能使一方当事人获取该种信息的成本下降,而同时又不导致另一方当事人获取同一信息的成本实质性地上升(本文称之为"绝对下降")。在这种情况下,该信息成本的绝对下降构成了社会福利的帕累托改进,因而完全有资格充当"事后标准"意义上的"社会利益"。

现在需要进一步解决的问题是,究竟何种信息成本的绝对下降能够充当动产善意取得制度旨在实现的"社会利益"。让我们先考虑如下例子。假设甲对自己所有的某动产的效用评价为 a,但同时他又认为自己有 50% 的可能并没有所有权,由此他认为该动产被他人实际追夺的可能性为 10%。再假设乙对该动产的效用评价为 b,b 小于 a。如果甲的效用评价没有受到他对于标的物权属状况的不确定感的干扰,那么他本来不会将该动产有偿转让给乙,这一结果从社会角度看也是有效率的。但现在,甲对该动产效用的实际评价并不是 a,而是 $a \times (1 - 10\%) = 0.9a$(此处假设其风险中立),而 $0.9a$ 就可能小于 b,因此甲就有可能将动产有偿转让给乙,从而出现无效率的资源配置。反过来结果也一样:假设甲对乙所有的某动产的效用评价为 a,乙自己对该动产的效用评价为 b,b 小于 a,此时有效率的交易本应达成。但甲又认为乙有 50% 的可能性并没有所有权,由此自己如果买受该物,被追夺的可能性有 10%,这样他对该动产的实际效用评价就不再是 a,而是 $a \times (1 - 10\%) = 0.9a$(此处同样假设其风险中立),而 $0.9a$ 就可能小于 b,此时能够优化社会资源配置的交易就无法达成。这个例子很清楚地说明,消除或减小当事人针对自己与标的物法律关系的不确定感,或者说降低当事人对标的物法律关系的认知成本,既能够促成社会中的有效率交易,也能够破坏社会中的无效率交易,因此是一种值得法律加以促进的"社会利益"。这一"社会利益"概念既同时涵盖了受让人和权利人双方的利益状态(这两方都存在降低法律关系认知成本的需求),也没有排斥双方对标的物法律关系的认知成本出现绝对下降的可能性,从而有望避免重蹈"交易安全"概念的覆辙。因此,"降低当事人对标的物法律关系的认知成本"可以成为我们依循"事后标准"正当化动产善意取得制度之努力的出发点:只要能够证明采纳该制度的确降低了当事人对标的物法律关系的认知成本,我们就可以将"降低当事人对标的物法律关系的认知成本"直接界定为该制度的功能或存在意义。

(二)不同的所有权分配规则如何影响当事人对标的物法律关系的认知成本

1. 无条件向权利人或受让人分配所有权的规则

现在探讨受让人善意的无权处分情形中不同的所有权分配规则对各方当事人对标的物法律关系的认知成本有何具体影响。首先假设法律无条件地将所有权分配给权利人(亦即完全否定善意取得),此时权利人获取标的物真实法律关系信息的成本显然会最小化——其单凭法律规则即可推知,自己绝不会因将标的物委托他人占有的交易而丧失所有权。但对于受让人而言,其对标的物法律关系的认知成本显然就绝非可以忽略不计的,因为其在实施转移所有权的交易的时候,除极少数无需花费成本就可绝对信任出让人对标的物拥有所有权的情形外,在大多数情形下是不能完全肯定出让人是否真的拥有所有权的。当然,很多时候受让人可以通过调查而澄清相关事实,但这就需要花费或多或少的额外成本,这也正是我们所讨论的"对标的物法律关系的认知成本";如果受让人选择不作调查而冒险交易或放弃交易机会,那么就等于支出了认知成本的替代成本。但问题是,如果法律走另一个极端,无条件地将所有权分配给受让人,那么此时社会福利状况是否真的会得到改善呢?显然无法得出这个结论——此时受让人获取标的物真实法律关系信息的成本诚然会降到最小,但权利人的同种成本及其替代成本却会直线上升,因为在其将标的物委托他人占有的前提下,只要发生了受让人善意的无权处分事件,其必定会丧失所有权,而是否真的发生过此种事件,对该权利人来说是根本无法不花费成本地获取真实信息的。权利人不仅会对自己是否已经丧失处于受托人占有下的动产的所有权产生疑虑,而且即使在委托占有关系结束,该动产返还给权利人的情形下,这种疑虑也无法消除。而只要权利人试图消除这种疑虑,就必然要花费额外的认知成本或替代成本。也就是说,相比于将所有权无条件分配给权利人的法律规则,将所有权无条件分配给受让人的法律规则虽然能够降低受让人的法律关系认知成本,却会增加权利人的此种成本。这样一来,我们又陷入了分析"主观理解"意义上的交易安全说,以及信息不对称说之时已经遭遇到的困境,即不同当事人的效用增减无法进行量的比较。可见,我们无法利用"降低当事人对标的物法律关系的认知成本"来证明将标的物所有权无条件分配给受让人的法律规则的正当性。

2. 各国法的实际状况:受让人一方必须获得标的物直接占有

分析到这一步,读者可能已经看出问题了:之所以会出现上述结果,关键就在于我们一开始假设法律规则对所有权的分配是"无条件"的,而这个假设本身很难说是符合现实的。只要简单考察一下我国《物权法》,以及传统上对我国民事立法影响比较大的德、法、日等大陆法系主要国家民法典有关动产善意取得的规定就可以看出,这些规定没有一个是在受让人善意的无权处分情形中将标的物所有权"无条件"分配给受让人的——在普通情形下,受让人要想获得所有权,都必须满足至少一个额外条件,即自己一方获得标的物的直接占有(通常等同于接受交付)。这里所谓"自己一方",既包括受让人本人,也包括其特别指定接受标的物交付的人,用德国法术语来讲包括占有辅助人(Besitzdiener)、占有媒介人(Besitzmittler)和被指令人(Geheißperson)[27]。这一事实在传统理论分析中之所以一直被无视,乃是因为交易安全说和信息不对称说将注意力片面地集中于善意取得法律效果得到实际适用的情形,而在很大程度上忽视了动产善意取得制度是一个由诸多适用善意取得法律效果和拒绝适用善意取得法律效果的规则共同组成的集合体。实际上,后一类规则对于实现制度基本功能的意义,丝毫不亚于前一种规则。以下就对各国法的有关规定进行简单的梳理。

(1) 中国法

我国法律有关善意取得的一般性规定集中于《物权法》第106条,其第1款第(三)项规定的善意取得要件是:"转让的不动产或者动产依照法律规定应当登记的已经登记,不需要登记的已经交付给受让人。"因此,对于不需要登记的普通动产而言,受让人必须接受交付,或者说获得直接占有的移转才能善意取得,毫无例外。

(2) 德国法

《德国民法典》有关普通动产善意取得的一般性规则集中在第932、933和934条,分别对应其第929、930和931条规定的基于法律行为的动产物权变动方式。

根据第932条第1款第1句的规定,在受让人善意的无权处分情形中,受让人"因依照第929条所为的让与而成为所有人"。按照第929条第1句的规定,"为转让动产的所有权,所有人必须将该物交付给取得人",可见这里要求

---

[27] "被指令人"这一术语,在德国法中可以指两种情况:(1) 在所有权移转交易中,与受让人之间并不存在占有媒介或占有辅助关系,但受让人指示出让人向其交付标的物之人;(2) 在所有权移转交易中,与出让人之间并不存在占有媒介或占有辅助关系,但出让人指示其向受让人交付标的物之人。如 V 向 K 出售某物,K 又将该物向 X 出售,并指示 V 直接向 X 交付标的物,此时相对于 V,X 可以被视为 K 的被指令人;相对于 X,V 也可以被视为 K 的被指令人。向受让人的被指令人交付等同于向受让人本人交付,经由出让人的被指令人交付等同于出让人本人实施的交付。Siehe Wieling, *Sachenrecht*, 5. Aufl., Springer, 2007, S. 109—111. 亦可参见本文第四部分第(一)节。

受让人必须接受标的物交付才可取得所有权。[28] 第932条第1款第2句又规定,"在第929条第2句的情形,仅在取得人已从让与人处取得占有时"才能善意取得,而第929条第2句的规定是"取得人正在占有该物的"只需物权合意即可移转所有权(简易交付)。诚然,根据德国学者的解释,此处受让人并不需要直接占有该物,间接占有也同样有效[29];但这不等于说出让人本身可以成为受让人的占有媒介人,因为简易交付是要求出让人放弃一切"占有残余"(Besitzrest)的。[30] 既然出让人不能保有直接占有,那么顺理成章的结论是:在物权合意达成前,必然存在一个从出让人向受让人或其占有媒介人的直接占有移转。因此,根据《德国民法典》第932条实现的动产善意取得,要求出让人一方在物权合意达成前或达成后从出让人处接受标的物直接占有的让渡。

第933条规定,"依照第930条而让与的物不属于让与人,且让与人将该物交付给取得人的",可以善意取得。第930条则是有关占有改定的规定:"所有人正在占有物的,可以如下方式代替交付:所有人和取得人之间就某一法律关系达成协议,而根据该法律关系,取得人取得间接占有。"因此,在按照占有改定方式移转动产所有权的情形下,受让人一方同样必须接受交付才能善意取得。[31]

第934条规定,"依照第931条而让与的物不属于让与人,且让与人是该物的间接占有人的",善意取得"在请求权被让与时"发生,"在其他情况下"则在取得人"从第三人处取得对该物的占有时"发生。这里的"占有"包括间接占有。[32] 第930条是关于指示交付的规定:"第三人正在占有物的,可以以所有人将物的返还请求权让与给取得人的方式,代替交付。"可见,在按照指示交付方式移转动产所有权的情形下,德国法允许受让人取得间接占有就可善意取得,而不需要接受现实的交付。

综上所述可见,《德国民法典》原则上以受让人一方接受标的物的直接占有为动产善意取得的要件,仅在按照指示交付方式移转所有权时例外。本文第四部分还将对这一例外情况加以深入分析。

(3) 法国法

《法国民法典》有关善意取得的一般性规定即其第2279条第1款:"涉及动产时,占有即等于所有权证书。"法国学者认为,该条确立了动产善意取得的两项条件,即以所有权人自居的受让人"必须具备占有的条件",并且"应当是

---

[28] Baur/Stürner, §51 Rn. 12. Wieling 指出,第932条第1款第1句要求"实体支配必须变更"(... der Sachgewahrsam wechseln muß). Siehe Wieling, a.a.O., 122.
[29] Wieling, a.a.O., 122.
[30] Baur/Stürner, a.a.O., §51 Rn. 20.
[31] Wieling, a.a.O., 123.
[32] Baur/Stürner, a.a.O., §52 Rn. 22.

善意"。[33] 按照法国法院判例和学者的解释,这里受让人的占有必须是现实的(réelle)、实际的(effective)占有,也就是说,占有人必须以其实际控制动产来具体体现其占有。此点在第1141条中得到了体现,该条在确认适用第2279条第1款的规则时,要求受让人"已实行现实的占有"(une mise en possession réelle)。[34] 虽然这里对动产的控制也可以是"间接控制",如通过持有存放动产的建筑物的钥匙来控制动产,但这仍属于直接占有的范畴,并不等于《德国民法典》第868条意义上的间接占有。[35] 因此,法国法原则上要求受让人必须取得标的物直接占有(通常就是接受交付)方可善意取得。

(4) 日本法

《日本民法典》第192条是有关善意取得("即时取得")的一般性规定:"通过交易行为平稳且公然开始占有动产的人,在善意且无过失时,即时取得可在该动产上行使的权利。"由于该条没有明确"占有"是否包括间接占有(《日本民法典》第181条称之为"代理占有"),学者的解释遂出现分歧,争论焦点集中在占有改定是否可以导致善意取得上。虽然早期学者如末弘严太郎、石田文次郎、我妻荣、柚木馨等对此多持肯定说,但是在第二次世界大战后,否定占有改定可以成立善意取得的观点逐渐成为通说,并得到了判例的坚定支持。否定说认为,第192条以占有为要件即占有为权利取得的基础,如此占有只能是作为保护信赖基础(要件)的一定资格或事实,而不带来外观变化的占有改定不足以构成此保护资格。[36] 因此,日本判例和通说原则上同样以受让人取得直接占有的移转为善意取得的构成要件。

3. 标的物直接占有的变动与法律关系认知成本的绝对降低

综上所述,中、德、法、日四国法有关动产善意取得的规定,虽然掌握的宽严程度略有不同,但原则上均认为受让人取得标的物所有权以其一方取得标的物直接占有为前提。那么,在这种所有权分配规则下,当事人对标的物法律关系的认知成本是否会比不采纳善意取得规则的情况更低呢?现在让我们分析一下。

(1) 无论是权利人还是受让人,在标的物完全脱离自己或自己的占有受托人控制范围的情形下(如标的物遗失),均既无法对该物进行实物利用,也基本

---

[33] 参见弗朗索瓦·泰雷、菲利普·森勒尔:《法国财产法》(上),罗结珍译,中国法制出版社2008年版,第518页。

[34] 同上注,第520页。

[35] 法国最高法院商事庭在1993年作出的一个判决认定,第2279条要求的占有"也可以通过持有人来实行",但该案案情是购买人在购买设备后立即将之出租,也就是说其先已从无权处分人处获得了直接占有,"通过持有人来实行"的占有是这之后发生的事。参见罗结珍译:《法国民法典》(下册),法律出版社2005年版,第1619页。

[36] 参见近江幸治:《民法讲义 II · 物权法》,北京大学出版社2006年版,第117页。

不可能找到愿意受让该物的交易相对方。因此,此时讨论法律如何分配该物所有权才能降低权利人或受让人对该所有权的认知成本的问题,并没有什么实际意义——对于"理性人"而言,只要标的物下落不明,那么为确定其权属状态而支出任何成本都是荒谬的。

(2) 无论对于权利人还是受让人而言,只要标的物尚未脱离自己或自己的占有受托人的控制范围,则实际确定标的物直接占有状态的成本都是可以忽略不计的。所谓"标的物尚未脱离自己或自己的占有受托人的控制范围"的情形无非有四种:(a) 权利人或受让人本人直接占有;(b) 权利人或受让人委托出让人以外的己方占有辅助人、占有媒介人或被指令人占有;(c) 出让人直接占有;(d) 经权利人或受让人同意,出让人委托他人直接占有。在(a)的情形中,权利人或受让人确知自己掌控标的物显然不需要支出什么信息成本;在(b)(c)(d)的情形中,权利人或受让人确知标的物是否还在"自己一方"的人、出让人或出让人的委托人手中的信息成本也是可忽略不计的,因为其与后三者存在直接或间接的占有委托关系,与之沟通信息所需花费的成本极低。当然,也可能出现出让人不经权利人或受让人同意就将标的物的直接占有委托出去,或虽然经过同意,但事后却拒绝协助权利人或受让人与所委托者取得联系的情形,这两种情形应当归入(1)的分析当中。如果权利人或受让人由出让人的反常行为直接推知存在无权处分事实,则可以适用(3)的分析。

(3) 在确定了标的物被何人占有之后,有关权利人和受让人对标的物法律关系的认知成本问题,要分别予以讨论。(a) 对于权利人而言,只要自己、出让人或自己的其他占有辅助人、占有媒介人或被指令人直接占有标的物,就可以直接根据法律规则确定标的物的所有权仍然属于自己[37];如果标的物被某个第三方当事人直接占有,则可以通过联系该第三方知悉出让人是否实施了无权处分(上文已述,这种信息沟通活动的成本极低),如果证实出让人的确实施了无权处分,则可直接推知该第三方已经取得了标的物所有权。因此,权利人在确定标的物法律关系过程中所支出的总体信息成本是可以忽略不计的。(b) 对于受让人而言,如果自己或自己除出让人之外的其他占有辅助人、占有媒介人或被指令人直接占有标的物,则无疑可以确定标的物所有权属于自己;如果出让人没有交付标的物,而是让特定第三方直接占有了标的物,则同样可以通过联系该第三方知悉其是否才是真正的权利人,如果答案为是,则同样可直接推知自己无法取得标的物所有权。只有在出让人既没有交付标的物,也没有将标的物交给第三方直接占有,而是自己继续直接占有标的物的情形下,受

---

[37] 如果权利人与被指令人的交易安排规定后者一经接受交付立即获得所有权,则保有所有权的是被指令人。下同。

让人才无法确实判断自己是否已经依据与出让人的移转所有权的法律行为取得了标的物的所有权;换言之,此时在受让人方面存在针对标的物法律关系的认知成本。

综合上述三种情况的讨论可以看出,相比不采纳动产善意取得的情况而言,法律如果允许且仅允许受让人在其一方获得标的物直接占有的前提下取得所有权,那么权利人针对标的物法律关系的总体认知成本仍然处于一个可以忽略不计的低水平,而受让人仅在出让人继续直接占有标的物的情形下才仍然存在针对标的物法律关系的认知成本;换言之,权利人的法律关系认知成本没有实质增加,而受让人的却减少了。因此,以受让人一方获得标的物直接占有作为构成要件的动产善意取得制度真正实现了权利人和受让人针对标的物法律关系认知成本的绝对下降,从而构成了社会福利的帕累托改进。从这个意义上可以说,"降低当事人对标的物法律关系的认知成本"既是动产善意取得制度的基本功能,也是其存在的正当性所在。

4. 直接占有要件的其他功能

其实如果深入考察就会发现,以受让人一方直接占有为要件的动产善意取得制度,即使对于仍然存在于受让人一方的那部分法律关系认知成本,也能进一步减小其在交易中的消极影响。在出让人已经与受让人实施了移转标的物所有权的法律行为,却继续直接占有该物的情形下,如果不存在善意取得规则,则受让人只能通过与出让人的交易安排来增大自己针对不能取得所有权之风险获得赔偿的可能性,却无法通过这种安排来控制该风险本身的范围和程度——只要出让人不是真正的权利人,标的物所有权就不可能转移到受让人手中,无论双方在合同中如何约定都改变不了这个结果。但如果采纳以受让人一方直接占有为要件的善意取得规则,那么受让人就能够在与出让人实施的移转所有权的法律行为或其他相关交易中,就自己在何种条件下有权受让标的物直接占有的问题进行特殊安排,藉此控制自己所承受的不能取得所有权之风险的范围和程度。换言之,以受让人一方直接占有为要件的动产善意取得制度具有允许受让人更容易地评估和控制其不能取得所有权之风险,从而降低该风险在交易中导致的实际损害的优点。除此之外,该制度另一个显而易见的优点是有利于节约法律的执行成本,因为它能够保证被分配所有权的当事人对标的物拥有某种排他的控制力(或者自己享有直接占有,或者至少由"自己一方"的人享有直接占有),由此最大限度地降低了需要执法机关启动执行程序从直接占有人处强行剥夺标的物的几率。当然,相比于降低当事人对标的物法律关系的认知成本而言,这两个优点只能算作动产善意取得制度的次要功能。

四、制度诠释范式的重构:区分受让人合理信赖的界定和保护

上文已经证明,动产善意取得制度的基本功能,并非保障"交易安全"或者节约社会预防无权处分的信息成本及其替代成本,而是降低当事人在交易生活中对标的物法律关系的认知成本;而法律实现这一功能的关键,是将受让人一方获得标的物直接占有作为其善意取得所有权的要件,而非其他。换言之,受让人对出让人所有权人身份的合理信赖本身并不能自动提供法律对其优先保护的关键理由,如何界定这个"合理信赖"也不是决定法律是否给予这种优先保护的关键因素;受让人合理信赖的界定方式和保护条件,是两个不同的问题,在讨论时必须将它们严格区分开。从这个观点出发,我们将探讨两个有关动产善意取得制度具体设计的问题:其一,从界定方式而言,受让人的合理信赖是否应以"出让人占有标的物"为前提要件?其二,从保护条件而言,受让人从出让人处取得单纯的间接占有(无论是直接承继出让人的间接占有,还是由出让人的直接占有派生出自己的间接占有),而不同时伴随直接占有向己方的移转,是否可以导致善意取得?

(一)受让人的合理信赖是否以出让人占有标的物为前提?

对于这个问题,有学者明确采肯定说。如谢在全认为:"因受让人系善意受让占有,故必须有让与人之占有可资信赖,方有善意之可言,让与人苟非动产之占有人,何来占有之公信力?可见此为善意取得构成基础之所必然。"[38] 本文认为,即使这里所说的占有包括间接占有,这种观点也是不可取的。动产善意取得制度的基本功能是降低当事人对标的物法律关系的认知成本,没有理由认为这种认知成本问题只存在于出让人占有标的物的情形下。出让人即使不对动产具有任何一种意义上的"占有",受让人也完全有可能误信出让人具有所有权,此时如果否认善意取得的适用,则将导致对于一切出让人不占有标的物的旨在移转所有权的法律行为(无论是有权处分还是无权处分)而言,受让人对标的物法律关系的认知成本将直线上升。很显然,这一消极后果是法律完全应当而且能够避免的。

有人或许会提出:根据日常生活经验,非占有人往往不是所有权人,因此在出让人不占有标的物的情况下,受让人比权利人更有机会觉察无权处分的存在,换言之,法律让受让人承担无权处分的风险,更有利于无权处分的有效预防。这种说法的不妥之处在于,现实生活中的交易情形十分复杂,出让人不占有标的物,不意味着受让人就一定更有机会发觉无权处分。例如,甲将一本书借给乙,然后将该书以指示交付方式卖给丙,丙又转手以同样的指示交付方式卖给丁(此间乙一直没有收到任何通知),事后确认甲丙之间的法律行为一概无效。在这里,丁既没有获得书的直接占有,也没有间接占有(因为其与直接

---

[38] 谢在全:《民法物权论》(上册),中国政法大学出版社1999年版,第224页。持同说者,参见叶金强:《公信力的法律构造》,同前注[14],第100页;沃尔夫:《物权法》,同前注[20],第254页;Baur/Stürner, a.a.O., §52 Rn. 3.

占有人乙之间从不存在真实或臆想的占有媒介法律关系），但相比丙直接占有该书的情形，显然不能说此种情形下的丁更容易发觉丙没有所有权。又如，甲父将一件古玩委托朋友乙保管，两人的另一个朋友丙对此事明知。后来甲父去世，甲以继承人身份向丙提出将古玩出售给丙，二人签订了买卖合同并以指示交付方式移转了古玩所有权，乙对此也予以认可。其实甲父生前立有遗嘱将全部遗产遗赠给丁，但甲、乙、丙对此皆不知情，直到丁前来向他们索要遗产之时才发现真相。在这种情况下，表见继承人甲作为出卖人，同样是既无标的物的直接占有，又没有间接占有[39]，但同样不能说丙因此就更有机会发现甲的处分权瑕疵。其实，要想达成无权处分的有效预防，法律直接规定受让人的善意必须无重大过失[40]足矣，无须将出让人对标的物的占有和受让人合理信赖的判断生硬地绑在一起。须知，对无权处分的有效预防属于"事前标准"意义上的制度功能，而降低当事人对标的物法律关系的认知成本则属于"事后标准"意义上的制度功能，二者是不同的，实现这二者的法律技术手段也不是可以简单类比的，不能因为在后一种情形里使用标的物的客观占有状况作为某种法律效果是否适用的判断依据，就认为在前一种情形里也需要做相同处理——毕竟如前文所述，我们无法简单断言受让人和权利人各自预防无权处分的能力谁高谁低，因此传统的法经济学分析不会支持采用类似无过错归责的制度设计来更有效地预防无权处分的做法。

实际上，那种将出让人占有标的物作为受让人合理信赖存在前提的分析方式，也未必符合现实中法律条文的文义和司法实践。从德国法的情况来看，《德国民法典》本身并未严格要求动产善意取得中的出让人必须享有标的物的直接占有或间接占有，第934条第二种情况即为明证。德国判例和学说进一步将这一立场扩大到所谓"指令取得"（Geheißerwerb）的情形，即尽管出让人并非标的物的间接占有人，但直接占有人根据其指令向受让人实施了交付，此时受让人仍然可以善意取得。[41] 德国联邦最高法院的一些判例甚至走得更远。在

---

[39] 我国《物权法》第29条规定：因受遗赠取得物权的，自"受遗赠开始时"发生效力。由于按照《继承法》第27条第（一）项的规定，在受遗赠人未放弃受遗赠的情形下，遗产不能按法定继承处理，所以"受遗赠开始时"只能理解为遗赠人死亡时（否则会出现特定时间内遗产无主的法律漏洞）。据此，丁在甲父死亡时已经获得了全部遗产的所有权，甲对遗产没有任何请求权。如果适用德国法分析，则按照德国民法典第2087条第1款，被甲父给予全部遗产的丁应被视为继承人，相应地甲父对遗产的间接占有也根据第857条直接移转于丁。

[40] 《德国民法典》第932条第2款将"无重大过失"的要素纳入"善意"的概念本身，而《日本民法典》第192条则将"无过失"和"善意"作为两个各自独立的概念处理。本文认为，二者只是法律技术处理方式的不同，并无明显的优劣之分。我国《物权法》第106条只提及"善意"而未提及"无过失"，因此将此处的"善意"解释为包含了"无重大过失"的要素可能更好一些。

[41] Baur/Stürner, a.a.O., §52 Rn. 13; Westermann, a.a.O., §7 Rn. 194; Wieling, a.a.O., 126.

著名的"衬衣案"(Hemden-Fall)中,M将E的衬衣以自己的名义出售给K,K向M支付了价金;E亲自向K交付了衬衣,因为他误以为M是以他本人名义缔结的买卖合同。联邦最高法院判定K根据《民法典》第932条第1款第1句善意取得了衬衣的所有权。[42] 在其他案例中,联邦最高法院进一步确认,即使直接占有人交付标的物并非系遵从出让人的指令,而是因出让人的欺骗使其误信自己本就有交付的义务,受让人仍然可以善意取得。[43] 为调和上述立场与"权利外观理论"之间的矛盾,德国学者提出一种解释:所谓"权利外观"不仅包括出让人的占有,而且包括出让人的"占有赋予力"(Besitzverschaffungsmacht)。[44] 其实,促使处分相对人获得标的物占有,本来就是所有权的处分权能的题中应有之义,对出让人所有权具有合理信赖的受让人必然会将自己根据交易条件获得标的物的交付看做出让人通过其"占有赋予力"进行安排的结果。换言之,只要"善意"受让人接受了物的"交付",那么对其而言一定存在出让人的"占有赋予力"。将所谓"占有赋予力"纳入权利外观范畴的做法,表面上维持了权利外观作为合理信赖存在前提的地位[45],实则使权利外观要件根本丧失了独立的分析功能。既然如此,放弃对"权利外观"的讨论,直接考察"合理信赖"和"交付"这两个要件是否存在,似乎是一种更好的选择。

从以上分析得出的结论是:出让人不享有标的物的占有(无论是直接占有还是间接占有),至多只能作为受让人非为善意,或者虽善意却有重大过失的可推翻的证据,而不宜直接作为实体法上排除受让人善意取得的充分条件。受让人在何种情形下可被认为对出让人享有所有权具有合理信赖的问题,原则上应当以个案判断的方式解决,而不应机械地认为合理信赖只能来源于"权利外观"或"占有公信力"。只要令合理信赖的存在不再依赖于出让人的占有,那些基于"现代社会中动产所有和占有的大量分离"而质疑动产善意取得制度正当性的观点[46]也就不攻自破了。

(二)受让人从出让人处取得单纯的间接占有是否可以善意取得?

纵观大陆法系各国立法,虽然动产善意取得制度原则上以受让人一方获得

---

[42] BGH NJW 1974, 1132. Siehe Baur/Stürner, a.a.O., §52 Rn. 13.
[43] Westermann, a.a.O., §7 Rn. 195.
[44] Wieling, a.a.O., 125; Westermann, a.a.O., §7 Rn. 191
[45] 魏灵等德国学者认为,善意取得人不需要知晓权利外观的存在,或者说在"权利外观"和"善意"之间不需要存在因果联系。Siehe Wieling, a.a.O., 121; Hager, a.a.O., 231. 按照这种观点,甚至已经无法再说权利外观构成合理信赖的逻辑前提了。
[46] 如苏永钦就认为:"就以完全不加入'时间'因素的动产占有和土地登记簿的记载、收据的持有、授予代理权的表示等来比,是否具有等量齐观的权利外形,在物权与占有分开毋宁极为平常而有必要的今天,实在很有疑问。……如果占有的所谓权利外形不能成立,受让人的信赖又何值保护?物权人失权的合理性又如何建立?双方的利益显然有失平衡。"参见苏永钦:《私法自治中的经济理性》,同前注[25],第172页。

直接占有为适用条件,但很多法域对这一立场并未一以贯之。上文已经提及,《德国民法典》第934条(指示交付下的善意取得)就是一个明显的例外。不少日本学者也认为,虽然受让人的占有改定不能导致善意取得,但在指示交付的情形下,由于处分人丧失了依指示的移转占有,占有状态已经发生了变化,因此应当认可善意取得的可能性。[47] 在我国台湾地区,学界通说认为受让人所取得的间接占有和直接占有一样,均可导致善意取得。[48] 因此,如果单从实在法的角度来看,受让人从出让人处取得单纯的间接占有即可善意取得的规则肯定是有例可援的。现在的问题只在于这样一种规则在立法论上是否站得住脚。

很显然,对这个问题的回答取决于我们进行利益衡量的标准。如果本文对动产善意取得制度基本功能的分析是正确的,那么答案只能是否定的——单纯的间接占有变动不可能如同直接占有移转那样实现信息在当事人之间的低成本传递,因此也就不可能像后者那么有效地实现降低当事人对标的物法律关系的认知成本的功能。对此的证明非常简单。前文分析已经表明,以受让人一方取得标的物直接占有为要件的动产善意取得制度之所以能够绝对降低当事人对标的物法律关系的认知成本,一个关键原因在于:无论对于权利人还是受让人而言,只要标的物尚未脱离自己和自己的占有受托人的控制范围,则实际确定标的物直接占有状态的成本都是可以忽略不计的——标的物要么被自己一方直接占有,要么被出让人直接占有,要么被自己同意出让人委托的其他人直接占有,任何一方的直接占有都意味着其他两方不可能享有直接占有。但单纯的间接占有变动显然不具备这个特点。无论是权利人查证占有受托人是否赋予他人以间接占有地位,还是受让人查证出让人(或出让人声称是其占有受托人的人)是否另有"上级"间接占有人,都是十分困难的,因为成立间接占有关系只需要双方当事人缔结一个(有效或无效的)"占有媒介关系"(Besitzmittlungsverhältnis),通常即规定直接占有人对间接占有人"暂时享有占有的权利或负有占有的义务"(《德国民法典》第868条)的合同。[49] 因此,对于任何不伴随标的物直接占有向己方移转的间接占有变动而言,权利人或受让人即使在自己完全符合间接占有表面条件的情形下,也无法肯定自己果真就是唯一符合此种条件的当事人。面对都主张自己符合间接占有表面条件的权利人和受让人,法律会陷入两难境地:一方面,一物一权是物权法的基本原则,两

---

[47] 参见我妻荣:《新订物权法》,同前注[17],第235页;近江幸治:《民法讲义Ⅱ·物权法》,同前注[36],第120页;田山辉明:《物权法》(增订本),陆庆胜译,法律出版社2001年版,第108页。

[48] 参见史尚宽:《物权法论》,中国政法大学出版社2000年版,第561、562页;谢在全:《民法物权论》(上册),同前注[38],第226—229页;王泽鉴:《民法物权(二):用益物权·占有》,同前注[1],第263—265页。

[49] Baur/Stürner, a. a. O., §7 Rn. 51.

个当事人如果均提出独享同一物所有权的主张,法律不可能同时予以满足;但另一方面,如果专断地确定只有其中一方当事人拥有间接占有,由此获得所有权的分配,则必然导致另一方当事人在交易过程中无法肯定自己是否因他人实际享有该标的物的间接占有而丧失或不能取得所有权。而该方当事人要想消除或降低这种不确定性,必须额外支出成本,亦即对标的物法律关系的认知成本。这显然和上文分析的动产善意取得制度基本功能相悖。

德国联邦最高法院1968年判决的"铣床案"(Fräsmaschine-Fall)清楚地展现了上述危险。该案案情是:出卖人V以所有权保留方式交付给买受人K一台铣床,K将该铣床以占有改定方式出让给善意的B作为贷款担保(让与担保),B又将其对铣床的"所有权"以指示交付方式让与给同样善意的D。[50] 按照德国民法通说,只要直接占有人公开表示不再将间接占有人视为其上位占有人,那么无论该表示是否向间接占有人发出或者为后者所知,都会导致间接占有消灭。[51] 联邦最高法院据此认为,自K与B达成让与担保合意之时起,K就不再为V,而转为B实施直接占有,亦即B获得了间接占有而V丧失了间接占有;因此,根据《德国民法典》第934条第一种情况,D可以善意取得铣床所有权。[52] 很显然,若遵从这种推论,则权利人V将毫不知情地丧失间接占有和所有权,由此其对标的物法律关系的认知成本将增加到一个不可容忍的程度。[53] 为了解决这个问题,一些德国学者如Wolff和Raiser认为,根据《德国民法典》第139条,当事人的物权合意和设立占有媒介关系的约定可被视为一体的法律行为,因此B从无权处分人K处不能获得间接占有,D自然也就无从依据第934条第一种情况善意取得。[54] 但问题是这样一来,B和D就会在本有理由认为自己已经获得间接占有的情况下无法获得间接占有,因此这个解决方案只

---

[50] BGHZ 50, 45. Siehe Baur/Stürner, a.a.O., §52 Rn. 21;周梅:《间接占有中的返还请求权》,法律出版社2007年版,第119页。

[51] Baur/Stürner, a.a.O., §7 Rn. 58;沃尔夫:《物权法》,同前注[20],第79页;周梅,同上注,第87页。

[52] 参见周梅,同上注,第132、135页。

[53] 有德国学者认为,权利人是否会不知情地丧失其所有权,并不构成一个严重的问题,因为只要标的物不归权利人直接占有,权利人就无论如何也无法阻止受让人的取得(参见罗士安:"善意取得、间接占有与《德国民法典》的设计者——《德国民法典》第933条与第934条间价值冲突的缘起",张双根译,载《中德私法研究》2006年第2卷,北京大学出版社2007年版,第60—61页)。这种说法的错误恰恰在于没有认识到,法律应当考虑的重点并非哪一方当事人是否注定不能享有所有权,而是如何降低他们对标的物法律关系的认知成本;对于一方当事人而言,如果不能享有标的物所有权,那么退而求其次,低成本地获取自己不享有所有权的确凿信息仍然是十分重要的。

[54] 参见周梅:《间接占有中的返还请求权》,同前注[50],第141页(其本人也持这一观点,见第168页)。日本判例也是基于这一理由而否定受让人的占有改定可导致善意取得的,参见我妻荣:《新订物权法》,同前注[17],第232页。

不过是将对标的物法律关系的高昂认知成本从权利人 V 身上转换到了受让人 B 和 D 身上而已。与其这样,法律何不直接规定受让人即使从出让人处"受让"了间接占有也不能善意取得,让 B 和 D 一开始就清楚自己的风险所在?

本文认为,把握上述问题的关键,仍然是搞清楚"出让人给予的单纯间接占有能否令受让人善意取得"这个问题本身的定位——这直接关系到动产善意取得制度基本功能的实现,而不单纯是一个受让人合理信赖如何界定的问题。受让人存在合理信赖,不意味着法律一定就得对其优先保护;反之,法律拒绝优先保护受让人,也不见得就是因为受让人的信赖不"合理"。很多论者恰恰是在这一点上出了问题。例如,有日本和我国台湾地区学者认为,动产善意取得制度即在因信赖让与人之占有,而保护善意受让人,以确保交易安全为目的,尤无因受让人受让占有时占有移转方式之不同,使善意受让人遭受不同结果的理由。[55] 按照这种说法的内在逻辑,既然"受让人代表交易安全"和"交易安全优于静的安全"都已经是不容讨论的预设前提,那么在设计动产善意取得具体规则的时候,在逻辑上就无法反过来再拿劣位的"静的安全"去对抗和限制优位的"交易安全",剩下的唯一选择就是:受让人的合理信赖扩张到哪里,善意取得就应当适用到哪里。这实际上是交易安全说将利益衡量过程片面化的一种极端体现。又如,有德国学者认为,《德国民法典》第 932 至 934 条的规定所体现的基本思想是:作为权利外观载体的出让人占有状态,应必须使取得人有充分理由在出让人身上发现所有权人的特征;在出让人根据第 934 条第一种情况将对物的间接占有让与给取得人时,法律就认为这一前提要件已经被满足。这与第 933 条不允许受让人通过从出让人处获得间接占有而善意取得的事实并不矛盾,因为法律关注的仅仅是"出让人完全的占有丧失"[56],这样就可以保证出让人不会再以剩余的占有权利提供给别的善意取得人新的权利表象。[57] 这一理论的不妥表现在以下两个方面。(1)出让人向受让人实施了间接占有的移转行为,很难说能构成令受让人相信出让人的确享有间接占有的"充分理由"。本文第四部分第(一)节所举的两个例子恰可证明,即使出让人向受让人实施了间接占有的移转行为,也并不能保证出让人就真的享有间接占有。更何况,就算受让人的确明知出让人不拥有直接或间接占有,也并不意味着他就一定有理由怀疑出让人是否享有所有权。例如,甲将一本书寄存在乙处,乙以所有权人身份擅自将书借给丙,丙不慎将其遗失,遂向乙提出原价"买

---

[55] 参见谢在全:《民法物权论》(上册),同前注[38],第 228 页。
[56] Baur/Stürner, a. a. O., § 52 Rn. 3, 20;同说亦见 Wieling, 123;罗士安:"善意取得、间接占有与《德国民法典》的设计者——《德国民法典》第 933 条与第 934 条间价值冲突的缘起",同前注[53]。
[57] 这是德国联邦最高法院的观点,参见周梅:《间接占有中的返还请求权》,同前注[50],第 159、169 页。

下"该书,乙同意。在这里,恐怕无论如何也没法说丙仅仅因为自己把书弄丢了就有理由怀疑书不是乙的。(2)出让人制造新的权利表象,涉及的是受让人和其他第三人之间的利益衡量,法律允许后者再从受让人处善意取得足矣,为何非要根本否定受让人的善意取得?这不仅与权利人和受让人之间的利益衡量相比轻重不均,而且会造成受让人与其他第三人鹬蚌相争,反而让权利人渔翁得利的滑稽后果。之所以会出现这些不妥之处,根本原因就在于上述理论将受让人从出让人处取得单纯间接占有能否善意取得的问题仅仅当做一个(受让人或其他第三人)合理信赖的构成问题来看待,而始终没有意识到前者涉及一个完全独立的利益衡量过程,这就必然导致在进行立法论考量的时候左右支绌,难以自圆其说。

如果在受让人取得标的物直接占有之前,权利人[58]或出让人非自愿地丧失了标的物的直接占有,那么情况也不会有太大的不同。前文已经指出,在此种情形下,将所有权分配给哪一方的问题只有在权利人或受让人中的某一方有可能行使所有权,亦即追及标的物所在的前提下才有意义。如果标的物是无人占有的物,则权利人或受让人在追及物之所在的同时也就意味着获得了其直接占有,将所有权分配给追及人,显然符合以受让人一方取得动产直接占有为善意取得要件的法律一般原则,自无疑义。如果标的物是有人直接占有的物,就会出现和受让人善意的无权处分一般情形相同的问题:既然我们假设受让人可能发现标的物的直接占有人,那么就必须同样假设权利人也可能发现标的物的直接占有人;而如果我们认为受让人只需从直接占有人处派生出间接占有就可终局地善意取得,那么这也就意味着:权利人在发现标的物直接占有人,乃至顺利地从该人处收回标的物之后,要想确定该物是否已经被某个受让人通过派生间接占有的方式善意取得,必须额外花费成本。这种对标的物法律关系的认知成本显然是动产善意取得制度设计所应当尽量避免的。因此,《德国民法典》第934条第二种情况所采纳的规则同样不值得推荐。

综上所述,无论出让人本身是否享有间接占有,允许受让人仅取得单纯的间接占有即可善意取得标的物所有权的法律规则均与动产善意取得制度的基本功能,即降低当事人对标的物法律关系的认知成本,直接冲突。除非确有经过充分讨论的特殊理由(比如,频繁利用让与担保开展金融业务的银行业需要法律给予某种"补贴"),否则法律应当坚持以受让人一方取得直接占有作为其

---

[58] 当然,根据德国法的规定,权利人非自愿丧失占有的标的物,即所谓"脱手物"(abhanden gekommene Sache),原则上是不能被善意取得的(参见《德国民法典》第935条)。这类规定的合理性主要取决于法律对降低标的物法律关系认知成本和维护特定公共秩序的价值衡量。如果认为前者优先,那么自然适用本段的分析;如果认为后者优先,那么立法者就可以根据遏制特定类型的不适当行为(典型如盗窃和抢劫,但也可以包括对拾得物的无权占有)的需要,禁止或限制针对脱手物的善意取得。这个问题还有待深入讨论。

善意取得的前提条件,杜绝受让人在其自己或其指定之人(不包括出让人)获得标的物的直接占有之前取得所有权的任何可能性。实际上,这种处理方式本身也是最为契合我国《物权法》第106条的字面文义的。

五、结论

在讨论法学问题的时候,必须首先对相关概念加以清晰严密的界定,这不是概念法学的陈词滥调,而是任何严肃学术研究的起码要求。试图正当化动产善意取得制度的交易安全说和信息不对称说之所以双双折戟,究其根源就在于它们一开始就没能对作为自己理论基石的关键概念——"交易安全"和"预防无权处分的信息成本"进行足够严密的界定,因此其分析必然是含混其词、似是而非的。本文认为,动产善意取得制度的基本功能,是降低当事人对标的物法律关系的认知成本,从而提升社会交易的效率,而法律实现这一功能的关键,在于以受让人一方获得标的物直接占有作为其善意取得所有权的要件,而非如何界定受让人的合理信赖。因此,我们应当毫不含糊地拒绝诸如"即时取得不是被取得的占有的效果,而应该是让与人已存在的占有的效果"[59],"在近代法中,只要设立即时取得,且存在对相对人的占有的信赖,则就不应区分取得者一方的占有"[60]一类在民法学界广为流行的观点,让受让人"善意"如何界定的讨论回归到应有的位置:一方面,应当给"善意"这个概念"减负",避免让太多不相干的考虑干扰我们对受让人合理信赖的界定;另一方面,在讨论动产善意取得内部其他制度构造的时候,应该明确地将降低当事人对标的物法律关系的认知成本作为利益衡量的标准,而不应简单地认为只要受让人构成"善意(无过失)",就应当加以优先保护。

(初审编辑:曾燕斐)

---

[59] 参见我妻荣:《新订物权法》,同前注[17],第220页。
[60] 同上注,第232页。

破产程序中的合约安排
——现行破产管理人制度检讨

艾佳慧*

A Contract Theory in the Bankruptcy Proceedings:
Reviewing the Current Bankruptcy Assignee Institution

Ai Jiahui

内容摘要：本文梳理了产权和公司治理的相关理论并将之应用到企业的破产清算，发现现行破产管理人制度不仅可能缺乏效率，更可能导致更多的司法腐败和寻租行为。破产管理人的选任、报酬和退出权应该配置给破产债权人，这是一种同时满足了效率与公平的制度安排。我们的破产立法应该构建一个以市场为主、法院为辅的制度体系。

关键词：破产管理人　信息不对称　法院模式　债权人模式

---

* 南京大学法学院副教授，法学博士，经济学博士后。电子邮箱：jiahuiai2004@sina.com。首先感谢匿名评审人提出的修改意见，也感谢侯猛主持的"法律经济学席明纳"上诸位好友不留情面的批评和指正。另外，郁光华、邓峰、缪因知、丁晓东、唐延明、唐清利、戴治勇等师友对本文初稿提出了一些建设性的批评意见，谨表谢忱！最后，本文在写作过程中受到了罗培新"法院能做好管家婆吗？"以及凌斌"思想实验与法学研究"等文章的启发，也一并谢过。当然还是文责自负。

> 在钱财的处理上，股份公司的董事为他人尽力，而私人合伙公司的伙员，则纯是为自己打算。……这样，疏忽和浪费，常为股份公司业务上多少难免的弊窦。
>
> ——亚当·斯密[1]

一、引言

历经 12 年的起草和审议，立法过程一波三折、备受社会关注的《中华人民共和国企业破产法》（以下简称《破产法》）终于在 2006 年 8 月 27 日通过了全国人大常委会第 23 次会议的审议，并于 2007 年 6 月 1 日起正式实施。与之前的旧破产法（即 1986 年颁布、1988 年实施的《企业破产法（试行）》）相比，新法扩大了主体的适用范围（从全民所有制企业扩大到了所有的企业法人）、建立了比较完整的破产程序，引入了破产管理人制度和重整制度，既比较充分地保障了破产职工的相关权益[2]，又表达出了对国际通行立法的尊重和跟随。鉴于我国市场经济的发展已经纳入 WTO 框架，该法彰显了立法者与时俱进、与国际接轨的热情和努力。在其支持者和拥护者的眼中，新的《破产法》不仅是"一部市场经济取向的、和国际接轨的、同时解决中国实际问题的有操作性的破产法"[3]，更是中国经济体制改革进程中的一部标志性法律。

但这部被立法者和支持者寄予如此厚望的法律能否真的有助中国真正入市，实现其"规范企业破产程序，公平清理债权债务，保护债权人和债务人的合法权益，维护社会主义市场经济秩序"（《破产法》第 5 条）的立法目标？这个问题的提出看似为时过早，但除了等待司法实践的实际效果，我们也可以将回答建立在破产财产的产权如何界定、如何分担重整风险、如何实现破产财产价值最大化以及如何有效保障破产各方当事人的权益等根本性的制度设计上。对

---

[1] Adam Smith, *The Wealth of Nations*, 1776, Cannan Edition, New York: Modern Library, 1937, p.700.

[2] 在《破产法》立法过程中，要不要把"职工债权"置于担保债权之前一度引发重大争议，但最终通过设定三个条款（即第 109 条：担保债权优先；第 113 条：职工债权次之；第 132 条：特定条件下的职工债权优先）以比较小的制度代价比较圆满地解决了这个难题，既坚持了正确的原则，又很好地处理了历史遗留问题。更详细的分析，参见张春霖："对《破产法》的若干解读和评论"，载《比较》第 27 辑，中信出版社 2005 年版，第 143 页。

[3] 据李曙光教授的介绍，这是多数破产法学者对新法的基本看法。参见何鹏："新企业破产法让中国真正入市"，《中国证券报》2007 年 6 月 6 日"法治"版。

从国外移植而来又被称为新法创新亮点的破产管理人制度[4]，我们更需要深入探究制度背后的理论逻辑以及其得以有效运行的前提条件和配套措施。

对于《破产法》，已有的相关讨论大多围绕新法的创新亮点以及没有把适用范围推广到商自然人等立法遗憾上[5]，就现行破产管理人制度，虽然已有有识之士指出了其中的问题和解决之道，但限于篇幅和文体，却没有进行更深入的探究和分析。[6] 由于法律制度的一个"重要功能就是建立一套旨在影响现存案件当事人和其他人未来行为的行为规则"[7]，就破产管理人制度而言，深入的研究不仅须直面该制度下所有卷入其中的利害关系人的人性假设和信息制约；更要考察在此规则下他们如何行动，这些行动又导致了什么结果；然后将此结果与制度设计者的意图相比较，以此判断该制度的得与失。如果将破产立法目标的确定视为社会选择和权衡的结果，将破产管理人制度的选择和制定视为一种理性的设计，这种研究思路其实暗含了现代微观经济学中三位一体结构（即机制设计文献里的 Mount-Reiter 三角）——个体理性决策和博弈论、社会选择（social choice）和机制设计（mechanism design）理论——之间的相互关联和

---

[4] 破产管理人（bankruptcy assignee）制度，即在破产程序中由具有专业资格的机构或人员参与破产程序并在破产程序中发挥主导作用的程序制度，而破产管理人，当然就是指具有专业资格并运用其专业知识和经验负责破产财产的管理、处分、业务经营以及破产方案拟定和执行的专门机构或个人。参见李曙光、贺丹："破产法立法若干重大问题的国际比较"，载《政法论坛》2004年第5期。

[5] 关于创新亮点，典型的有，"新企业破产法呈现十大创新亮点"，资料来源：中国发展门户网，http://www.chinainsol.org/Article-show.asp? Artical ID = 1295，最后访问日期2010年10月6日。关于立法遗憾，有破产法专家就在不少场合指出由于没有把商自然人纳入破产法的适用范围，这一破产法只是半个破产法，资料来源：http://www.xici.net/b46489/d49171463.htm，最后访问日期2010年10月6日。关于新《破产法》的更多讨论和分析，可登陆"破产法讨论"（http://www.pcftl.cn/）和"中国破产法网"（http://www.chinainsol.org/）等网站。

[6] 比如苗壮就指出了"当企业破产时，债权人实际上成为企业的剩余索取者，最有动力追求企业资产价值最大化，将包括破产管理人选任在内的剩余控制权配置给债权人，最有利于效率最大化。"参见苗壮："破产管理人的代表和选任问题"、"再论破产管理人的代表和选任问题"，资料来源：中国破产法网，http://www.chinainsol.org/Arical_show.asp? Artical ID = 1185, ID = 1216，最后访问日期2010年10月4日。罗培新也指出了中国法院对破产管理人的选任和控制很有可能无法实现立法者预想的效果，因为法院不仅廉洁度受到置疑，而且其并不比债权人有能力选任合格的破产管理人。参见罗培新："法院能做好管家婆吗？"，《南方周末》2007年7月19日"趋势"版。

[7] 理查德·A.波斯纳：《法律的经济分析》，蒋兆康译，林毅夫校，中国大百科全书出版社1997年版，第679页。另外，在库特看来，法律的经济分析之所以有效，就在于法律规则给许多不同行为带来了隐含的价格，经济学家们完全可以用分析消费者或生产者对价格反应的方法来研究决策者对这些隐含价格的反应。参见罗伯特·考特、托马斯·尤伦：《法和经济学》，张军等译，上海三联出版社、上海人民出版社1994年版，第242页。

制约。[8]

在市场经济的背景下,如果破产法的目标是维护市场经济秩序,最大化地保障破产各方当事人的权益以及最大化待破产公司资产的价值(这也是《破产法》隐含的立法目标),我们面临的难题就是如何制定或选择良好的制度,使得在该制度下人们理性行动的结果尽可能和社会目标一致,即该制度实现了个体理性和集体理性的融合,是一种激励相容(incentive compatibility)的机制[9],而不是相反。那么,该选择什么样的破产管理人制度(是由法院一手操办和规定破产管理人的选任、报酬和义务规则,还是由债权人选择破产管理人并约定报酬和相应责任)才能保障破产法的功能得以实现?[10]

由于人类社会的所有社会制度都可以被放置在产权(或权利)分析的框架里加以分析,由于一切权利分析的基本单位都可以分解到个人,而"趋利避害"的人性冲动、不确定性的永恒存在以及信息不对称、不完美的现实制约,又使得机会主义行为和代理成本无所不在。因此,借助现代经济学日益完善和成熟的产权理论、合约理论和委托—代理理论,本文将论证:现行《破产法》制定的破产管理人制度,即人民法院对破产管理人的选任、报酬、责任规则和退出权的全面主宰,不仅极易形成法院主事人员和破产管理候选人之间的"勾兑"和串谋,加重已然不容乐观的司法腐败,更无法实现对破产管理人的有效制约,进而无法实现破产法所希望的破产企业资产价值最大化和破产各方当事人权益最大化的立法目标。在某种程度上,现行破产管理人制度和《破产法》的社会目标很可能"南辕北辙"。

笔者的观点是,一个进入破产程序的待破产企业仍然是一个企业,只不过由于净资产或净收入为零甚至为负,企业所有权(ownership)或者剩余索取权

---

[8] 更具体地,丁利指出,博弈论为法学提供了一个实证理论基础,它描述人们在一个制度环境(博弈规则)中的决策和结果;社会选择理论则集中分析社会如何逻辑一致地从个体偏好中得到合理的社会目标;而机制设计理论探寻的是一旦我们确定了社会目标,就可以设计合理的制度,使得在该制度下人们博弈的结果尽量处于或接近于社会目标集合。丁利:"作为博弈规则的法律与关于法律的博弈",载道格拉斯·G. 拜尔等:《法律的博弈分析》,严旭阳译,法律出版社 1999 年版,第 3—4 页序文部分。

[9] 激励相容是机制设计理论中的一个术语,是指在市场经济中,每个理性经济人都会有自利的一面,其个人行为会按自利的规则行为行动;如果能有一种制度安排,使行为人追求个人利益的行为,正好与集体或社会价值最大化的目标相吻合,这一制度安排,就是"激励相容"的。

[10] 这一制度选择有效性的背后其实体现了机制设计理论的基本道理,也就是如何设计或选择制度规则使得其最可能满足良好制度的三个要求:资源有效配置、有效利用信息和激励相容。机制设计理论是经济学理论的一个重要分支,今天已在经济学、法学(特别是立法学)和政治学等诸多学科领域发挥着重要作用,2007 年的诺贝尔经济学奖就颁给了机制设计理论领域的三位经济学家:霍维茨(Leonid Hurwicz)、马斯金(Eric S. Maskin)和迈尔森(Roger B. Myerson)。关于机制设计理论的一个经济学综述,参见田国强:"经济机制理论:信息效率与激励机制设计",载《经济学(季刊)》2003 年第 2 期。

和剩余控制权(residual rights)自动转移给了债权人。为了更大限度地收回资产,实现企业财产价值的最大化,债权人有动力也有权利择优选择专业的破产管理人,并与其签订包括工作时间、工作形式、报酬和责任等相关事项的委托协议。对于凭借其专业知识和经验打理破产企业资产的破产管理人,由于其工作性质高度不特定,不仅很难监督,而且很难事后判断,因此需要建立严格的破产管理人资格制度和相应的财产担保制度。

需要提前声明两点,其一,本文所言的破产程序仅指破产清算程序,不仅因为该程序是最彻底和最基本的破产程序(和解不成和重整不力后均要返回破产清算[11]),更是为了论证和分析的方便(该程序中的主要当事人只有债权人、破产管理人和法院三方,和解程序和重整程序不仅牵涉的当事人更多,而且还有麻烦的时间和风险问题)。其二,本文所言的企业均指有限责任公司(和《公司法》的规定一致,包括股份有限公司和有限责任公司)。原因在于只有公司股东对其债务承担有限责任,才有债权人在公司净资产或净收入为零或为负时在理论上接管公司所有权的合理性和正当性。这是论证逻辑的基本要求。

本文包括六大部分。第一部分是引言,通过梳理国内相关讨论和文献以便提出问题。由于破产管理人制度背后隐含的是破产企业的剩余控制权问题,因此第二部分重点在于梳理相关的经济学文献,并将这些理论的运用从公司治理延伸到破产清算程序上来;第三部分从罗尔斯"切分蛋糕"的思想实验入手,通过该思想实验的修改版探讨了将破产企业剩余控制权分别配置给法院和债权人的"法院模式"和"债权人模式",以及分别的界权成本和可能引发的交易成本;第四部分则在前述理论基础上讨论破产管理人应该如何选任、破产管理人报酬如何确定以及破产管理人如何归责,并尝试提出了一个相对一般化的理论,即破产程序中的合约理论:在破产程序中,由破产债权人选任破产管理人并以合约形式(显性的或隐形的)与破产管理人约定报酬和责任形式,借此实现破产企业资产最大化、破产各方当事人权益最大化的立法目标;第五部分讨论这种合约安排可能的问题及其法律补救,更指出中国目前的制度环境很可能制约该合约安排的有效性;最后是一个小结和对中国法院定位的反思。

二、相关经济学文献综述

由于破产程序中的企业仍然是一个企业,运用公司治理理论分析企业破产

---

[11] 《破产法》第78条规定:"在重整期间,有下列情形之一的,经管理人或者利害关系人请求,人民法院应当裁定终止重整程序,并宣告债务人破产:(一)债务人的经营状况和财产状况继续恶化,缺乏挽救的可能性;(二)债务人有欺诈、恶意减少债务人财产或者其他显著不利于债权人的行为;(三)由于债务人的行为致使管理人无法执行职务。"第99条规定:"和解协议草案经债权人会议表决未获得通过,或者已经债权人会议通过的和解协议未获得人民法院认可的,人民法院应当裁定终止和解程序,并宣告债务人破产。"

阶段的各种制度安排就有其道理,尽管增加了法院这样一个意在监督和管理破产程序的中立第三方。一个承担有限责任的公司,其资本来源基本来自股东(自有资本)和债权人(包括债券在内的借贷资本)。股东享有投票权和资产收益权,而债权人享有按期收回本金和利息的固定请求权。如果以公司净资产为零为理论上的分界点,净资产为正(即正常经营状态)时公司财产最终属于股东,因而企业所有权也属于股东;但当净资产由正转负后,基于股东承担有限责任的规则,"在这种情况下,股东已经失去了对公司和剩余损失的所有请求权,固定请求权的表面价值同公司的市场价值之间的差额,由债权人承担"。[12] 因此,在理论上,公司的所有权自然就转移到了债权人手中,债权人实际成为企业剩余财产的索取者。

但净资产为零(或者公司的清算点,即公司未来现金流动的市场价值低于资产的机会成本时)只是一个理论上的分界点,由于市场瞬息万变,公司净资产何时为零实际上很难判断。退而求其次,我们将债权人或债务人因公司资不抵债向法院申请破产清算,而法院经审查接受申请之时作为待破产企业所有权转移的界分点。这样,一个有限责任公司从出生(在工商登记机关注册之时)到死亡(到原登记机关办理注销登记之时)的整个过程就自然分成了两个阶段:前一个阶段,企业的所有权属于股东,股东和董事会雇佣公司经理人运营和管理整个公司的事务,公司经理人应当代表股东的利益;后一个阶段,企业的所有权属于债权人,债权人会议和债权人委员会有权雇佣专业的破产管理人负责破产财产的管理、处分、业务经营以及破产方案的拟定和执行,破产管理人应当代表债权人的利益。

但什么是企业所有权?为什么法律应该把企业所有权配置给资本所有者?不同阶段的资本所有者又该如何制约董事、公司经理人和破产管理人因信息问题而产生的机会主义行为?对这些问题的探讨和研究正是产权理论、合约理论以及公司治理理论(也即委托—代理理论)的核心关注。如果你同意破产阶段的企业仍然是一个需要最大化破产资产价值的企业,同意前文将企业存续期间两分化的合理性,我们就完全可以将已有的公司理论符合逻辑地延伸到企业的破产清算阶段,从而为接下来的破产程序中的合约理论奠定理论基础。

要回答什么是企业所有权,必须先回到以科斯定理为基石的现代产权理论。德姆塞茨认为,产权是常常附着于有形、无形的商品或劳务上的一组权利,在鲁滨逊的一人世界里,产权毫无作用;但在存在交互行动的多人世界(或社

---

[12] 迈克尔·C.詹森、威廉·C.麦克林:"公司理论:管理行为、代理费用和所有权结构",张丽丽译,载威特曼编:《法律经济学文献精选》,苏力等译,法律出版社2006年版,第262页。

会)里,产权是一种社会契约,它有助于形成人们同他人交往时的一种预期。[13] 巴泽尔认定人们从消费或使用这些资产/物品中取得收入和让渡它们的权利是他们自己直接努力加以保护、他人企图夺取和政府予以保护程度的函数,研究那些用于界定和转让产权的合同,这是产权分析的核心。[14] 由于市场经济的潜在逻辑是自愿交易,因此几乎所有的经济学家都同意清晰界定的产权是自愿交易的前提。但初始产权由谁界定?又根据什么原则界定?在《社会成本问题》一文中,科斯通过"牛麦之争"的思想试验指出,如果交易成本为零,初始权利不管配置给谁都能带来产值最大化的结果;但当现实交易成本大于零之时,法律作为确定初始权利归属以确保产值最大化的作用就得以体现。这就是后人总结的科斯定理及其推论。[15] 毫无疑义,在科斯的眼中,法律是初始产权的界定者[16],其界权的基本原则是社会财富最大化(或产值最大化)。或者用卡拉布雷西和梅拉米德的话来说,就是"支持一项特定法授权利的最简单的理由,就是最小化执行的公共管理费用"[17],这也是霍姆斯对侵权法责任规则的态度:除非转移成本能够得到某个明显的社会收益,否则成本让事故中自然承担后果的一方承担。[18] 所以,"合法权利的初始界定会对经济制度运行的效率产生影响,权利的一种调整会比其他安排产生更多的产值",但"只有这种调整后的产值增长多于它所带来的成本时,权利的调整才能进行"。[19] 由于内生化了法律对经济的影响,可以毫不夸张地说,科斯的这一理论造就了后世的法律经济学帝国。

如果说法律界定初始权利的原则是产值最大化,那么企业所有权应该配置给谁才能达到产值最大化目标?而企业所有权又是什么?不同于个人,也不同于古典经济学意义上的"黑箱"(一个投入—产出函数),科斯认为作为"价格机

---

[13] Harold Demsetz, "Towards a Theory of Property Rights", *American Economic Review*, Vol. 57, No. 2, 1967, pp. 347—359.

[14] Y. 巴泽尔:《产权的经济分析》,费方域、段毅才译,上海三联书店、上海人民出版社1997年版,第2—5页。

[15] Ronald H. Coase, "The Problem of Social Cost", *Journal of Law and Economics*, Vol. 3, No. 1, 1960, pp. 1—44.

[16] 这一观点是科斯后来遭人诟病的地方,比如埃里克森就毫不客气地指出科斯在这一点上犯了"法律中心主义"的毛病,看不到习惯、道德,特别是社会规范在初始权利界定中的作用(这种界定虽不精确,但在很多时候能够满足人们交易和社会交往的需要)。我基本认同埃里克森的这一洞见。对法律中心主义的批判,参见罗伯特·C. 埃里克森:《无需法律的秩序——邻人如何解决纠纷》,苏力译,中国政法大学出版社2004年版,第166—179页。

[17] Guido Calabresi & A. Douglas Melamed, "Property Rules, Liability Rules, and Inalienability: One View of the Cathedral", *Harvard Law Review*, Vol. 85, 1972, p. 1090.

[18] Oliver Wendell Holmes, Jr., *The Common Law*, M. Howe ed., Boston: Little Brown, [1881] 1963, pp. 76—77.

[19] Ronald H. Coase, "The Problem of Social Cost", *supra* note [15], p. 6.

制替代物"的企业是"用一个契约替代了一系列契约……通过契约,生产要素为获得一定报酬(可以是固定的也可以是浮动的)同意在一定限度内服从企业家的指挥"。[20] 进一步地,阿尔钦和德姆塞茨视企业为一个"共同的中心签约人",通过签订一个双边契约的集合替代了全部投入所有者的多边契约,因而促进了团队生产中联合投入的有效性。[21] 张五常指出企业无非是以要素市场上的合约替代了产品市场上的合约。[22] 而詹森和麦克林认为企业"仅仅只是用以联结个人之间的一系列合同关系的法律拟制。……这种拟制作为一个复合程序的焦点,使得个人(其中一些可能'代表'其他组织)的互相冲突的目标在合同关系的框架中得以平衡"。[23] 由于把要素组合起来投入运营的合同期限比较长,更由于权利转让中必然的信息成本和交易成本,企业签订的一系列合约只能是不完全的。[24] 用周其仁的话来说,"企业合约是权利义务条款没有事先完全界定,要素买方有权在合约过程中追加规定的一种特别合约"。[25]

由于企业具有的"合约"性质,我们可以得出两个有关企业所有权的结论:(1)不存在一个独立的、纯粹归属于某个人的企业所有权;(2)由于合约的不完全性,也由于市场风险和不确定性,应该让承担最后风险和损失的人拥有剩余控制权,相应地,他/她也应该获得剩余索取权。[26] 在被称为"企业"的这一组合约里,劳动者得到工资,土地提供者得到地租,资金提供者得到利息,只有企业所有者在获得可能利润的同时承担着不确定的市场风险,因此,企业所有权应该归属于他。解决了这一前提之后,为了实现企业价值的最大化,相关制度安排还必须解决两个基本的问题:其一是经营者选择问题,即如何保证真正

---

[20] Ronald H. Coase, "The Nature of the Firm", *Economica*, Vol. 4, No. 16, 1937, p. 391.

[21] Armen A. Alchian & Harrold Demsetz, "Production, Information Costs, and Economic Organization", *The American Economic Review*, Vol. 62, No. 5, 1972, p. 794.

[22] Stenven Chueng, "The Contractural Nature of the Firm", *Journal of Law and Economics*, Vol. 26, No. 2, 1983, pp. 1—21.

[23] 迈克尔·C.詹森、威廉·C.麦克林:"公司理论:管理行为、代理费用和所有权结构",同前注[12],第250—251页。

[24] 对不完全合约的更深入分析,See Oliver Hart & John Moore, "Foundations of Incomplete Contracts", *The Review of Economic Studies*, Vol. 66, No. 1, 1999, pp. 115—138; Philippe Aghion & Patrick Bolton, "An Incomplete Contracts Approach to Financial Contracting", *The Review of Economic Studies*, Vol. 59, No. 3, 1992, pp. 473—494.

[25] 周其仁:"市场里的企业:一个人力资本与非人力资本的特别合约",载盛洪主编:《现代制度经济学(下卷)》,北京大学出版社2003年版,第70页。

[26] 所谓剩余控制权,就是指对合约中事先没有明确规定事项的最终决策权,而剩余索取权指对合约中没有明确指明的财产的最终索取权。更多关于剩余控制权和剩余索取权的理论,See Sanford Grossman & Oliver Hart, "The Costs and Benefits of Ownership: A Theory of Vertical and Lateral Integration", *Journal of Political Economy*, Vol. 94, 1986, pp. 691—719; Oliver Hart & John Moore, "Property Rights and the Nature of the Firm", *Journal of Political Economy*, Vol. 109, 1990, pp. 1119—1158.

有企业家才能的人来管理企业;其二是激励问题,即如何使企业成员(特别是企业经营者)有积极性努力工作并对自己的行为负责。[27] 古典资本主义企业不存在这两个问题,因为企业家、所有者与资本家三位一体的企业形态保证了经营者有积极性努力工作,而且其拥有的财富也令人信服他是一个合格的企业家。[28] 但随着现代股份公司的出现、市场范围和程度的快速发展以及交易从内容到形式的日益复杂,企业家才能的重要性日渐突出,企业家的独立因此势在必行(这也是社会分工的需要)。这一现象就是伯利和米恩斯提出来的"所有权与经营权的分离"[29],之后被斯蒂格勒和弗里德曼修正为"财务资本与经理知识能力资本及其所有权的复杂合约"。[30]

正是因为资本所有者与公司经营者之间的分离,才有了因信息不对称而产生的代理问题,也才有了致力于解释和解决该问题的公司治理理论(即委托—代理理论)和相应的公司治理结构。"我们将一种代理关系定义为一个合同,在这个合同下,一个或多个个人(委托人)雇佣另一个人(代理人)来代表他们进行某些为,包括授予代理人某些决定权。"[31] 一般而言,作为"受托人"或"代理人"的董事和公司经理人应当为投资者(委托人)的利益而行事,但两者之间的利益分野导致了代理成本的产生。公司治理的实质就在于保障股东和债权人对公司的投资获得应有的回报,其核心问题在于如何在不同的企业参与人之间分配企业的剩余控制权和剩余索取权以降低代理成本。只不过剩余控制权和剩余索取权并不固定,它只是一种状态依存权,不同状态下的企业应当由不同的利益要求者控制。在正常经营状态下,公司经营的边际风险(marginal risks)由股东承担,因而其是公司剩余索取权和剩余控制权的所有者。股东有动力选任董事和优秀的职业经理人打理公司的经营业务。但企业家能力的信息不对称和个人行为的信息不对称却使得股东不一定能雇佣到能干的经理人,即使雇佣到了,经理人也可能偷懒卸责、假公济私或者不顾公司利益而片面追求自己的管理权。甚至董事会也会被经理人"俘虏"而罔顾股东的利益。斯密早就指出:"在钱财的处理上,股份公司的董事为他人尽力,而私人合伙公司的伙员,则纯是为自己打算。……这样,疏忽和浪费,常为股份公司业务上多少难

---

[27] 张维迎:《产权、激励与公司治理》,经济科学出版社2005年版,第82—83页。
[28] 同上注,第93页。更多的理论分析,参见张维迎:《企业的企业家——契约理论》,上海三联书店、上海人民出版社1995年版,特别是第2章"经营决策,生产活动和委托人资格的安排"和第三章"经营能力,个人财富与资本雇用劳动"。
[29] See Adolf A. Berle, Jr. & Gardiner C. Means, *The Dean Corporation and Private Property*, New York: The Macmillan Company, 1933.
[30] G. Stigler & C. Friedman, "The Literature of Economics: The Case of Berle and Means", *Journal of Law and Economics*, Vol. 26, 1983, pp.237—268.
[31] 迈克尔·C.詹森、威廉·C.麦克林:"公司理论:管理行为、代理费用和所有权结构",同前注[12],第248—249页。

免的弊窦。"董事和公司经理人的这种机会主义行为,不仅容易导致事后的投资无效率,更可能进一步降低投资者事前的投资愿望。如何解决这一因事前、事后信息不对称而带来的公司治理问题?

就公司治理的两大根本问题而论,事前信息不对称对应的是经营者选择问题,而事后信息不对称对应的是激励问题。这其实就是信息经济学致力于解决、而任何组织都要面对的由于雇主和雇员之间信息不对称而带来的"如何选对人"和"如何激励人"问题。那么,如何才能选对人,或者如何解决事前信息不对称带来的逆向选择(adverse selection)? 一句话,"解决这个问题依赖于如何设计机制使人们讲真话的收益大于撒谎的收益"[32],而经济学的研究表明可以设计而且实践中也有很多办法能够缓解和解决这一困难。就经营者的选择而言,第一种重要机制是信号传递(signaling),比如学历和受教育程度可以传递个人能力的信号,从而使受教育者在劳动力市场上显示出自己的能力。需要严格考试、交纳高额学费的商学院教育在很大程度上就承担了这一功能。第二种机制是信息甄别(screening),指缺乏信息的那一方(比如雇主和保险市场的卖方),可以设计一个菜单让对方选择,然后通过对方的选择甄别对方的信息。比如为潜在不同水平的经理人提供不同的职位和工资待遇供其选择从而获取一些信息。第三种是声誉机制,只要存在重复博弈的可能,声誉就是一个有效缓解信息不对称、促进合作的重要手段。比如经理人市场的存在就对在位经理人的机会主义行为有很大的制约。

如果说"如何选对人"面临的是事前信息不对称,解决的是逆向选择引发的相关问题,那么"如何激励人"面临的就是事后信息不对称,需要相应的制度安排以解决道德风险(moral hazard)问题。概括而言,在公司的剩余控制权和剩余索取权归属于股东的前提下,可以"通过为代理人安排适当的激励,以及通过承受那些设计用来限制代理人异常行为的监督费用,委托人可以限制代理人对其利益的偏离。"也就是通过相关制度设计促使一位"代理人"以"委托人"的福利最大化为出发点来行为并尽可能最小化代理费用,包括委托人的监督费用、代理人的保证支出和剩余损失(代理人决定与委托人福利最大化决定之间的差额)。[33] 在公司治理的实践中,主要是采用种种激励合同的形式,如经理人收入报酬与经营业绩挂钩、分享所有权、股票期权和效率工资等,缩小代理人和委托人之间的利益分野。在理论上,最优激励合同取决于经理人的能力、风险偏好以及其决策的重要程度等因素。

前面的理论充分论证了在公司正常经营期间,其剩余控制权和剩余索取权

---

〔32〕 张维迎:《产权、激励与公司治理》,同前注〔27〕,第44页。
〔33〕 迈克尔·C.詹森、威廉·C.麦克林:"公司理论:管理行为、代理费用和所有权结构",同前注〔12〕,第249页。

应该配置给股东,但其中隐含了两个假定,即股东是一个能够最大化自己福利的个体以及法律确实将公司所有权配置给了股东并给予其相应的法律保护。不过首先,现代公司的股东是一个高度分散化的群体,正如选民不会为了解政治候选人的信息付费一样,集体行动必然带来的"搭便车"冲动也使得单个投资者对学习经营知识、参与公司管理毫无兴趣[34];而且即使他们有兴趣,汇聚所有不同的意见也需要时间和成本,这对必须应对瞬息万变之市场机会的企业而言代价太大。如何解决?所有权集中(concentrated ownership),即将重大的控制权配置给公司大股东是一个能降低交易成本的较好办法[35],尽管也会付出损害小股东和其他利益相关者利益的成本。其次,一个国家的法律规则和司法效率对有效公司治理至关重要。法律首先要保证股东拥有公司的剩余控制权和剩余索取权,比如选举和更换董事会、对公司并购或分立等事项的控制权和投票权以及公司利润的分红权和收益权;法律还要保障当董事和经理层,甚至大股东侵害股东利益时给予股东向法院提起侵权诉讼的权利。尽管由于商业判断规则的存在,作为事后判断机构的法院以及并不胜任商业决定的法官面对很难验证的证据(如某市场判断和决策是否损害了股东利益)并不太得心应手。

总而言之,除了"在一个充分竞争的市场上,一个有效的公司治理结构必须在满足个人理性约束和激励相容约束的条件下最大化企业的总价值,必须是一个多赢的制度安排"[36]之外,一国良好的公司治理机制还必须结合事前的产权规则(确定公司股东,特别是大股东的所有权)和事后的责任规则(对公司股东的法律保护),并辅以能够有效传递信息的产品市场和经理人市场才能实现资源有效配置和最大化公司资产的目标。

三、法院模式还是债权人模式?

为了应对趋利避害的理性人冲动、信息不对称和市场风险的现实制约,现代经济学四股既相互支撑又有重叠和交叉的智识潮流——产权理论、合约理论、公司治理理论以及信息经济学和博弈论——解释并论证了让资本所有者拥有公司的剩余权是保障资源有效配置和公司资产最大化的前提条件。由于剩

---

[34] 关于集体行动和"搭便车"问题,参见曼瑟尔·奥尔森:《集体行动的逻辑》,陈郁、郭宇峰、李崇新译,上海三联书店、上海人民出版社1995年版。

[35] 所有权集中是一个随着现代股份公司的发展而出现的现象,并不是立法所能左右。尽管美国早有法律限制股份的集中,但很多家族企业和富有的投资者拥有集中的股权已经越来越普遍。更多的讨论和分析,See Meivin Eisenberg, *The Structure of the Corporation: A Legal Analysis*, Boston: Little Brown & Company, 1976; Harold Demsetz, "The Structure of Ownership and the Theory of the Firm", *Journal of Law and Economics*, Vol. 26, 1983, pp.375—390.

[36] 张维迎:《产权、激励与公司治理》,同前注[27],第2页。

余权的状态依存性,在公司正常经营期间,其归属于股东,而在公司破产清算期间,应该归属于债权人。这是前述理论和逻辑在破产阶段和破产法上自然而然的延伸和应用。

法律制定的最高境界应在最大化效率的同时实现最大化的公平。在法律经济学家看来,破产法的功能就是要最大化破产公司资产的价值,通过促进科斯式谈判的成功以创造一致化的利益,"破产法在其核心上应当被设计用来防止(那些为了确保一个投资人相对于其他投资人的地位而对于资产进行的)个人行为干扰投资者作为一个整体所喜欢的对于这些资产的使用方法"。[37] 在破产清算程序中,只有将破产企业的剩余权配置给债权人(特别是没有抵押权的普通债权人),债权人才有动力和积极性选任和监督破产管理人,并尽其最大努力追回和实现不良债权,实现公司资产最大化的目标。由于破产资产的清偿按照破产费用、共益费用、各种职工债权、税收债权、抵押债权、普通债权的法定先后顺序[38],普通债权人对破产财产最大化的追求是与最大化地保障破产各方当事人权益的法律目标激励相容的。因此,将破产企业的剩余控制权配置给普通债权人是在各种现实制约下最大化效率和最公平的制度安排。

由于破产企业剩余控制权的主要内容就是破产管理人的选任、报酬和退出权,破产管理人制度如何规定因而成为决定现行破产法能否实现其立法目标的关键。根据2007年制定并实施的《破产法》,"人民法院裁定受理破产申请的,应当同时指定管理人。"(第13条)"管理人由人民法院指定。……指定管理人和确定管理人报酬的办法,由最高人民法院规定。"(第22条)"管理人依照本法规定执行职务,向人民法院报告工作……"(第23条);"管理人经人民法院许可,可以聘请必要的工作人员。"(第28条)"管理人没有正当理由不得辞去职务。管理人辞去职务应当经人民法院许可。"(第31条)加上最高人民法院后来颁布的指定管理人和确定管理人报酬的具体规定[39],我们发现,"中国法院几乎控制了破产管理人制度从生到死的全部过程,从出生证的颁发(管理人名册的编制)到管理人的辞职和离任,均由法院一手操办"。[40] 我们将这种由法院主导破产管理人制度的模式称为"法院模式"或者"法院原则",与之相对

---

[37] 道格拉斯·G.拜尔、托马斯·H.杰克逊:"公司重组和多样所有权收益之处置:对破产中充分保护抵押债权人的一个评论",李国庆译,载威特曼编:《法律经济学文献精选》,苏力等译,法律出版社2006年版,第322—323页。

[38] 相关具体规定,参见《中华人民共和国破产法》第113条。

[39] 2007年4月12日,最高人民法院颁布了《最高人民法院关于审理企业破产案件指定管理人的规定》以及《最高人民法院关于审理企业破产案件确定管理人报酬的规定》,具体规定了人民法院拥有编制破产管理人名册、制定破产管理人资格标准、指定管理人、更换管理人和规定管理人具体报酬标准等职权。

[40] 罗培新:"法院能做好管家婆吗?",同前注[6]。

应,将债权人主导破产管理人制度的模式称为"债权人模式"或者"债权人原则"。

什么样的破产管理人制度是一个既能兼顾破产各方利益又能最大化社会福利的法律安排?根据前面的经济学理论,答案应该不言而喻,能够将剩余索取权和剩余控制权尽可能对应的债权人模式能促使拥有控制权的债权人尽心尽力选择和监督破产管理人,促成破产资产最大化的实现,从而实现预定的立法目标。而"法院模式",由于拥有控制权的法院并不承担破产风险也不享有破产企业的剩余资产,剩余索取权和剩余控制权完全错位。在某种程度上,法院其实在代表国家委托破产管理人,但这个法定的委托人却不是其指定代理人行为后果的承担者,由此发生的代理成本也并不内化为法院的决策成本,丝毫不会影响法院事前对破产管理候选人的选任和指定。因此其不仅最有可能选任不合格的破产管理人,而且最没有动力监督破产管理人的行为,最大化破产企业资产和最大化破产各方利益的破产法功能因而很难实现。这是一个应当选择"债权人模式"的经济学解释。

从法律人的视角看,破产管理人制度的核心其实是一个界权问题,也即破产企业的剩余控制权应该界定给法院还是债权人的问题。让我们换一个角度,从罗尔斯"切分蛋糕"的思想实验入手来考察剩余控制权的界定效率和公平问题。罗尔斯"切分蛋糕"的原始版如下:"一些人要分一个蛋糕,假定公平的划分是人人平等的一份。什么样的程序将给出这一结果呢?我们把技术问题放在一边,明显的办法就是让一人来划分蛋糕并得到最后的一份,其他人都被允许在他之前拿。"[41]很明显,罗尔斯处理的是一个静态的、可分物既定的分配问题,并且假定所有人在"原初位置"同意平均分配和"随机选择"切蛋糕者。这是一个经典的证明程序正义能实现实体正义的例子。但正如凌斌所说,"先切后拿"的程序设计解决不了"切蛋糕者"的意愿问题,罗尔斯实际上是用"随机选择"这一事先规则遮蔽了"切蛋糕者"意愿背后的"界权成本"问题。[42]

在笔者看来,"切蛋糕者"的意愿不重要,确定或选择使得"切蛋糕者"的意愿与社会目标一致的"切分权"才重要(这实际上是一个界定权利的实体问题)。但由于罗尔斯面对的是一个静态的既定物分配问题,"切分"并不是权力而只是一种需要付出成本的义务(除非在重复博弈中某人希望通过承担该义务获得某种声誉或权威,或者有外在的权威机构以某种地位或职务为诱饵指定某人承担该义务),因此罗尔斯只好用一个在先的"随机选择"原则模糊了这一问题。在某种程度上,这一在先的"一致同意的随机选择"原则也是一种实质

---

[41] 约翰·罗尔斯:《正义论》,何怀宏等译,中国社会科学出版社1988年版,第85—86页。
[42] 凌斌:"思想实验及其法学启迪",载《法学》2008年第1期。

正义(如同现代法律中的"先占权")。凌斌的批评对罗尔斯而言未免有些严厉。

适当改变一下这个思想实验的实验场景,我们来考察一下剩余控制权的界定成本。一群人要开一个蛋糕店,假定劳动力市场和蛋糕市场的价格既定,生产资料的数量和质量也都既定,如何划分蛋糕店的所有权使得这种划分既公平又能使其价值最大(这类似于切一个蛋糕,但这个蛋糕的大小并不是既定的,其大小要依赖于权利的界定和大家的共同努力)?与罗尔斯的思想实验不一样,这个实验处理的是一个动态的、可分物不既定的、既有生产又有分配的混合问题。一整套合理的包括公司从出生到死亡的制度建构即公司法、破产法规则的设立必须要以一个初始的实质正义的权利分配为前提,这就是蛋糕店的剩余索取权和剩余控制权应该归属于谁。对该权利的不同界定必然带来不同的界权成本以及随后分别的交易成本。如果将剩余控制权配置给工人,在蛋糕店正常经营期间,工人有积极性聘请不看重蛋糕店未来收益只顾讨好工人的经理人;一旦蛋糕店资不抵债进入破产程序,工人更有激励率先清偿自己的工资而无视其他债权人的合法利益。这种权利配置的成本就是蛋糕店破产概率的增加以及对其他合法债权人公平受偿权的损害。[43] 如果法律或强权将该控制权配置给政府或不相干的第三人(这其实是一种法律造就的行政垄断),问题就更明显。由于政府既不享有该蛋糕店可能的盈利也不承担经营失败造成的损失,它就更没有动力最大化蛋糕店的资产,相反这种制度安排会刺激很多人为获得蛋糕店的经营权向政府寻租,最终损害的是蛋糕店所有参与人的权益。因此,即便从公平和正义的角度看,剩余控制权也应该归属于债权人,因为,"在作为公平的正义中,社会被解释为一种为了相互利益的合作冒险。其基本结构是一个公开的规范体系,它确定一种引导人们合力产生较大收益,并在此过程中分派给每一合理要求以应得的一份的活动方案"。[44]

沿用以上的思路(即产权界定的效率原则和公平原则)并借用凌斌"界权成本"(delimitation cost,即法律作为一种"定则机制"的运行成本)的概念[45],我们具体考察一下破产企业剩余控制权的"法院模式"和"债权人模式"各自的界权成本以及其可能引发的交易成本。

---

[43] 根据科斯定理,如果交易成本等于零,蛋糕店所有者就会花钱从工人手中购买蛋糕店的所有权,从而最终实现资源的有效配置和资产最大化。但实际上的交易成本肯定非常大。当工人的要价大于蛋糕店所有者可能的损失,他就不会购买,资产最大化的目标因此不会实现。退一步讲,即使这笔产权交易成交,蛋糕店所有者付出的代价也是整体社会福利的损失(因为如果事前的权利界定是有效的,这笔交易费用本不会发生)。
[44] 约翰·罗尔斯:《正义论》,同前注[41],第85页。
[45] 参见凌斌:"界权成本问题:科斯定理及其推论的澄清与反思",载《中外法学》2010年第1期。

根据法律经济学的相关研究成果,对各种可能侵害或者潜在侵害他人的权利或者"负外部性"行为,作为激励机制的法律既可以采用事前的"产权规则",也可以采用事后的"责任规则"甚至行政规制(或者立法),对个人行为加以界定、调整和控制。通过责任的配置和赔偿(惩罚)规则的实施使得行为人的外部成本内在化从而实现个体理性和集体理性、个人最优和社会最优的统一。[46]只不过究竟采用何种规则需要根据所解决问题的性质和特点灵活处理,这也是具体立法和司法实践所要解决的问题。[47]

具体到破产企业的剩余控制权,如果立法将之配置给债权人,界权成本将等于破产立法成本加上债权人集体行动成本以及破产管理人一旦违约可能带来的诉讼成本。后两类成本其实只是立法如此界权可能带来的交易成本,是一种事后可能的效率损失。但如果立法将破产企业剩余控制权配置给法院(正如中国当前的破产立法),除去和前者等值的破产法立法成本,由于法院并不是破产企业的剩余索取者,剩下的界权成本(或者广义的交易成本)既包括律师事务所、会计师事务所、清算事务所为获取破产管理人资格可能付出的寻租成本和轮候、抽签、摇号等随机指定方式带来的契合成本[48]等事前的效率损失,更包括因法院怠于监管而带来的高昂代理成本等事后的效率损失。更进一步,由于破产管理人由法院指定(在某种程度上,法院就是其委托人),一旦其在破产清算过程中严重损害债权人的权利,债权人只能根据弹性极大的"诚信原则"起诉破产管理人,而受理案件的法院本身就是破产管理人的选任人,法院如何能做到中立公平地判决?更何况从法理上讲,作为破产管理委托人的法院还应该是该案件的实际被告,只不过债权人根本没有起诉法院的权利而已。与将剩余控制权配置给债权人相比,法院指定破产管理人只减少了债权人集体行动的成本,而增加了大量难以估量的潜在交易成本(包括集体行动成本和寻租成本)。在很大程度上,正是法律的不当界权导致了寻租和交易成本的

---

[46] 对法律作为一种激励机制的更多精彩分析,参见张维迎:《信息、信任与法律》,生活·读书·新知三联书店 2003 年版,第 63—177 页。

[47] 卡拉布雷西和梅拉米德就把对财产权利的保护分为事前的"财产规则"(或者产权规则)和事后的"责任规则"两类,而夏维尔则讨论了侵权规则和政府的安全规制对"负外在性"行为的不同控制。参见吉多·卡拉布雷西、道格拉斯·梅拉米德:"财产规则、责任规则与不可让渡性:'大教堂'的一幅景观",凌斌译,载威特曼:《法律经济学文献精选》,苏力等译,法律出版社 2006 年版,第 20—50 页;史蒂芬·夏维尔:"损害赔偿规则抑或安全规制",载威特曼编《法律经济学文献精选》,苏力等译,法律出版社 2006 年版,第 91—107 页。对上述理论的一个中国应用,参见艾佳慧:"'禁'还是'不禁',这是个问题——对'禁放令'的法律经济学分析",载《中外法学》2007 年第 5 期。

[48] 《最高人民法院关于审理企业破产案件制定管理人规定》第 20 条规定:人民法院一般应当按照管理人名册采取轮候、抽签、摇号等随机方式公开指定管理人。由于破产管理人的高度专业性,这种方式在否定破产企业选择权的同时无谓增加了破产管理人与破产企业之间的适应成本,虽然这种方式能有限制法院的寻租行为。

激增。

如果援用"产权规则"、"责任规则"和"行政规制"的法律经济学视野,我们发现与配合了事前产权规则和事后责任规则的"债权人模式"相比,将破产管理人的指定权配置给法院的"法院模式"仍然是一种行政规制的思路。相较于旧破产法,新法只不过是用法院规制替代了政府规制,背后的立法思路并没有变。

因此,不管是从公平正义的角度,还是从效率和界权成本的角度,与"债权人模式"相比,破产企业剩余控制权配置的"法院模式"都是一种次优的制度选择。

四、破产程序中的合约理论

科斯曾言,"法院(或大陆法系国家的立法者——本文作者注)应当理解自己决定的经济后果,并且,就其可能且不会带来太多关于法律地位本身不确定的范围内,法院应当在决定时考虑到这些成本"。[49] 但中国的破产法立法者为何忽视这一重要的立法效率问题?除了不信任权利既定之后的自愿交易,中国破产法秉承的"司法击败市场"理念,还可能基于以下两个假设:其一,法院比债权人更有动力和能力选任合格的破产管理人;其二,法院的超然地位和公正廉明。[50] 但首先,前面的理论已经充分论证了法院没有动力花费时间和精力挑选适格的破产管理人,至于能力,由于破产管理人业务的高度专业性,不了解破产企业相关业务的法院怎么可能比债权人更有能力选择破产管理人?其次,应然地假定法院的公正无私没有问题,但如果实际状况和应然假设相差太远,建立在应然假设基础上的立法就肯定不能实现其本应具备的效率和公正目标。中国的法院系统真的公正廉明吗?先不说法院,近年来屡屡被曝光的各地破产庭法官的贪污窝案就是一个反面的例证。[51] 正如一些新闻媒体所揭示的,"正是法官、律师和拍卖行间的利益关系,令破产拍卖成为腐败温床,而现行破产拍

---

[49] Ronald H. Coase, "The Problem of Social Cost", *supra* note[15], p.44.
[50] 参见罗培新:"法院能做好管家婆吗?",同前注[6]。
[51] 比如去年引起相当轰动的深圳中院破产庭的腐败窝案(先后担任破产庭庭长的裴洪泉、蔡晓玲、张庭华均成为案件主角,此案还牵涉到破产庭其他几位法官以及深圳数家拍卖行和十几名律师。最反讽的是,作为专家型法官的裴洪泉还在法学期刊上发表过研究破产法实施难点及其对策的文章)以及今年的天津中院破产腐败窝案。更多的内容和分析,参见周华:"深圳中院法官腐败案凸显现行破产法制度缺陷",载《南风窗》2006年第11期,http://news.sina.com.cn/c/l/2006-11-15/164711525745.shtml,最后访问日期2010年11月30日;胡健:"深圳中院腐败窝案考验新破产法",《新京报》2006年11月8日,http://news.sina.com.cn/c/pl/2006-11-08/000211452283.shtml,最后访问日期2010年11月30日;王和岩:"津门破产腐败窝案",http://www.chinavalue.net/media/article.aspx?articleid=6349,最后访问日期2010年11月30日。

卖制度对此并无有效监督"。[52] 在旧破产法的框架下法官尚且如此肆无忌惮，给予了法院和法官更多破产程序主导权的现行《破产法》能有效遏制已经很不乐观的司法腐败吗？

其实，《破产法》相关制度的制定背后还隐含着立法者对法院，甚至法律（特别是商法）在市场经济秩序和体系中如何定位的思考。由于理性人假设内含的对利益的争夺，以及信息和风险的制约，虽然市场经济权利既定之后的自愿交易是一个帕累托改进，但可能单个的自愿交易由于成本很高而无法实现，也可能一个个的交易谈判不仅耗时而且耗费，因此由立法机关出面提供一套能有助于自愿交易形成的标准契约条款就成为国家的一种公共服务和立法义务（虽然很多标准契约条款是长期商业实践积累下来的商业惯例）。"契约法的功能之一就是通过提供标准契约条款（如果没有它们，当事人就不得不采用明示契约）而使其交易成本节约；而且到目前为止，我们已清楚地知道这一功能也应适于公司法。"[53] 就破产法而言，有关各方依靠立法机关提供一套"标准形式"的破产程序目的也在于节约因争夺债务人财产而可能产生的交易成本。因此，作为公司"出生法"和"死亡法"的《公司法》和《破产法》，法律制定背后的逻辑应该是一致的，那就是通过给予资本所有者剩余控制权并在此基础上制定一套有助于公司资产最大化的标准制度和程序。

但正是在这里，我们发现了中国《破产法》与《公司法》制定逻辑的不一致。现行《公司法》虽然并不完美，但毕竟把公司所有权（即剩余控制权，包括对董事、经理人的选任权以及对公司重大事务的决定权和变更权）配置给了股东，但其后制定的《破产法》却把破产管理人选任权——破产阶段的主要公司所有权——配置给了作为中立第三方的法院。在某种程度上，当前的这一立法无异于放手让法院去选任本应由股东选聘的公司经理人。这不能不算是中国破产立法的一个疏漏和遗憾。

在哈特看来，如果只有一个债权人和债务人，债务人一旦违约，资产控制权必然由债务人转移给债权人。在这种简单情况下，不需要任何破产法和破产程序。但当有多个债权人而债务人又没有足够资产偿还其债务时，债权人就可能进入浪费社会资源的竞争以图第一个获得抵押物或第一个得到法院对债务人资产的判决，而这种竞争很有可能造成对所有债权人价值的损失。因此，按有序的方式来完成债务人资产的处理，是符合债权人集体利益的，这就是规范破产程序的理论根据。但这种规范的破产程序并不必须由政府或立法机关提供，只不过由于实践中的交易费用太大，债务人和债权人不可能以合同形式来设计

---

[52] 苏丹丹、季敏华、毕爱芳："深圳中院腐败窝案起诉在即"，载《财经》2006 年第 11 期，http://finance.sina.com.cn/g/20061127/18053113275.shtml，最后访问日期 2010 年 11 月 30 日。

[53] 理查德·A.波斯纳：《法律的经济分析》，同前注[7]，第 519 页。

他们自己的破产程序,因此需要依靠立法提供标准形式的破产程序。[54]

但正如凌斌对罗尔斯"切分蛋糕"模型的批评,完善的程序正义(一套标准形式的破产程序)必须要以一个初始实质正义的权利分配为前提,即破产企业的所有权(剩余控制权)应该配置给债权人,否则正确结果(最大化破产资产和最大化破产各方的权益)不可能实现。虽然破产法在根本上是一个集体性的程序,但只有确立了债权人的破产企业剩余控制权,随后才能顺理成章地制定相应的程序以使这些所有者按照破产财产最大化的目标集体行动。[55]

由于破产管理人制度在整个破产程序中的核心地位(在《破产法》中,"破产管理人"出现的频率仅仅少于出现次数最多的"法院"),破产管理人应当由谁选任、选任标准怎样、如何选任、如何制定报酬标准以及如何规定破产管理人的责任等等问题就自然成为破产法中的重要问题,其成效直接影响到破产法立法目标能否实现。如果解决了破产企业所有权的归属问题,根据公司治理理论的逻辑,具体的破产管理人制度其实只是要解决事前"如何选择人"和事后"如何激励人"的问题。下面分别就破产管理人的选任、报酬和责任规定加以讨论。

(一)现行破产管理人选任:一场寻租的盛宴?

破产管理人制度的起源可以追溯到古罗马时代,在债权人自力救济的原则下,债权人胜诉后,可以自行执行实现其财产,后来以委付财产为主要方式的财产执行制度建立并获得发展。当时法律规定,宣告债权人占有债务人财产30日后,债权人可以申请法院就债权人中选任Magister(即财产管理人),由它充当拍卖财产的特别负责人。此即为破产管理人制度的开端。[56] 由此可以发现,债权人对违约债务人财产的处置权是其主宰破产管理人制度的基础。现代以来,虽然公司规模和形式千变万化,沿袭了古罗马法传统的破产管理人制度背后隐含的效率和公平逻辑却从未曾改变。

但中国现行《破产法》却将破产管理人的选任权配置给了本应属于中立第三方的法院,虽然法律也规定了"债权人会议认为管理人不能依法、公正执行职务或者有其他不能胜任职务情形的,可以申请人民法院予以更换"(第22条第2款),但这只是一个建议权(一个没有法律保障的"软权利"),因为更不更换的决定权最终掌握在法院手里。根据前文总结的相关理论,由于立法强行给予不承担破产财产风险的法院一种选任破产管理人的垄断权,由于破产程序中

---

[54] O.哈特:《企业、合同与财务结构》,费方域译,上海三联书店、上海人民出版社1998年版,第198—200页。

[55] 道格拉斯·G.拜尔、托马斯·H.杰克逊:"公司重组和多样所有权收益之处置:对破产中充分保护抵押债权人的一个评论",同前注[37],第327页。

[56] 王卫国、朱晓娟等编著:《破产法 原理·规则·案例》,清华大学出版社2006年版,第87页。

破产管理人对破产企业及破产财产全面占有、使用、管理和处分可能带来的巨大收益,由于破产管理人资格并不对所有的律所、会计师事务所、清算所以及所有的专业人士开放,为获得这一法定资格,暂时处于"公共领域"的选任权可能导致潜在候选人对法院及其主事人员的寻租。虽然为了防止可能的腐败,最高人民法院规定法院应当根据管理人名册采取轮候、抽签、摇号等随机方式公开指定管理人。[57] 但首先,这一随机指定的前提是已经各法院(包括各高院以及经济发达地区的中院)评审委员会(不少于 7 人,主要包括院长、副院长和破产庭的相关法官)筛选并确定下来的管理人名册,而如何挤进名额有限的管理人名册就是潜在候选人寻租的动力和目标;其次,现行轮候、抽签、摇号等随机指定方式可能带来破产管理人与破产企业之间的契合成本。因此,从理论逻辑和常识判断,人民法院选任破产管理人的现行制度有可能造就一个争夺法定资格的"寻租场"。这种"寻租"对法官和希望获得破产管理人资格的机构和个人而言固然是一种"双赢",但损害的却是全体债权人的合法权益,甚至整个市场经济秩序的效率和公平。

由于债权人承担了破产管理人选任带来的收益或成本,也由于一个有效的制度应该是使得行为人行动的外在成本内化且责任自担的规则,因此,在现行破产法中主宰和决定了破产程序及其效率的破产管理人应当由债权人选任。不过在破产清算程序中,由于分散的多个债权人(既包括债券债权人、贷款债权人和侵权债权人,也包括职工债权人、贸易债权人和税收债权人,即国家)可能的集体行动成本,也由于破产财产的清理、追偿和拍卖不仅需要付出大量的时间和精力,也需要相当专业的法律、财务知识和经验,实践中往往由债权人会议选任专业的机构和人员担任破产管理人。这也是目前包括英国、美国、俄罗斯和德国等大多数国家的立法立场。

解决了选任权的归属,接下来的问题就是破产管理人的选任标准如何确定。这其实是一个如何解决债权人和破产管理人潜在候选人之间事前信息不对称的问题,根据信息经济学,解决事前信息不对称(其可能导致事前无效率的"逆向选择"问题)的方法有信号传递、信息甄别、声誉机制和政府规制。具体而言:(1)潜在候选人可以通过其专业资格证书显示其有能力掌管好破产企业的资产,在各国实践中,资格考核越难,往往其传递信号的能力越强。(2)债权人也可以通过确定某个破产清算报酬的比例筛选掉一些对该业务不太感兴趣的候选人(这个比例也可以由法律加以规定,但不如债权人确定来得灵活)。(3)在一个相对完善的市场经济环境中,不特定的破产债权人和破产清算行业之间会有长期稳定的合作,这种长期、动态的重复博弈必然会形成足以传递破

---

[57]《最高人民法院关于审理企业破产案件指定管理人的规定》第 20 条。

产管理潜在候选人资质信息的声誉机制;反过来,作为社会中的一只"看不见的眼",声誉机制又会制约破产管理人事后的道德风险行为。(4)政府或法律也可以动用其强制性的权力建立破产管理人的财产担保制度,这也是解决事前信息不对称的一种手段。

最后,破产管理人如何选任?沿用科斯的思路,先不考虑效率的问题,与公司经理人的选任相似,破产管理人完全可以无差别地从市场、企业或政府中选任产生。债权人可以一次性地从破产清算市场以一定价格聘用适格破产管理人,也可以自己长期雇佣专门处理破产清算业务的人员。前者需要债权人付出一定的交易成本,后者则要付出管理成本的代价。只要交易成本小于管理成本,破产管理人就应该通过市场选任,否则债权人就有积极性自己雇佣专职人员。如果政府认为债权人的选任会带来很大的负外部性和社会成本,或者其有能力以低于债权人的成本选任破产管理人,由政府(或者法院)选任破产管理人也无不可。只不过"政府行政机制本身并非不要成本。实际上,有时它的成本大得惊人。……问题在于如何选择合适的社会安排来解决有害的效应"。[58] 前面已经分析过,由于"不在其位,不谋其政",政府(或法院)选任的背后往往意味着高昂的代理成本,因此不是破产管理人选任的合适制度安排。如果非要违背规律强制推行政府的任命,后果无非就是腐败盛行和效率低下。计划经济的失败早就暗示了这一点。

由于破产管理工作的一次性,更由于单个债权人没有动力雇用一个需要花费自己的成本而服务于全体债权人的破产管理人,相对高昂的管理成本使得破产管理人的选任应该通过破产清算市场获得。虽然也存在一定的交易成本,但其与管理成本之间的差额就是专业分工带来的社会收益。这也是破产管理人选任与以长期雇佣为特征的公司经理人选任不同的地方。[59]

综上,由于债权人应该拥有破产企业的剩余控制权,因而其也应该拥有破产管理人的选任权。配合严格的破产管理人资格管理制度、破产清算市场的声誉机制和相应的财产担保制度,债权人应该在破产清算市场聘用或委任合适的破产管理人。

(二)破产管理人报酬:谁说了算?

解决了破产管理人由谁选任、选任资格和如何选任的问题之后,破产管理人报酬应该由谁确定、如何确定的问题其实已经很清楚了。作为破产清算服务

---

[58] Ronald H. Coase, "The Problem of Social Cost", *supra* note[15], pp.18—19. 需要提及的是,科斯的两篇经典论文"企业的性质"和这篇"社会成本问题"中都有更多关于市场、企业和政府之间"trade-off"(交替)的精彩分析和论证。

[59] 不过也不绝对,企业家才能在特定情况下也可以通过市场交易获得,比如就某个项目与专业的管理咨询公司签订咨询合约。

的价格,破产管理人报酬理应由合约双方根据破产清算市场的供求情况和破产清算服务的预期质量协商而定。这本是自愿交易的基本原则。

但现行《破产法》按照同样不合道理的逻辑将此定价权配置给了法院,不仅第 28 条明确规定"管理人的报酬由人民法院确定"(虽然其后又规定了"债权人会议对管理人的报酬有异议的,有权向人民法院提出",但这也只是没有决定力的提议权而已),而且最高人民法院还为此专门出台了一个确定管理人报酬的司法解释。先不说新法和司法解释就管理人报酬规定的自相矛盾之处[60],就算法律规定在字面上完美无瑕,一个以事后解决纠纷为主要任务的法院有足够的能力和知识对破产管理人的服务定价,并事前准确地预测破产管理人事后的工作量和合理确定管理人报酬方案吗?由于破产管理人工作的高度不特定性("工作特定性"是一个程度性概念,其高低取决于某工作是否容易监督、是否容易被替代以及是否更多使用了判断和裁量[61]),法院要预测管理人在破产程序中付出的工作量就很困难。退一万步说,即便法院神机妙算预测到破产管理人未来工作的"量",但它如何能够测度其工作的"质"?但可能正是这个"质"最终决定了债权人的财产能否收回以及收回多少。

因此,法院既没有动力也没有能力为破产管理人的服务准确定价,而定不了价或者没有约束力的定价根本无法保证管理人优质(或者至少尽心尽力)的破产清算服务,当然更不能保障破产财产价值的实现。应该怎么办?答案很简单,应该让法院回归其消极解决事后纠纷的制度本位,取消其确定管理人报酬的权利(这其实也是在替法院解除一桩很可能"吃力不讨好"的差事),而放手让债权人利用市场传递的各种信息(包括破产清算服务的市场需求和已有的供给状况、目前平均的清算服务价格以及谈判对手的市场声誉等)和破产管理人谈判,从而获得一个债权人既能接受又能激励管理人未来有效行动的合理价格。

(三)破产管理人责任:如何承担?

一方面,破产管理人的行为直接影响到破产债权的实现程度,在重整程序中甚至还有可能使破产企业起死回生,其重要性与处于正常状态中的公司董事

---

[60] 《最高人民法院关于审理企业破产案件管理人报酬的规定》第 2 条规定:"人民法院应根据债务人最终清偿的财产价值总额,在以下比例限制范围内分段确定管理人报酬。"第 3 条规定:"人民法院可以根据破产案件的实际情况,确定管理人分期或者最后一次性收取报酬。"但这两条规定有明显自相矛盾之处,由于法院确定管理人报酬在清偿之初,债务人最终清偿的数额根本无法确定,如何分期收取?而且《破产法》第 41、43 条规定"管理人执行职务的费用、报酬和聘用工作人员的费用"属于破产费用,"由债务人财产随时清偿"。既然如此,管理人肯定有动力将所有的费用通通算在破产费用里以便随时清偿(很可能还没到破产终结之日债务人的财产就已经清偿完了),那规定管理人报酬按最终清偿价值额的比例获取又有什么意义呢?

[61] 艾佳慧:"中国法官最大化什么",载苏力主编:《法律和社会科学》(第三卷),法律出版社 2008 年版,第 138 页。

和经理人实在难分伯仲,破产管理人制度更是在整个破产程序中占据了中心地位;另一方面,高度专业性又使得其工作性质高度不特定,因此而来的事后监督成本和道德风险问题也就非常大。制定完善的破产管理人归责制度对有效制约管理人的事后机会主义行动、保障破产财产的实现、进而《破产法》立法目标的实现而言至关重要。

但现行《破产法》相关破产管理人责任制度的规定却相当简陋。与从头到尾浓墨重彩地为管理人划定了对破产企业的代表、决定和经营权以及对破产财产的接管、调查、管理、处分和执行权相比,整部法律仅仅只有"轻飘飘"的三个有关管理人责任的条款:"管理人依照本法规定执行职务,向人民法院报告工作,并接受债权人会议和债权人委员会的监督"(第 23 条);"管理人应当勤勉尽责,忠实执行职务"(第 27 条);"管理人未依照本法规定勤勉尽责,忠实执行职务的,人民法院可以依法处以罚款;给债权人、债务人或者第三人造成损失的,依法承担赔偿责任"(第 130 条)。说它"轻飘飘",原因在于:(1) 由于存在事前可能的"寻租"关系,人民法院也许并不会认真对管理人的不当行为严格执法;(2) "勤勉尽责"是一个弹性极强的条款,也是一个高度不完备的原则,即使债权人事后将破产管理人诉至法院,法院也不一定能准确判断,更不要说现行《破产法》在争议产生之前就提前预设了这一标准;(3) 没有对破产管理人的决定权,债权人会议和债权人委员会有何能力监督需要大量事后裁量和判断权,因而工作特定性很高的破产管理人?

就现行立法而言,在赋予了管理人"沉甸甸"的权利和可能收益的同时却完全不相称地为之配置了"轻飘飘"的责任和职业风险,这是一个违背制度设计中责权利险相一致原则的典型实例。之所以如此规定的深层原因还是在于法律将破产管理人选任、报酬和如何归责的所有权利都配置给了法院,而法院本不具备有效履行法定权利的动力和能力。如何走出目前立法带来的破产管理人责权利险不一致的困境?

方法很简单,那就是让债权人拥有通过委托契约与破产管理人约定相关责任条款的权利和能力,破产管理人应当向债权人会议报告工作并向其负责,而法律的相关规定只应该成为双方约定之余的"兜底条款"。就破产清算程序而言,由于破产财产能否追回、追回多少完全依赖于破产管理人是否尽心尽责(为了防止债务人的"假破产、真逃债",现行《破产法》加大了对债务人财产的保护,比如第 31 条将旧法列出的可以申请撤销的五种行为的追溯期限延长到了一年,第 32 条专门列出了单独清偿,第 33 条还列出了没有设置追溯期限的两种行为。但以上条款得以实施必须依赖于破产管理人积极主动的求偿行动,因为其既有权追回也可以消极被动不去追回[62]），债权人与破产管理人约定各种能够促使管理人有效履行资产清收义务的责任制度就非常重要。

实质上，责任制度意在解决事后信息不对称带来的机会主义和道德风险问题。债权人既可以在合约中规定能够事前约束和激励破产管理人的有效激励合同，即将管理人的报酬与其为破产财产价值的实现付出的努力，或者破产财产的实现程度（一个更简单的标准）联系起来；同时又可以对事后的纠纷，特别是管理人不当行为对债权人利益的损害约定具体的解决办法（是中途更换管理人，还是最后以协商、调解、仲裁或者法律诉讼的方式解决）。由于激励合同是一种只能诱导而不能强制破产管理人行动的激励相容机制，其自愿性和协商性保证了对管理人事后行动的有效制约。而事后责任规则的确定也是在协商一致的前提下制定的，其方案的可选性也保障了即使事后出现纠纷双方也可以采纳成本最小化的方式加以解决。

这样，不管是事前还是事后，作为平等双方的债权人和破产管理人完全可以通过合约方式约定双方同意的责任方式和归责原则，通过有效制约很可能滥用职权的管理人的事后机会主义行为，尽可能实现破产财产价值实现的最大化以及破产各方当事人权益的最大化。

通过以上对破产管理人的选任、报酬和责任制度的具体分析，结合机制设计文献里相互关联和制约的"Mount-Reiter 三角"理论框架，我们发现，如果承认现行破产管理人制度下的法官和破产管理人是"趋利避害"的理性人，双方在该制度"阴影"下的相互博弈及在此基础上的个体理性决策和结果必然是：第一阶段，破产管理人候选人寻租和法官腐败；第二阶段，破产管理人利用职权获取私利，然后破产财产价值无法得到实现。

因此，问题就很清楚了，现行破产管理人制度下相关主体的个体理性决策与《破产法》最大化破产财产价值和最大化破产各方当事人权益的立法目标完全不兼容，甚至是"反其道而行之"。这足以证成本文第一部分给出的结论：人民法院对破产管理人的选任、报酬、责任规则和退出权的全面主宰，不仅极易形成法院主事人员和破产管理人候选人之间的"勾兑"和串谋，加重已然不容乐观的司法腐败，更无法实现破产法预期的立法目标。

如何才能保障破产立法目标的实现？前文已经给出了答案，那就是与现行

---

[62] 相关条款参见《破产法》第31、32、33条。据报道，数年前某国有商业银行的数千亿不良资产整体打包，分别以一至二折的价值转让给了国有资产管理公司。后者在清收了一段时间后，觉得山穷水尽，不愿再费时费力逐项清收，于是加价至2.5折出售给了外资资产管理公司。后者如获至宝，穷尽一切调查手法和法律救济手段，包括主张代位权、撤销权、追究股东个人责任等，无所不用其极。最后居然柳暗花明，以3.4折的比率实现了债权。这就是一个说明破产管理人尽责程度不同带来不同资产清收效果的实例。该例来自罗培新："法院能做好管家婆吗？"，同前注〔6〕。

破产管理人制度相反,将包括破产管理人选任权在内的破产企业所有权(即剩余控制权)配置给债权人,债权人通过破产清算市场委托管理人并与之约定足以约束其事后机会主义行为的相关事项。只有"在其位",才能"谋其政",也只有充分信任初始权利有效界定之后的自愿交易,才能实现破产管理人责权利险的一致,也才能最大化地实现破产债权,实现《破产法》的立法旨意。笔者将这种制度选择背后的逻辑称为破产程序中的合约理论,即在破产程序中,只有由破产债权人选任破产管理人并以合约形式(显性的或隐形的)与破产管理人约定报酬和责任形式,破产企业资产最大化(相应的,破产各方当事人的权益最大化)的立法目标才能实现。

五、合约安排可能的问题及其法律补救

如果现有立法确实如前文所言只是一个"利更小而弊更大"的制度选择,有心的读者肯定会问,难道我们的破产法立法者就没有考虑过这些潜在的制度成本吗?笔者相信立法者想为中国市场经济制定一套有效破产规则的良好愿望和决心,也承认其拥有接纳国外先进立法的广阔视野和不凡气度。但对规则制定者而言,这些还远远不够。

作为法治社会的"定则者",不管是事前初始权利的界定还是事后责任规则的选择,也不管是制定权利归属的实体规则还是制定权利实现的程序规则,都事关不特定多数人甚至整个社会的利益,人们在此规则下的理性选择及其结果更直接关系到法律目标能否实现。因此,"定则"实际上是一个隐含了公共政策考量的、建基于公共理性之上的制度选择或设计,出色的"定则"能力(或者机制设计能力)必须包括对真实社会的了解、对理性选择的清醒认识以及对规则预期效果的一种后果主义和实用主义的考量。但在目前的中国,立法者的"定则"能力可能还需要加强和提高。

至于法律移植及其效果,这应该是中国法治建设中的老问题了。[63] 由于法律移植国和被移植国在民众守法意识、法庭作用和执法效果上很不一样,"明智的做法应该是把注意力从实体内容的移植转移到结构性移植上来,或者换一种不同的说法,更加应该把重点放在立法和执法权力(law-making and law enforcement powers)的配置上,而不是具体法律规则的内容上"。[64] 就破产管

---

[63] 上个世纪90年代,"法律移植"还是"本土资源"之争热闹了整个法学界。其实观念之争意义并不大,重要的是判断在什么时候、什么情况下更适合"法律移植"或者更应该注重"本土资源"。一切制度都是相对有效的。相关的重要文献,参见苏力:《法治及其本土资源》,中国政法大学出版社1996年版;何勤华:《法的移植与法的本土化》,法律出版社2001年版;高鸿钧等:《法律移植与法律文化》,清华大学出版社2006年版。

[64] 许成钢、卡塔琳娜·皮斯托:"转型的大陆法法律体系中的诚信义务:从不完备法律理论中得到的经验",载吴敬琏主编:《比较》(第17辑),中信出版社2004年版,第127页。

理人制度而言,除了需要考虑移植法律的效力取决于该法律如何被人们理解、解释,以及最终如何被移植国的国内机构所运用[65]之外,更要考察在当前中国的社会背景和制度背景下该制度设定之后可能的预期成本和收益。

但即便都叫破产管理人制度,仔细考察一下国外的破产管理人立法就可以发现,各国的规定其实不太一样(同样的"名"下面却是不一样的"实")。根据前文,破产管理人制度有两层含义。首先是谁有权选任破产管理人,据此可以将各国立法分为"债权人选任"和"法院选任"两种情况(英美和日法分别是两种模式的代表);其次,破产管理人责任制度的安排,此处各国又有不同,比如有没有对破产管理人资格的严格限制和财产担保制度等。因此,在各国制度安排并不完全相同的情况下,我们与国际接轨的破产管理人立法接上的究竟是哪一国的轨?

没有跟随由债权人会议选任并规定相对严格的破产管理人资格制度的相关立法,我国现行破产管理人制度的移植对象可能是东邻日本(法院选任破产管理人并确定其报酬)。[66] 但适合日本的制度就一定适合中国吗(先不考虑日本的制度可能自身就有缺陷和问题)?考虑日本的公司治理,盛行于日本企业界的主银行制(一种跨越了组织、金融交易和政治多个域的制度安排)使得企业与银行双方以相互持股的形式紧密联结在了一起。[67] "典型的日本大企业属于由产业企业和金融中介机构相互持有形成的企业集团,集团内相互持股通常占所有权的一半。"[68] 由于债权人同时又是股东,企业出现资不抵债因而向法院申请破产的概率就比其他国家低了许多。[69] 因此,笔者推测,日本《破产法》在日本经济生活中的作用可能有限,即便其立法不太考虑破产效率,关系也不大。[70] 更何况和中国相比,日本还有一个相对廉洁和有效的法院系统。因此,如果缺乏对移植国和本国具体情况的仔细鉴别和考量,我国的现行立法就很可能制定一个实施效果与其立法本意有悖的破产管理人制度。

因此,不同于现行立法,破产程序中的合约理论相信有效界权后自愿交易

---

[65] 同上注,第 141 页。
[66] 《日本破产法》第 74 条:"法院选任破产财产管理人。"第 75 条:"破产财产管理人由法院进行监督。"第 78 条是破产财产管理人的权限,规定了 15 种必须经过法院许可的破产管理人行为;第 87 条:"破产财产管理人可以接受预付的费用以及法院确定的报酬。"更多日本破产管理人的规定,参见李飞主编:《当代外国破产法》,中国法制出版社 2006 年版,第 745—751 页。
[67] 参见青木昌彦:《比较制度分析》,周黎安译,上海远东出版社 2001 年版,第 332 页。
[68] 马克·J.洛:《强管理者·弱所有者——美国公司所有权的政治根源》,郑文通等译,上海远东出版社 1999 年版,第 253 页。
[69] 已有研究发现日本有主办银行的公司更易于渡过财务危机,也更容易获得融资。See Hoshi, T., A. Kashyap & Scharfstein, D., "The Role of Banks in Reducing the Costs of Financial Distress in Japan", *Journal of Financial Economics*, Vol. 27, 1990, pp.67—88.
[70] 这只是我基于日本公司治理框架对日本破产法运作效果的粗略推测,当然还需要相关实证研究的证实或证伪。

的效率性和公平性,相信合约安排对双方机会主义行为的有效制约。但债权人和破产管理人之间的合约安排能解决破产程序中的一切问题吗?法律和法院在公司的破产事务上难道就没有一点作用?如果有,作用又是什么呢?

正如哈特所洞察到的,如果只有一个债权人和一个债务人,就根本不需要任何破产程序和破产法。但现实却是一个企业的破产必然涉及分散于各地且数量众多的债权人。因此,债权人和破产管理人合约安排面临的第一个难题就是债权人集体行动内在的策略行为和交易成本,如何将众多利益和意志都不统一的债权人整合为一个意志、一个利益和一个声音是破产程序中的一件大事。[71] 这背后隐含着如何通过具体程序的设计以降低集体行动成本的问题。具体而言:(1)当债务人或一个债权人向法院提起破产申请且法院同意受理之时,虽然从理论上讲此时的破产财产已经归属于债权人,但自此时起至召开第一次债权人会议选任破产管理人的时间段内,处于风雨飘摇中的破产财产由谁管理?(2)由于在破产过程中监督破产管理人需要付出努力和成本,而相应的收益和成果却是全体债权人共享。如何解决破产管理人监督中的"搭便车"问题?(3)由于债权人利益的不一致,很多重大破产事务的决定(比如选任谁作为破产管理人以及破产财产的变价方案和分配方案),很可能因为债权人的策略行动而陷入"僵局",怎么样也无法得到通过。这时该怎么办?

债权人和破产管理人合约安排面临的第二个难题是信息不对称,特别是破产管理人的信息无法有效传递给作为清算服务买方的债权人。如果清算市场够发达、存续时间够长,或许可以通过声誉机制解决这一难题。但对于那些刚刚出现清算市场的转型国家和转轨经济国家,声誉机制并不发达,如何解决这一决定合约安排有效性的前置问题?

最后一个难题是合约双方谈判中的可置信威胁问题。对于事后可能出现的违约和纠纷,除了双方继续的谈判和和解之外,一个足以威慑对方、限制其机会主义行为的可置信的外在惩罚机制其实非常必要。

由上可以看出,虽然一个建立在债权人拥有破产企业剩余控制权基础上的债权人选任合约能够激励债权人选择优秀的破产管理人并约定激励合同以制约破产管理人的事后机会主义行为,但由于众多债权人的策略行动和信息问题,该合约安排自身同样存在诸多无法解决的困局。而正是在这些地方,法律作为补充规则和"兜底条款",法院作为破产程序的主持者和监督者的作用才得以彰显。

作为对该合约安排的法律补救,首先,破产法可以规定,法院裁定受理破产

---

〔71〕 由于破产债权固有的多样性和结构性,该集体行动问题的解决,用邓峰的话来说,就是设定相关制度以有效实现相关债权人权利的加总。

申请的同时应当替债权人指定一个临时破产管理人,但"在任命破产管理人之后召开的第一次债权人会议上,债权人可以选举一名另外的人取代所任命的破产管理人。……只有在该当选人不适宜于担任该职务的情形,法院方可不予任命。任何破产债权人均有权对不予任命提出及时抗告"(《德国破产法》第57条)。这样既解决了债权人会议召开之前破产财产无人管理的问题,又给予了债权人会议的更换权和最后选任权。这也是德国《破产法》采纳的模式。[72] 其次,对管理人监督中的"搭便车"问题,类似于公司治理中的解决方案,法律把重大的破产事务决定权配置给大债权人(在很多时候是银行)是一个利弊权衡后的较好办法。再次,解决因债权人策略行动而导致破产事务"僵局"的办法是赋予法院最后的决定权。虽然法院并不是当事人,也不是最能正确决定相关事务的机构,但和避免更大的损失以及保障破产程序的顺利进行相比,这点成本不算大,更何况这种"僵局"并不多见。复次,至于合约双方的信息不对称,可以事先通过立法规定相对严格的破产管理人任职资格以及相当数额的职务保证金,这其实是一种利用法律规制传递破产管理人的资信信号、并帮助债权人解决事前信息不对称的办法。不仅适用于清算市场不发达的转型国家,其作为声誉机制的补充也同样适用于清算市场发达的英美等国。最后,作为控制破产管理人事后机会主义行为的一种手段,法院有权对债权人权利是否受到损害进行事后的裁决非常重要。虽然由于"商业判断规则"的干扰,破产管理人是否违背"诚信原则"很难界定,但与事前立法相比,由法院来进行剩余立法和被动式执法不仅能有效降低相应的制度成本,更能对合约中的双方当事人造成一种可置信威胁,因此是一种次佳的制度选择。[73]

因此,就法院与破产管理人制度之间的关系而言,法院既不"万能"(如我国现行的立法规定),也并非一无是处。尽管本森(Bruce. L. Bensen)的研究指出现代商法(当然也包括破产法)在很大程度上是商人们自己创造的[74],但有效的法律和运行良好的法院实际上为私人机构和政府机构的谈判及管理提供了作为基础的规则和程序。作为授予当事人的一种"谈判资源"(即当事人在谈判中可能使用的一系列筹码),法院及其适用的法律不仅能有效地解决纠

---

[72] 《德国破产法》第22条规定了法院制定临时破产管理人的相关事项,第57条规定了第一次债权人会议对临时破产管理人的更换权和最后选任权。更具体的内容,参见李飞主编:《当代外国破产法》,中国法制出版社2006年版,第21页和第31页。

[73] 对诚信原则和剩余立法权的更多讨论和分析,参见许成钢、卡塔琳娜·皮斯托:"转型的大陆法法律体系中的诚信义务:从不完备法律理论中得到的经验",同前注[64]。

[74] See Bruce L. Bensen, "The Spontaneous Evolution of Commercial Law", *Southern Economic Journal*, Vol. 55, No. 1, 1989, pp.644—661.

纷,还能预防、动员、转移和转化纠纷。[75] 对债权人和破产管理人之间的合约安排,适当的法律程序和资格限制,甚至一定情况下的国家强制力,不仅不会影响双方基于自愿的谈判效率,相反还能减少谈判中的障碍,进而促进谈判的实现和破产过程的有效完成。这是法律和法院应该自觉意识到的制度位置。

最后,就目前中国的情况而论,债权人和破产管理人之间的合约安排除了上述一般性的合约问题之外,该合约安排的有效性还要受制于以下三个制度性因素。其一,国有银行所有者缺位很可能使得银行债权人没有动力积极履行其追回破产财产、实现破产债权的义务。[76] 虽然目前国有银行已经全部改制上市,该问题也可能因此有所缓解,但只要国有银行内部的委托—代理问题不能彻底解决,这就是一个制约破产合约安排效率的前置障碍。其二,虽然已经有了数量众多的律师事务所、会计师事务所和清算事务机构,但一个有效的破产清算市场并没有完全建立起来。更令人担心的是,将破产管理人选任权配置给法院的现行立法必然造就一个由司法垄断的破产清算市场,不仅无法有效传递破产管理人的真实信息,更使得该市场声誉机制的建立遥遥无期。其三,能够充分反映破产企业预期现值的资本市场在中国并不健全。在完善的资本市场的世界中,现金拍卖可以说是最理想的破产程序[77],"因为竞价者之间的完全竞争将确保公司按它的真实价值出售,公司的资产最终配置在价值最高的用途上;也就是说,当且仅当公司的存续价值大于它的清算价值,公司维持继续运转"。[78] 但在中国,不仅包括股票市场、债券市场在内的资本市场还有待完善,而且法定的法院拍卖指定权必定导致拍卖行对法院的寻租[79],从而使得拍卖市场不能完全反映破产企业的真实价值,更严重损害了债权人的权益。

因此,要在中国完善破产程序、实现破产立法的理想目标,除了把破产企业所有权确定给破产债权人之外,更需要配套的种种制度措施和前提条件。但反过来看,目前种种不完善的制度同样也是相互配套和补充的,正如青木昌彦在讨论制度互补性时指出的,制度"互补性的存在意味着富有活力的制度安

---

[75] 对作为谈判资源和管理权来源的法院功能的更多讨论和分析,参见马克·格兰特:"审判、诉讼及相关现象",李满奎译,徐昕校,载徐昕主编:《司法》第2辑,中国法制出版社2007年版,第287—289页。

[76] 而且不只是国有银行,唐延明就指出本文中心论点的成立需要一个前提,即所有破产债权人都不是国有企业,因为只有非国有的破产债权人才有动力和积极性收回债权。但想深一层,即便是国有企业,由于它也有政绩上的要求,也要受制于上级的各种考核指标,与作为中立第三方的法院相比,它也有更多的积极性收回破产债权,因此,破产管理人选任的债权人模式也仍然比法院模式有效。

[77] See D. Baird, "The Uneasy Case for Corporate Reorganization", *Journal of Legal Studies*, Vol. 15, 1986, pp. 127—147.

[78] O. 哈特:《企业、合同与财务结构》,同前注[54],第204页。

[79] 近年来曝光的法院腐败窝案很多就发生在破产庭,发生在破产拍卖领域。

排——在结合不同域的制度的意义上——构成一种连贯的整体,任何单个制度在孤立情况下都不会轻易被改变或设计".[80] 在这个意义上,中国破产制度的完善之路还很漫长。

六、对中国法院定位的反思(代结语)

从现行破产管理人制度的具体规定入手,运用现代经济学的相关理论并将之延伸至企业的破产清算阶段,本文论证了破产程序阶段的企业所有权应该归属于破产债权人,相应的,破产管理人的选任权也应该配置给破产债权人。这种权利配置,不仅由于债权人最有积极性追回破产财产和监督破产管理人因而满足立法的效率标准,借助一个罗尔斯"切分蛋糕"的修改版,我们还发现让最后一个拿"蛋糕"的债权人拥有剩余控制权其实也是一个符合公平原则的法律规定。在普遍存在事前、事后信息不对称的现实制约下,由债权人和破产管理人通过合同约定激励条款和责任制度是减少信息不对称和制约破产管理人事后机会主义行为的有效方式。与"债权人模式"相比,那种由人民法院全面负责破产管理人的选任、报酬、责任规则和退出权的"法院模式"不仅没有效率,更可能导致严重的司法腐败和寻租行为。

虽然合约安排本身也不完美,也存在一些解决不了的难题,但这并不是法律和法院全面接手的原因。相反,法律和法院应该尽可能创造一个适合破产双方当事人谈判的法律场景和平台,补充合约安排可能的欠缺和漏洞。一句话,我们的破产立法应该构建一个以市场为主、法院为辅的制度体系。

有了这样的理论和观念认识,再来反观中国法院在破产程序中的定位,问题就非常明显。法院究竟是消极被动的、中立的第三方裁判机构,还是积极主动并以事前管理为主导的行政机关,抑或就是一方破产当事人? 从法理上讲,立法、司法、行政的三权分立与抗衡是现代国家的基本宪政架构,"不同于事前制定普遍性、抽象性规则的立法机构和负责具体执行的行政机构,司法的比较制度优势在于通过事后发生的个案来弥补和回应立法的僵硬和不足,在整个宪政架构中起着减压阀和矫正杆的作用".[81] 虽然由于破产程序的特殊性,破产法院往往还要承担一定的程序管理功能,但其事后、消极、被动的特征却是一如既往的。

但我国现行的破产立法却让法院不仅在事实上成为积极主动并以事前管理为特征的行政机关,更在某种程度上成为一方破产当事人(即破产管理人事实上的委托人)。除了对法院能力和操守的盲目信任,相关制度的设计更显示

---

[80] 青木昌彦:《比较制度分析》,同前注[67],第229页。
[81] 艾佳慧:"我们需要怎样的最高法院?——对《中国最高人民法院研究》的批评",载苏力主编:《法律书评》第7辑,北京大学出版社2008年版,第41页。

了立法机关对市场的不信任,对立法、司法和行政三权各自比较制度优势的不了解以及对司法权之比较制度能力的陌生。破产程序中这种法院"管家婆"的定位不仅超越了法院的能力范围,更无法完成立法所希望的规范破产秩序、公平清理债权债务的基本任务。不仅如此,由于现行法赋予了法院太多的破产程序主导权,在没有相应有效制度监督和制约的前提下,权力必然带来腐败。从长远来看,立法的这种权力赋予很可能反过来成为法院司法权威和法官声誉进一步下降的助推器。不管对于债权人的权益保护,还是法院未来的司法声誉,目前的破产管理人制度可能都是一个"两败俱伤"的制度选择。

也因此,尊重市场经济的基本规律,尊重有效界权之后的自愿交易,充分认识到"趋利避害"的理性人在不同制度之下的相互博弈和行动选择,中国的破产立法应该赋予债权人选任破产管理人的权利(或者更进一步,赋予债权人破产程序中的自治权),而破产程序中的法院也应该回归其消极被动的中立裁判者角色。只有这样,破产债权才能得到最有效的实现,而法院以一种事后的方式解决纠纷和弥补立法不足的比较制度优势也才能得以体现。

这是一个最朴素也最基本的道理,但在中国的法治语境下却值得我们细细琢磨和不断重复。

(初审编辑:沈朝晖)

近三十年来国内对清代州县诉讼档案的整理与研究[*]

吴佩林^{**}

A Review of the Study of Lawsuits Archives of Zhous and Counties in Qing at Home for the Recent 30 Years

Wu Peilin

内容摘要:随着研究视野的地方转向,清代州县档案日益受到学界的重视。近三十年来,相关单位对清代州县档案的收集、整理、编目、保管、利用工作得到进一步推进。大部分档案都编有目录,实现了"有规可循,有目可查",其中淡新档案、巴县档案、宝坻档案、南部档案等地方档案受到了学界的高度关注,相关机构对此也有不同程度的整理。大陆学者对州县档案的研究在早期为数甚少,近年来研究者在材料取向与方法反思、司法中的"人"、官方裁判依据、官方制度表达与实际司法、少数民族地区司法等方面都有实质性的推进。尽管如

---

* 本文受国家社会科学基金项目"清代南部县衙档案整理与研究"(06XZS002)、教育部人文社科青年项目"清代地方民事纠纷及其解决——以清代四川地方档案为中心的研究"(09YJC770064)、中国博士后科学基金项目"清代基层民众的法律生活研究——以清代四川南部县衙档案为中心"(0090460427)与四川省西部区域文化研究中心重点资助项目"清代知县审理民事案件基本思路研究——以清代四川《南部档案》为中心"(XBZX0904)资助。

** 中国人民大学法学院法学博士后研究人员,西华师范大学历史文化学院教授,历史学博士。电子邮箱:mtsw2008@163.com。此文曾提交 2010 年 7 月在北京友谊宾馆召开的"中欧比较司法文化学术研讨会",随后的文稿根据评议人的评议意见有一定修改,特致谢忱。

此,在档案的整理程度、研究群体、档案利用态度等方面仍有待改观。以官方的力量为主导去整理档案,研究者在研究中将档案与其他文献结合起来,并注意与不同地区进行比较研究,深化问题意识应是今后档案整理与研究的可能路向。

关键词:清代州县诉讼档案 整理 研究 三十年

在法制史的研究中,除了利用律例、则例、会典、官箴、刑案汇览、判例判牍等传世文献外,最为重要的要数档案资料了。近年来,由于学界研究视野的地方转向,那些提供了大量细致入微、具体详尽、鲜明逼真、直接反映清代地方衙门司法制度与实际运作资料的州县诉讼档案受到研究者的青睐。本文拟就近三十年来国内对清代州县诉讼档案的整理与研究情况做一梳理,以期能为广大学者进一步利用档案提供方便。

一、对清代州县档案的整理

本文所讨论的清代州县档案主要是指保存在档案馆、图书馆或博物馆里的官方档案。又因诉讼档案往往散见于吏、户、礼、兵、刑、工六房或其他如盐房、承发房之中,并不单独分类,故本节的讨论从州县档案的"整体"出发。

作为一省之内最小行政单元的清代州县,其数量在不同时期是有变化的,大体而言,有 100 个以上的普通州和 1200 到 1300 个普通县。这些州县按清朝制度的规定都有着自己的行政档案,但由于政权更换、天灾人祸等原因,能幸存到今天的并不是很多。尽管如此,其数量仍不可小视。国家清史编纂委员会自成立以来,就积极开展了对各地档案的清查调研工作,仅就国家清史委《档案调研报告》中《全国各省、市、县档案馆、图书馆、博物馆馆藏清代档案要目》来看,其卷数就相当浩繁,内容也非常珍贵。如河北省档案馆"临榆县全宗档案"(1840—1911 年)中保存有该县贩卖私盐、膏捐、偷盗、赌博、私吸洋烟等方面诉讼案件,辽宁省档案馆就保存有奉天巡警道(1907 年)15 卷、奉天调查局(1907—1911 年)20 卷,辽阳市档案馆就保存有辽阳州警务长公所(1906—1911 年)537 卷、辽阳地方初级审判厅(1910—1911 年)9 卷、辽阳地方检查厅(1909—1911 年)743 卷、辽阳州衙(1877—1911 年)17123 卷,为我们研究清末司法制度变革提供了珍贵史料。[1] 除此之外,国外也有一定数量的州县档案散存。

自 1980 年开放历史档案以来,清代州县档案的收集、整理、编目、保管、利用工作得到进一步推进。1991 年,全国明清档案目录中心成立,该单位开始对国内外清代档案信息进行跟踪收集,建立了明清档案全宗目录数据库,并于

---

[1] 国家清史编纂委员会档案组:"全国各省、市、县档案馆、图书馆、博物馆馆藏清代档案要目",http://www.historychina.net/qsyj/wxda/daly/2009-11-11/3263.shtml,最后访问日期 2010 年 6 月 26 日。

2000年出版了《明清档案通览》。清代州县档案历来受到地方各级档案馆的重视,从档案分级上来说,基本上都被划为重要档案,在整理、著录方面也都得到优先考虑。到目前为止,全国各地方档案馆所藏清代州县档案基本都经过系统的整理,大部分都编有目录,实现了"有规可循,有目可查"。但值得注意的是,这些目录大都是传统式编目,尚未来得及按照《明清档案著录细则》等标准格式著录。而且80%以上只著录到案卷级,而未细到文件级。少数档案馆已建立有清代档案目录机读数据库。另外,有些档案馆也存在着部分清代州县档案尚未整理完毕的情况。[2]

以下仅就为学界关注度较高的几种档案的情况做一概述:

(一) 淡新档案

"淡新档案"是清乾隆四十一年(1776年)至光绪二十一年(1895年)淡水厅、台北府及新竹县的行政与司法档案,日据时代由新竹地方法院承接,转送覆审法院(即后来的高等法院),1937年再转赠台北帝国大学文政学部史料科之"台湾史料调查室",供学术研究之用。战后移交台湾大学法学院,先由文学院陈惠馨教授保管,嗣后由法律系戴炎辉教授命名及主持整理工作,将档案内之文件分为行政、民事及刑事三门,门下并分类、款、案、件全档共计1163案,19152件。此档案类别以行政编最多,年代以光绪年间最多。全部档案原件及33卷微卷于民国七十五年(1986年)由戴炎辉移交台湾大学图书馆特藏组珍藏,清点实得总案数为1143案,共19281件。

在现存的清代台湾省、府、州、县厅署档案中,以"淡新档案"最具规模。此档案为研究我国清治时代台湾行政、司法、经济、社会、农业等极有价值之第一手资料,故对研究台湾法制史、地方行政史、社会经济史等深具学术价值,弥足珍贵。从1988年开始,以台湾大学图书馆为主体,对淡新档案的微卷、原档做进一步的保存和数字化工作得以展开;1998年台大图书馆执行"国科会计划"《数位图书馆与博物馆》的"淡水河溯源计划",将淡新档案中有关淡水河流域的资料选出103案共2104件档案加以数位化扫描,首开淡新档数位化的工作。2001年起台大图书馆和其他公家单位一起加入"国家典藏数位化计划",为期5年。除了数位化外,现已整理出版纸质档案《淡新档案选录行政编初集》4册、《淡新档案》28册。[3]

---

[2] 参见胡忠良:"全国各地档案馆所藏清代档案基本情况调查报告",http://www.qinghistory.cn/qsyj/wxda/daly/2009-11-11/3477.shtml,最后访问日期2010年6月26日。

[3] 台湾银行经济研究室编:《淡新档案选录行政编初集》(共四册),台湾银行,1971、1984年;吴密察主编:《淡新档案》(共廿八册),台湾大学图书馆,1995—2008年。对清代台湾地区地方公文书的整理可见许雪姬:"清代台湾地方公文书的整理与运用",载《清代档案整理与馆际合作——第三届清代档案国际研讨会》,台北故宫博物院,2006年12月。

(二) 巴县档案

此档案系四川大学历史系的冯汉骥教授于1953年在重庆巴县樵坪乡的一座关帝庙中发现。初期先后由西南博物馆、四川省博物馆、四川大学保管。1965年3月正式移交四川省档案馆。四川大学留有部分抄件。清代巴县档案进馆后,省档案馆便组织力量对其进行了抢救与保护,编制案卷目录9册,已裱糊乾隆至同治年间档案908898张,缩微1058盘67331卷。档案数量共计113020卷,其中司法档案99601卷。案卷起止时间由清乾隆元年(1736年)至清宣统三年(1911年),包括乾隆、嘉庆、道光、咸丰、同治、光绪、宣统共七朝176年的历史;清代巴县衙门档案按吏、户、礼、兵、刑、工等分房立卷归档。按诉讼性质、问题分为21个专项,包括司法体例(总类)、命案、地权、房屋、借贷、欺诈、家庭、妇女、商贸、斗殴、盗窃、租佃、赌博、烟泥、水道、工矿、宗教、契税、移关及其他类。

20世纪80年代后期,四川省档案馆与四川大学历史系合作编纂了《清代乾嘉道巴县档案选编》(上、下两册)。分别于1989年、1996年出版,两册总字数达143万。上册目录较简,检索不便,下册出版时在目录上列出了每件档案的标题,并附了上册的细目。1991年,四川省档案馆编纂出版了《清代巴县档案汇编·乾隆卷》,计32万字。此书按六部分类,每部又按问题及时间先后依次排列。[4] 后因经费不足,未能继续出版,甚为遗憾。

(三) 宝坻档案

顺天府宝坻档案现藏于国家第一历史档案馆,约41893件(册),时间起止为雍正元年(1723年)到宣统三年(1911年),此档案做成的缩微胶片早为学界利用。根据曹培的统计,在4271件诉讼案件中,民事诉讼案件就有2948件,占了整个诉讼案件的69%(详见下表):

清代顺天府宝坻县刑房自理案件原档分类统计表

内容	起止年代	卷号	卷数	件数	所占比例%
诉讼案件总计			151	4271	100
民事诉讼小计			104	2948	69
其中:					
土地、地租案	乾隆—宣统	95—108	14	458	
房屋、房基案	嘉庆—宣统	109—112	4	121	
赌债案	嘉庆—宣统	113—120	8	226	
婚姻案	嘉庆—宣统	161—173	13	187	
过嗣、继承及其他家庭	嘉庆—宣统	180—184	5	128	
纠纷案、债务案	嘉庆—宣统	185—195	11	256	
殴斗及其他纠纷案	嘉庆—宣统	197—245	49	1572	

---

[4] 四川大学历史系、四川省档案馆主编:《清代乾嘉道时期巴县档案选编》(上、下),四川大学出版社1989、1996年版;四川省档案馆编:《清代四川巴县衙门档案汇编》(乾隆卷),档案出版社1991年版。

(续表)

内容	起止年代	卷号	卷数	件数	所占比例%
其他诉讼小计 其中：	嘉庆—宣统		47	1323	31
偷窃案	嘉庆—宣统	121—152	32	921	
官吏敲诈 索案	嘉庆—宣统	153—160	8	231	
拐骗妇女、贩卖人口案	嘉庆—宣统	174—179	6	151	
教案	道光—光绪	196	1	20	

转引自曹培：《清代州县民事诉讼初探》，中国人民大学法律系硕士学位论文，1982年，第4—5页。原表中存在若干计算错误，现已改正。

(四) 南部档案

《南部档案》是近年为国内外所熟知的珍贵地方档案，2003年10月入选第二批《中国档案文献遗产名录》，次年12月，被列入国家清史纂修工程项目。此档案是目前发现的历时最长的清代地方档案，上起顺治13年(1656年)，下止宣统三年(1911年)，共计256年。

它于1960年发现于四川省南部县公安局一间堆放杂物的库房，1965年移交南充地委档案科。之后有1965年春、20世纪70年代末、1984—1986年、2005—2009年的四次整理。1965年春的整理十分粗疏，仅仅做了按册编号的工作。20世纪70年代末整理主要工作目标是"成卷编目"，但由于档案浩繁，没有取得实质性的成果。第三次整理的目标是以时间为序、按房排列、分盒存放、编写目录。最终编撰出目录23本，装盒1873盒，清理出档案18070卷。从整理出来的档案目录看，诉讼档案卷数占了全部档案的61.27%。

清朝南部县衙档案诉讼档案数量统计表

时期	兵房	吏房	工房	刑房	户房	礼房	盐房	总量
顺治	0	0	0	0	0	0	0	0
康熙	0	0	0	0	0	0	0	0
雍正	0	1	1	1	0	1	0	4
乾隆	0	9	1	1	0	1	0	12
嘉庆	0	4	0	1	2	13	6	26
道光	0	5	101	4	18	110	8	246
咸丰	0	1	80	4	10	82	9	186
同治	0	2	96	33	23	264	42	460
光绪	187	8	1762	1251	3162	1501	781	8652
宣统	3	34	419	304	363	208	154	1485
小计	190	64	2460	1599	3578	2180	1000	11071
各房所占比例	1.72%	0.58%	22.22%	14.44%	32.32%	19.69%	9.03%	100.00%

从2005年开始，根据国家清史会的要求，完全按照1994年10月1日公布的《明清档案著录细则》规定的标准进行的第四次整理得以展开。这次整理由

西华师范大学历史文化学院与南充市档案馆合作进行,历时5年,最后核定其档案数量为18186卷84010件,现已出版《清代南部县衙档案目录》,该目录共计500万字,具有整理科学、著录规范、目录宏富、题名精炼、编排清晰等特点。[5]

（五）冕宁档案

清代四川冕宁县,是一个汉、彝、藏、回等多民族聚居的县,冕宁档案的整理为我们研究少数民族地区的基层管理、土司的司法活动以及国家法律在少数民族地区的执行情况等方面提供了珍贵的第一手资料。2005年,四川省档案馆对这批档案进行了整理与制作微缩胶卷。此档案上起康熙四十六年(1707年)至宣统三年(1911年),历时205年。整理出的406卷档案中,除5卷为民国后的档案外,其余401卷均为清代档案。该档案现藏于冕宁县档案馆。另早在1986年,四川省民族研究所和四川省档案馆还从四川档案馆所藏清代冕宁县档案资料中整理出《清代冕宁县彝族档案资料选编》,计22万字。此外还从清代巴县档案中整理出有关马边彝民的资料约2万字。[6]

2008年,四川省档案馆选编了《巴蜀撷影——四川省档案馆藏清史图片集》,此书从吏役管理、政令贯彻、政务运作、民俗工商、民族事务等五个方面择取了《巴县档案》、《南部档案》、《冕宁档案》、《会理档案》等档案馆的原件,并彩印出版。书中的绝大多数图片系首次向社会公开,很多档案的内容和形式都罕见,鲜为人知。唯内容比较分散且档案数量少,作为对档案的初步了解尚可,但要对它进行深度利用则很困难。[7]

（六）紫阳档案

紫阳档案是指现保存在陕西省档案馆的清代陕西"紫阳县正堂档案"。此档案共保存清代档案约300卷,时间自道光九年开始,历道光、咸丰、同治、光绪、宣统五朝。内容主要为土地契约与纠纷。目前已完成抢救裱糊工作,并经初步整理,有简易案卷目录。

此档案的最大特点在其发生地为西北地区,在一定程度上弥补了档案的空间布局,对互补互证其他几个地区的档案内容、探讨全国范围内不同区域的州县司法管理的共性与异性会大有裨益。

（七）黄岩档案

2000年7月,浙江省台州市黄岩区的一场大台风掀开了一幢老房子的屋顶,有人意外发现了藏在墙壁里的用棕树皮包裹的古老文书,后被定名为"黄岩诉讼档案"。此档案包括诉状的状式、副状、证据和审理的记录等司法文书

---

[5] 西华师范大学、南充市档案局(馆)编:《清代南部县衙档案目录》(全三册),中华书局2009年版。

[6] 《四川彝族历史调查资料·档案资料选编》,四川省社会科学出版社1987年版。

[7] 四川省档案馆编:《巴蜀撷影——四川省档案馆藏清史图片集》,中国人民大学出版社2009年版。

约110余件。后经第一历史档案馆修复后得到78份诉状,时间跨度为同治十三年(1874年)到光绪十五年(1889年),前后历时共16年。

黄岩档案的数量对于众多的州县档案而言,显得微不足道,而且它也不是我们所说的通常意义上的"档案",但是田涛一行对它的整理的精细度在大陆却是前所未有的。他们首先按档案年代顺序统一编号,然后将原件按比例缩小影印,并逐一点校。不仅如此,他们还采取法律人类学的方法,将档案所记录的案件发生地与该档案所记录的情况进行实地调查核实,以进一步探求其历史变迁。[8] 其整理方法与研究思路都值得后来者借鉴和学习。

二、对清代州县诉讼档案的研究

大陆学人对清代州县档案的研究主要集中于史学界。就中国法制史而言,研究者更多的是去梳理法律制度及变迁的历史。早期利用档案进行研究的为数甚少,其中曹培、郑秦、吴吉远较为引人注目。[9]

1982年,中国人民大学硕士生曹培在其导师张晋藩的指导下,利用《宝坻档案》完成了硕士论文《清代州县民事诉讼初探》。曹培认为,从统治者的态度来看,清初对民事诉讼是不够重视的,后来逐渐重视起来,就档案来看,从乾隆到宣统年间,四月至七月是照常受理户婚田土案件的;从整个州县自理诉讼中各类案件所占的比例来看,民事案件约占全部"州县自理"案件的一半以上;清代州县之内存在一个官府与乡里相通、血缘与地缘、族权与乡权相结合的严密的诉讼组织;州县对民事纠纷的处理方式有官府调处,乡保调处,族长、亲友、乡绅调处;调处贯穿于诉讼过程的始终,调处人也不拘形式,由差役、乡保、族长、亲友、中证人随意组合,上诉州县后调处息讼的民事案件有一定范围;在民事审判中遵循纲常伦序,唯礼定分、以让化争、导民于义,礼义亲族、谊全姻睦(发表论文改为"以礼化争、昭和雍睦")的原则。后经修改,发表在《中国法学》1984年的第2期上。

同一时期,郑秦在导师张晋藩的指导下,利用顺天府全宗档案、兴京县公署全宗档案、获鹿县档案等州县档案完成了其博士论文《清代司法审判制度研究》,后由湖南教育出版社出版。该书中,郑秦对地方审级的设置与管辖、地方专门机关的司法事务、地方机关长官的独任审判、旗地纠纷的审理、刑名幕友制度与司法进行了实证研究。关于民事审判与调处息讼制度,郑氏认为:州县自理案件的基本审理原则是调处与责惩相结合,具体到案件中,可能是调处成分

---

[8] 田涛、许传玺、王宏治主编:《黄岩诉讼档案及黄岩调查报告》(上、下册),法律出版社2004年版。

[9] 对于台湾学者就《淡新档案》在法律史方面的研究,已有学人作过论述,本处不再赘述。详见:王泰升、尧嘉宁、陈韵如:《"淡新档案"在法律史研究上的运用——以台大法律学院师生为例》,载《台湾史料研究》2001年第22辑,第30—71页;王泰升、尧嘉宁、陈韵如:《戴炎辉的"乡村台湾"研究与淡新档案》,载台湾《法制史研究》2004年第5期,第283—284页。

多些;县官批词若批得好,可在"讼起之初"平息纠纷;由当事人或监护人出具甘结、保状等,州县官作出指示即可结案;州县自理案件的调处是诉讼内调处,民间调处是诉讼外调处;调处息讼是合法的,是行之有效的一项司法制度,其社会作用归根结底是使既定的社会秩序得到稳固。

郑秦利用宝坻档案还对旗人的特别司法管辖、宗室觉罗的司法审判制度作了探讨。他认为,旗人的司法特权一般来说被维持在国家法制统一的前提下。法律规定了换刑、减等、理事厅等特别内容,但又赋予地方官会审的权力,尤其是死刑案件,仍须经刑部统一办理,原则上不能折免。康熙中叶以后,八旗子弟迅速腐败,当他们成为社会不安定因素,而他们的法律特权要求可能超出最大限度时,清廷修订律例加以治理。乾隆、道光多次修律例,使得旗人一般刑事犯罪的折枷、换刑、免遣特权实际上已被废除,一律按《律例》定拟执行,与普通民人别无二致。清朝统治者建立旗人的特别司法审判制度,不仅有利于维护满族在全国的统治地位,使其不至于被融化在汉族的汪洋大海之中,而且也有利于保持八旗作为国家专制权力的威慑和镇压力量。[10]

这一时期利用档案进行研究的,比较重要的还有吴吉远利用《巴县档案》、《顺天府全宗档案》对州县政府司法职能的研究。1992年吴氏在四川大学师从柯建中、冉光荣完成了《试论清代前期州县政府的司法职能》的硕士论文。同年考入中国人民大学清史所,在随后数年师从王思治教授完成了博士论文《清代地方政府的司法职能研究》,后经修改出版。该书对州县政府的司法组织结构、刑名幕友在地方司法中的作用做了研究,并认为地方官的素质、官场陋习以及代书、讼师、绅衿都对司法有消极的影响,地方政府的司法职能由于权力高度集中必然失调。[11]

尽管在早期已有上述学人利用档案进行了颇有影响的实证研究,但它并没有成为后来研究者普遍的学术自觉,学界更多的还是利用已经出版的传统文献,很少有人走进档案馆。而近几年来,西方学者,尤其是美国、日本学者利用档案取得了卓越的成绩,他们的著述与演讲无论是在研究视野还是在理论推进上都影响着国内的研究者,也由此推动了国内州县档案的整理与研究。

综其大要,近几年的研究主要表现在以下几个方面:

(一) 材料取向与方法反思

近代以来,西方法律体系被引进到东亚后,中国法律史的研究便深受西方法律的框架和概念所影响,以致形成了以西方的话语分析中国传统法律文化的习惯,比如将中国传统的法律分割为"财产法"、"行政法"、"经济法"等与现代相近的各类部门法。近年来,随着档案的逐渐开放,寻找历史时期的"法言法语"成为学界的普遍追求。他们认为,中国法律史的研究应当充分认识到州县

---

[10] 郑秦:《清代法律制度研究》,中国政法大学出版社2000年版,第304—313页;郑秦:《清代司法审判制度研究》,湖南教育出版社1988年版。

[11] 吴吉远:《清代地方政府的司法职能研究》,中国社会科学出版社1998年版。

档案的学术价值,做回到历史情境中的努力,尽可能运用档案材料把当时的问题说清楚,而不必受制于所谓理论框架的束缚。在注意使用合适的档案材料、材料与结论的相关性以及对细节问题的厘清的基础上,如实反映历史事实,才能对中国法律制度的研究有更为准确的认识。沿此思路,也有人撰文指出,要重新认识或纠正一些不符合历史语境的概念或词汇。比如用"重情"、"细故"或"自理案件"、"命盗案件"来取代时人通说的刑事、民事划分,用"政务"替换"司法",等等。[12]

（二）司法中的"人"

诉讼中的各种活动是靠"人"去推动与进行的,由于律例、会典之类的资料对基层记载简略,常不能使研究者对某些群体作深入的研究,而原始档案能为我们提供意想不到的非常丰富的细节,也为我们进一步对"人"的研究提供了可能。如由于受档案资料的限制,研究者对衙门确认的"代人写禀帖和诉讼状纸"的具有"合法"地位的官代书的研究没有引起足够的重视。事实上,具有合法身份的官代书,在清代各州县均存在,且历时久远,它作为联系官府与民间司法诉讼的一个"纽带",对清代地方司法秩序的稳定与发展起到了重要的作用。又如,一说到差票,人们总会联系到差役持票危害百姓的场景,而从档案中则可以看出,官方为减少差役对乡民之敲诈与勒索,在差役数量、时间限制、收费标准等方面有严格规定,在实践层面,也能看到大量差役因不法行为而被处罚的案例。至于差役始终是衙门与乡村共同谴责的对象,其原因,除了差役本身收入少、地位低、官场陋习的影响等因素之外,传统体制对他们的不关照应是其根本原因——而这不是州县官自身所能解决的。再如对一些特殊群体参与诉讼需要有抱告的研究,也大大地深入了"人"在司法活动中的表现。[13]也有学者以司法档案以及其他具有直接史料价值的法律文献材料为中心,对民事诉讼主体——士、农、工、商、僧道、众人、妇女等的类型化研究,探讨了清代"差序格局"的伦理关系,家庭、宗族、行会、社区等社会组织与国家权力的内在联系,解决了不同人群在清代的法律和社会地位,阐明了清代社会秩序稳定与发展的内

---

[12] 里赞:"中国法律史研究中的方法、材料和细节以清代州县审断问题研究为例",载《法学》2009年第3期;里赞:"司法或政务:清代州县诉讼中的审断问题",载《法学研究》2009年第6期;吴佩林:"州县档案之学术价值漫谈——以清代为例",《光明日报》2010年4月13日第12版;刘昕杰:"'中国法的历史'还是'西方法在中国的历史'——中国法律史研究的再思考",载《社会科学研究》2009年第4期。

[13] 吴佩林:"法律社会学视野下的清代官代书研究",载《法学研究》2008第2期;邓建鹏:"清朝官代书制度研究",载《政法论坛》2008年第6期;吴佩林、蔡东洲:"清代南部县衙档案中的差票考释",载《文献》2008年第2期;邓建鹏:"清朝诉讼代理制度研究",载《法制与社会发展》2009年第3期;江兆涛:"清代抱告制度探析",载《西部法学评论》2009年第1期;吴佩林:"清代四川南部县民事诉讼中的妇女与抱告制度——以清代四川《南部档案》为中心",载《中国乡村研究》第八辑,福建教育出版社2010年版。

在机制。[14] 还有学者以巴县档案的诉讼材料为中心,探讨了商人、乡约、客长、保正、行帮等群体与国家在地方秩序建构过程中的作用,认为黄宗智"第三领域"的分析框架仅限于对乡保、衙役在民事诉讼过程中作用的理解,缺乏完整性,因而应纳入清代社会政治结构的整体中去把握"第三领域",使其理论获得更大的包容性。[15]

(三) 官方裁判依据

1996年9月21日至23日,美、日学者在日本镰仓召开了一次国际学术研讨会。会议主题为"晚清帝制中国的法律·社会·文化——日美研究者间的对话"(Law, Society, and Culture in Late Imperial China: A Dialogue between American and Japanese Scholars)。此会中,两国学者就清代州县判案依据提出了两种截然相反的观点。[16] 之后的十余年里,对此问题的探讨就没停止过。我国大陆研究者利用档案对他们的争论有更进一步的探讨,其结论也越来越明确。

里赞对黄宗智依律的观点提出了质疑,他认为远离中心的基层州县在国家权力体系当中是拥有自主性的,而这种自主性则集中反映在州县的全权及其实际的运作,尤其是审断上。这表现为州县对整个纠纷解决程序的灵活把握。在"告与理、理与准、准与审、审与断以及断是否依律"的审断各个环节上,只要可以平息讼争,州县可以采取其自认为合理的方式对争议给予审断,故其审断时主要考虑的并不是完成整个审断程序及严格适用律例,而是自主灵活地掌握程序与规则,综合运用情、理、律,以最便捷有效,也最能为当事人接受的方式了结纠纷,从而维护地方社会的安定与和谐。[17]

赵妮妮以南部档案为基础并结合《樊山政书》等典籍文献,对"悔婚"、"买休卖休"、"奸情"等案件进行了考察,认为县官的审断均未严格比照《大清律例》,而是存在着一种"从轻"的取向。[18]

吴佩林通过对南部档案的考察,梳理了县官判案的基本思路。就衙门对"嫁卖生妻"行为案件的判决而言,他认为县官对律例的态度上只是参照并不

---

[14] 吴欣:《清代民事诉讼与社会秩序》,中华书局出版社2007年版。
[15] 陈亚平:《清代法律视野中的商人社会角色》,中国社会科学出版社2004年版;"18—19世纪的市场争夺:行帮、社会与国家——以巴县档案为中心的考察",载《清史研究》2007年第1期;"清代巴县的乡保、客长与'第三领域'——基于巴县档案史料的考察",载中南财经政法大学法律文化研究院主编:《中西法律传统》第七卷,北京大学出版社2009年版。
[16] 可见寺田浩明:"清代民事审判:性质及意义——日美两国学者之间的争论",载《北大法律评论》第1卷第2辑,北京大学出版社1998年版;易平:"日美学者关于清代民事审判制度的论争",载《中外法学》1999年第3期。
[17] 里赞:《远离中心的开放:晚清州县审断自主性研究》,四川大学出版社2009年;里赞:《晚清州县诉讼中的审断问题:侧重南部县的实践》,法律出版社2010年。
[18] 赵妮妮:"晚清知县对婚姻讼案之审断——晚清四川南部县档案与《樊山政书》的互考",载《中国法学》2007年第6期;另见其博士论文:《清代知县婚姻类案件的"从轻"取向——四川南部县档案与官箴书的互考》,四川大学历史文化学院2008年博士论文。

严格执行,他们有着自己的判案逻辑,即严惩藉嫁图索等恶劣行为;成全"传宗接代"行为;对于贫穷不能度日或夫妻恩义已绝的,衙门一般不会将嫁卖之妻判归前夫;对于不通家人或族人知晓的嫁卖行为,衙门一般不予支持;对妇女违背伦理纲常的行为,如犯"七出"而被嫁卖的,嫁卖行为通常会得到衙门的支持等。从衙门的这种判案逻辑可以看出,《大清律例》的相关规定所起的作用更多是行为导向,体现出官方利用法律规定坚守伦理道德的特征。衙门的判决,与其说是对嫁卖行为的惩治,不如说是对籍嫁图索等无赖之徒的切齿痛恨与弱者的同情。而对弱者的同情中,更多表现出的是对"糊口经济"的无奈与民间"传宗接代"需求的容忍。[19]

俞江通过对宝坻档案中的争继案件考察,认为州县审理自理案件,既不是黄宗智所认为的按照制定法办案,也不是严格意义上的"情理"的适用,作者对民间与官方所认可的"长房次子"、"立继人拨产给亲支近房"、"葬祭仪式"等立继规则的探讨,认为清代民间暗含着"实在性"的规则,从县衙审理来看,清代州县审理不仅仅依靠制定法,而且是围绕着规则作出裁决,而"情理"往往是规则的笼统表达。[20]

范金民以出版的巴县档案所记载的工商人户承应官府差事的诉讼内容为基础,考察了清代重庆的商贸行为。他指出在特定的地区和时代背景下,清代重庆的牙行、铺户、匠作加工业、生活服务业以及运输业,皆需承值应差。官府在审断相关诉讼时,大体上按以下原则进行:一是赋予相应行户铺商经营特权,严格划定经营范围;二是满足行户铺商要求,规定或强调一切交易均需入行;三是对差事内的把持予以支持认可,尤其是巴县衙,对承应差事的行业之把持行为和诉讼都持支持态度。县衙判案的依据既不是大清律令,也不是官衙告示,而单凭是否承应差事,是否遵守同行约定。而在江南地区,官方对于关于承值应差商业诉讼的态度与裁断则与重庆明显不同。[21]

邓建鹏依据黄岩档案,认为县官断案(甚至包括刑事重案)既不是依据法律,也不是诉求于情理,却是来自于"直观感觉"的裁断,这背后的基本原则是息讼、止讼。[22]

---

[19] 吴佩林:"《南部档案》所见清代民间社会的嫁卖生妻",载《清史研究》2010年第3期。
[20] 俞江:"清代的立继规则与州县审理——以宝坻县刑房档为线索",载《政法论坛》2007年第5期;"论清代的继子孙责任——以顺天府宝坻县刑房档为线索",载《现代法学》2007年第6期。
[21] 范金民:"把持与应差:从巴县诉讼档案看清代重庆的商贸行为",载《历史研究》2009年第3期;范金民:《明清商事纠纷与商业诉讼》,南京大学出版社2007年版。
[22] 邓建鹏:"清代州县讼案的裁断方式研究——以'黄岩诉讼档案'为考查对象",载《江苏社会科学》2007年第3期;另见其博士论文:《纠纷、争讼与裁判——黄岩、徽州及陕西的民事讼案研究(1874—1911年)》,北京大学法学院2004年博士论文。

张渝通过对巴县档案中商业诉讼审理的考察,认为清代的商事纷争审理仍然需要依循律例的相关规定,在律例无明文之外,行规也有获得实定性的机制,且行规自地方官府出示晓谕之时即已具有确定性,地方的商业惯例和商人团体制定的行规是审理的主要依据,但当法律与行规都缺失时,"情理"则成为地方官员断案的依据,同样也具有确定性。[23]

刘昕杰通过对南部县档案中"义让"、"转房"案件的考察,认为"情"包括了人情、案情以及风土民情。当习惯为国家法律所不禁,则州县官大胆运用,直接将民情引入审断;当其为国家律例所禁止,但考虑到地方的特殊性,州县官虽然不直接引用,但仍常以人情为借口,以看似通达人情,实则迁就习惯的方式进入审断,传统中国法因为"情",而有了更广泛的含义。[24]

(四) 官方制度表达与实际司法

制度的表达与实践的背离与统一对于准确认识清代地方法律与社会有着重要的理论意义。[25] 比如学术界一般会认为,县级衙门是清朝国家对地方控制最基层的行政设置,州县官作为正印官,其司法是国家行使司法裁决权的终点。而吴佩林通过对南县档案的研究则证明县级以下的行政官员,如县丞、巡检等在其管辖区也具有司法裁断权。万事胚胎并非仅始于州县衙门,而是始于县以下的基层行政官署。对于州县官佐杂的司法问题,前人的研究多依据制度层面的规定,认为其不具有司法裁断权,而档案记载的情况却与此相反。档案对他们断案职能的记载也没有因"佐杂人员不得擅受词讼"的规定而有丝毫的隐瞒,而是白纸黑字明确地记在档案中。由此可见这已经不是秘密,而是公开的事实。又如农忙止讼、定期放告、设立循环簿与定期结案是清代州县衙门审理民间细故的制度规定,但在具体的司法实践中,并没有得到完全执行。个中原因除了制度规定的理想图景与传统社会主客观条件的限制之间存在着矛盾外,也与州县官对自理案件有较大的自由裁量空间有关。研究者还进一步指出,现在的研究常常把一些制度的规定作为立论的前提,并没有对"制度规定与司法实践的不一致"保持足够的警醒和应有的学术自觉。[26]

---

[23] 张渝:"清代重庆的商业诉讼及其审理",载《重庆师范大学》(哲学社会科学版) 2009 年第 3 期;张渝:《清代中期重庆的商业规则与秩序:以巴县档案为中心的研究》,中国政法大学出版社 2010 年版。

[24] 刘昕杰:"引'情'入法:清代州县诉讼中习惯如何影响审断",载《山东大学学报》(哲学社会科学版) 2009 年第 1 期。

[25] 对于"表达"与"实践",黄宗智已有精辟的论述,可见氏著:《清代的法律、社会与文化:民法的表达与实践》,上海书店出版社 2001 年版;《经验与理论——中国社会、经济与法律的实践历史研究》,中国人民大学出版社 2007 年版。此不赘述。

[26] 吴佩林:"万事胚胎于州县乎:《南部档案》所见清代县丞、巡检司法",载《法制与社会发展》2009 年第 4 期;吴佩林:"清代州县衙门审理民间细故的官方表达与司法实践——以《南部档案》为中心的研究",《中国史研究》(韩国) 第 62 辑,2009 年。

（五）少数民族地区司法

一般认为土司司法活动在清雍正改土归流以后逐渐消亡，张晓蓓通过对冕宁档案的研究则认为，一直到清末，冕宁的土司还在流官的管理下参与地方的司法活动。活动内容涉及组织士兵维护治安、参与审判与调解、协助缉拿逃犯，但土司的活动受到国家的监控，这是清代少数民族混居地区国家通过土司管理民族事务的最好体现，也是流官与土官管理、协助、配合共建社会秩序的现状。[27] 李艳君的研究则表明，在清代，对于西南边疆地区少数民族案件，无论是民事案件还是刑事案件，都由其所属州县管辖，并按照与汉族相同的司法程序进行审理。[28]

除上述之外，廖斌、蒋铁初利用巴县档案从立法规定、司法惯例、司法实践三个层面对刑事案件加以考察，认为官方在民事案件与刑事案件的受理上存在着区别对待的问题。[29] 邓建鹏利用黄岩档案诉状与讼师秘本的记载作比较，认为讼师秘本直接促进了夸张及"耸听"式的黄岩档案的诉讼风格，之所以如此，与衙门对待词讼的态度有密切关系。[30] 除此之外，也有学者利用档案对诉讼过程中的诉讼费用、状式条例，民事纠纷何以闹上衙门，以及土地买卖中的习惯与纠纷等问题进行了实证考察。[31]

三、现实的问题与未来的可能路向

以上所论大体上反映了国内对清代州县诉讼档案的整理与研究概况，就其问题而言，大致如下：

第一，我国大陆对清代州县档案的整理与我国台湾地区、国外相比，还处在零敲碎打的阶段。远的不说，就以《淡新档案》为例，我们可以方便地在图书馆、网上看到此档案的彩色图片或整理资料。而大陆，采取的方式，大多数还是如汪世荣去年拿到的教育部人文社会科学重点研究基地重大项目"清代紫阳县司法档案的整理与研究"、李艳君刚刚申请到的国家社科基金《冕宁县清代

---

[27] 张晓蓓："从冕宁司法档案看清代四川土司的司法活动"，载《西南大学学报》（社会科学版）2009年第4期；张晓蓓："清代冕宁诉状及其所反映的西南少数民族地区的纠纷解决机制"，载《法学研究》2009年第4期。

[28] 李艳君：《从冕宁县档案看清代民事诉讼制度》，云南大学出版社2009年版。

[29] 廖斌、蒋铁初："清代州县刑事案件受理的制度与实践——以巴县司法档案为对象的考察"，载《西南民族大学学报》（人文社科版）2008年第5期。

[30] 邓建鹏："讼师秘本与清代诉状的风格——以'黄岩诉讼档案'为考察中心"，载《浙江社会科学》2005年第4期。

[31] 邓建鹏："清代诉讼费用研究"，载《清华大学学报》（哲学社会科学版）2007年第3期；邓建鹏："清朝《状式条例》研究"，载《清史研究》2010年第3期；邓建鹏："从陋规现象到法定收费——清代讼费转型研究"，载《中国政法大学学报》2010年第4期；吴佩林："清代地方民事纠纷何以闹上衙门——以《南部档案》为中心"，载《史林》2010年第4期；王德庆："清代土地买卖中的陋规习惯——以陕南地区为例"，载《历史档案》2006年第3期；王德庆："清代土地买卖中的'除留'习惯——以陕西紫阳契约与诉讼为例"，载《唐都学刊》2006年第2期。

档案》整理与研究"那样以拿项目的形式进行。这种靠个人或小范围的方式进行的档案整理行为,在时间、技术、经费以及档案馆的支持力度上都有不少的问题,特别是在不能取得档案馆支持的情况下,要想对它进行整理并加以出版,只能是妄想。这样下来,根本不能满足档案利用者的需要,也自然会影响到整个法律史的研究进展。

第二,研究者集中于中青年学者,特别是青年学者上,就整个法史学界而言,并没有形成利用档案的风气。个中原因主要在于档案整理出版或作数字化处理的太少,要看档案必须得蹲档案馆,而相当多的研究者,特别是稍有成就的学者由于时间、精力的限制,不愿或不能作出这样的选择。除此之外,学术评价机制也是一个原因。看档案,费时多,出成果慢,"高投入、低产出",在一片喧嚣的学术界是很难让他们作出这样的选择的。

第三,在档案利用的态度上,不太注意考察档案叙述的真实性、档案保存的缺陷性以及与其他资料的互补性。档案的制作过程可能会存在一定的虚构,而且档案在各个朝代保存的数量也参差不齐,绝大部分集中在晚清,特别是光绪、宣统年间。不仅如此,同一卷档案的保存也不一定完整。在这种情况下,我们就不能以晚清的情况推断出整个清代的事实,也不能因为某一卷档案没有堂审记录,就推出此案件是以"批词"完案的结论。同样,我们也不能在看了一定数量的档案之后,贸然得出一些结论。因为档案只是记录了司法程序中的部分情节,许多隐藏在档案背后的事实仍无法通过档案的记载来了解,比如衙门的刑讯逼供就不可能通过官方记载的司法档案来看到;又如我们不能根据档案里保存有大量的民间细故纠纷,而不去与当时的人口数量、诉讼规模、同一时期的相关著述进行比较,就认为百姓"好讼"。因此,研究者须对此保持足够的警醒,而且必须将档案与其他资料进行对证与互补研究。不然,得出的结论不仅难为同行认可,更重要的是可能会与历史事实截然相反。

第四,在档案利用的区域上,学者多是集中某一个地方的档案而不是对几个地方加以综合考察,这样不易于整体史的把握,其运用有限的档案数量所得出的结论也不一定能让读者信服。而学者这种选择又常常与档案利用的不便互为因果。

有鉴于此,以官方的力量为主导去整理档案,研究者在研究中将档案与上述成文文献以及族谱、碑刻、文学资料等结合起来,并注意与不同地区,特别是华南地区、华北地区、徽州地区、巴蜀地区进行比较研究,以世界的眼光探求中国传统法律文化,既要有宏观眼光,又需有深入考证,既注目于古,也有感于今,并与国外学者展开有深度的学术对话应是今后档案整理与研究的可能路向。

(初审编辑:胡娟)

新立法者培根

胡 镓[*]

Bacon: The New Lawmaker

Hu Jia

内容摘要：本文通过细读培根的《新大西岛》，意图探寻培根对宗教与科学、宗教与哲学的真实看法，并由此揭示出这篇短小作品背后的现代性问题。培根将自己政治哲学思考置于一个虚构的岛国，以"保密法"为纽带呈现出宗教、科学、哲学三者的紧张关系。在培根的作品中，哲学家从基督教手中夺过立法权，成为新立法者。而科学家则是新立法的执行者，他们将科技与宗教相结合，在表面上消除了二者之间的冲突。在培根对人类未来社会的美好畅想中，现代社会的普遍问题开始出现：道德和法律丧失了神性地位后，也随之失去其价值维度的意义，逐渐转化为一种习惯行为的范式。人类纵然能够从自然界获取到足够满足身体欲望的物质，却对人类世界如何更好地发展失去了方向。培根在追求永久和平的同时，也不可避免地带来了普遍意义上的空虚。作为启蒙运动的预见者，现代性问题的发端，如何理解培根，在当下仍然是一个严肃的问题。

关键词：培根 《新大西岛》 立法 现代性

---

[*] 中国人民大学文学院2010级博士生。

据说,信仰自由是民主社会给予现代人的一大福祉。因为,信仰从礼俗、宗法下放到了个人内心体验。所以,是否信仰,信仰什么,不再是政治问题,而是私人问题。这样的信仰形态,似乎从根本上消解了再次爆发宗教纷争的可能,使人类永久和平得以实现的概率又增加了几分。确实,当我们回望仅仅数个世纪前还席卷欧洲的宗教战争,难免戚戚然又暗自庆幸。宗教战争之惨烈,实非今人可想见。仅在16世纪,法国就爆发了八次针对胡格诺教徒的野蛮杀戮,约两千万众受戕害。还有由神圣罗马帝国内战而引发的"三十年战争",更是将欧洲搅得一塌糊涂,民不聊生。教权与王权势不两立,不同教派兵戎相见,即使同一教派内的分歧也势如水火。我们熟知的大法官培根,便是这场大事件的亲历者之一。欧洲的宗教战争对这位睿智的子爵而言,不仅仅是政治事件,更是了不得的思想事件。

培根认为,宗教是"人类社会的主要维系"。但教派间"冲突矛盾的意见"必然使得那些无神论者和世俗之人要"离开教堂"。[1] 他还说,"一点点儿哲学使人倾向于无神论,这是真的;但是深究哲理,使人心又转回到宗教去"。[2] 如此看来,使人们"离开教堂"(即不信仰宗教)的原因主要有二:教派纷争和浅识哲学。这岂不是在说,教派纷争与普及哲学会对维系人类社会造成破坏?我们大都能够理解,哲学的普及有助于消解宗教在意识形态方面对人民的绝对统治。人民在对宗教信仰的热情退却,应该能很大程度上避免教派纷争导致的战乱——毕竟,强调多元化的现代社会最不能容忍的,就是党同伐异。浅识哲学既然能够有助于消解人们对宗教的狂热,那也必定抑制宗教战争,这显然对维系一个社会的稳定有所助益。但培根却认为普及哲学的结果必然导致无神论泛滥——因为能从浅识哲学上升到深入钻研哲学的人实在少之又少。[3] 如此一来,宗教狂热的高烧虽可能因哲学的普及从人心中退去,但接踵而至的则是无神论对有神论的宣战。不同教派间的纷争变成了无神论者与信仰者之间的对抗。实际上,这不过是另一种教派纷争。也许,数百年后的我们依然踯躅在纷乱的边缘。

而今是一个以哲学和科技取代诸神的时代。现代技艺帮助人们充满自信地走出古老众神为他们划设的园地,带着前所未有的进取心试图去开拓人类世界的疆域。贫困、饥饿似乎离我们越来越远,享不尽的物质财富正如天使般呼召我们投身其中,享受此世天国的乐趣——诸神的离去,似乎为人类带来了最好的时代?培根坚决否认这一点。因为"否认有神的人,是在毁灭人类的尊

---

[1] 培根:"论宗教一统",载《论说文集》,水天同译,商务印书馆2008年版,第10页;另参见曹明伦译本,北京燕山出版社2007年版。

[2] 同上注,"论无神论",第57页。

[3] 参见柏拉图:《理想国》,郭斌和、张竹明译,商务印书馆1986年版,卷三、卷六。

贵;因为人类在肉体方面的确与禽兽相近;如果人类在精神方面再不与神相类的话,那人就不过是一种卑贱的动物"。[4] 培根此言让人困惑,要知道,正是这位圣奥斯本子爵在四百多年前通过其著作揭开了欧洲科学革命的序幕;正是这位最负盛名的"经验主义者"倡导人类应该将心智从对上帝与自然的沉思,转向主宰自然与命运的科学事业;也正是这位才智绝伦的英国哲人,承袭了马基雅维利的现代事业,并将这一人类历史的新线路传达给后来的哲人们。现代哲人早已不信神,他们未必能理解培根为何一方面崇尚新科学,一方面又大力警告世人小心诸神的离去。在我们看来,培根无异于在坚持一个悖论。如何理解这一悖论?

培根言辞中的矛盾,很可能是一种掩饰——"掩饰仅是一种策略和明智"。[5] 培根自己说,缺乏权力的政治家往往都善于掩饰和伪装,那是因为当权者未必都具有明辨是非的洞察力。所以进言者应该"掌握所谓言谈的轻重缓急,分清鸿儒与白丁,懂得何时应该开口,何时应该沉默"。[6] 什么样的文字最适合用来掩饰?培根告诉我们,如果希望让他人明白某个"新发现",就必须借助比喻,否则,便会招来敌意或批评。最好的比喻莫过于寓言——因为寓言"最适合用来教学",它能让人更容易理解新发现或者新发明。古人使用寓言的时候,往往一方面掩饰某种意思,另一方面又让它一清二楚地显示出来。[7] 既然问题关乎哲学与宗教,而且又涉及宗教战争这样的重大"政治—思想"事件,培根当然要谨饬审慎,借用寓言来掩饰自己的"预言"。问题是,培根的哪篇作品属于此类?在《学术的进展》拉丁文版中,培根说,"如果我将在此后的闲暇中创作任何有关政治的作品,这些作品要么可能夭折,要么死后才能发表"。[8]《新大西岛》正是培根晚年创作的寓言故事,看上去也似未竟之作,而且还是在培根身故后才出版。那么,这篇小故事,是否包含了我们希望得到的答案?

《新大西岛》

据考证,《新大西岛》创作于 1624 年前后。不久,作者又命人将其译成拉

---

[4] 培根:"论谋叛与变乱",载《论说文集》,同前注[1],第 59 页,译文有改动;另参见斯威夫特:《格列佛游记》,卷四,张健译,人民文学 2003 年版。
[5] 培根:"论作伪与掩饰",载《论说文集》,同前注[1],第 20 页;译文略有改动。
[6] 培根:"卡珊德拉或实话实说",载《论古人的智慧》,李春长译,华夏出版社 2006 年版,第 9 页。
[7] 同上注,第 7 页。
[8] Francis Bacon, "De dignitate et augmentis scientarum", in *The Works of Francis Bacon*, Vol. V, Scholar Press, 1976, pp. 78—79.

丁文,并为其安排好了出版时的篇目顺序。[9] 时至今日,这篇作品读起来仍让人觉得新奇有趣。故事讲述了一行五十一人组成的船队出海远洋,不巧遇上恶劣天气,迷途于浩渺之中。正穷途末路之际,船漂泊到一个陌生的岛国,船员们得到当地居民的救助,并展开了一段引人入胜的游历。叙述者"我"讲述了这个故事,并不时对所遇人和事作出评论。"我"的身份很神秘,作者始终没有说出"我"的名字和职务,甚至也没有提到过"我"和船队出航的目的是什么。因为该船载有不少货物,所以我们大概可以猜测,这是一艘商船。他们从欧洲出发去秘鲁做生意,在处理完当地的贸易后,准备返回故乡。也就是说,这是一艘往返于旧世界(欧洲)与新世界(美洲)的航船。

新世界的保密法

在从新世界返回旧世界的路途中,诡异的天气将他们带到了本撒冷(Bensalem)这个他们从未听说过的地方。正经受着饥饿和疫病困扰的一船人似乎看到了获救的希望。这就是本撒冷给他们的第一个印象——神秘但也可能包含希望的未知之地。在经过和当地人第一次短暂的接触后,船员们得以上岸,所有人都得到妥善的接待,死亡的阴影似乎已离他们远去。

在初次与本撒冷人接触的过程中,叙述者提到了几点值得注意的细节:当地人递给他们的羊皮纸卷上书写着希伯来文,古希腊文,西班牙文和标准的拉丁文。[10] 为何本撒冷人的文书要选用这几种文字?希伯来文和古希腊文让我们想起西方文明的两大源头,耶路撒冷和雅典。西班牙文在当时无疑是属于航海者的文字。而拉丁文长时间以来都是欧洲文化界的通用语言,这与数百年来基督教的兴盛有紧密联系。这卷文书上的四种文字,暗示了当时的四种文明形态:犹太文明(启示宗教)、雅典文明(哲学)、欧洲商业文明(世俗)和基督教世界。叙述者还说到,这卷文书上所盖之印是天使基路伯(Cherubins)的翅膀和十字架组成的图案。这让船上的人们既惊又喜——惊的是,在这个世人闻所未闻的岛上,居然已有基督信仰传播,但为何此岛却一直以来不为人知?喜的则是此岛居民一定不会是茹毛饮血的蛮族,大家获救有望。此时,船员们的情绪都高昂起来,并认为这个岛国的人民很有人道(humanity)精神。他们选择用西班牙文给当地人回复,这说明他们并非来自遥远的耶路撒冷或雅典,也很可能不是神父或基督教学者。

上岸之后,所有人都得到了充满善意且合理的安置。病人们有良好的护理,其他人则品尝到鲜美可口的晚餐,并获得了难得的闲适。其他人都如释重

---

[9] 《新大西岛》(New Atlantis,1627)一文收入于培根1660年出版的一卷书,书中还有《林木集》。

[10] 培根:"新大西岛",同前注[6],第111页。

负时,唯叙述者本人依然保持谨慎,他召集大家,提醒他们要"搞清楚我们当前的形势",并"注意自己的言行","千万别暴露自己的堕落和卑劣"。我们注意到,这是叙述者首次以"我"个人的名义说话,之前的叙述中,他用的都是"我们"。"我"的出现带来的是某种程度的理性与反省,他并未被眼前看似美妙的情景冲昏头脑,而是敏锐地注意到自身处境的微妙,力图通过提升(或掩饰)自身,达到与本撒冷人的和睦共处。[11] 所有人都因为"我"的提醒而向"我"致谢,并答应会听从。他们快乐地度过了三天,甚至都没有考虑三天后会怎样。显然,未雨绸缪的"我"不会没有考虑。

第四天,本撒冷国的外乡人安置处总管(他同时也是一名神父)来到我们面前,并约请了六个人与他谈话。这位总管温文尔雅,态度谦和,对这群航海客慷慨大度。船员们得知他们可以在此逗留六周或者更长。但没有经过特批的话,所有人都必须待在城墙附近的区域。

留下来与总管对话的六个人表示,除非"舌贴于上颚",他们"会永远为德高望重的他和他的整个民族祈祷"。这个说法源自《旧约·诗篇》137:6,讲述了一群被巴比伦人掳走的以色列人对故土的思念。他们发誓即使身在外邦,也不会忘记耶路撒冷的美好。他们将耶路撒冷看做自己最大的喜乐,如若不然,则宁愿舌头贴于上颚(意即变哑)。对比之下我们不难发现,培根在反过来使用这组诗篇。航海客宣称自己要为异邦祈祷,而身在异邦的以色列人则只为家乡唱颂。舌头贴于上颚的誓言表达了以色列人对故土的忠诚,而培根则巧妙地安排航海客们用这段诗歌称赞新世界。通过这一巧妙地颠转,培根将"圣经—故土"之间的联系打断,替换为"圣经—新世界"。从而用新世界替换了基督教原本的圣地,耶路撒冷。

第五天,总管又来拜访"我们",他谦和地请在座的航海客向他提问,因为本撒冷了解这世上大部分地方,自身却不为人知。那些航海客们很高兴,因为这确实是满足他们好奇的好机会,"但首先",他们问到,既然本撒冷位置偏远,不为人知,那么基督信仰是如何传布到此处?谁又是最早的传道者?

总管对这个提问非常满意,他告诉"我们",基督信仰是依靠很多年前的一个"奇迹"传播到此处的。对于此类奇迹,作为读者的我们也不会陌生。但奇怪的地方在于,与绝大多数类似传说不同,这次传道过程中的核心人物是一名科学家。也正是在此处,我们了解到本撒冷国一个非常让人好奇的机构——萨罗门学院。那名对奇迹作出解释的科学家,正是萨罗门学院的一员。他在尚未打开巴多罗买(Bartholomew)的"传道方舟"之前,就高呼"上帝"之名,似乎他早就知道这雪松木制成的箱子中所放的是基督教经典一样。如果这位科学家

---

[11] 按照培根的说法,此处"我"的掩饰,也很可能出于某种策略和明智。亦参见前注[5]。

不是一位先知——即他不能未卜先知的话——唯一的解释就是,他早已知道那箱子中放的是什么。难道说,这名科学家解释奇迹的过程,其实是在表演?

刚讲述完这个传说,总管就被人叫走了,所以,我们无法对他所讲述的内容继续发问,而隔天他再来的时候,大家的谈话转向了另一个话题,本撒冷何以做到了解外面的世界,却能将自己隐藏起来?因为"只有神才能不为他人所见,而又将他人置于光天化日之下"。

对于这个提问,总管笑了笑,依然乐意给予解答。他提到了本撒冷一项特别的法律"保密法",并强调,虽然自己可以向他们说明一下这项法令,但其细节确实是不允许透露的。对保密法的保密,本身就是"保密法"要求的一部分。

在说明"保密法"之前,总管先叙述了一番本撒冷岛的历史。这段历史非常久远,大概可追溯到三千年前,甚至更早。如果熟悉柏拉图对话作品的读者很可能会发现,总管叙述的那段历史简直就是柏拉图在《蒂迈欧》和《克里提阿》中曾记述的关于亚特兰蒂斯大陆的传说。只不过,总管的所述与柏拉图笔下人物说的有些许不同。总管提到,在柏拉图记述的亚特兰蒂斯故事中,只有一次远征,即亚特兰蒂斯人与雅典人的战争,胜利者是雅典人。参与那次远征的亚特兰蒂斯人——总管称他们属于提兰贝尔国(Tyrambel)——无一生还。而后,总管还提到了另一次远征,不过并没有雅典人参与。那是哥亚(即秘鲁)对本撒冷的侵略。在阿尔塔本(Altarbin)国王的带领下,总管说,他们依靠强大的军事实力,不费一枪一弹就获得了胜利,并且在侵略者发誓再不与他们为敌后,人道地放走了侵略者。若我们将两次战争加以对比,不难发现,雅典人抗击提兰贝尔人入侵的举动显得更加野蛮,有更多杀戮,显得雅典人并不比侵略者强大太多。而本撒冷人对抗哥亚人的战争,则显得有些神奇。究竟要比对方强大多少,才能兵不血刃的让对手乖乖投降,且连撤退都做不到?三千多年前的本撒冷人似乎比同时代的任何民族都要强大,或者说,先进。在两次战争后,总管说,神对这些雄心勃勃的傲慢民族进行了报复,一场局部的洪水毁灭了那些古老的文明,从而使本撒冷人切断了与其他大陆的联系。我们不禁好奇,本撒冷国不单能凭借其强大轻易压倒哥亚人,还能在自然劫难中安然度过。本撒冷为何如此神奇?

总管接着说,在这次自然现象的辅助下,本撒冷人同其他地区的居民中断了联系。他们虽然有高超的航海技术与质量过硬的船只,但似乎无意主动同外界联系。这是因为一千九百年前,有位被他们尊为神的国王,所拉门纳(Solamona)想让本国在完全没有外国援助的情况下自力更生、自给自足。本撒冷的兴旺繁荣也证明他们确实能做到这一点。为了保持国家的兴盛,所拉门纳国王认为,就必须保持那恰如其分的建制永世不改。为了做到这一点,则必须切断本国与他国的联系,防止那些外来居民涌入,以免他国不健全的法律和风俗与本国的法律风俗杂合。这种自我封闭的正当性根源在于他们当时的先进与强大。所拉门纳王的决定让我们想起柏拉图的《法义》(旧译"法律篇")。[12] 在该书第十二卷中,雅典来客对克里特人建议,国与国之间的交流,必然导致各种风俗习惯的杂合,而这种现象对于一个需要依据恰如其分的法律进行治理的国家而言,极为有害。因为其他国家未必有那样恰如其分的法律,或者说,其他国家未必有本国这么优秀。培根笔下的所拉门纳王与柏拉图笔下的雅典来客在这一点上达成了惊人的一致。如果保密法是保护法律的法,那么保密法就是一部法上之法。这项特别法令既非神的颁布,也不是自然形成,而是来源于两位哲人的远见卓识。读遍《新大西岛》,我们只能找到这样一项具体的法令,这就使得培根笔下的这部"保密法"在文本中的地位异常突出。似乎培根意在展示,对于维护本撒冷这样一个卓越的城邦而言,这部法律是多么重要。但同时,这是否又暗示着培根对其他法律制度的忽视?

不单是防止外国居民进入,总管说,在限制本国人外出他国方面,保密法亦有严格规定。所拉门纳王规定,每十二年,王国要派出两个代表团远赴外国。代表团由三名萨罗门学院的院士组成。他们受命前往一些国家,学习当地科技发明和艺术创作,并带回各类书籍、工具、模型和当地风土民情的记录。他们要隐藏自己的身份,不让外国人发现他们的来头。他们不为贸易或财富远航,只是为了追寻上帝最先创造出来的东西——光。很显然,这是一个隐喻,培根笔下的总管所说的光,并非自然界的光,而是理性的知识。

在说完这一切后,那位总管沉默了,听众们也"一句话没说"。作为读者的我们却显然有不少疑问,比如,那些院士如何可以做到待在外国而不暴露自己的异乡人身份?他们购买他国书籍、工具的钱财从何而来?难道从没有哪位院士爱上了异乡,不愿意回到本撒冷的吗?对于诸般疑问,培根似乎没有借助哪个角色之口回答我们,是因为这不是问题,还是别有原因?

这番谈话结束后,"我们"被给予了更大的自由,可以到城市各处走动。如果"我们"的自由行动并未打破"保密法"的规定,那么这就说明,"我们"已经开始受到保密法的约束了。而我们能够想到这种约束的最直接方式,其一是被杀,其二是禁止离岛。

随着行动范围的扩大和见闻的充实,"我们"被这个高贵城市的博爱和自由深深吸引,甚至都愿意抛弃在祖国难以舍弃的一切东西,待在本撒冷。叙述者说,他在这里不断地碰到值得注意和讲述的事情,其中有一件,就是他曾受邀参加的"家宴"。叙述者称家宴是一种"极其自然的风俗",表现了"人们的虔诚之心"。所谓家宴,是本撒冷男子在世时,若亲生儿女有三十人,且都在三岁以

---

[12] 柏拉图:《法律篇》,张智仁、何勤华译,上海人民出版社2001年版,第401页。

上,就可举行的家庭宴会。举办家宴的费用由国家支付。虽然没有明说,但我们可以推算出,符合举办家宴之人必定都是高寿之人。这表明本撒冷国非常重视"长寿"。

家宴的程序比较复杂,场面也很隆重,整个宴会过程中充满了对"生育"的崇拜。有资格举办家宴的人,必然是子嗣满堂的老寿星,整个宴会场所的装点也通过常春藤、葡萄藤等意象渲染出盎然生机和繁殖的活力。代表国王参加宴会的传令官宣称,"国王本人只有在繁衍后代这一点上才受益于臣民"。而国王授予年长者的宝物,也是一串光彩夺目的金质葡萄藤。宴会终了前,参与者们还要唱颂亚当、夏娃和亚伯拉罕,因为前二者让世上充满了人,后者则是虔诚忠信之父。我们不难发现,在这里,培根又一次颠转了基督教经典传说的意蕴。亚当和夏娃本是上帝的造物,因其犯下偷吃禁果之罪,才被上帝逐出伊甸园,前往人间生活、繁衍。从基督信仰立场来看,人类本是这两个有罪之人的后裔,是"罪"的果实。但本撒冷的人们却绝口不提此典故本身的原罪含义,只是赞颂亚当、夏娃履行的繁衍之功。这无异是在颠覆基督信仰的开端之"法"。或者,我们也可以这样理解:亚当和夏娃偷吃善恶树上的果实,可以看做犯了两个罪,一是违背了上帝的命令,此乃傲慢僭越之罪;二是通过偷吃禁果,知晓了辨别善恶,这是"知"之罪。倘若这两个原罪不动摇,本撒冷这一建立在自然科学上的新世界,就始终面临基督教神圣律法的质疑。如果将亚当和夏娃的这两项罪名用"繁衍"之功掩饰起来,那么培根就有可能绕过基督信仰原初时设下的羁绊,走向以人作为主人公的新世界。同时,我们也该注意到,培根此举恰恰像极了亚当和夏娃所犯之罪:他关于本撒冷人家宴的描述,是用对《创世纪》神话的新解释,颠覆了基督教正统解释。这如同违背了上帝的诫命,是傲慢与僭越之罪;同时,他通过描述本撒冷人对生殖的赞颂,消解了基督教观念中"原罪"的信念,重新判定了善恶,用新知取代了旧知,是之为"知"之罪。在这双重叙述中,培根俨然成为新世界的亚当和夏娃,他用新知识,带领人们走出伊甸园,奔向(在他看来)更符合人性的新家园——本撒冷。

宗教与礼法

叙述者在讲述完关于家宴的经历后,又向我们引入了一位新角色,犹太人约邦(Joabin)。约邦是一名商人,他学识渊博,做事慎重,精通本撒冷的法律和习俗。我们发现,叙述者在提及前面的传令官、外乡人总管和举办家宴的老人时,都只用了"人道"、"仁慈"、"虔诚"等词,唯有在提及约邦时,叙述者认为他"有智慧"且"审慎"。[13] 这名有智慧的犹太人与本撒冷国中那些信奉基督教

---

[13] 朗佩特:《尼采与现时代》,李致远等译,华夏出版社2009年版,第52页。

（而且是不大正统的基督教）的邦民和睦相处。他不像其他地方的犹太人那样憎恨基督,反而用崇高的字眼赞颂那救主,并且叙述者提到,他非常热爱本撒冷国。

约邦和"我"常在一起聊天,并且乐于回答"我"的提问。当"我"问及本撒冷人的婚姻习俗时,约邦的回答很有意思。他首先猛烈地抨击欧洲人在婚姻方面的不道德,因为他读过与此相关的书。他认为欧洲人的婚姻只是"治疗不正当淫欲"的手段,或者说,婚姻只是一种满足人自然欲望的合法方式。除此之外,他还批评欧洲人的婚姻也常作为一种交易手段,满足人们寻求结盟、财产和荣誉的方式。这一切,都不过是错误的释放人类欲望的手段。而约邦赞叹道,本撒冷人非常洁身自好,他们用自尊作为第二信仰,抵抗各种罪恶。

约邦认为本撒冷人的婚姻完全可以作为人们的典范。他们禁止一夫多妻,重视男女双方缔结姻缘时家长的意见,而且意图通过一种"亚当夏娃游泳池"的手段保证夫妻双方婚后的贞节。

约邦关于"亚当夏娃游泳池"的讲述让我们好奇。约邦说,那是让男女双方在婚前互看对方裸体的手段。其目的是让双方在婚前发现对方身体的隐蔽缺陷,同时又不至于遭受不公正和侮辱。因为前往亚当夏娃游泳池的人,除了预备订立婚约的双方,还有各自信任的朋友。关于这个奇特的风俗,约邦还没有说完,就被人叫走了。以至于我们对此既没有获得完整的印象,也没有机会提出问题。约邦对于本撒冷人维持婚姻忠贞的描述,仅仅只有片段。而仅仅通过这些片段,不论是"我"还是我们都无法完全认同约邦对本撒冷婚姻状况的称赞。欧洲也禁止一夫多妻,传统的社会礼俗同样也重视家长在缔结婚姻时的意见,至于"亚当夏娃游泳池",究竟是在帮助人们克制情欲、还是放纵情欲?[14] 世人对婚姻不忠,并非只因为对伴侣的身体不满,而是出于无法克制的情欲。而培根知道,情欲如冬天的常春藤,在寒冷的冬季反而茂盛,情欲越是受到压抑,则越有活力。[15] 结合之前培根对"家宴"的描述,他似乎暗示,满足人的自然欲望远胜过压制它。家宴场面的盛大表明,将生殖归于荣誉和正当,远比将之归于"原罪"更明智。但从叙述者对本撒冷人民的记述来看,本撒冷人有着比欧洲人强得多的自我克制。不论是他们刚船泊本撒冷海港的时候,那些挥舞着棍子的护卫者,还是街道上对他们投以善意微笑的路人,以及后文提到的在游行中井然有序站在路边的居民,我们发现本撒冷人特别遵守秩序。不只是当地居民,就连本撒冷官员也善于保持节制。他们不但不收受贿赂,还特别慷慨。简而言之,本撒冷的公民看上去很像典型的基督徒,他们恪守法则,节制欲望,

---

[14] 参见英尼斯(Inne):"培根的新大西岛"(*Bacon's The New Altantis*),同前注[6],第173页。

[15] 培根:"狄俄尼索斯或欲望",同前注[6],第59页。

但他们又不同于一般意义上的基督徒,因为他们似乎缺乏真正宗教意义上的那种虔信和狂热,与其说他们有虔信的基督信仰,不如说他们仅仅遵守一套带有当地特色的基督教礼法。

在柏拉图的作品中,也曾出现过一个城邦有着类似的秩序状况。那就是出现在《蒂迈欧》中的"塞斯"文明。关于这个文明的情况,由柏拉图笔下的克里蒂亚讲述。克里蒂亚称这个故事来源于他祖父的转述,而他祖父则是听梭伦讲起。梭伦——雅典古代最著名的立法者和诗人——则是从埃及祭司口中听来了关于古老文明"塞斯"的故事。塞斯的历史比古雅典还要久远,这座城邦历经了各种自然劫难仍屹立不倒,不仅如此,他们还因为其久远而保存了自古以来的人类文明和技术。塞斯有着严格的社会等级划分,分为祭司、军人、牧人、猎人和农夫,他们各司其职,领域分明。在这五个阶级中,又可分为三类:祭司,他们是最高阶层;军人,法律责成他们专司军事;其他三个阶级,我们可以用"工匠"概括,他们凭借自己的技艺生存,用劳作支撑着整个城邦。在本撒冷,我们看到了祭司阶层,即萨罗门学院的院士们。但我们并未看到军人——虽然按照外乡人总管的描述,本撒冷肯定有军队,而且非常强大。对于工匠阶层,我们也缺乏了解,因为本撒冷拥有肥沃的土地与先进的生产技术,当地人生活殷实、物资富足,似乎不需要辛苦劳作。塞斯与本撒冷最大的共同点在于都拥有先进的技术和严格的秩序。按克里蒂亚的讲述,塞斯是一个由经过科学启蒙的祭司阶层施行统治的地方。在这里,任何事情都严格按照秩序运行,与梭伦交谈的只有年老的祭司,似乎也从未提到过女人和孩子。那些祭司应该掌握了极高的科学知识,他们已能够解释天体偏离轨道运行这样的现象。而且他们也通过技术手段征服了自然的无序,并致力于所有对人类有帮助的技艺,上至神明,下至占卜与医学,以及其他各种学问。总而言之,塞斯人的自述表明,这是一个在不断变动的历史中始终追求秩序的文明。[16] 塞斯文明的最大特点在于,它缺乏爱欲。[17] 缺乏爱欲的城邦像一具僵化的机器,能够长久地存在,但死气沉沉。培根笔下的本撒冷意图客服这种局限,所以,他强调本撒冷人虽然恪守秩序,但依然拥有人的情爱。不过,我们看到,这种关于情爱的设计,不能经受拷问。

科学与宗教

虽然约邦没有为我们解答关于"亚当夏娃游泳池"的疑惑,但他归来时为

---

[16] 郝兰(Jacob Howland):"爱欲与激奋",朱刚、黄薇薇等译,载徐戬选编:《鸿蒙中的歌声—蒂迈欧疏证》,华东师范大学出版社 2008 年版。

[17] 同上注;另参见威利弗(W. Weblliver):"《蒂迈欧》和《克里蒂亚》的人物、情节及意图",同上书。

我们带来了振奋人心的好消息——萨罗门学院的一位院士将要莅临本地。八天后，那个院士来了。他打扮华丽，排场豪华。在描述萨罗门院士出行时，培根对他乘坐的马车给予了比较细致的描写。马车顶中央镶嵌着一颗金光四射的太阳，太阳前面则是展翅的天使基路伯。马车顶是镶有金线的蓝布。太阳既是自然崇拜中的重要意象，又常常譬喻理性和科学之光。太阳前面展翅的天使基路伯让我们回想起，在这群航海客刚抵本撒冷时接到的那张羊皮纸文书，在文书上基路伯天使的双翅低垂。萨罗门院士马车顶上天使展翅与其身后的太阳是否构成某种互动？车顶的蓝布镶有金线，看上去像幽蓝星空。太阳和天使并行于天幕，恰似科学与宗教共同临照本撒冷这个新世界。院士一手拿权杖（Crosier），一手拿牧杖（Pastoral Staff），权杖是主教所持之物，意味着宗教权力；牧杖本是牧人的工具，用以管理羊群。考虑到本撒冷人民与萨罗门院士的关系，这两样物件意味着萨罗门学院对于本撒冷人的双重统治。

又过了三天，约邦告诉"我"，萨罗门院士决定接见"我们"中的一位，大家一致推举"我"去。我们一行共有51人，而"我"，就是那个"一"，是多数人中的少数，是少数有可能与萨罗门院士进行交流，或者说，向他学习的人。而我们，则通过"我"与本撒冷相连。现在，因为"我"即将与本撒冷最为核心的阶层，萨罗门院士相见，所以，我们也将进入关于本撒冷故事的最核心部分。

按照事先吩咐好的礼节，"我"十分恭敬地拜见萨罗门院士，并在他赐福后得以与他私下交谈。萨罗门院士的第一句话是："愿上帝保佑你，我的孩子。"这使他看上像一位神父，而非科学家。接下来他介绍了自己将要讲的内容，首先是萨罗门学院这个机构的目的；其次是这个机构创立和运作所需要的准备与工具；第三是院士们各自的职责；第四则是萨罗门院士们需要遵守的各项规定和礼节。与其说这是在向"我"介绍萨罗门学院，不如说是在向我们展示一份关于萨罗门学院的简要说明。我们不得不注意到，那位院士根本没有给"我"发问的机会，他只是告诉"我"他准备告诉"我"的事情。而这些事情，在他看来，是"最珍贵的宝石"。而他这样做的理由，在于他"对上帝和人类的热爱"。很明显，将关于萨罗门学院的一些情况告知某个欧洲来的客商，恐怕不是表达他热爱上帝和人类的有效方式。除非他意在通过"我"来传道——之所以要从众人中选出"我"，很可能是因为"我"是其中最有智识者。从之前的一系列叙述来看，"我"比他人更能审时度势，具有更敏锐的观察力。也许我能更清晰全面地记下萨罗门院士的讲述，并听出其中核心部分，明智而审慎地将他慷慨的赠与转达给众人，乃至欧洲。与"我"同时接受甄选与考验的，自然还有作为读者的"我们"。萨罗门院士的传道行为让我们联想到培根的写作是否可以看做类似举动。萨罗门院士传达的只是关于萨罗门学院的知识，而培根传达的则是关于整个本撒冷的知识。如果说前者更多的关于科学，那后者则囊括了科学与政治,甚至还有哲学。培根是一个更隐匿的传道者,他传播关于新世界的"福音"。

让我们回到故事中。萨罗门院士的这番讲述是整个《新大西岛》中篇幅最长的发言。这让我们再次想起柏拉图的《蒂迈欧》——罗克里人蒂迈欧在经过与苏格拉底等人的短暂交谈后,开始他关于万物起源的长篇演说。而萨罗门院士则仅仅讲述了关于萨罗门学院的情况,且在有些地方明显存在隐瞒。蒂迈欧关于宇宙和诸神起源的讲述是为了让我们相信,而萨罗门院士的讲辞则将我们推向怀疑——对旧世界和当时欧洲主流思想的怀疑。萨罗门学院的目的是"了解事物生成的原因及运动的秘密;拓展人类帝国的边界,实现一切可能实现之事"。了解事物生成的原因和运动的规律是拓展人类帝国边界的必要条件。而拓展人类帝国的边界的前提则是打破现有世界的边界。培根所处的现有世界(欧洲)被基督教笼罩其中,布鲁诺遭受的火刑无疑告诉培根,要迈向新世界绝非易事。基督教已然成为人类迈向宇宙的禁咒,唯有像本撒冷国那样,将宗教置于科学统驭之下,才能让本撒冷的辉煌在欧洲实现。培根的真实想法让他意识到,自己正处于比布鲁诺更危险的境地。只有在《新大西岛》这个虚构的国度中,他才有可能将自己对人类世界的预见和憧憬小心地展示出来,这一切都像拜伟大的救世主所赐,只是救世主在这里已悄然更换了面目。

萨罗门院士向"我"介绍了一些"我"闻所未闻的科技。他们能人造矿物、提炼新金属、使土地增肥,还能对天象进行细致的监测和观察。他们还掌握了将盐水转换成淡水、将淡水转变成盐的技术。萨罗门学院还能熟练地使用水能、风能带动机器运转。这些物理学、化学领域的尖端技术即使在今天看来,依然让人兴奋。除了物理化学领域,萨罗门学院还在生物科技领域取得了惊人成果。他们能够精确地控制植物的成长速度、熟练地在各种植物间进行嫁接;他们还能通过混合土壤制成有着不可思议能力的培养基。高超的科技让他们对动植物构造都十分了解,借助先进的生物科技,无数效果非凡的药品、营养品被制造出来。在本撒冷,温饱早已不是问题,唯一的问题是,有太多既营养又美味的食物可供选择,院士们得从中挑出他们认为最适合本撒冷人的产品。前面介绍的技术,基本可以概括为制造生产资料的技术。本撒冷人因为这些技术而免去了当时世界上其他地方的居民可能面临的困难。本撒冷的惊人成就让人相信,科学的发展可以永久解决温饱问题。对大多数人来讲,这样的国家已与天国相差无几。

接下来,那位萨罗门院士讲述了他们在工业方面的科技成就。他们能制造迷惑人视线的各种光学效果,配以各种人造声源,制造出各种匪夷所思的效果,比如奇迹。我们当然会想到之前外乡人总管讲述的关于巴多罗买传教方舟的故事。那道凭空出现的光柱,还有未卜先知对神迹进行解释的萨罗门院士。这一切都能自圆其说,真相背后,这个新世界中宗教与科学的关系也昭然若揭。

在萨罗门学院强大的科技支撑下,本撒冷国不仅富足,而且强大。各种高科技武器让他们可以随意攻陷当时世界上任何一个国家,从而建立起一个统一的人类帝国。但本撒冷人没有发动战争的意愿,或者可以说,他们厌恶侵略战争——我们应该还记得外乡人总管所讲述的那次抗击哥亚人入侵的故事。培根也厌恶战争。他认为和平是人类学术持续进步的保证,也是人类迈向新世界的保证。若我们仅仅将本撒冷看做培根对于英国的期待或憧憬,未免太过于局限。与其说培根希望在地上建立起本撒冷这样的理想国度,不如说培根真正希望的是让本撒冷式的生活方式在人世建立,并永垂不朽。[18]

介绍完萨罗门学院所掌握的科技后,那位院士开始说明院士们的职责。萨罗门学院共36名院士。其中12名会隐藏身份去外国收集书籍、技术和民俗。3名负责收集书中的实验;3名收集所有的实验;3名进行他们认为有益的实验;还有3名将上述四组实验汇集起来加以总结;此外还有3名院士致力于研究其他院士的实验,以求对这些知识达到更深入的了解;接下来,会有3名负责人通过总结院士们的开会协商,了解各项情况,指导更高层次的实验;另有3人则按照前面这三个人的指示进行试验并总结报告;最后3个人把前面的发现提升成科学判断、原理和知识。除了36名院士,学院还有大量仆从和学徒。前者负责学院的日常工作,保证其正常运转;后者则肩负起继承前人的工作,成为新的院士。这样的人事建制十分类似如今的大学,只不过萨罗门学院有着比大学直接得多的政治责任,而且不受政府管制,完全是一个以科学探索为中心的国中之国。不仅如此,他们还拥有对国家保密的特权。学院只在合适的时候将相应的机密透露给国家,并且要求国家(政府)发誓保守应当保守的秘密。我们在《新大西岛》中找不到关于本撒冷政府的具体描写。培根笔下的本撒冷人明显受到基督教和自然风俗的规约,显得行为有度,遵纪守法。政府的作用被教会和科学院弱化,甚至我们看到有些行政职务由神职人员兼任。培根意在以此与当时欧洲的情况进行对比,同样是教会与行政权力的结合,本撒冷的状况明显好过天主教把持下的部分欧洲。那是因为前者接受理智和科学领导,在宗教信仰方面注重"人道"而非一味的煽动"宗教狂热"。

最后,萨罗门院士给我们介绍起他们的规则和礼节。在他的描述中,我们看到,萨罗门学院给予所有在科学方面取得了重大成就之人崇高的荣誉。享受这份荣耀的不仅萨罗门学院内部的科学家,还有史上各个国家的科学先驱。这份荣誉不分国家与民族,正如他们所取得的科技成果往往跨越国别与地域。所

---

[18] David Colclough, "Ethics and Politics in the New Atlantis", in Bronwen Price (ed.), *Francis Bacon's New Atlantis: New Interdisciplinary Essays*, Manchester: Manchester University Press, 2002, p. 60.

拉门纳王,这位本撒冷史上最伟大的国王认为,为了保持本撒冷优秀的风俗与法度,必须使该国与其他国家隔离开来。但在知识与技术方面,这位国王积极推行向外国学习和引进。这似乎说明,也许不同的国家在政治上总会存在差异,且应该保持各自的封闭,但在科学方面,则属于一个统一体。政治形态的差异使国与国之间始终保持交战的可能性,人类的永久和平因此无法真正实现。唯有在理性王国,人类才能形成超越民族和历史的统一帝国,不断开拓人类世界的边界,实现所有可能实现之事……

如此宏大而美好的远景确实值得我们向往,但培根未竟的写作依然留给我们一个谜题——谁来统治萨罗门学院？谁来保证这些天才科学家始终秉持着所拉门纳国王所指定的路线一直前行？谁来为这些掌握着自然秘密的新统治者立法？

培根与新立法者

科学家能否作为自己以及这个世界的统治者？培根认为不行。因为他通过所拉门纳王的立法约束这些科学家。萨罗门学院的院士们看似通过高超的科学技术维持着国家的运转,但自身也是这个运转过程中的一部分,只是他们自己未必知晓。萨罗门院士们热爱科学,同时也热爱荣誉。对他们来说,获得后世的纪念与崇拜就是最好的报答。比起实际的金钱或权力,他们更愿意通过一尊尊金银铜雕像彰显其卓越。萨罗门院士衣着华丽,讲究排场,而且说话行事遵循繁复的宗教礼仪。这一切都说明他们也许只是规则的遵守者,而非制定者。创制规则的是被本撒冷人尊崇为"神"的国王,所拉门纳。在培根看来,萨罗门院士们不足以成为新世界的统治者,他们只是一群"代达罗斯或技工"[19]。代达罗斯是希腊神话中技工的代表。他精通机械技术,制作了很多具有神奇功效的器物,但因生性善妒,且品性不端,终因谋害他人而为城邦不容。培根认为这个神话"开门见山"地指出,嫉妒感强烈地支配着伟大的工匠们。此类人虽然极具才华,但对技术不正当的应用以及技术本身常常造成灾祸。因此,这些高超的工匠们经常受到法律的制裁。但是,培根与古老的立法者的不同在于,古老的立法者认为与其留着这群有可能带来幸福,也可能带来灾祸的工匠,不如将他们驱逐出城邦。培根却认为,"要控制住他们,诉诸法律不如依靠这些技术本身自命不凡的特点"。也就是说,要利用这类人在人性方面的特点。培根认为他的新世界需要这群代达罗斯。也唯有这群代达罗斯们创制的科技能将人从辛苦的劳作和奴役中解放。亚里士多德在《政治学》第一卷中讨论使用

---

[19] 培根:"代达罗斯或技工",同前注[6],第49页。

奴隶是否正义,以及是否必要。[20] 在亚里士多德看来,城邦是个人、家庭出于自足的需要自然而然组建起来的政治共同体,从而是自然的产物。城邦要满足人的各种需求,必然需要各种各样人的劳作。而劳作的人之中,则分为自由民和奴隶。亚氏认为"奴隶就是在一种有生命的工具",这种工具又能使用其他无生命的工具——除非那些需要人操作的工具"像代达罗斯的雕像和赫斐斯托斯的三组宝座"那样,能够自动干活,自动完成任务,否则,奴隶就是必要的。[21] 也许萨罗门学院的高超科技正是培根这一新立法者对亚里士多德的回应。当人类的科技已经发展到足以从自然中获取各种所需,且不需要奴隶的时候,人类的政治状况是不是也必然应该发生改变?培根似乎认为,随着自然科学的新发展,古典政治传统视域下的"宗教"与"礼法","城邦"与"人"的关系,都必然发生相应的变革。而在这一系列变革的动因背后,培根的写作为我们揭示的是"哲学"与"政治"之间永恒不变的紧张。

我们看到培根不断地强调本撒冷在物质财富方面不仅超越同时代诸国,甚至还超越了时代。本撒冷居民有享用不尽的锦衣玉食,优越的生存环境,以及强大的自卫能力。那么,培根如何能确定自己的选择比古老的智慧更明智?他如何确定这群代达罗斯给社会带来更多的是福祉而非破坏?培根采取了两个手段:

第一个手段,正如他自己所说,即依靠那群代达罗斯善妒的特点,与其压制他们的欲望,不若迎合他们的渴望——"精心打造的本撒冷社会就是为了满足代达罗斯这类人的嫉妒本性"。[22] 萨罗门院士可以在本撒冷满足他们的一切渴望——自由的科学探索、人民的尊敬崇拜、类似于神一般的崇高与神秘,还有隐藏于政府背后的强大权力。总之,他们在本撒冷似乎享有至高无上的地位。因为所拉门纳王早已作古,现有的国王事迹在故事中从未被提及,毫无疑问萨罗门院士们就成为本撒冷最高行政权力和宗教权力的掌握者。他们甚至可以废除实行了数千年的"保密法",将萨罗门学院的秘密告诉一个异乡来客,并让他将这些秘密传达到外面的世界。[23] 这一切都是让代达罗斯们的虚荣心得到满足的手段。但如果这群伟大的工匠们想要保持这份荣耀,就必须满足本撒冷人民,也就是说,为本撒冷人带来福利。只有如此,他们才会被人民尊敬和崇

---

[20] 亚里士多德:《政治学》,1254a,颜一、秦典华译,中国人民大学出版社2003年版,第7页。

[21] 同上注。

[22] 朗佩特:《尼采与现时代》,同前注[13],第37页。

[23] 培根让笔下的萨罗门院士突破保密法的限制,向外来者透露本撒冷的秘密,能否看做培根对柏拉图《法律》篇的回应?或者说,萨罗门院士看似违反保密法的行为,其实仍受制于该法——因为保密法的终极目的在于防止外邦的民俗礼法对本国造成不良影响,但这并未禁止本国的律法和生活方式向外国传播。

拜。对于善妒的代达罗斯来说,残酷的暴政不是带给他们快乐的源泉。心怀嫉妒的人需要的是他人的肯定,是荣誉,是如同那些金银雕像一般的不朽声名。

第二个手段,就是教育民众。本撒冷的民众与欧洲的民众不同,他们缺乏对基督教的狂热与虔信,这从"家宴"中混合了各种自然崇拜因素的礼仪可以看出一二。本撒冷人追求的是在世的幸福,是物质的丰足和作为本撒冷居民的优越感。他们相信外面世界的人们不但贫乏,而且道德品质低下。本撒冷人信奉的基督教教义似乎剔除了"罪"的概念,他们只是被告知本撒冷作为上帝赐福之地,是一种被神选择的殊荣。本撒冷人民也不追求对外扩张,因为他们相信外边的世界远不如家乡,从而也就没有必要向往。除此之外,他们还显得远比欧洲人恪守秩序。这也许是因为他们受到了信仰和道德的高度约束,也许还因为他们对统治者的恐惧。培根显然吸取了马基雅维利的经验,要使人民易于统治,必得使他们对统治者既敬又畏。萨罗门学院在人民心中显得无所不能又高深莫测,普通民众甚至好几年都看不到院士出行,这符合马基雅维利的政治建议。本撒冷民众与现代人非常相似。他们对幸福的理解不是基于人应该追求身体、智慧及美德方面的卓越,而是基于对安逸生活的满足。他们并不了解真实世界的道德真相,仅仅被教育为相信自身道德的高尚。他们自以为是国王的"朋友和债主",其实不过一群来自"伦福萨"(Renfusa)的羔羊。[24]

通过合理的顺应代达罗斯的本性,并巧妙地倚靠神迹将人民塑造成对这一制度无害的羔羊,所拉门纳王(或者说培根)为本撒冷奠定了一个永世不更的政治制度。通过运行在文字中的本撒冷,培根将这本该是他永恒秘密的计划展露在世人眼前。"保密法"的打破是另一层"保密法"的开启。培根希望借"我"的转述,重新点燃人们心中对理性的希望之火,走上人类征服自然的"伟大复兴"。从现今的情形看来,培根似乎已取得了前所未有的胜利,但培根的这一胜利,也同时开启了一个值得我们再次反思的问题,这也是在本文开头引导我们阅读培根这篇精巧寓言的问题:哲人究竟如何看待宗教与科学的关系?

让我们试着梳理一下培根本人的看法:他作为哲人,使用其卓绝的理性与动人的文笔创造了这样一个世界,这个世界与世隔绝,自给自足。本撒冷的人民笃信一种经过改造了的基督教,这种基督教从统驭灵魂的信仰转换成对生活方式的规范。上帝成为单一的赐福者,他给予人们优越的生活环境,平和的社会秩序,以及宽松的道德戒律。原罪及赎罪的概念在本撒冷的宗教里难以找到,本撒冷人民也因为缺少镜鉴(他们自以为知道欧洲人的道德状态,其实未必)而缺乏对自我的道德反省。他们优越的道德感源于对本国道德戒律的遵

---

[24] "伦福萨"一词是两个希腊词"羊的本性"和"羊一样的"的合成。参见朗佩特:《尼采与现时代》,同前注[13],第31页。

守,确切地说,他们的"道德—行为"关系发生了颠转——不再是因为知道"好"而去"做",而是因为这样"做"就是"好"。我们最多可以称他们为一群守法的人,但很难称他们为"好人"。与本撒冷那新式基督教相呼应的,是萨罗门学院高超的科技。通过各种自然技艺的施展,本撒冷完成了一个城邦自身所能完成的最大程度的自足。这里不再需要负重的奴隶或辛勤工作的工人,机械会完成人们原来需要耗费大量精力的各种劳动。奴隶或奴隶式的人已经不再必要。除了人民与萨罗门院士这两类人的划分之外,本撒冷最大程度的消除了阶级。这最后的阶级划分,仍然有让人期待的空间——人民与萨罗门院士在科学知识的掌握方面是可以相同的吗?更好的教育能否使得所有本撒冷人都成为科学家——那一更高尚的人?是否存在不需要人民的代达罗斯?

在培根的宏大设计中,将本撒冷的宗教与科学联系在一起的,就是那不时出现在文中诸多语端的"保密法"。与其说这是一部规范行为的法令,不如说这是一道高于所有具体法的意识形态之法。保密法同时展现了本撒冷的开放与封闭——它允许萨罗门院士以光明商人的身份外出,购置书籍设备,学习外国知识;但本撒冷不允许不同民众踏出国门,也吊诡地不曾让其他来过岛上的人离开。光明商人的探索和学习无疑是本撒冷能够凭借科学技术达到自足的助力,故而这种意义上的开放实质是为了封闭。保密法在更高意义上的封闭则体现于当地人的思想中。因为对外界的无知和对当下生活的满足,本撒冷人的内心也封闭了对"拓展人类帝国的边界"的向往。[25] 纵使我们看到,在寓言的最后,萨罗门院士盼咐"我"可以公开关于本撒冷的信息,以对其他国家有利,但我们能预计到的最好结果无非是全世界的本撒冷化,即全人类的本撒冷人化。即使自然的奥秘能够在萨罗门院士的不懈努力下向人类展开,我们也仍然无法知道什么是好,以及什么是好的生活。亚里士多德断言所有的共同体都是为着某种好而建立——萨罗门学院式的世界图景是否恰恰在宣称将实现"一切可能实现之事"时,忽略了好?因为我们无法从自然知识中获取关于好的知识。

与古典哲人相反,培根的政治哲学构建于自然知识之上,他以此为他的新世界立法。培根的追求也许能解救因为宗教狂热而日渐衰落的人类理性,但也不可避免地会导致科学反宗教的新战争。本撒冷人仅仅将幸福建立在对尘世生活的满足之上,或者说,建立在物质性的满足之上。他们缺乏对道德问题的真正洞见,缺乏对美与善的永恒追求。从那些技艺超群的萨罗门院士们身上,我们虽可以看到发达的科技,却找不到真正具备自省能力的智慧之光。按照古

---

[25] 培根:"新大西岛",同前注[6],第138页。萨罗门院士宣称萨罗门学院的目的是:了解事物的生成原因及运动秘密;拓展人类帝国的边界,实现一切可能实现之事。

典政治哲人的看法,培根的追求也许出于一个危险而虚幻的期望,即通过创造一个可以满足人的各种身体欲望的王国来实现永恒的和平与正义。魏因博格(Weinberg)说,他对培根描述的人类完全征服自然这一前景感到不安!因为那样的世界必然会陷入极端的空虚。生活在那个世界的人们不再相信有高于他们自身的东西,他们唯一的活动就是消费。[26] 也许我们会觉得如今的世界距本撒冷还算遥远,但对我们来说,那绝对是一个危险的诱惑。

(初审编辑:徐斌)

---

[26] Jerry Weinberg, "Ethics and Politics in the New Atlantis", in Bronwen Price (ed.), *Francis Bacon's New Atlantis: New Interdisciplinary Essays*, supra note[18], p. 126.

从法官间的对话到法官的地位提升

米海依尔·戴尔玛斯-玛蒂[*]

王建学 译 余履雪 校[**]

Du Dialogue à la Montée en Puissance des Juges

Mireille Delmas-Marty

(*Translated by Wang Jianxue   Proofread by Yu Lvxue*)

内容摘要:通过法官间交流的加强,并辅之以信息技术的新发展及司法网络的实施,法官间的对话得以实现。自发、平等的对话不仅发生在传统的普遍法法官之间,也发生在制定法法官之间。以死刑为例,英国、美国、印度、南非等世界各国之法官以及欧洲人权法院、联合国人权委员会等国际性法院在其相互之间针对死刑的合法性,残酷、不人道和有辱人格的含义,死刑犯引渡的条件,

---

[*] 本文(Du Dialogue à la Montée en Puissance des Juges)刊于《布鲁诺·日内瓦先生纪念文集》(巴黎:达鲁兹出版社 2009 年版),作者米海依尔·戴尔玛斯-玛蒂(Mireille Delmas-Marty),女,1941 年 5 月 10 出生于巴黎,法国当代著名法学家,曾在里尔二大、巴黎十一大、巴黎一大等多所高等学府担任教职,曾在圣保罗大学、比利时自由大学、剑桥大学、东京大学以及中国的北京大学、人民大学等国际上多所著名学府担任特邀教授,2002 年 12 月至今担任法兰西学院"比较法律研究与法律国际化"讲席教授,建立"法国—美国"、"法国—巴黎"、"法国—中国"等多个法律国际化研究网络。米海依尔·戴尔玛斯-玛蒂教授的研究从刑法到刑事政策(包括其他形式的社会控制,如民事和行政制裁,警察措施,改造和社会医疗措施,以及调解程序),逐步延伸至包括(区域性的)欧洲与世界性的法律国际化的现象。

[**] 王建学,厦门大学法学院讲师;余履雪,中国人民大学法学院讲师。

死刑犯的程序性权利等问题进行了全面的对话。这样的对话,或者说法的国际化与国际法的整合,不可避免地带来了国内法官的地位提升,这不仅意味着国内法官的权限超越了国家领土的边界,而且由于国际法的整合,甚至导致了仿效和竞争的结果。应当注意的是,法官的地位提升虽然意味着法律的世界化,但这绝非将国际秩序引向二元或一元的金字塔模式,而是承认复杂性,建立多元秩序,在不同层级之间分享权力,朝向以对话或国际法整合为基础的多边主义的混合多元模式。

关键词:法官间的对话 法官的地位提升 法律的世界化

从最初在1975年10月的萨格勒布(Zagreb),我与布鲁诺·日内瓦(Bruno Genevois)*主席相识于由比较立法学会组织的"法国—南斯拉夫"学术会议,直到最近一次于2008年7月的巴黎我与他共事于"法国—美国法律国际化合作平台",三十年的时间弹指一挥间。然而,日内瓦主席,这位最高行政法院诉讼部负有盛名的荣誉主席,仍旧不改他早年担任政府特派员时养成的彬彬有礼的辩论风格和开放的心态,仍旧那么善于用华丽而不失精准的语言表达其前卫的立场。

日内瓦主席是法官间的对话的最早实施者之一。从1980年开始,在一次研讨会上细致深入地讨论"最高行政法院与共同体法秩序"时,日内瓦先生就得出结论:"拒绝对话,远不是一种力量的表示,相反却是对懦弱的承认。"[1]就其个人而言,他从来也没有拒绝过对话。他的非凡记忆使他总是可以更多地深入认识外国法的判例,不仅是我们欧洲邻国的判例还有美国联邦最高法院的判例,当然也没有忽略国际的、欧洲的或世界的判例。

发生变化的不是日内瓦主席,而是他(和我们)周围的法律世界,即"世界化"。世界化在法律领域并没有例外,它使我们从法官间的对话过渡到法官地位的提升。法官地位提升是日内瓦主席坚定拒绝和抵制的一个想法,但在我看来却是不可避免的,因为国内法官同时也在扮演国际法官的角色,因此法官正在国际化。这一想法我曾经在2006年制定第一次"法国—美国法律国际化合作平台"时用到过。当时日内瓦主席对我说道:"我从来也没有打算充当这一角色。"这使我考虑选择一个更为中立的标题,国际法的整合或一体化,但终因其不尽如人意而作罢,因为它不能体现内部权限单方面扩展的现象,而这些现

---

* 布鲁诺·日内瓦,毕业于巴黎政治学院,1976年至1985年在最高行政法院担任政府特派员,1986年至1993年担任宪法委员会秘书长,1995年重新回到最高行政法院,并担任诉讼部主席。——译者注

[1] V. B. Genevois, « Le Conseil d'État et l'ordre juridique communautaire », Études et documents du Conseil d'État, no 31, p. 73 s.

象,尤其在美国,是国内法官地位提升的另一个表现。

一、法官间的对话

通过法官间交流的加强,并辅之以信息技术的新发展和司法网络的实施,法官间的对话得以实现。这些自发和平等的(也就是随意的,而不是科层式的)交流,传统上只发生在普通法法官之间,如今正扩大到制定法国家,尤其是欧洲。[2]

在这方面,死刑的例子尤其能够说明问题,因为刑法在传统上被认为是国家主权最典型的领域,而生死之权被认为是主权者的标志。

正是由于国家主权的原因,死刑问题——以及死刑的废除问题——首先属于每个国家的立法机关的决定范围。[3] 在很长时间之内,法官满足于适用议会制定法,对话则屈指可数,只限于非常孤立的几个作者,例如从1764年就提议废除死刑的贝卡利亚(Cesare Beccaria)。[4] 若干年后,贝卡利亚的建议在托斯卡尼(Toscane)地区得到实施,在那里,利奥波德二世刑法典在1786年废除了死刑。[5] 即使在20世纪,废除死刑的运动也只是在第二次世界大战之后才谨慎起步。转折点发生在1945年,是德意志宪法和意大利宪法,而不是1948年《世界人权宣言》,也不是1950年《欧洲人权公约》、1966年联合国《公民权利与政治权利国际公约》、1969年《美洲人权公约》或者1981年《非洲人权公约》,这些人权条约都没有禁止死刑,而是认可死刑剥夺生命权的合法性。

正是以人权为基础,法官开始了一场关于死刑的对话,这证明或阐释了法律国际化的现实过程的复杂性。从欧洲人权法院(CEDH)的一个大胆的解释[6]开始,人们观察到惊人的交错过程。对话从欧洲开始,但关于将死刑犯引渡至美国的问题,对话却被首次扩大到第三方国家。而当外国死刑犯的程序性权利问题被提到国际法院(CIJ)和美洲国家间人权法院(CADH)时,对话将在美洲被重新激活,再次回到欧洲。

在有权国家以审理案件或执行刑罚为目的而请求另一国家交付犯罪嫌疑人或犯人的过程中,关于引渡的对话在某些方面是必不可少的。因此,在适用引渡条约的过程中,交付国法官有权作出准许引渡的决定。但是,索英(Soer-

---

[2] G. Canivet, «Les influences croisées entre juridictions nationales et internationales: Éloge de la "bénévolence" des juges», RSC 2005. 799.

[3] V. G. Giudicelli-Delage et al. «La peine de mort et le suicide: passé, présent, comparaisons», RSC 2008. 3 (à paraître).

[4] C. Beccaria, «De la question de la peine de mort», Des délits et des peines, XVI, éd. d'Aujourd'hui, 1980.

[5] S. Manacorda, «Restraints on Death Penalty in Europe», JICJ 2003. I. 263—283.

[6] CEDH 7 juill. 1989, aff. Soering c. RU.

ing)案*判决走得更远,因为它要求欧洲的交付国刑事法官同时审查请求国的刑事法律与《欧洲人权公约》是否相符。

在 1989 年,对于英国与美国签订允许引渡死刑犯的条约(但未实施),斯特拉斯堡欧洲人权法院的法官需要鼓足勇气才敢对其加以指责。事实上,尽管英国废除了死刑,但并没有加入废除死刑的议定书(第 6 议定书),这就使其有理由援引《欧洲人权公约》第 2 条完全排除死刑的规定。不过,法官并没有将其判决理由建立在《欧洲人权公约》第 2 条关于保障生命权的规定上,而是选择了第 3 条禁止酷刑和不人道和有辱人格之待遇的规定。判决认为,美国的有关州(即弗吉尼亚)实施死刑执行的条件,在时间上太长,往往是用好几年,犯人需要在通往死亡的道路上等待过久,这构成了不人道待遇。这就是为什么协商一致但却没有保证排除死刑的引渡也可能违反欧洲人权公约的原因。

索英案判决有可能扩张适用于不同的第三方国家[7],这就使此案不仅在欧洲[8]而且在整个世界都产生了相当影响。

索英案决定性地促成了加拿大最高法院的完全转变。该院曾在 1991 年(以五比四)准许将死刑犯引渡到美国,尽管《加拿大权利与自由宪章》第 7 条将死刑限制在"例外情况下",但法官担心大量美国犯人将会因此外逃到加拿大。十年之后,伯恩斯(Burns)案**判决抛弃了这一陈旧落伍的原则[9]并且拒绝类似情形下的引渡,而这在很大程度上是以欧洲人权法院的判决为基础的,

---

* 该案中,德国公民索英(Jens Soering)生活于美国,其与加拿大籍的 Haysom 之间的恋爱关系遭到 Haysom 父母的反对,因此索英与女友一起谋杀了 Haysom 夫妇,之后二人一起逃到欧洲,两人因伪造支票在英国被捕,六周之后,美国弗吉尼亚州以谋杀罪起诉索英,1986 年 8 月 11 日美国根据英美之间的引渡条约请求英国政府引渡索英。索英经穷尽英国国内法之救济手段后,向欧洲人权法院提出申诉。1989 年 6 月 7 日,欧洲人权法院作出裁决,考虑到行刑前将长时间关押于死囚区,死囚区的条件,尤其是索英的年龄与精神状况,以及将其引渡到德国的可能性,引渡到美国将使索英面临不人道待遇的危险,因此构成对《欧洲人权公约》第 3 条的违反。该案确立的原则是,任何成员国均不得将任何人遣返或引渡至可能使其遭受酷刑或不人道或有辱人格之待遇或处罚的国家。See *Soering v. United Kingdom*, 11 Eur. Ct. H. R. (ser. A) (1989).——译者注

[7] 与伊朗等国相关的例子,可以参见 CEDH 22 juin 1999, Aspichi Dehwari c. Pays-Bas et CEDH 8 mars 2001, Yang Chun Jin c. Hongrie, l'un et l'autre rayés du rôle après refus d'extrader.

[8] Cons. const. Italie, 26 juin 1996, Cassasione penale, 1996, 3258, note Dionatellevi.

** 在本案中,加拿大公民伯恩斯(Glen Sebastian Burns)在美国受到谋杀指控,按照加拿大与美国的引渡条约,加拿大司法部长应要求美国保证不会施加死刑然后才得引渡,但司法部长没有要求美国的保证。加拿大最高法院推翻了之前的 Kindler 案判决,认为将任何个人引渡致使其面临死刑指控是对《加拿大权利与自由宪章》第 7 条("每个人都有生命、自由和人身安全的权利,此项权利除非依照各项基本的司法原则不受剥夺")的违背。See *United States v. Burns*, [2001] 1 S. C. R. 283, 2001 SCC 7.——译者注

[9] W. Schabas, «From Kindler to Burns: International Law is Nourishing the Constitutional Living Tree», in G. Cohen-Jonathan et W. Schabas (dir.), La peine capitale et le droit international des droits de l'homme, Éd. Panthéon-Assas (Paris II), coll. «Sciences juridiques et politiques», 2003, p. 143 s.

有意思的是,欧洲人权法院的判决在法律上对加拿大并无任何直接或间接的约束力。

欧洲人权法院的判决对南非亦没有约束力,然而南非最高法院*却在1995年援引索英案判定死刑与禁止残酷、不人道或有辱人格待遇相冲突。[10]

而此类对话也发生在英国枢密院司法委员会中,这个机构允许枢密院法官对某些英联邦成员(尤其是在伯利兹或加勒比建立自治最高法院之前)作出的死刑判决提供救济手段。在对一项伯利兹(1981年成为一个独立国家)上诉法院的死刑判决发回重审的案件中,枢密院特别提到了南非最高法院的判决,并大篇幅援引了索英案判词。[11]

但是,这些交错是无穷无尽的。以《公民权利与政治权利国际公约》为依据,加拿大最高法院的完全转变导致了联合国人权委员会的演进。人权委员会在1991年许可了第一个引渡判决(Kindler案),但在2003年判决一个从加拿大向美国的引渡案件违反公约(Judge案)。人权委员会并没有直接否定之前的认定,即引渡本身并不与《公约》第6条规定的生命权(§10.2)相矛盾,但在加拿大最高法院的转变之外,人权委员会还借助于对事实和法律问题认定上国际大气候的转变,以及各国在废除死刑问题上共识的扩大(§10.3),最后将对公约的违反明确定位在救济问题上,从而使得从程序角度讨论死刑问题这一对话的重要性彰显出来。

关于程序的对话是在美洲大陆开始的,并经过美洲国家间人权法院和国际法院的发展然后再回到欧洲。在美国宣判的很多死刑案都关系到外国人,这些外国人受到关于领事关系的维也纳公约的补充议定书所提供的保障,他们有权被告知可以得到其所属国领事的帮助。不过,在若干案件中,在美国受到死刑

---

* 应为"南非宪法法院",此应为原作者笔误。在作者提到的这个"State v. Makwangane"案中,南非宪法法院援引了来自美国联邦最高法院、加拿大最高法院、匈牙利宪法法院、印度最高法院、匈牙利宪法法院、欧洲人权法院、联合国人权委员会等的判例,以及外国宪法与国际条约的大量文本,在数量上,索英案只是南非宪法法院所援引的无数外国法资料之一,在质量上,索英案更不是促成南非宪法法院判定死刑违宪的决定性依据。译者提醒读者客观评价外国法之判例的作用(但译者的意思绝不是原作者高估了外国法与比较法的作用),南非宪法法院在判决中说,"在进行比较法的过程中,必须牢记,我们是在解释南非宪法,而不是国际文件或其他外国的宪法,这就必须注意到我们的法律体系,历史以及环境,南非宪法的结构和语言。我们从国际公法和外国法中得到指引和帮助,但我们并没有义务遵守它。"See The State v. T Makwanyane and others 1995 (3) SA 391 (CC). para. 39.——译者注

[10] Arrêt *State v. Makwangane*, 1995 (3), South Africa, 391.

[11] Aff. P. Reyes v. the Queen, Privy Council, 11 mars 2002 (Belize);亦可参见 aff. Roodal et Khan, Privy Council, 21 nov. 2003 (Tobago et Trinidad) et aff. Charles Matthews, Privy Council, 7 juill. 2004 (Tobago et Trinidad). 亦可参见 S. Lehrfreund, « International legal trends and the death penalty in the Commonwealth Caribbean », in G. Cohen-Jonathan et W. Schabas (dir.), op. cit., p. 213 s.

指控的外国人却没有被告知其上述权利,因而产生了一个重要的诉讼问题。其中第一个案件是巴拉圭就国际法院中止死刑的命令未获执行向国际法院提出申诉[12],德国继而就一个情形相似的案件向国际法院提出请求,在那个案件中,犯罪嫌疑人在实施犯罪时尚未成年。[13] 在此之间,墨西哥先是向美洲国家间人权法院申请了个咨询意见——这是一个不同的开端,然后在一个涉及来自于 10 个国家的 50 名墨西哥裔侨民的案件中向国际法院提出申诉。[14] 由此这场对话就将国内的、区域的和国际的所有层面的法官都拉了进来。

但这种对话有时也显然像"聋子的对话",原因在于,尽管国际法院作出了两项裁定,并且在拉格朗(Lagrand)案*中使用了紧急程序,但并没有使美国联邦最高法院修改其判例,也没有使亚利桑那州法院中止执行死刑(这发生在国际法院作出裁定的第二天)。在其 2001 年 6 月 27 日的判决中,国际法院确认了保全措施没有得到遵守,而这些措施被国际法院确认为具有强制性。国际法院指责美国,但没有直接提及死刑的问题,因为国际法院满足于将其定性为"严厉的刑罚",但没有触及不人道、有辱人格的问题,也未涉及保障问题。相反,美洲国家间人权法院在这方面更为明确,其在判决意见[15]中认为,被羁押人的被告知领事帮助的权利是公正程序的必不可少的保障之一。那么,考虑到拉格朗案的程序在国际法院的展开,这一意见似乎已经心照不宣地被付诸实施了。

在由墨西哥提出新的诉求并于 2004 年 3 月宣判的阿维娜(Avena)案**中,

---

[12] Aff. *Bread*, *Paraguay c. USA*, Ord. du 9 avr. 1998 (demande en indications de mesures conservatoires).

[13] Aff. *Lagrand*, *Allemagne c. USA*, Ord. du 3 mars 1999 (demande en indications de mesures conservatoires), arrêt 27 juin 2001; v. Ph. Weckel, « L'affaire Lagrand et la condamnation à mort des ressortissants étrangers aux États-Unis », in G. Cohen-Jonathan et W. Schabas (dir.), op. cit, p. 103 s.

[14] Aff. *Avena*, *Mexique c. USA*, Ord. du 5 févr. 2003 (demande en indications de measures conservatoires), arrêt 31 mars 2004.

* 本案中,德国公民拉格朗(LaGrand)兄弟二人被指控在美国亚利桑那州实施暴力抢劫银行,致一死一伤,并被判处死刑,但控方在明知二人为德国公民的情况下未告知二人有获得德国领事帮助的权利。后来二人以此程序上的瑕疵为由提出上诉,但未得到美国法院的支持。德国向国际法院申请到暂缓死刑执行的紧急令状,但美国法院却置之不理,仍将拉格朗兄弟执行死刑。德国因此向国际法院起诉美国,后者判美国败诉,在判决书中认为关于领事关系的维也纳公约具有向个人授予权利的性质,且国际法院发出的令状对美国有约束力。See *F. R. G. v. U. S.*, 2001 I. C. J. 104 (June 27).——译者注

[15] Avis CADH 1er oct. 1999, RGDIP 2000. III. 788—796.

** 本案涉及阿维娜(Avena)等五十多名在美国被判处死刑的墨西哥公民。墨西哥向国际法院起诉美国,认为后者违反了关于领事关系的维也纳公约。争议的问题是,美国是否毫无迟延地告知了被指控者有权获得领事的帮助,等等。国际法院认为,"毫无迟延"并非必然要求逮捕后立即告知,而是在得知其为外国人或有理由认为其可能为外国人时应即告知。由于美国违反了公约,因此有义务基于自主选择来重新审查定罪和量刑。See *Mex. v. U. S.*, 2004 I. C. J. 128 (Mar. 31).——译者注

尽管上述意见没有被国际法院直接援引,但它看上去似乎仍然在对美国的指责中起到了作用。

在此期间,厄贾兰(Ocälan)诉土耳其案*重又将公平程序问题摆在了欧洲法院面前。[16] 鉴于被转移至土耳其并被宣判为死刑(1999年宣判,但在2002年被减轻为终身监禁),库尔德反对方声称《欧洲人权公约》所保障的多种权利均遭到侵害。法院详细分析了欧洲法的演变,并指出在44个缔约国中有43个国家都在事实上废除了死刑,其中土耳其是在2002年。因此法院认为,"第2条第1款规定的例外已经得到实质性的修改",并推论,"……死刑在和平时期已经被认为是一种不可接受的刑罚方式,甚至是不人道的,其不再被第3条所准允。"(§196)但法院补充了这样一个令人费解的用语:"[……]人们实在不能够排除国家间通过其实践而约定俗成地修改第2条第2款、从而准许在和平时期使用死刑的可能。"(§198)

然而,法院判决认为,"达成关于这一点的最终结论是没有用处的",法院更倾向于将案件的解决建立在程序的基础上。法院援引联合国人权委员会,同样也援引了美洲国家间人权法院的意见和一个判决[17],由此,法院这次毫不含糊地确认"未经公平程序不得执行死刑"。(§204)而大法庭**也没有走得更远,它更倾向于将辩论建立在程序的基础上。[18]

似乎有理由期望雪球会越滚越大。自从美国联邦最高法院在1976年开始发生转变[19]以来,美国与中国、沙特阿拉伯和伊朗一起,实施了世界上80%以上的死刑执行。[20] 但是,美国法官并没有完全拒绝国际对话。布雷耶(Breyer)法官在一项判决的反对意见中详细地回顾了法院数量的不断增长,其中包

---

* 在本案中,厄贾兰(Abdullah Öcalan)是土耳其库尔德工人党领导人,该党宗旨是通过武力手段在库尔德人居住区(跨越土耳其、伊拉克、伊朗和叙利亚边界)建立一个独立的"库尔德斯坦共和国",该党后来被土耳其政府取缔,因此转入地下从事反政府的游击战及恐怖活动。厄贾兰于1999年2月被土耳其情报部门抓捕,被控叛国罪,土耳其国家安全法院判处其死刑。2005年,欧洲人权法院裁定土耳其没有给厄贾兰提供有效的救济手段,并且未经公正审理判处其死刑,这违反了欧洲人权公约第3、5、6条。——译者注

[16] CEDH 12 mars 2003, aff. *Ocälan c. Turquie*; A. Clapham, «Symbiosis in International Human Rights Law: the Ocälan case and the evolving Law on Death Sentence», JICJ 2003. I. 475—489.

[17] CADH 21 juin 2002, aff. *Hilaire c. Trinité et Tobago*.

** 大法庭(La Grande Chambre, The Grand Chamber)是欧洲人权法院的一个特别法庭,它由17名法官组成,基于当事人的申诉或其他庭的移送而以特别的案由受理从其他庭提交的案件。——译者注

[18] CEDH 12 mai 2005, aff. *Ocälan c. Turquie*.

[19] Aff. *Furman c. Georgia*, 408 U.S. 238, 92 S. Ct. 2726 (1972) et *Gregg c. Georgia*, 428 U.S. 153, 96 S. Ct. 2909 (1976).

[20] G. Cohen-Jonathan, «Avant-propos», in G. Cohen-Jonathan et W. Schabas (dir.), op. cit., p.13.

括将死刑宣布为不人道和有辱人格的欧洲人权法院。[21] 布雷耶法官有时被认为是开放派的中坚力量(主张最高法院需要更加注意外国的法律观点)[22],他在下面几个案件中与多数法官走到了一起,即通过援引国际法律界的共同观点,将执行智障犯人死刑定性为"过度的"刑罚(2002年)[23],其后2005年以同样的理由将执行未成年人死刑视为过度刑罚。[24]

无论如何,如此进行对话也一直是法官的良好愿望。正如所遇到的问题的可比性或跨国性一样,联邦最高法院选择了建基于比较法的标准,并且在任何情况下都只将"外来规范"视为一种选择性(非约束性)的规则。[25] 此外,移送法官保留着一种审查权。由于阿维娜案判决,俄克拉荷马州刑事上诉法院终止了死刑的执行,而政府也准予代之以终身监禁;但是,在类似的麦德林(Medellin)案*中,尽管有拉丁美洲、欧洲等以法庭之友而进行的多方介入,但联邦上诉法院却仍然拒绝考虑国际法院的判决。[26]

美国法官的谨慎或许可以用美国的法治国观念来解释。根据这一观念,司法权被严格限制在解释由政治权力(立法和行政)确立的国际准则上。在麦德林案中,在最高法院同意受理案件的情况下,美国政府不久就退出了(通过2005年3月7日的函告)《维也纳公约》补充议定书。美国政府鲁莽地干预了法官间交错的解释活动,由此刺激了最高法院在行动上更为谨小慎微。在2008年新的麦德林案判决[27]中,最高法院认为国际法院的判决——其中认为美国违反了《维也纳公约》第36条并请美国重新考虑麦德林案的情况以赋予被忽视的权利以完全的效力,而不管国内法所规定的因逾期导致的权利丧

---

[21] Aff. *Knight c. Florida*, 528 U. S. 990, 120 S. Ct. 459 (1999).

[22] V. Ch. Lane, Thinking outside the US, Wash. Post, August 4 (2003), at A 13 (going global).

[23] Aff. *Atkins c. Virginie*, 536 U. S. 304, 122 S. Ct. 2242 (2002); *v. N. Norberg*, RSC 2002. 917.

[24] Aff. *Roper c. Simmons*, 543 US, 125 S. Ct. 11 83 (2005).

[25] S. Breyer, « La place des normes étrangères dans la jurisprudence de la cour supreme des États-Unis », conférence au Collège de France, 14 juin 2005, inédit; v. égal. Pour une démocratie active, Éd. Odile Jacob, 2007; v. les critiques de D. Amann, « Raise the flag and let it talk: on the use of external norms in constitutionnal decision making », *International Journal of Constitutionnal Law*, Oxford Univ. Press, oct. 2004.

* 在本案中,墨西哥公民麦德林在美国受到死刑指控并被德州法院宣判死刑。麦德林以其根据维也纳公约所享有的领事帮助权受侵害为由向联邦上诉法院第五巡回审判庭申请人身保护令,法院裁定其在原审中没有提出即视为放弃了请求,况且维也纳公约并未向个人授予权利。——译者注

[26] Aff. *Torres v. Oklahoma*, No. PCD-04-442 (Ct. Crim. App. Oklahoma), 13 mai 2004; v. Am. Journ. Internat. Law, vol. 98, no 3 (2004) pp.581—584; comp. *Medellin v. Dretke*, 371 F.3d 270, 5 th Cir. (Tex.), 20 mai 2004.

[27] Aff. *Medellin v. Texas*, no 06-984, 25 mars 2008; comp. en 2006 aff. *Sanchez Llamas v. Oregon* no 04-10556, 28 juin 2006.

失——在美国国内法中完全不具有效力。在这一判决中,正如布雷耶法官(并有两名法官协同)在反对意见中所指出的那样,多数法官彻底错了(错误的对象、错误的标准、错误的地点和错误的次序)。布雷耶法官坚持认为在一个国际化的世界中,这一判决是朝错误的方向迈出了一步。与欧洲国内法官地位日益上升的势头恰恰相反,美国法院与美国政府相比仍然在某种程度上处于弱小地位。

二、国内法官的地位提升

在这里,我们的分析将仅限于国内法官,而不涉及国际法的裁判化和裁判机构化(juridictionnalisation)的现象。国际裁判机构的创立及其多样化[28]确实是相当重要的,但它显然从来也没有吸纳由法的国际化所产生的全部诉讼。为什么人们需要同时考察国内法官地位提升的现象?这首先是因为法院的内部权限超越了国家领土的扩张——"治外法权",但也因为国际法的整合导致释放(émancipation)甚至仿效和竞争(émulation)的效果,从而将国内法官推到前台。

国内法院管辖权的扩张来源于基于国际法的多边协定,其赋予或建议法官拥有普遍管辖权,尤其是为了审判那些最严重的犯罪行为。在很多欧洲国家都可以看到这一点,从比利时(在1993年和2003年之间)到西班牙,然后是德国(通过其新的"国际刑法典")。

然而,法官的权限也可以通过单边的方式扩张,正如人们在美国观察到的经济法领域的治外法权条款的发展[29];或者还有通过国际法的反致而属于国内法,如1789年的旧法律(《外国人侵权索赔法》[30])。这一法案最近又被重新激活用以对付外国的独裁者,然后又被用以对付跨国公司,它授权美国联邦法院受理外国人对在"国际法"(droit des gens,18世纪的称谓)意义上发生于外国的侵害行为提出的诉讼。根据国际惯例,这一表述可被理解为将人权保护措施的一部分纳入进来。[31]

---

[28] 见下文中所引用的例子:La juridictionnalisation du droit international, Pedone, coll. « Société française pour le droit international », 2003.

[29] 关于美国的法律—— H. Burton et d'A. Kennedy (1996) ou S. Oxley (2002)— v. M. Delmas-Marty, Les forces imaginantes du droit—Le relatif et l'universel, Éd du Seuil, 2004, p.115, 234 et 321—323; N. Norberg, « Entreprises multinationales et lois extraterritoriales », RSC 2005, 739.

[30] 28 USC § 1350.

[31] V. Renaudie, « Les États-Unis, pays des droits de l'homme? Un instrument universel de protection des droits de l'homme méconnu: le US Alien Tort Claims Act », RIDC 2004. 3.

这一观点在联邦最高法院的 Sosa 诉 Alvarez-Machain 案*中被肯认[32]，但它引致了这样一个矛盾，相比于涉及将国际人权法适用于美国当事人，在行为由外国人于国外实施且受害人亦为外国人的情况下，美国法官会拥有更大的整合国际法的策略空间。因此在美国，国际人权条约的整合在一般意义上要受制于这一事实，即多数的条约都需要借助一项国内法来实施（不能自动生效或适用），并且要与特定的保留相协调，即美国的条约要受限于国内法中已经存在的规则。

这些明显是技术上的区别导致了重要的政治结果：美国的单边主义在加强，因为法官能超出国家领土来适用美国法但却不能将国际法整合进国内法。

欧洲则相反，多边主义得到鼓励和促进，在那里，法官的地位提升更多地通过将国际法整个到国内法中来得到发展。

事实上，国际法的整合是以一种双重过程告终的，一方面是释放，另一方面（有时）是仿效和竞争。

当国际法文件修改国内法，或者在必要的情形下吸收国内法时，释放是国际法文件直接适用性的结果。法官就像是为了一项国际性权利而从国内法中释放出来一样，而国际性权利的不确定性强化了法官解释的空间。

然而，国内法官有时必须考虑到区域性法院的判例，但其方式却会随着规范空间而存在区别：同样是在欧洲，共同体法院（CJCE）控制着共同体法的解释，因此，共同体法院的判决具有"与条约本身同样的直接效力和至上效力"，然而欧洲理事会却不同，欧洲人权法院的判决只具有一种"针对判决事项的约束力"（只有诉讼当事人受到判决的约束，并只限于判决的情况），并且缺乏执行力。最多我们可以认为，公约的机制要求缔约国（包括其司法机关）必须与欧洲法院的判决相符合，根据加尼维（Ganivet）院长**的看法，欧洲法院必须赋予其判决以一种"被解释事项的权威"[33]，但关于这一点，日内瓦主席尚停留在更保守的阶段。

---

* 在本案中，美国缉毒局怀疑其探员被墨西哥公民 Alvarez-Machain 绑架并谋杀，并向美国联邦地区法院申请了逮捕令，但墨西哥拒绝向美国引渡 Alvarez-Machain，因此美国政府雇用了 Sosa 等若干墨西哥公民抓捕 Alvarez-Machain 并将其带往美国受审，但最终经法院审理认定为证据不足。Alvarez-Machain 在美国联邦法院对美国政府和 Sosa 等墨西哥公民提出侵权之诉。本案的核心问题之一是，外国侵权法（ATS）是否允许个人对外国公民在外国实施的违法行为提起诉讼。联邦最高法院提供了否定的答案，认为外国侵权法并没有为违反国际法的行为创造单独的诉由，相反，它只使法院管辖传统的涉及大使、海盗等国家案件。——译者注

[32] *Sosa v. Alvarez-Machain*, 124 S. Ct. 2739, 2764 (2004), N. Norberg, « The US Supreme Court affirms the Filartiga paradigm », JICJ 4 (2006) 387—400; J.-F. Flauss, « Compétence civile universelle et droit international général », in Ch. Tomuschat et JM Thouvenin (dir.), The fundamental rules of the International Legal Order, M. Nijhoff, 2006.

** 居伊·加尼维（Guy Canivet）在 1999 年 7 月被任命为法国最高司法法院院长，2007 年 2 月起担任法国宪法委员会委员。——译者注

[33] G. Canivet, préc.

事实上，国内法官也在相当程度上扩大了自己的权限领域。即使在英国，自从1998年人权法案（2000年生效）以来，欧洲人权公约已经具有直接适用性，这包括政治领域和立法异议领域：上议院在2004年12月16日以欧洲人权公约为唯一理由而取消了2001年11月的反恐怖主义法。事实上，在法官的判决生效后不久两个新法又被弱化……[34]

总之，所有迹象表明，"在这个基于规范的国际化过程的释放中，三权中最弱小的司法权受益最大"。[35]

然而在美国，情形似乎在向着相反的意义上发展。联邦最高法院经常挂在嘴边的是：国际法是美国法的一部分[36]，这也反映了国父们支持国际法（The Law of Nations）的态度，表达着一种支持直接适用的姿态。然而，当美国宪法判例吸纳域外规范时——不仅为了适应美国的实践，有时也为了使之无效（见 *Atkins v. Virginia*[37]，*Lawrence v. Texas*[38] 和 *Roper v. Simmons*[39]、*Hamdan v. Rumsfeld*[40]）*，这些判例总会受到强烈的批评，其涉及国内法或国际法规范，众议院直至发展到试图阻止联邦最高法院大法官实施这些做法。[41] 由此可见，美国法官对于法官间的仿效和竞争并不那么敏感。

上述这种仿效和竞争是基于国际管辖权发展带来的管辖权争夺，然而这反倒壮了国内法官的胆。英国上议院在皮诺切特（Pinochet）案**中采取的革新立

---

[34] H. Mock, « Guerre contre le terrorisme et droits de l'homme », RTDH 2006. 23.

[35] J. Allard et A. Garapon, Les juges dans la mondialisation, La nouvelle révolution du droit, Éd. du Seuil, coll. « La République des idées », 2005, p.84.

[36] The Paquete Habana, 175 U.S. 677, 700, 44 L. Ed. 320, 20 S. Ct. 290; v. aussi, H. Koh, « International Law as part of Our Law », AJIL 2004.

[37] 122 S. Ct. 2242, 2249 (2002).

[38] 123 S. Ct. 2472, 2481—2483 (2003).

[39] 125 S. Ct. 1183, 1198—1200 (2005).

[40] 126 S. Ct. 2749 (2006).

* 在原作者所列举的这四个判例中，联邦最高法院都援引了外国法或国际法，联邦最高法院在 *Atkins v. Virginia* 案中裁定将智障者执行死刑构成酷刑因此违反宪法第八修正案，在 *Lawrence v. Texas* 案中裁定处罚同性恋行为的得克萨斯刑法违反宪法的正当法律过程侵害隐私权，在 *Roper v. Simmons* 案中裁定将实施犯罪时未满18周岁者判处死刑构成第八条修正案所谓的酷刑，在 *Hamdan v. Rumsfeld* 案中裁定布什政府无权设立军事委员会审判羁押在关塔那摩的囚犯，这违反了美国《军事审判统一法典》和1949年签署的《日内瓦公约》。——译者注

[41] H. Res. 568 du 17 mars 2004 (/Appropriate Role of Foreign Judgments in the Interpretation of American Law/).

** 在本案中，智利公民皮诺切特（Augusto Pinochet）曾在智利通过武装政变推翻民选政府，成为军事独裁政府的首脑，他在统治期间打击异己，造成大量侵犯人权的案件。皮诺切特卸任后于1998年赴英国治病，1998年10月17日根据西班牙法官签发的国际逮捕令被捕，指控的罪名包括针对西班牙公民的94起刑讯，暗杀西班牙外交官 Carmelo Soria 等。案件在英国上议院经过了一年多的审理，皮诺切特主张作为前政府首脑根据英国1978年国家豁免法享有豁免权，但上议院否定了这一主张，理由是该法不适用于犯有国际罪行者。——译者注

场呼应了1998年11月18日的首次判决[42],也就是《国际刑事法院罗马条约》签署(7月18日)后的四个月,这绝不是巧合。

因此,如果法官已经被"唤醒"(如安东尼奥·卡塞斯[Antonio Cassese]所写的那样[43]),那是因为三种现象结合在了一起:国际刑事法院的地位创造了竞争;而这种竞争促使上议院认识到了普遍管辖权,即国家领土之外的管辖权的扩张效力;并且这种竞争也将促使法官在涉及前国家元首的案件中,拒绝给予国内法上赋予的、但却被认为与反酷刑公约相冲突的刑事豁免,此即释放效果。

归根结底,国内法官的地位提升会有多种不同模式。[44] 尽管现代国际秩序反对关于金字塔的隐喻的两种模式——二元主义模式或独立主义模式(将整合屈从于国家立法机关之决定的非整合模式),为了评估实践,今天看起来有必要超越这一双重对立(整合或非整合)并建立一种新的模式,这种新模式遵循一种称为后现代的、更多元化的观念,标志着从金字塔到网络的变化,易言之,一种从简单到复杂的观念。

因此,纯粹或完美的模式并不起作用,或者至少在现实的世界里是这样。国内管辖权的单方面扩张带来的是隐含着霸权的普遍主义,而建基于对话或国际法整合上的多边主义则与这一混合性的整合过程相吻合,这一过程或者是横向的(对话),或者是纵向的(国际法的整合)。由此一种新的模式渐趋成型,它既非二元主义(主权的),也不是一元主义(普遍的),而是混合的和多元的。

对这一转型一锤定音是困难的。然而可以这样认为,通过对话,国内法官的地位提升是不可避免的,因为国际法的裁判化永远无法吸纳全部诉讼。我们可以在欧洲观察到这一点,在那里,国内法官同时是欧洲法官,这一点也反映在国际刑事司法中,其只有在补充国内司法的范围内才能发挥作用(国际刑事法院的地位上的补充性原则,并在实践中替代为前南斯拉夫和卢旺达国际刑事法庭的至上性原则)。

此外,要想维系多元主义,世界化只有在不同层级(国内和国际,区域和世界)间分配权力。这就要求更新法律形式主义,以便围绕诸如辅助性原则或国内法的判断空间等一系列复杂的技术问题(这些技术促进连贯和互动在不同层级之间展开),建立"多元规序"(ordonner le pluralisme)。如果说多元主义要求复杂性,那么复杂性又呼唤法官通过调整和再调整来监督多元的实现,而非

---

[42] Arrêt Pinochet, 24 mars 1999, (2000), AC 147.

[43] V. A. Cassese et M. Delmas-Marty (dir.), Juridictions nationales et crimes internationaux, PUF, 2002.

[44] 刑事法方面可以参见 Juridictions nationales et crimes internationaux, préc.; v. égal. M. Delmas-Marty, M. Pieth et U. Sieber (dir.), Les chemins de l'harmonisation pénale, Société de législation comparée, 2008.

竖起一个代替各国秩序的世界终极秩序。

结语

我与日内瓦主席一样都不希望世界化导致统一化（uniformisation）。在2006年"法国—美国法律国际化合作平台"建立的时候，通过比较法国和美国的政教分离原则的法律状况，他在和谐要素——关于这些原则及其在共同关心的国家中立和国内法官的现实主义方面的实施——之外强调了合理的分歧：在美国更强调中立以及个人选择方面的更大的自由。他认为，尽管国内法官必须继续将其活动注入历史传统中，"但是解决方案的多样性不应导致一种普遍化的相对主义，而是应当带来这样一种必要性，即研究每一判决的原因，并由此为丰富的比较研究提供可能"。[45] 为对话提供前提的那些因素是不可或缺的。

（初审编辑：徐斌）

---

[45] 法兰西学院网站上的报告，参见 www.college-de-france.fr。

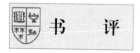

对抗制刑事审判的起源、权力构造及其政治本质
——以约翰·朗本的历史研究为例

黎 敏[*]

The Historical Genesis of Adversary Criminal Trial and Its Power-Structure and Political Essence:
A Historical Research of John H. Langbein as an Example

Li Min

内容摘要:《对抗制刑事审判的起源》是享誉西方法学界的著名法律史学家约翰·朗本(John H. Langbein)的一本力作。朗本的学术声誉源自他对西方刑事司法理性形态多样性形成过程的历史性研究。在这本具有开创性的著作中,朗本对普通法刑事审判制度史进行了出色的原创性研究。依托他对在牛津新发现的《中央刑事法院档案》的敏锐解读,朗本探讨了一个司法"发生学"问题,即作为审判制度多样性形态中的一个重要类型的对抗制刑事审判,在历史上到底是怎么发生的,其形成与变迁史又具有怎样的现实政治启示。本文认为,朗本继承了韦伯以来的一个法律社会学思想传统,体现在他首次从制度的社会权力结构视角考察了普通法刑事审判程序权力构造的理性化进程。在其细致并极具说服力的历史分析中,朗本开创性地提出了"律师主宰化"乃是对

---

[*] 中国政法大学法学院法律史研究所讲师。电子邮箱:lmfeifei@163.com。

抗制刑事审判的权力结构本质特征,这个理论进路为司法史研究领域打开了新的研究视野。

关键词:对抗制刑事审判　律师主宰化　对抗制政治文化

《对抗制刑事审判的起源》(*The Origins of Adversary Criminal Trial*)[1]是享誉西方法学界的著名法律史学家约翰·朗本(John H. Langbein)的一本力作。因为在这本书中朗本对刑事审判史出色的原创性研究,牛津现代法律史系列将该书收录并于2003年出版。[2] 无论是对国内刑事法学研究,还是对国内的西方法律史学研究而言,这本书都是不可或缺的重量级文献。因为该书作者不仅重新发现(rediscover)了之前诸多伟大的普通法学家完全忽视的重要史料,而且还对这些史料进行了卓越的解读分析,从而可以说是在新的史料基础上撰写了一部全新的普通法刑事审判史。在西方法学界,这本书提供的研究范式被认为彻底改变了人们观察普通法刑事司法历史的传统眼光,改变了对抗制刑事审判制度研究领域的知识生态。

一、本书的问题意识与史料上的重大发现

约翰·朗本在西方法学界的学术声誉主要源自他对西方刑事司法形态多样性形成过程的历史性研究。

朗本与他在耶鲁法学院的同事及好友达玛什卡教授的理论性研究可谓相得益彰。将后者的研究进路作为参照物,能更好地说明朗本整个研究的问题重心所在。达玛什卡在《司法和国家权力的多重面孔——比较视野中的法律程序》这本引人深思的著作中,侧重讨论政治意识形态和政府组织形式的程序意义。达玛什卡指出,以刑事程序为重点的整个司法程序根植于不同文化中人们对待国家权力结构的不同态度以及不同的政府观念。[3] 如果说达玛什卡对西方及世界各国刑事程序多样性的考察是一种建立在政治哲学、社会学等交叉学科知识基础上的理论性分析的话,那么,法律史学家朗本在自己书中探讨的则是一个"发生学"问题,即作为审判制度多样性形态中的一个重要类型的对抗制刑事审判,在历史上到底是怎么发生的呢?这部对抗制刑事审判发生与变迁史又具有怎样的现实启示?换言之,朗本要以历史学家的手法还原对抗制刑事审判的前世今生。

---

[1] John H. Langbein, *The Origins of Adversary Criminal Trial*, Oxford and New York: Oxford University Press, 2003.

[2] 最近该书已有中译本,兰博约:《对抗式刑事审判的起源》,王志强译,复旦大学出版社2010年版。

[3] 米尔伊安·R.达玛什卡:《法和国家权力的多种面孔》,郑戈译,中国政法大学出版社2004年版,第2页。

那么,首先要在逻辑上界定何为对抗制刑事审判。在这个问题上,朗本承认并接受了西方法学界就刑事司法程序所形成的两个具有普适性的理想类型概念,即职权主义模式和当事人主义模式。依据通说,犯罪,特别是属于重罪的那些严重刑事犯罪行为,无论它们发生在巴黎还是罗马,从犯罪行为形态的视角看,本质上都是相同的。然而,针对严重犯罪而形成的刑事审判体制在西方内部世界却存在很大的差异。在欧陆国家以及法律渊源上继承了大陆法系传统的其他国家和地区,刑事审判有着根深蒂固法的纠问制历史传统。刑事审判的权力结构体现为鲜明的职权主义特质,主要表现是法官在整个刑事诉讼构造中处于绝对的优势地位、绝对性地影响着审判的进程。职权主义刑事司法的功能要求法官而不是别的诉讼主体成为查明案件真相、实现司法正义的主力军。与职权主义模式相对的是,在英美法系国家和地区奉行的是反职权主义的对抗制刑事审判,对抗制刑事审判的权力结构体现为鲜明的当事人主义特征。用哲学的语言来说,当事人主义的刑事审判本质代表的是一种以个人主义而非国家主义为基础的刑事诉讼权力机构。按照这种诉讼构造的理念,律师与双方当事人(lawyer-partisans)才是整个刑事诉讼进程真正的推动器,收集、调查与分析证据等都是律师——当事人的天然责任,陪审团与法官不参与证据调查。对抗制刑事审判下的法官就像是足球比赛中的裁判员,依据"一个人不能充当自己案件的法官"这条自然正义原则,对抗制审判中的法官不能采取积极主动的行动参与调查案件的事实真相,法官的职责在于程序控制,为控辩双方的当事人及其律师提供公平展示及检验证据的平台。就像市场经济必然受制于看不见的价值规律,必然是法制经济、必须受制于规则调整一样,对抗制审判虽然强调双方当事人自由的竞争来自法官与陪审团的信赖,但它并不是无章可循的一般活动,而是受制于严密复杂的、同时不违背自然正义基本原则的证据法则。朗本认为对抗制审判与严密复杂的证据法则体系有着天然的共存共生关系,从而解释了相比于大陆法系,普通法证据法为何高度发达的程序技术秘密。

作为普通法的诞生地,英国被公认为对抗制刑事审判的诞生地。伊丽莎白一世以后英国刑事审判结构逐渐发生重要变迁,到 18 世纪末期,现代意义上那种成熟的对抗制刑事程序制度在英国已经形成。但是,这种变迁是如何发生的?为什么会发生这种变迁?以及与对抗制审判相匹配的是怎样一种观念形态?对这些问题,长期以来没有相关的专门研究出现。导致研究空白的一个重要原因在于,几百年来法律史学家的注意力完全被《国家审判》(State Trials)吸引并固定住了。在朗本之前,赫赫有名的法学大家如斯蒂芬(Stephen)、威格莫(Wigmore)、霍尔兹沃思(Holdsworth)、拉兹诺维茨(Radzinowicz)都是普通法刑事法律史的重量级研究者。不过,所有这些法学家在对普通法刑事程序展开研究时,所倚赖的史料主要都是《国家审判》。这使得他们的研究不仅受到巨大的视野限制,甚至出现了很多错误,因为后来的研究表明,《国家审判》记载的资料本身具有很大的误导性。

《国家审判》是英国著名的法律系列汇编,其中34卷本的豪厄尔斯主编的1163年到1820年间的《国家审判》是最好的一部,后来沃利斯负责编辑了38卷本的《国家审判》新编。除了涉及宪法与国际法问题之外,《国家审判》收录的主要案件是英国历史上发生的叛国罪及与政治有关的特殊案件,包括涉及王位继承与宗教异端等问题引发的特殊案件。朗本指出,在普通法刑事司法历史上,叛国案件不仅数量少、比重小,而且其审判程序与普通法的刑事重罪案件审判程序存在很大的差别。因此,《国家审判》根本不能反映普通法刑事审判的历史变迁轨迹,因而不能成为研究普通法刑事程序史时倚重的主体史料。

促使约翰·朗本意识到这个问题重要性的缘由,是他在牛津大学波德廉法律图书馆(Bodleian Library)的一次新发现。1977年朗本在波德廉图书馆发现了数量庞大的《中央刑事法院审判档案》(the Old Bailey Sessions Papers)。中央刑事法院是英格兰行使刑事管辖权的法院系统中最重要的一个法院,介于上议院、王座法院刑事分庭与基层治安法院之间。因坐落于伦敦的老贝利街(old bailey),英国人习惯性地以"老贝利"作为该法院的代称。朗本敏锐地意识到这些尘封已久的、被人遗忘的档案具有的无与伦比的价值。因为它们记载的案件是普通法中为数最多、比重最大的普通重罪案件(felony)。这些案件具有的广泛性和普遍性是《国家审判》无法比拟的,因而有关这些案件的审判资料就突破了这个领域传统史料《国家审判》的局限性。70年代末期,朗本先后在芝加哥法律评论等刊物上撰文论证这批新发现史料的价值。紧随其后,他又在《剑桥法律评论》、《密歇根法律评论》以及《美国法律史评论》等杂志上发表他根据这些史料所作的新研究。

朗本正是第一位系统研究解读中央刑事法院审判档案的法律史学家。《对抗制刑事审判的起源》就是他在此基础上对对抗制审判制度变迁史所作的卓越研究。在这本具有高度原创性的著作中,朗本借助那些之前从未被重视的翔实史料,分析了对抗制刑事审判在英国出现和形成的历史背景与基本过程、揭示对抗制审判在英国产生的历史必然性。与此同时,朗本还是一位出色的比较法学家,他对欧洲大陆刑事司法制度的历史传统与晚近发展状况有很深的造诣,在这本书中,朗本从历史的角度回答了英国很难接受欧陆职权主义刑事审判传统的制度基因。可以说,本书的洞见对于比较司法史研究而言乃是非常重要的知识增进。

二、本书的研究进路:从"禁止律师介入审判"向"律师主宰化的审判"迈进

朗本的整个历史分析实质上是沿着一条清晰的研究路径有序展开的,而这条研究路径上最重要的指示标志就是刑事程序的律师主宰化(lawyerization)进程。[4] 所谓律师主宰化,从司法权力结构视角讲,就是指作为隶属独立市民社会中坚阶层的律师成为整个程序的权力中枢,是律师,而非法官(在欧洲大陆还包括代表国家公权力的检察官与预审法官)在推动整个刑事审判进程。

严格而言,从思想的源头而言,"律师主宰化"并非朗本原创,实际上,这个范畴的实体含义最初源自韦伯对西方国家理性化的开创性研究。韦伯的国家社会学最首要的内容就是分析理性国家在西方的形成及其原因。他指出,在西方理性国家的形成过程中,出现过独特的法律家阶层。在欧洲大陆,这个法律家阶层主要是指受过大学教育的法学家,在英国和美国,这个法学家阶层主要是指由严格职业训练培养出来的律师阶层。这些社会阶层不仅仅是专业的法律知识阶层,而且对于西方国家的政治结构具有举足轻重的意义,即韦伯所说的:发展为理性国家意义上的政治运作的革命化进程,到处都是由训练有素的法学家担负的。在地球上的任何其他地区,都找不到任何与此相同的现象。

韦伯专门并特别多地提到了律师在政治与社会理性化进程中的独特作用。他认为,自从中世纪以来,在诉讼理性化的影响下,律师就从形式主义的日耳曼诉讼程序的"代言"过程中发展起来。从16、17世纪以后,现代意义上的律师作为一个独立的等级,又是只有在西方才存在着。无论是法国革命时代的律师还是活跃于英国议会中的律师,他们和现代民主政治的发展本身就属于同一个整体。因此,在政党出现以后,在西方政治中律师具有更加重大的意义就绝非偶然。[5] 可以说,在韦伯那里,司法程序的理性化是国家理性化的一个内在要素。而无论是具体的司法理性化,还是更宏大层面的国家理性化,都离不开西方的法律理性主义。律师等法律家就是法律理性主义的技术灵魂,在普通法上,律师几乎是最重要的法律程序行动者。

韦伯国家社会学的这个论断直接被后世的法学家沿用。达玛什卡在他的比较司法研究中就用这个概念来形象地描述英美司法程序在权力结构上的基本特征,并透过这个社会学范畴进一步分析司法程序的政治意义。朗本该书的研究进路明显地继承了韦伯以来的这个思想传统,即从社会权力结构的视角研究普通法刑事审判程序的理性化历史。朗本认为,审判的对抗制构造乃是普通法的标志性特征,虽然这是一个被普遍接受的观点,但是,这种程序制度究竟从何而来?这个问题始终没有得到系统的回答,朗本对《中央刑事法院审判档

---

[4] 在米尔伊安·R. 达玛什卡所著的《司法和国家权力的多种面孔》中,郑戈第一次将 lawyerization 译为"律师主宰化"。

[5] 马克斯·韦伯:《经济与社会》(下卷),林荣远译,商务印书馆1998年版,第742—743页。

案》的重新发现直接帮助他找到了这个问题的真正答案。

围绕这个恒久未能得到清晰回答的问题,朗本从三个相互关联的问题出发给予了深入细致的历史分析。第一个问题是对抗制刑事审判的正式形成应该追溯到 17 世纪末期的英国,制度推动力最先来自 1696 年《叛国罪审理法》(The Treason Trials Act of 1696)的出台,因为这个法案后来引发了职业律师阶层向普通刑事审判业务的全面进攻。第二个问题是对抗制刑事审判与传统普通法的内在机理具有高度的亲和性。尽管对抗制刑事审判的真正成型是 17 世纪的事情,但是,英国普通法刑事司法的很多传统制度要素必然会孕育出对抗制刑事审判程序机制。换言之,对抗制在普通法的出现具有某种制度上的必然性。这是全书的重心,也是朗本对普通法刑事法律史研究的重大知识贡献。朗本的主要贡献在于他透过史料,发现了一个重大的制度演进的历史悖论。那就是:在 17 世纪之前的普通法上,曾经严格禁止律师介入普通刑事案件审判尤其是被告方的辩护,然而,恰恰是在这种看似与现代对抗制特征相悖的制度环境中,普通法后来走向了以律师主宰化为权力结构本质的对抗制刑事审判。朗本对其间的奥妙进行了具有高度原创性的历史分析。第三个问题则集中分析以律师主宰化为权力结构本质的对抗制刑事审判必然是一种需要倚重复杂规则系统即证据法规则的审判类型,由此也构成了对抗制刑事审判与以纠问制为历史传统的职权主义刑事审判的一个重要差别。

朗本认为,17 世纪之前英国普通法严格禁止律师介入刑事审判尤其是刑事辩护的根本原因就在于——普通法奉行刑事私诉和陪审团审判制度。1696 年代之前的英国刑事程序,朗本称之为古老的控告式审判(the Old Altercation Trial)。[6] 这是源自日耳曼民俗法的审判程序,刑事犯罪被视为是侵权行为,刑事案件的诉讼本身与民事诉讼没有根本性的不同,刑事法与私法并无严格区分。普通法形成后,并没有废除民俗法中的这个基本理念,而且还在此基础上形成了颇具英国特色的刑事私诉体制和陪审团制度。依据这种私诉体制,无论普通平民,还是贵族或官员,无论他们是否与案件有利害关系,只要有一定的证据,那么,在理论上和实际中,他们都有平等的权利对刑事犯罪提出起诉。刑事领域的所有这些私人控诉者,就是英国普通法上的私人检控者。私诉体制意味着每个人都是平民检察官。因此,在 19 世纪之前的英国社会根本没有所谓的国家公诉检察官。[7] 在审前调查与起诉阶段,普通私人检控者通常是在非法律人士治安法官等的协助下为起诉做准备。虽然私人检控者作为控方原则上可以聘请律师处理检控事务,但是,实践中却很少有人有动力专门寻找律师

---

[6] Langbein, *The Origins of Adversary Criminal Trial*, supra note[1], p.13.

[7] John H. Langbein, "The Origins of Public Prosecution at Common Law", 17 *American Journal of Legal History* 313 (1973).

代为指控。主要原因是经济原因和人性使然,因为英国规定私人刑事指控者费用要自理,一般人没有这样的动力去管闲事。因此,在18世纪之前的英国,根深蒂固的刑事私诉体制导致两个制度性后果,一个是在英国看不到像欧陆刑事司法过程中占据主导地位的那种调查法官和检察官,另一个是职业律师殊少参与刑事指控与案件审判。换言之,私诉体制使普通法的刑事诉讼构造中的检控主体高度分散、多元化以及普通人化,内在地缺乏建立检察官的社会历史与制度基础。而且在检察官完全缺席的历史情境下,由于检控者受经济利益制约,专业律师长期缺席于刑事检控业务领域,即控方事务领域。朗本在该书用了很长的篇幅,来论述职业律师在刑事司法领域内的长期缺席现象直到18世纪才出现转机。在18世纪诸多制度变迁的影响下,包括平民、社会机构在内的私人检控者聘请律师代为刑事指控逐渐成为普遍现象。直到这时,英国普通法上的检控事务律师(prosecution lawyers)[8]才正式登上历史舞台,而检控事务律师的出现意味着现代对抗制审判构造中的原告方获得了初步的平等武装权。

　　私诉体制贯彻到极致的一个关键表现还有,普通法形成了著名的"禁止职业律师介入重罪案件审判阶段"的规则(the Rule against Defense Counsel in Felony Trials)[9]。被告人只能在审判之前的传讯诉答阶段聘请律师帮助撰写向法官及陪审团提交的答辩书,而在审判阶段,他必须自己出庭应诉。16世纪和17世纪以来的很多大法官,例如柯克(Coke)、霍金斯(Hawkins)在各自的著作中都强调了这条普通法原则。普通法长期坚守这条禁止规则乃是基于一个重要的程序理念,即被告人本身才是案件信息的重要来源,因而他本人才是法庭审判中对自己最合适的辩护人。律师的介入只会使被告人失去更多说话的机会,从而对审判不利。而且,律师操两可之辞、善用技巧、长于避重就轻、极易误导大陪审团。爱德华·柯克爵士在解释为何要禁止律师介入事实审判时,特别强调刑事审判中事实与法律的二元区分的重要性。一个中心意思就是,作为一个法律专家,律师的主要作用并不在于调查事实,因为他在查清事实方面并不比一般人能力强。

　　因此,朗本富有原创性地指出,17世纪末期之前的普通法刑事审判,在本质上就是占基础性地位的私人控方和被告人本人在法庭上的争吵与论辩即altercation。作为法律的门外汉,他们在刑事诉讼中行使着最大的话语权。这种传统审判程序的权力结构特征是职业律师完全被禁止介入刑事案件的起诉或辩护事宜,刑事审判就是双方当事人自身展开的平等辩论和对决,也就是朗本所说的"禁止律师介入刑事辩护"(the Lawyer-Free Criminal Trial)[10]。

---

[8] Langbein, *The Origins of Adversary Criminal Trial*, supra note[1], p. 111.
[9] Id., p. 26.
[10] Id., p. 10.

但是，1696年《叛国罪审理法》的出台标志着英国刑事审判程序进入到一个产生突破性进展的历史阶段。该法在历史上第一次突破了"禁止律师介入刑事辩护"的传统原则，赋予叛国罪被告人在审前和审判阶段都有聘请律师辩护的权利，以及在审判阶请律师出庭辩论，应付交叉询问的权利。虽然法案仅限于在叛国案件中适用，但其里程碑式的意义绝对不容忽视：它，为私诉体制下以外行为中心的刑事司法程序注入了更多专业化的因素。

这部法案选择以叛国罪为突破口改革刑事审判并非偶然。因为爱德华三世之后，考虑到叛国罪直接危及君主国家的安危等问题，私人检控者对叛国罪的直接检控权被废除，改由国王的正副总检察长代为提起指控，启动所谓"国家审判"。虽然英国早在14世纪就确立了"不经陪审团审查起诉，任何人不得被审判；不经陪审团裁判，任何人不得被定罪"的自由原则，但是政治案件的特殊性决定了在其审判程序与普通重罪案件司法程序之间横亘着一个最大的区别：叛国案的控方原则上是国王，国王往往由强大的王室专业律师（国王的正副检察长）代表检控和参与审理，而就叛国案件的被告人这方来说，则与普通法重罪案件完全一样，律师不得介入辩护审判。因此，政治审判中控辩双方的力量对比很不平衡。而推动传统普通法刑事审判以政治案件为突破口走向以专业律师全面主导为特征的理性化形态的直接动力则是英格兰政治史上的华彩乐章——光荣革命。

1696法案可以说是光荣革命后英国政治走向对抗制与自由主义在刑事司法中的集中反映。它的立法意图很明显，就是将政治审判中的控辩双方置于程序上的平等武装与对峙地位。大约从18世纪30年代开始，普通法的法官在司法实践中逐渐将1696法案确立的引进辩护律师规则推广到普通重罪刑事案件中。刑事被告人可以聘请辩护律师介入到审判阶段，帮助被告人询问证人和展开交叉询问。这一制度变迁是当初的立法者没有预见到的。政治案件审判程序的改革在四十年之后被适用到普通法的所有重罪案件，从而改写了普通法刑事审判程序的历史走向，即普通法禁止律师介入刑事辩护的传统规则在司法实践中被废除，律师作为法律家在事实审判方面的作用开始得到法官的承认与认可。斯蒂芬爵士认为这是普通法刑事司法历史上最重要的一次隐形革命。

至此，普通法刑事审判构造的两个主体要件，即作为原告的检控方与作为被告的辩护方得以在各自聘请的职业律师的帮助下进行平等武装和对抗，已经形成。普通法的刑事审判再也不是传统民诉法意义上那种纯粹由当事人本人出面进行的激烈的普通人争吵了，而是逐渐演变成了一种在专业法律知识引导下的律师—当事人主义的现代对抗制构造了，这种诉讼结构中的行动主导正是职业律师。

朗本认为，英格兰在18世纪之后刑事司法程序逐渐转向律师主宰化形态的制度演进不是理性建构与立法设计的结果,而是法官司法理性的结果。尽管目前还没有看到当时的法官在判例中阐述他们这么做的原因,但制度改革的动力的确是来自普通法法官在司法实践中的某种职业伦理觉悟。他们注意到了普通法私诉体制广泛存在的问题,最主要的是普通人滥用刑事私诉权、胡乱指控给被告人的自由与安全造成很大的危险。与此同时,为贯彻私诉体制而形成的普通法上的传统规则"禁止律师介入刑事辩护"则使这种状况雪上加霜。因此,法官们可能意识到,必须采取新的司法政策平衡处于混乱失序状态下的刑事司法结构,为被告人添加律师辩护权即是最重要的一个砝码。

从更广阔的视野看,笔者认为,朗本以律师主宰化进程为线索就对抗制刑事程序发生史所作的分析,实质上是对英国这个自由发源国一个重要法律传统的具体佐证。这个传统就是:除了叛国罪和煽动叛乱罪之外,国家(政府)一般不参与对刑事犯罪的追诉。无论对犯罪侦查检控,还是对犯罪的审判,在普通法上自始至终都属于"普通人"主导(包括由普通人组成的陪审团)。由此形成的普通法犯罪控制模式乃是一种社会控制模式,刑事程序权力由此呈现多中心对抗状态,程序行动者主要是律师—当事人。而与普通法形成鲜明对照的是欧洲大陆的职权主义刑事审判。因为职权主义刑事程序的行动权力中心是国家,程序行动者是依靠官僚制组织训练起来的国家官员,由此形成的犯罪控制模式被视为是国家控制模式。

综上所述,如果说作为一个社会学家,韦伯是从政治社会学角度对包括法律在内的西方国家理性化形态与历史进行了理想类型化的抽象理论概括的话,那么,作为一个法律史学家的朗本,则是在翔实的审判史料基础上对韦伯的抽象论断作了一次具体生动的例证与诠释。因为对抗制刑事审判不仅仅代表着普通法的刑事司法结构特征,而且也是英国式自由政治文化的具体写照。从这个意义上讲,朗本的历史研究具有超越刑事诉讼法部门意义的多重价值。

三、对抗制刑事程序的政治文化意涵

朗本的历史分析对于试图在中国迅速推进对抗制刑事程序试验的学者们而言,可能会是一种不动声色的打击。当然,从另一个角度讲,也会是新的启发。因为,正如耶鲁著名刑事法专家达玛什卡教授所言,每一种刑事程序制度都根植于不同文化对待国家权力结构的不同态度以及不同的政府职能观念。对抗制审判也是深深地根植于英国自由政治文化土壤上的制度模式,对抗制刑事审判与英国的政治文化是一脉相承的,即学说史上流行的所谓英国的政治文化本身就是一种对抗制政治文化。反观当下的中国,无论从作为硬条件的政治制度上看,还是从作为软条件的政治文化上看,都不具备移植对抗制刑事审判的利好条件与因素。

尽管朗本本人在他的这本著作中没有对对抗制程序进行政治维度的思考，但是，他的历史研究从一个层面加深了我们对对抗制所需要的政治文化基础的历史理解。该书提到的诸多刑事法律制度都显示，英国社会始终被一种深深的信仰所牵引——将刑事程序主导权交给政府执行会使公民个人自由陷入极大的危险之中。正是这种代表着社会主流的政治文化孕育了英国人对古老的刑事私诉的坚定信念，培植了英国人对陪审团作为自由堡垒与民主技术的坚定信仰。而私诉与陪审团这两项制度架构恰恰是促成英国刑事司法在17世纪之前就已经形成"去国家中心化"传统格局的历史基因。

没有这两项基本制度奠定的制度基因作基础，就不会有18世纪以来以律师主宰化为权力结构本质的对抗制刑事程序的成熟发展。因为从政治本质上讲，现代对抗制刑事程序乃是刑事司法程序的进一步去国家中心化。而"去国家中心化"恰恰是英国对抗制政治文化的核心特征，其背后的政治哲学理念是国家本身非但不是个人自由的堡垒，而且还是自由的天敌，因此国家是不可信赖的，至少是不能完全相信的。这个理念反映在英国社会的方方面面，在刑事司法领域的集中反映就是对由任何政府公权力主导犯罪侦查与刑事审判的不信任。于是，犯罪控制被还原为当事人之间的严重纠纷，在这种纠纷中，国家的使命是被尽量弱化的，而民间自身的力量是被普通法强化的。

在中国，托克维尔笔下那种政府集权和行政集权同时存在，而且很深重。所谓政府集权，乃是自由主义背景下的一个概念。简而言之，就是自由诚然是可贵的，但是自由并不意味着无政府主义。也就是说一个社会是需要政府的，用卢梭的话讲就是"政府是必要的恶"。同时借用波普尔的话进一步界定，政府虽然是必要的，但是，政府的权力不应该增大到令人痛苦的地步。按照这种理解，自由主义国家都存在不同程度的政府集权，但政府的权力是有限的；而专制国家则是政府极权，即一切权力归政府，政府的权力是无限的。托克维尔认为作为天然的自由主义国家，美国存在政府集权，但缺乏行政集权。所谓行政集权，托克维尔没有给出明确定义。但是，依据他在《论美国的民主》中的思想，笔者认为，行政集权是指国家机构内部的权力组织结构按照集权体制加以安排，也就是说国家的立法机构、行政机构和司法机构内部权力结构都表现出"行政化"的特质，而行政权最大的权力结构特征就是首长集权下的等级官僚制。

在笔者的学习与观察中，无论是政府集权还是行政集权，都是令我们中国人感到特别熟悉的政治文化特质。在我们的政治文化传统中，政府集权是一种根深蒂固的、再自然不过的历史传统，就像空气一样自然而然，政府不仅不是自由的天敌，而且还是自由的堡垒。在这种理念之下，国家不但不是具有侵犯个人自由危险的利维坦，而且国家还是社会事务与个人生活的指挥者、协调者和裁判者。这是一种建立在国家、社会、个人三者完全一体化哲学基础上的全能型国家,而不是权力被严格厘定的有限国家。刑事犯罪的调查与审判乃是国家的天职,离开政府谈刑事司法几乎是不可能现象。但是,与西方自由主义国家更大的不同则是,在中国,不仅政府集权力度和范围都很大,而且,还存在着具有深厚历史根基的行政集权传统。用最通俗的话说,这种传统的具体表现就是我国的立法机关与司法机构的内部组织、管理模式和工作机制都偏向行政化,即无所不在的"官本位和行政主导"。按照韦伯在评价欧陆国家理性化形态时的说法,就是司法染上了行政的品格——司法行政化。孕育在政府集权和行政集权这双重集权体制下的中国刑事司法程序必然具有很多相应的国家中心主义特征,比如公检法的一体化、律师介入十分有限等。这一体制要完全向典型的对抗制程序靠拢,恐怕不是一个值得乐观的事情。至少,欧洲大陆的很多制度模式可能对于中国而言具有更大的亲和性和可操作性。

最后值得一提的是,朗本在该书中提出了对抗制审判的两大缺陷的概念,对进一步总结提炼两大法系刑事程序的利弊得失具有启发意义。一是"破坏真相缺陷"(the truth-imparing incentives of the adversary system)。对抗制程序的平等对决和当事人主义容易导致蒙蔽或扭曲事实真相,就像利润会让资本家疯狂一样,当事人主导的对抗制程序会不断促使当事人趋利避害的人性发挥到极致,导致不择手段。另一个是"经济依赖缺陷"(the wealth effect)。从实证角度讲,对抗制刑事审判对穷人十分不利,因为在这个律师主宰化的程序体制中,有钱聘请最好律师的当事人无疑更容易走向胜诉。朗本认为这是对抗制的一个非常大的结构性缺陷。

任何制度都不是绝对的善。这些缺陷促使今天的普通法国家,尤其是英国更多地向欧陆职权主义模式吸取制度改革的灵感。与之相反的是,欧陆国家则在晚近更加注重移植不少普通法的精华即被告人的人权保护措施。也许,对中国而言,添加了一定对抗制程序特征的欧陆职权主义刑事程序会是更加可取的改革方向。

(初审编辑:胡娟)

编 后 小 记

依《评论》近几卷惯例,编后小记应由主编执笔。但这次想尝试一下新的记录方式,由各位编辑"各抒己见"。一来是自己笔力、精力所限,生恐记下过多无味的文字,浪费纸张;二来是一人的编辑经历、感触终归代表不了所有人的体验,而《评论》的编辑工作,恰恰是大家通力合作所完成的。所以,这次我尽可能邀请到了本辑《评论》的各位编辑,请大家结合《评论》的组稿、收稿和审稿情况,记录下自己的感想;由于不全是命题作文,也有些涉及我们自己的文字,在此就权当是作宣传、招新之用的广告罢。

另外需要说明一点。如同"声明",这里的各段文字也仅代表编辑个人的感受、观点或意见,并不必然代表《评论》编辑委员会的多数意见或一致意见,因此,也必然不代表《评论》的意见、观点或倾向。以下是正文。

组稿。多样化的稿源是办好《评论》品牌栏目"主题研讨"的基础,可为什么每一期主题研讨的征稿都是以非公开募集("私募")的方式进行,而不是公开募集稿件?在金融界,投行承销证券的业务中,为了摸底该卖什么价格合适,他们也是定向地从自身数据库中询问以往有业务往来的客户,不会广为撒网的。也许法律经济学人可以用信息、成本等各种概念来解释,法社会学可以用"熟人社会"来解读,采用实验的方法还可以对照私募、公开募集与混合方式等不同募稿方式带来的文章质量差异。但不管怎样,《评论》主题研讨一直以定向约稿的方式组稿,一个朴素的认识是这里面隐含着编辑与作者之间的"信任"。(沈朝晖)

收稿。但凡做编辑,或许都会碰到一稿多投的情况。在目前流行的三月审稿、到期默拒的学术发表体制下,一稿多投,以数量换取时间,以投机博得发表,确实不失为一种对策。甚至都不乏刊物编辑私底下表态,默许一稿多投;但严惩一稿多发、一稿多用。这种退一步的做法,这种对现状的"无奈"或容忍,可以理解,却无法赞同。何况,只要再勤奋些,手头有它五六篇、十数篇稿件,或不那么浮躁,写作时多几道工序,严格执行"自检",又哪犯得上去一稿多投?我总相信,纵使体制诱人作恶,也应当有、事实上也总是有那么一群人,捍卫自己的坚守。(贺剑)

审稿。由于《评论》一期篇幅有限,每一期的诉讼法编辑都与其他专业编辑相似,不得不把握较高、较复杂的标准。从以往经验来看,最重要且持续采用的标准可以概括为"对于中国问题的理论阐释",这就包括了"中国"、"问题"和"理论"三个部分。"中国",意味着文章的研究对象是与中国相关的,纯粹的外国法(而非比较法)研究一般难以满足要求,而必须体现出与当下中国语境较高的关联度;"问题",意味着在与中国相关的范围内,必须能将某种现象问题化,剥离事物的表面归纳出其实质,将社会问题用能够在法的空间中通行的话语表述;"理论",意味着或攻其一点或系统建构,能够站在学界既有研究成果的基础上实现知识增量或者思路创新。(曹志勋)

现代中国民法学术领域似一块被粗放开垦的土地。粗略看来,无论在内容还是方法论的角度,可以研究的题目似乎已经是讨论殆尽;然而若去除那些人云亦云以及用外国法皮毛充作比较法分析的文章,真正有价值的研究恐怕无多。经过三十年发展,中国民法学界甚至日益傲慢,动辄搬出"中国特殊问题"这块盾牌来应对他人关于"非逻辑"的批判。实则,私法领域,尤其是财产法领域中,有多少必须是"中国特殊问题",恐怕值得商榷;而这些"问题"中,必须用所谓"创新"理论来解决的,更是几乎没有。本人浅薄,然仍以为,在中国民法学术界自身都缺乏对话平台的现实背景下,厚积薄发方为我们的正确态度,比较法恐怕不仅仅是借鉴,反而是正本清源的关键。至少在概念的统一和论证方法的严谨化上,我们应持一个诚恳的态度。(曾燕斐)

为《评论》审稿,既是学习,也是鞭策。前者,"见贤思齐,见不贤而内自省",无须赘言;后者,自己吃亏不少,痛处自然良多。如今的论文"生产"已是如火如荼之批量组装,而自己不识时务,仍旧沉醉太多的时间于"无事闲翻书",好像拼命吃桑叶的蚕,只见桑叶日少却不见吐丝。望着别人已"著作等身""成绩斐然",反观自己,愧惧可想。其实,治学恐怕不是一般的心情随笔或反省心得似的写作,而是有深入的研究,见前人所未见、发前人所未发,能够熬过艰难苦涩的瓶颈阶段,并完成具有启发和厘正功能的手笔。也就是说,用于治学的读书要有生产性、系统性和目标性,用于治学的写作要有深入性、体系性和启发性。在这个时代,只有扎实而创新的成果,才有可能在未来真正立得住;随波逐流追求数量固然不好,但逆流而行独善其身,到头来还是免不了要哀叹"万法皆空"。有什么办法呢?这是我的困惑或困境。

审稿体会最深的还是论文的写作方法问题。当前的法学界,有人力戒空疏之弊而大倡微观分析,有人深恶饾饤之学而力主宏观综合。其实,弊端恐怕不在于法学论文的宏观微观,而在于它普遍缺乏形式化的科学思维,因而微观分析中往往长于形象描绘或概念套用,而缺乏严格的逻辑推理与论据运算,宏观综合中又往往请来一些西方舶来的模棱两可、难以证伪的学说壮其声势,而缺乏"当代中国"情境下的现实意义和细节深挖,因此构造不了严密的方法论体系,使研究和探索难以在宏观－微观－宏观或抽象－具体－抽象的认识循环中建立实证机制,以推动法学学科的发展。我们这代有志于学术的同龄人能否直面这一问题,在方法自觉的共识中探索出自己的研究路径出来?这是我们法学年轻人的责任和追求。(王志)

没想到写这篇编后小记,反而成了最困难的事情。并非是真的无话可说,而是无从去说。对于被拒稿的作者,我只有歉意,因为很有可能我并没有完全读懂你们的文章。而对于通过审核的作者,以及匿名评审人,我有的只是敬意,但似乎也无需我再发出半点声响,沉默与静寂足矣。无论是歉意还是敬意,都很难被话语道出意义。终归还是无话可说。

我当然相信,有对话才有学术,有学术必有对话。对作者而言,自己的写作得到回馈(无论褒奖还是批评)总是聊胜于无。但是我还相信,对于写出来的文章,最首要的是有人去看。甚至头等重要的事情,也就在于我们的文章如何被人来看,而不是如何被人去说。当然,这也是我对于自己"无话可说"的一个小小的辩护。(岳林)

广告。编辑无定则、亦无陈规,但一定有其坚守的那份精神。发文之好坏,直接决定了刊物的品位与气质。选择标准至关重要。如何判断一篇文章的好坏,不能仅仅机械地从选题的新颖性、内容的翔实性、结构的逻辑性、语言的流畅性和注释的规范性来判断。好文章有定论,但判断标准亦不是固定不变的。论文的评鉴,首要在创新,如何创新首要又在选题。例如,一篇文章选题要适当,第一要细,小题大做,第二要宽,气吞河山。十年磨一剑,《评论》编辑始终有着底线意识和精品意识。宁可刊登得少一些也要好一些,存世久一些。这些朴素而深刻的道理,是编辑们治学一贯的准则,更是《评论》固守的"精神家园"。《评论》是一本有着追求的刊物,编辑本身也有着较强的责任感和使命感。本着严谨的态度,怀着"志于道、据于德、依于仁、游于艺"的精神,我们一直在路上。(李诗鸿)

就像韦伯在《以学术为业》的演讲中说到的,现代学术早已成为了理性化的一部分。《北大法律评论》不可避免地也成为学术生产机器的一环。虽然我们评论一直坚守着"学生主办",保持"独立创新"的精神,但是,它的运作环境、机理和逻辑与当下任何一本学术期刊并无二异。我们也会担心出版社的审查,《评论》的知名度、销量和优质稿源。这些"世俗问题"早已证明了我们已并不特殊。似乎当年对《评论》的激情,也随着现实而慢慢消退。

但是,我们有些不满足。特别是,我们还是学生,我们还是年轻人,我们的身体中还留存着激情的血液。我们似乎想做什么,似乎想说什么,想大声地呐喊,突破那理性的牢笼。这似乎有点悖论,法律本就是理性,又何来激情呢?我们不知道如何回答,我们只愿意把这个问题留给和我们一样还想呐喊,想用理性的语言来谱写激情的诗意的那些热血青年。我们这里,等着你!(徐斌)

引 征 体 例

(最新修订版)

援用本刊规范：

苏力:"作为社会控制的文学与法律——从元杂剧切入",载《北大法律评论》第 7 卷第 1 辑,北京大学出版社 2006 年版。

一 般 体 例

1. 引征应能体现所援用文献、资料等的信息特点,能(1)与其他文献、资料等相区别;(2)能说明该文献、资料等的相关来源,方便读者查找。
2. 引征注释以页下脚注形式连续编排。
3. 正文中出现一百字以上的引文,不必加注引号,直接将引文部分左边缩排两格,并使用楷体字予以区分。一百字以下引文,加注引号,直接放在正文中。
4. 直接引征不使用引导词或加引导词,间接性的带有作者个人的概括理解的,支持性或背景性的引用,可使用"参见"、"例如"、"例见"、"又见"、"参照"等;对立性引征的引导词为"相反"、"不同的见解,参见"、"但见"等。
5. 作者(包括编者、译者、机构作者等)为三人以上时,可仅列出第一人,使用"等"予以省略。
6. 引征二手文献、资料,需注明该原始文献资料的作者、标题,在其后注明"转引自"该援引的文献、资料等。
7. 引征信札、访谈、演讲、电影、电视、广播、录音、未刊稿等文献、资料等,在其后注明资料形成时间、地点或出品时间、出品机构等能显示其独立存在的特征。
8. 不提倡引征作者自己的未刊稿,除非是即将出版或已经在一定范围内公开的。
9. 引征网页应出自大型学术网站或新闻网站,由站方管理员添加设置的网页,应附有详细的可以直接确认定位到具体征引内容所在网页的 URL 链接地址,并注明最后访问日期。不提倡从 BBS、BLOG 等普通用户可以任意删改的网页中引征。
10. 英文以外作品的引征,从该文种的学术引征惯例,但须清楚可循。
11. 其他未尽事宜,参见本刊近期已刊登文章的处理办法。

引 用 例 证

中文

1. 著作
   - 朱慈蕴:《公司法人格否认法理研究》,法律出版社 1998 年版,第 32 页。
2. 译作
   - 孟德斯鸠:《论法的精神》(下册),张雁深译,商务印书馆 1963 年版,第 32 页。
3. 编辑(主编)作品
   - 朱景文主编:《对西方法律传统的挑战——美国批判法律研究运动》,中国检察出版社 1996 年版,第 32 页。
4. 杂志/报刊
   - 张维迎、柯荣住:"诉讼过程中的逆向选择及其解释——以契约纠纷的基层法院判决书为例的经验研究",载《中国社会科学》2002 年第 2 期。
   - 刘晓林:"行政许可法带给我们什么",《人民日报》(海外版)2003 年 9 月 6 日第 H 版。
5. 著作中的文章
   - 宋格文:"天人之间:汉代的契约与国家",李明德译,载高道蕴等主编:《美国学者论中国法律传统》,中国政法大学出版社 1994 年版,第 32 页。
6. 网上文献资料引征
   - 梁戈:"评美国高教独立性存在与发展的历史条件",http://www.edu.cn/20020318/3022829.shtml,最后访问日期 2008 年 8 月 1 日。
7. 古籍
   - (清)汪辉祖:《学治臆说》,卷下,清同治十年慎间堂刻汪龙庄先生遗书本,第 4 页 b。
   - (清)薛允升:《读例存疑》(重刊本),黄静嘉编校,台湾成文出版社 1970 年版,第 858 页。
8. 档案文献
   - "沈宗富诉状",嘉庆二十二年十二月二十日,巴县档案 6-2-5505,四川省档案馆藏。

英文

1. 英文期刊文章 consecutively paginated journals
Frank K. Upham, "Who Will Find the Defendant if He Stays with His Sheep? Justice in Rural China", 114 Yale Law Journal 1675 (2005).
2. 文集中的文章 shorter works in collection
Lars Anell, "Foreword", in Daniel Gervais, The TRIPS Agreement: Drafting History and Analysis, London: Sweet & Maxwell, 1998, p.1.
3. 英文书 books
Richard A. Posner, The Problems of Jurisprudence, Cambridge, MA: Harvard University Press, 1990, p.456.
4. 英美案例 cases
New York Times Co. v. Sullivan, 76 U.S. 254 (1964).(正文中出现也要斜体)

Kobe, *Inc. v. Dempsey Pump Co.*, 198 F. 2d 416, 420 (10th Cir. 1952).

5. 未发表文章　unpublished manuscripts

Yu Li, *On the Wealth and Risk Effects of the Glass-Steagall Overhaul: Evidence from the Stock Market*, New York University, 2001 (*unpublished manuscript, on file with author*).

6. 信件　letters

Letter from A to B of 12/23/2005, p. 2.

7. 采访　interviews

Telephone interview with A, (Oct 2, 1992).

8. 网页　internet sources

Lu Xue, *Zhou Zhengqing Talks on the Forthcoming Revision of Securities Law*, at http://www.fsi.com.cn/celeb300/visited303/303_0312/303_03123001.htm?,最后访问日期 2008 年 8 月 1 日。

注释中重复引用文献、资料时,若为注释中次第紧连援用同一文献的情形,使用"同上注,第 2 页"、"Id., p. 2"等。

若为非次第紧连,可将文献的版次、出处等简略,仅使用"同前注〔x〕"、"*supra* note〔x〕",但须注明引用文献的名称和作者,以便于识别。如"苏力,《送法下乡》,同前注〔4〕,第 x 页;Posner, *The Problem of Jurisprudence*, *supra* note〔2〕, p. x"。